Haut-Commissariat de la République Française

EN SYRIE ET AU LIBAN

La Syrie et le Liban

EN 1921

La Foire-Exposition de Beyrouth

Conférences

Liste des Récompenses

PARIS

EMILE LAROSE, LIBRAIRE-ÉDITEUR

11, RUE VICTOR-COUSIN, 11

1922

La Syrie et le Liban en 1921

Haut-Commissariat de la République Française

EN SYRIE ET AU LIBAN

La Syrie et le Liban

EN 1921

La Foire-Exposition de Beyrouth

Conférences

Liste des Récompenses

PARIS

EMILE LAROSE, LIBRAIRE-ÉDITEUR

11, RUE VICTOR-COUSIN, 11

1922

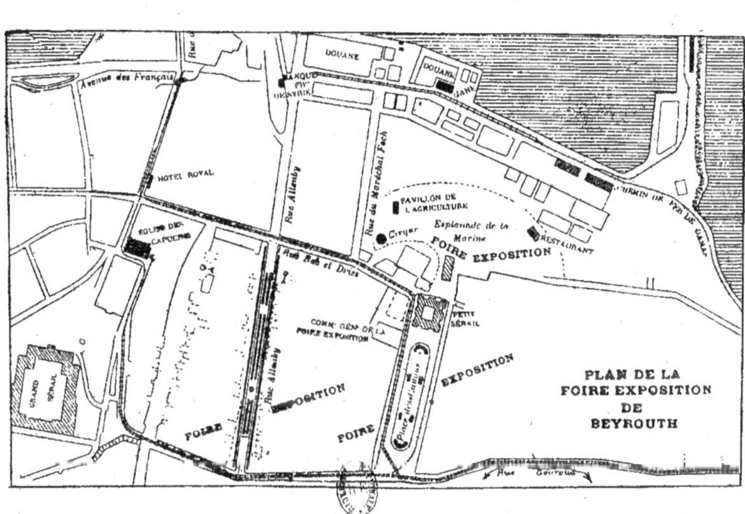
DOUANE
DOUANE
BANQUE
OTTOMANE
Avenue des Français
HOTEL ROYAL
Rue Allenby
Rue du Maréchal Foch
PAVILLON DE
L'AGRICULTURE
EGLISE DES
CAPUCINS
Cirque
Esplanade de la
Marine
RESTAURANT
CHEMIN DE FER DE DAMAS
Rue Bab el Driss
FOIRE EXPOSITION
COMM: GEN: DE LA
FOIRE EXPOSITION
PETIT
SÉRAIL
GRAND
SÉRAIL
Rue Allenby
Point d'intersection
FOIRE
EXPOSITION
EXPOSITION
FOIRE
Rue Georges
PLAN DE LA
FOIRE EXPOSITION
DE
BEYROUTH

LA FOIRE-EXPOSITION DE BEYROUTH

Avril-Mai 1921

La Foire-Exposition de Beyrouth, décidée par le général
Gouraud, Haut-Commissaire de la République Française en
Syrie et au Liban, a été l'œuvre commune de bonnes volontés
qui se sont prodiguées tant en France qu'en Syrie et au Liban,
et dont il convient de rappeler les noms avant de donner la
liste officielle des récompenses.

Tout d'abord, il faut mentionner la haute approbation du
Gouvernement de la République Française qui s'est manifestée par l'attribution à la Foire-Exposition, par les soins du
Ministère du Commerce, du caractère officiel, par la désignation d'un délégué du Gouvernement, M. Alexis Charmeil, conseiller d'Etat, directeur du Personnel, de l'Expansion commerciale et du crédit, et par l'envoi d'un délégué officiel spécial, M. Fernand David, sénateur, ancien ministre.

Voici le texte de l'arrêté du Ministre du Commerce, en date
du 2 avril 1921, qui a réglementé la Foire-Exposition de Beyrouth :

RÉPUBLIQUE FRANÇAISE

MINISTÈRE DU COMMERCE ET DE L'INDUSTRIE

ARRÊTÉ

Le Ministre du Commerce et de l'Industrie,

Vu la lettre du Ministre du Commerce et de l'Industrie au Haut-
Commissaire de la République Française en Syrie, en date du 21
janvier 1921 ;

Sur la proposition du Conseiller d'Etat, Directeur du Personnel, de l'Expansion commerciale et du Crédit,

Arrête :

ARTICLE PREMIER. — Les récompenses qui pourront être accordées à l'occasion de la Foire-Exposition de Beyrouth de 1921 seront décernées par un Jury dont la nomination et les attributions sont régies par le présent règlement.

ART. 2. — Ce Jury comprend deux degrés de juridiction :
1º Jurys de sections ;
2º Jury supérieur.

ART. 3. — Il y aura autant de Jurys de sections que l'Exposition comporte de sections distinctes. Un même juré pourra faire partie des jurys de plusieurs sections.

ART. 4. — La répartition des jurés entre les divers Jurys de section sera établie au moment des opérations par le Comité d'organisation.

Chaque Jury de section comprendra un minimum de cinq jurés.

ART. 5. — Il sera nommé, pour les Jurys de section, des jurés suppléants dont le nombre ne devra pas dépasser la moitié du nombre des jurés titulaires. Les jurés suppléants pourront assister à toutes les opérations du Jury de la section à laquelle ils sont affectés, mais ils n'auront voix délibérative qu'en cas d'absence d'un juré titulaire.

ART. 6. — Chaque jury de section élit son président, qui préside ses opérations. Les décisions des Jurys de section sont immédiatement transmises au Jury supérieur, constitué conformément à l'article 7, qui statue définitivement.

ART. 7. — Le Jury supérieur est constitué par le Président du Comité d'organisation, le délégué du Haut-Commissaire de la République et le Délégué du Gouvernement, ou son représentant. Il choisit parmi les membres du Jury de section un Secrétaire rapporteur.

ART. 8. — Le Délégué du Gouvernement ou son représentant prend part également aux travaux des Jurys de section. Il a voix délibérative.

Au cas où les questions qui seraient soulevées devant le Jury supérieur lui paraîtraient devoir être soumises au Ministre du Commerce et de l'Industrie, il lui appartiendra de l'en saisir.

ART. 9. — Les fonctions de *jurés* sont gratuites. Elles ne seront définitivement attribuées, aussi bien aux jurés titulaires qu'aux jurés suppléants, qu'autant que ceux qui auront été investis de ces fonctions auront retiré, en personne, au siège du Comité d'organisation à Beyrouth, leur titre de nomination.

Les jurés ne peuvent, en principe, être choisis que parmi les exposants. Toutefois, pourront également être nommés jurés les fonctionnaires du Haut-Commissariat et ceux des administrations publiques ayant collaboré à la préparation de l'Exposition ou à la compétence desquels il y aurait intérêt à faire appel.

Les jurés s'engagent à garder le secret sur les travaux du Jury et à ne communiquer aucune décision jusqu'à ce que les listes officielles de récompenses aient été publiées.

En acceptant sa nomination, le juré reconnaît et accepte implicitement les dispositions du présent règlement.

Art. 10. — Les jurés titulaires et suppléants seront nommés par arrêté du Ministre du Commerce et de l'Industrie, sur la proposition du délégué du Gouvernement et sur le vu des propositions faites par le Haut-Commissaire, les administrations intéressées et par les Comités chargés de recruter, d'admettre et d'installer les exposants.

Art. 11. — Les récompenses qui pourront être attribuées par les Jurys sont les suivantes :

Diplôme de Grand Prix.
Diplôme d'Honneur.
Diplôme de Médaille d'or.
Diplôme de Médaille d'argent.
Diplôme de Médaille de bronze.
Diplôme de Mention honorable.

Art. 12. — Le Jury supérieur pourra attribuer — *sur la proposition des jurys de sections* — des diplômes de collaborateurs aux personnes ayant effectivement coopéré à la production, à la fabrication et à la vente des objets ou articles récompensés.

Les récompenses qui pourront être ainsi attribuées seront inférieures d'un degré au moins à celles attribuées aux exposants. Par suite, la plus haute récompense pouvant être attribuée à un collaborateur est le diplôme d'honneur.

Art. 13. — Seront placés *hors concours* quant aux récompenses :

1º *De droit* : Dans toutes les sections, les exposants membres du jury (titulaires ou suppléants), ainsi que les Sociétés qui sont représentées dans le Jury par leur président ou administrateur-délégué, ou par l'un de leurs directeurs ou agents.

2º *Sur leur demande* : a) Les exposants qui, lors de la dernière Exposition internationale, officielle ou officiellement reconnue, à laquelle ils ont pris part, ont, dans la même classe ou section, obtenu un grand prix, ou ont été l'objet d'une mise hors concours.

b) Les administrations publiques, les établissements publics ainsi que les Sociétés, associations ou groupements poursuivant un but exclusivement désintéressé, sans qu'ils aient à justifier d'un précédent grand prix ou d'une précédente mise hors concours.

Un diplôme commémoratif, constatant leur participation à l'Exposition, sera délivré à ces Exposants.

Pour ceux visés au 1º, ce diplôme portera la mention : *Hors concours, membre du Jury.*

Pour ceux visés au 2º, ce diplôme portera la mention : *Hors concours, sur demande.*

Art. 14. — Une récompense sera accordée aux collectivités industrielles, commerciales et agricoles, lorsqu'elles concourent sous une raison sociale impersonnelle. Dans ce cas, il leur sera attribué un seul diplôme.

Toutefois, si la collectivité est constituée par un groupe de plusieurs maisons, celles-ci seront mentionnées sur le diplôme collectif et chacune d'entre elles recevra une copie dûment signée du dit diplôme.

Art. 15. — Chaque exposant devra fournir aux jurés tous les renseignements que ceux-ci jugeraient nécessaires, tant en ce qui concerne la qualité des produits exposés qu'à l'égard de l'importance de la production ou du commerce de l'exposant. Celui-ci devra, en outre, se prêter aux analyses et aux essais éventuellement requis par le Jury.

Art. 16. — Les délibérations des Jurys sont prises à la majorité des voix. En cas de partage, celle du président est prépondérante.

Art. 17. — Les propositions des Jurys de section sont transmises au Jury supérieur.

Ce dernier Jury a seul qualité pour les rendre définitives.

C'est le Jury supérieur qui dresse la liste des récompenses et en donne notification aux intéressés.

Art. 18. — Au cours des travaux des Jurys de section, les exposants pourront adresser au Jury supérieur les réclamations qu'ils pourront avoir à présenter, soit pour l'application du règlement, soit pour vice de forme dans les opérations du Jury.

Art. 19. — Le délégué du Gouvernement français à la Foire-Exposition de Beyrouth de 1921 est chargé de l'exécution du présent arrêté.

Fait à Paris, le 2 avril 1921.

Signé : Lucien DIOR.

En France, la propagande, organisée par la Délégation du

Haut-Commissariat et par les offices commerciaux du Levant, fut principalement assurée par le Comité français des Expositions, dont le président, M. Emile Dupont, avait répondu avec empressement au premier appel du général Gouraud. On trouvera plus loin la composition du Comité d'organisation qu'il constitua sous la présidence de M. Jean Faure et on pourra lire, dans l'intéressante notice publiée par le Comité, le compte-rendu des efforts qu'il dut déployer pour organiser en un temps si court et dans des conditions si défavorables une participation qui a fait honneur aux grandes traditions de cette association.

La plus dévouée collaboration fut également apportée par le Ministère des Beaux-Arts, par le Ministère de la Marine, par le Comité national des conseillers du Commerce extérieur, par la Délégation du Haut-Commissariat à Marseille, par la Chambre de Commerce de Marseille, etc.

A Paris, le Ministre du Commerce tint à présider, avec son chef de cabinet, M. Guillaume de Tarde, la première séance du Comité d'honneur dont la présidence effective fut assurée par M. Clementel, sénateur, ancien ministre.

Au Liban et en Syrie un Comité d'honneur, un Comité général d'organisation et des Comités locaux ont fonctionné à côté du Commissariat général qui a centralisé les efforts de tous.

*
* *

L'inauguration officielle de la Foire-Exposition de Beyrouth a eu lieu, le 30 avril 1921, en grande solennité. Les stands étaient ouverts dès le 15 avril.

M. Fernand David, sénateur, ancien ministre, délégué du Gouvernement ; M. Edouard Soulier, député de Paris, en mission d'études en Syrie, la délégation envoyée de France par le Comité français des Expositions ; les autorités du Haut-Commissariat, du Grand-Liban et de la ville de Beyrouth, et des délégations des Etats de l'Intérieur, suivirent le général Gouraud dans sa visite. Le soir, au banquet officiel, le commandant Fumey, Commissaire général de l'Exposition, prononça le discours suivant :

Monsieur le Ministre,

Mon Général,

Messieurs,

Le lendemain de l'occupation de la Syrie par les troupes alliées, après avoir paré aux besoins les plus urgents des populations décimées par la famine et la misère, le premier soin du Gouvernement fut de faire revivre le plus rapidement possible le commerce du pays. La situation du marché était des plus précaires, les relations avec l'Europe interrompues par ces longues années de guerre, les banques fermées, les communications supprimées avec l'intérieur avaient suspendu la vie commerciale et jeté toute la Syrie dans une gêne angoissante. Il fallait au plus vite porter remède à cette situation désespérée. Grâce aux efforts du ravitaillement et des services économiques, secondés d'une manière très efficace par l'Office commercial français du Levant, un an après l'occupation, le commerce avait repris une certaine activité, gênée, certes, par une situation politique délicate, par la hausse croissante de tous les produits d'importation et par les variations du change ; néanmoins, cette activité était d'un bon augure pour l'avenir. Dans cette renaissance économique, le commerce français ne devait pas rester en arrière ; il était utile de faire connaître nos marchandises, de montrer que nos capacités de production n'avaient pas été annihilées par nos blessures, de renouer les relations que nous entretenions depuis des siècles avec la Syrie et d'en créer de nouvelles.

Un petit musée commercial fut installé aux services économiques de la place des Canons et dans la petite salle que vous connaissez tous et qui reçoit chaque jour un plus grand nombre de visiteurs ; les commerçants peuvent y installer les échantillons de leurs marchandises et le public peut y prendre connaissance des cours de la Bourse, des mercuriales, et trouver, dans les journaux et brochures mis à sa disposition, tous les renseignements concernant le mouvement des affaires.

Notre Foire-Exposition répond à un double but : d'une part, faire connaître et apprécier nos produits ; mettre en vedette, d'autre part, les industries syriennes et leur assurer une impulsion nouvelle. Ce double but a été rempli, et vous avez pu voir, rue Allenby et derrière le Sérail, les échantillons des produits de l'industrie européenne, tandis que les pavillons de la place des Canons renferment des exemplaires de tout ce que produit la Syrie.

La Foire, une fois décidée, il fallut passer à son exécution. Ici, de nombreuses difficultés surgissent de tous côtés.

La ville de Beyrouth compte environ cent quarante mille habitants, et cette ville, très étendue, ne possède pas une seule place digne de ce nom en dehors du petit jardin de la place des Canons, jardin qui est lui-même un obstacle, car loin de faciliter la circulation, il l'entrave avec ses rues étroites qui le bordent et la grille rébarbative qui en interdit l'accès. Nous fûmes donc obligés de recourir aux seuls espaces libres existants : la rue Allenby, les anciens cimetières désaffectés et le jardinet de la place des Canons. La tâche à accomplir était des plus difficiles. Nous avons dû achever la démolition des maisons mises par terre par les Turcs, remblayer les cimetières et utiliser le jardin de la place des Canons en épargnant autant que possible les arbres qui en font le seul agrément. Mais ces difficultés matérielles n'étaient rien en comparaison des obstacles provenant de l'innovation représentée par une Foire-Exposition en Syrie.

Le pays est très attaché à ses traditions, il les respecte scrupuleusement et il ne s'en écarte qu'à regret. Or, la Foire est une chose nouvelle que bien des gens n'ont pas encore comprise. Le : A quoi bon ? enrayeur des initiatives, des progrès et des transformations, surgissait à chaque pas que nous faisions dans l'accomplissement de notre tâche. Nous avons dû combattre bien des routines, démolir de nombreuses barrières, user d'une persuasion confiante et inlassable pour vaincre les préjugés.

Il fallut expliquer à chacun le but de notre manifestation, l'utilité qu'elle aurait pour le pays, encourager les bonnes volontés qui se présentaient, décider les hésitants et dompter la répugnance de beaucoup devant l'organisation d'un ensemble si nouveau qui déroutait bien des esprits.

Dans l'exécution même des travaux, nous devions rencontrer des obstacles imprévus : manque de matériaux, main-d'œuvre inexpérimentée, nonchalance des ouvriers, absence presque totale de dessinateurs, difficultés de transports, que sais-je encore ?

Bref, nous avions devant nous le maximum de difficultés avec le minimum de moyens pour les surmonter. Aussi, vous me permettrez de rendre hommage à mes collaborateurs fidèles qui n'ont pas reculé devant l'énormité de l'ouvrage et grâce à qui nous avons pu arriver à un achèvement complet de notre tâche. Je veux rendre hommage d'abord à vous, mon Général, qui m'avez encouragé et soutenu dans ce rude travail ; à vous aussi, Messieurs les membres du Comité d'honneur, qui n'avez pas craint de mettre à ma disposition votre bonne volonté et votre argent. Vous aurez été les premiers pionniers de la Foire de Beyrouth et une grande part de son succès vous revient légitimement. Je veux aussi remercier le Conseil général du vilayet de Beyrouth pour la subvention qu'il a bien voulu accorder et qui a permis de commencer les travaux avant l'acceptation du budget définitif.

Je veux rendre hommage aussi à MM. les Membres du Comité

d'organisation, composé des hommes les plus éminents du commerce et de l'industrie, de la municipalité et de la presse, qui n'ont pas hésité à abandonner leurs affaires et leurs occupations pour appuyer de leur autorité et de leur prestige les efforts que nous faisions pour réaliser notre projet.

Je remercie également le commandant Neuzillet, qui a mis à notre service, à Paris, toute son activité, mes collaborateurs immédiats : MM. Granguillot, Gilly, de l'Office commercial français du Levant, et le capitaine Lorentz, qui m'ont secondé avec un dévouement inlassable.

Je remercie aussi le Comité français des Expositions pour l'appui qu'il nous a donné en France auprès des industriels et des commerçants, et je regrette de ne pas voir parmi nous M. Charmeil, conseiller d'Etat et directeur au ministère du Commerce, retenu par la session des Conseils généraux et dont la haute compétence nous a été si précieuse.

MM. les Membres du Jury ont droit aussi à nos remerciements ; ils n'ont pas craint de faire un long voyage pour assister à notre manifestation et rendre à la vieille Phénicie la visite que ses enfants firent, il y a des siècles, à notre antique Gaule.

Je ne saurais oublier non plus mes collaborateurs de tous les instants : MM. Michel, architecte, qui a conçu les plans et qui a fait exécuter les belles constructions que l'on admire aujourd'hui ; Valery qui, en peu de jours, a pu mettre en marche des usines électriques importantes, et les entrepreneurs : MM. Giraud, Bottari, Roume.

Je vous remercie, enfin, Monsieur le Ministre, d'être venu jusqu'à nous en qualité de représentant du Gouvernement de la République française. Votre présence à la Foire-Exposition de Beyrouth est pour nous plus qu'un encouragement, elle est une preuve bien haute de la sollicitude de la France pour les intérêts du Liban et de la Syrie.

Je lève mon verre à la santé de M. Fernand David, à la santé de notre chef respecté, le général Gouraud ; à votre santé à tous, Messieurs les Membres du Comité d'honneur et d'organisation, et je terminerai en souhaitant le plus grand succès à notre Foire et à tous les exposants qui ont bien voulu y participer.

Le Général Gouraud répondit par le discours suivant :

MONSIEUR LE MINISTRE,
MONSIEUR LE DÉPUTÉ,
MESSIEURS,

Vous serez certainement tous d'accord avec moi pour penser que ma première parole doit être un chaleureux merci à ceux à qui nous

devons tout ce que nous avons vu aujourd'hui : les Stands de la rue
Allenby, les Pavillons de la Place des Canons, cet élégant restaurant, et tout ce que nous n'avons pas encore vu ; en un mot ce qui
constitue ce large et brillant effort qu'est la Foire-Exposition de
Beyrouth.

Les difficultés étaient grandes : la crise des affaires, le prix élevé
des transports, des matériaux, de la main-d'œuvre, ce lourd lendemain de guerre qui pèse encore sur l'Europe, sur le Monde, et
d'autre part le scepticisme, l'incompréhension, l'hostilité, parfois,
qui accueille toute œuvre nouvelle.

Je veux donc d'abord remercier ceux qui ont vaincu ces difficultés et vous le premier, mon cher Commissaire Général, mon
cher Fumey, dont le calme imperturbable, la ténacité solide ont
assuré le succès : tel le bon capitaine qui, lorsque le bateau navigue
sur une mer agitée au milieu des écueils vers un but lointain, garde
son sang-froid, certain d'atteindre le port parce qu'il est guidé par
la boussole sûre qu'est la foi dans le succès.

A côté de vous, vos collaborateurs dévoués, M. Pierre Gilly, com-
missaire-adjoint, qui vous a apporté sa science profonde des questions commerciales ; le capitaine Lorentz, sa connaissance de Beyrouth, le capitaine Bélandou, le fruit de son travail de dix-huit
mois à la tête des Services économiques du Liban, vos collaborateurs techniques, MM. Michel, Girot, Valery, et tous les modestes
dont vous avez dirigé le travail.

Je n'aurai garde d'oublier votre collaborateur de la dernière
heure, le lieutenant de Cardes, nouvelle preuve qu'on peut tout
demander à l'officier français, aussi bien d'organiser une exposition
ou une résidence que de se couvrir de gloire sur le champ de bataille.

Mes remerciements vont aussi à l'Association des commerçants
et industriels français du Levant, et à son actif et sympathique
Président, M. Soubret ; au Comité républicain du Commerce, de
l'Industrie et de l'Agriculture, et à son distingué Président, M. de
Fleurac ; aux membres du Comité d'honneur dont la généreuse con-
tribution a permis d'ouvrir et d'asseoir le Budget de la Foire, œuvre
toujours difficile ; aux Membres du Comité d'organisation, à ceux
des Comités locaux d'Alep, de Damas, de Tripoli, de Lattaquieh,
de Beyrouth et de Saïda, à la Chambre de Commerce, aux entreprises de transports et de navigation, D. H. P., Messageries Maritimes, Société Navale de l'Ouest, Affréteurs réunis, qui ont consenti d'importantes facilités ; enfin, à tous les Services Officiels du
Haut-Commissariat, des Etats, de l'Armée et de la Marine.

J'en oublie, mais le Jury des récompenses saura reconnaître et
proclamer toutes ces bonnes volontés dont le Haut-Commissaire
a le devoir de souligner et de louer le bon accord comme la cause
la plus efficace du succès final.

Mais qu'eussiez-vous pu faire, Messieurs, sans la collaboration de la France avec le Liban et la Syrie ? Elle ne vous a pas manqué. J'adresse l'expression de notre reconnaissance au Gouvernement de la République qui a si bien voulu, Monsieur le Ministre, vous déléguer à la Foire-Exposition, à M. le Président du Conseil, Aristide Briand, pour le bienveillant intérêt qu'il a voulu ainsi marquer à notre œuvre, à M. le Ministre du Commerce, M. Lucien Dior, qui lui a donné la consécration officielle.

Tous les Libanais, tous les Syriens apprécieront la valeur de ce geste : le Gouvernement de la République, au milieu de toutes les lourdes préoccupations qui pèsent sur lui, a tenu à être présent spécialement à cette première manifestation de résurrection de ce pays qui a tant souffert, et celui qu'il a choisi, Monsieur le Ministre, c'est vous, ancien Ministre du Commerce et de l'Agriculture, ces deux forces, ces deux grands espoirs du Liban et de la Syrie.

J'associe à mes remerciements MM. les Membres du Jury et leurs aimables compagnes qui n'ont pas craint de vous accompagner dans ce lointain voyage et, avec eux, l'actif Directeur de l'Office Commercial du Levant, M. Grandguillot, Délégué par le Ministre du Commerce en remplacement de M. Charmeil, Conseiller d'Etat, directeur au Ministère, dont la collaboration nous a été si dévouée dans la préparation de l'Exposition et que nous avons le regret de ne pas voir aujourd'hui parmi nous.

Messieurs, le Parlement français n'est pas seulement représenté parmi nous par M. le sénateur Fernand David, il l'est aussi par M. Edouard Soulier, député de Paris, membre de la Commission des Affaires Etrangères. Je vous prie, vous aussi, Monsieur le Député, d'agréer l'expression de notre gratitude pour le temps précieux que vous nous consacrez. Votre voyage à Alep et dans l'intérieur complètera pour Paris les bonnes impressions que M. Fernand David a rapportées de Damas.

Derrière ceux qui sont venus ici, je vois là-bas ceux qui ont travaillé à l'œuvre si importante de la préparation et de la propagande, œuvre heureusement accomplie par la collaboration dévouée du Comité français des Expositions dont le Président, M. Emile Dupont, et le Vice-Président, M. Pinard, ont, dès le premier jour, répondu à notre appel, et qui ont envoyé ici la délégation conduite par M. Faure ; de l'Office Commercial du Levant, du Comité National des Conseillers des Commerces extérieurs, présidé par M. Clementel, que nous avions espéré voir ici et que des devoirs plus impérieux ont retenu en France, mais dont votre présence, Monsieur le Ministre, nous permet de regretter moins l'absence ; de la Chambre de Commerce de Marseille et de la Délégation du Haut-Commissariat à Paris. J'adresse notre gratitude particulière à son chef, à l'homme qui, entre tous, a dévoué à une grande idée plus de trente ans le labeur acharné et qui, s'il a compromis sa santé, a du moins la fière consolation d'avoir une grande part dans cet admirable effort de la France outre-mer dont la grande guerre a montré le prix, à notre incomparable Terrier.

Je ne veux pas oublier non plus de remercier les concours étrangers qui nous sont venus et qui ont apporté à ces assises du commerce et de l'industrie l'attrait de la loyale concurrence de nos alliés et amis.

Et ce m'est une raison de plus de saluer ici MM. les Consuls étrangers en les assurant de la satisfaction que nous avons eue à ouvrir cette première manifestation économique de la Syrie sous mandat français aux participations étrangères, comme aux participations françaises et syriennes. J'adresse un souhait spécial de bienvenue au capitaine Winslow, que M. le Haut-Commissaire des Etats-Unis à Constantinople a délégué à la Foire-Exposition et qui verra une importante participation américaine.

Enfin, il n'est pas de succès réel et durable sans le concours de la Presse. Il ne nous a pas fait défaut. Journaux français et journaux syriens du Liban et de la Syrie ont droit à nos remerciements auxquels j'associe les rédacteurs, les correspondants des journaux d'Egypte et de France, qui sont nos hôtes aujourd'hui.

MESSIEURS,

Lorsque, l'année dernière à pareille époque, alors que le pays sortait à peine de l'angoisse, de la tourmente et de la famine, alors qu'une guerre fratricide ensanglantait vos frontières, alors que vous attendiez en vain, que vous ne voyiez arriver que goutte à goutte, si je puis dire, les produits manufacturés de France, alors qu'un mur élevé par une politique détestable et absurde séparait le Liban de la Syrie, il eût pu sembler paradoxal et téméraire de prévoir qu'un an plus tard nous serions ainsi réunis, Français des deux rives de la Méditerranée, Français, Libanais et Syriens, représentants du Gouvernement, des Assemblées, commerçants et industriels, civils et soldats, réunis dans la même pensée de travail et de confiance au soir d'une journée qui marquera dans l'essor renaissant du Liban et de la Syrie.

Tous, nous sentons la valeur de cette manifestation dictée par les puissants intérêts qu'ont les deux pays au moment où se prépare la mise en valeur des grands marchés sur les bases nouvelles de l'économie politique transformée par la guerre, à témoigner de la valeur de leurs ressources si elles ne veulent pas rester en dehors du grand mouvement mondial.

Nous avons peut-être le droit d'être fiers du résultat obtenu en un an et de penser que si l'œuvre de la France en Syrie et au Liban n'est, pas plus qu'aucune œuvre humaine d'ailleurs, à l'abri des critiques qui ne lui ont pas été ménagées, nous y répondons de la bonne manière en donnant à ce cher et beau pays, naguère divisé, agité et meurtri, tous les jours plus de paix, d'union et de prospérité.

Cette manifestation était peut-être d'autant plus nécessaire que beaucoup de gens s'imaginaient que seuls des liens de sentiment attachent la France à la Syrie. Il n'est pas assurément de raison plus belle, de meilleur fondement à nos droits que cet antique amour, que, depuis les lointains âges, les montagnards du Liban ont toujours éprouvé pour la France, et je me souviens de mon émotion, lorsque dans une visite à la montagne l'an dernier, on me mit sous les yeux le testament d'un des membres de la famille Khazen, consul de Louis XIV au Liban, et que je lus ces lignes :

« J'affirme au nom de toute ma famille mon amour et ma fidélité à l'Empereur de France, et si, ce qu'à Dieu ne plaise, l'un de mes descendants venait à oublier ce solennel serment, je le déshérite et le maudis auparavant. »

Les Khazen n'ont pas oublié et deux d'entre eux ont été exécutés par les Turcs pendant la guerre, victimes de leur attachement à la France.

Mais le Liban, la Syrie ne représentent pas seulement une question de sentiment. La montagne, grâce au labeur de ses habitants, a des cultures riches qui doivent d'ailleurs être développées, le mûrier nécessaire à la production de la soie, la vigne, le tabac surtout ; à ses pieds, de vastes jardins d'orangers. La montagne a encore une autre source de richesse : la force des eaux, la houille blanche, dont les Libanais sauront tirer le même parti que vos compatriotes des montagnes de Savoie, Monsieur le Ministre.

Derrière le rideau des montagnes, la légendaire Bekaa, la Mouk, la vaste plaine de la Syrie intérieure, le Hauran, les immensités de terrain cultivable traversées par l'Euphrate, que l'antiquité a connue si fertiles que Rome y avait un de ses plus riches greniers.

Sans doute, les siècles de guerre ont désolé ces plaines fécondes, mais nous sommes mieux armés que les Romains pour les remettre en valeur, nous possédons cette arme puissante qu'est la motoculture, et je suis certain que vous avez tous été frappés de l'intérêt que présente l'exposition de la motoculture et qu'offriront ses expériences.

Dès lors, il n'est plus présomptueux de citer les chiffres que notre conseiller agricole, M. Achard, a donnés aux possibilités économiques de l'avenir : plusieurs millions de tonnes de céréales et 500.000 tonnes de coton.

Mais il est évident que, quelle que soit la richesse de la terre, sa mise en valeur dépend du travail de ses habitants. Elle dépend aussi de la paix, j'ai dit tout à l'heure quels progrès avaient été réalisés en un an, dans la paix morale comme dans la paix matérielle. J'en veux pour preuve la présence de M. Hakki Bey El Azem, Gouverneur de l'Etat de Damas, et des distingués Damascains qui l'accompagnent, assis à la même table que M. Daoud Bey Amoun, Président de la Commission Administrative du Grand Liban, que M. Adib Pacha, dont je suis heureux de saluer l'élévation au poste éminent de Secrétaire Général du Grand-Liban... Seul, son grand âge a empêché le Gouverneur de l'Etat d'Alep d'être parmi nous ce soir.

Sans doute, le passé n'est pas tout entier effacé, sans doute, Libanais, vous tenez à votre indépendance et vous êtes assurés que rien ne peut la menacer, mais vous êtes aussi trop intelligents pour méconnaître que vous avez besoin de la Syrie intérieure comme elle a besoin de vous et que, par conséquent, une union économique est une nécessité vitale pour les deux pays.

Je me plais à espérer que les rivalités entre confessions, dont la permanence serait une cause de faiblesse pour le Grand-Liban, iront s'atténuant. Lorsque les représentants, les fonctionnaires, les magistrats du Liban pourront être désignés, qu'ils soient catholiques, orthodoxes, musulmans ou druzes, uniquement en raison de leur valeur, de leur instruction, de leur caractère, un grand pas aura été fait dans le progrès politique du pays.

Permettez maintenant au Commandant en Chef de l'Armée du Levant de regarder au loin, de vous montrer les troupes braves, disciplinées, dévouées qui vous entourent et vous protègent.

Il ne faut jamais oublier, Messieurs, que rien de ce qui a été construit n'aurait pu l'être, qu'aucun progrès n'aurait pu être réalisé, que les affaires ne pourraient prospérer si d'admirables soldats, sous les ordres de ces généraux et de ces officiers qui ont vaincu l'Allemagne, ne combattaient pas aujourd'hui encore partout où les bandes de brigands troublent le pays, continuant à verser leur sang pour votre paix et votre liberté, comme ils l'ont versé naguère pour votre délivrance.

Vous avez vu hier, Monsieur le Ministre, les défilés de Khan Meiseloum, où, le 24 juillet dernier, les troupes de la 3e Division d'Infanterie ont accompli un si beau fait d'armes. Mais vous savez aussi que si vous avez trouvé Damas si tranquille, si ouverte, si confiante, c'est que ces troupes se sont montrées aussi disciplinées au lendemain de la victoire qu'elles avaient été braves dans le combat. A Alep, M. Edouard Soulier a pu admirer les mêmes qualités dans ces beaux régiments de la 2e Division d'Infanterie qui ont donné un si long et terrible effort sous un climat de feu, et ensuite dans la neige, jusqu'au jour où le grand succès qu'a été la prise

d'Aïntab a permis au Gouvernement de la République de conclure
avec les délégués turcs le généreux accord de Londres.

Et que dire de la 4e Division, toujours en colonne depuis six
mois dans des montagnes difficiles, infligeant échecs sur échecs aux
bandes de brigands qu'elle combat et est résolue à faire disparaître,
et de la 1re qui, après l'héroïque épopée de la campagne de Cilicie
de l'an dernier, a le douloureux devoir d'abnégation de se préparer
à évacuer le pays où elle a combattu si longtemps ? Elle ne le quittera pas du moins sans la consolation de laisser le nom de la France
respecté pour le courage de ses soldats comme pour la générosité de
ses œuvres.

La Marine a rivalisé avec l'Armée de dévouement, toujours prête
aux transports rapides les plus inattendus, n'hésitant pas à mettre
à terre et à lancer jusque dans les montagnes ses braves compagnies
de débarquement.

A tous ces braves, Français, Algériens, Marocains, Syriens, Sénégalais, et à leurs chefs, adressons, Messieurs, notre hommage de
confiance et d'admiration.

Messieurs, l'âme qui anime tous ces dévouements, toutes ces
œuvres, c'est l'âme de la France ; c'est en évoquant cette patrie
lointaine, bien-aimée, que je vous demande de lever vos verres en
l'honneur de M. le Président de la République.

M. Fernand David apporta enfin à la Foire-Exposition de
Beyrouth le témoignage du Gouvernement de la République,
salua l'effort de l'Armée du Levant et des Français du Liban
et de la Syrie, et célébra les liens indissolubles qui unissent la
Syrie et le Liban à la France.

Le Jury des récompenses de la Foire-Exposition de Beyrouth
a été constitué par l'arrêté suivant du Ministre du Commerce :

RÉPUBLIQUE FRANÇAISE

MINISTÈRE DU COMMERCE ET DE L'INDUSTRIE

ARRÊTÉ

Le Ministre du Commerce et de l'Industrie,

Vu la lettre du Ministère du Commerce et de l'Industrie au Haut-

Commissaire de la République Française en Syrie, en date du 21 janvier 1921 ;

Vu l'arrêté de ce jour fixant les conditions dans lesquelles le Jury de cette Exposition sera organisé et devra procéder à ses opérations ;

Vu notamment l'article 9 du dit arrêté aux termes duquel « les fonctions des jurés… ne seront définitivement attribuées, aussi bien aux jurés titulaires qu'aux jurés suppléants, qu'autant que ceux qui auront été investis de ces fonctions auront retiré, en personne, au siège du Comité d'organisation à Beyrouth, leurs titres de nomination » ;

Vu la proposition du Haut-Commissaire de la République Française en Syrie, des administrations intéressées et des Comités chargés de recruter, d'admettre et d'installer les exposants, sur la proposition du délégué du Gouvernement Français,

Arrête :

ARTICLE PREMIER

Sont nommés jurés de sections à la Foire-Exposition de Beyrouth de 1921 :

MM. Amos (Fils et Tissus) ; Bac (Petite Métallurgie) ; Bertrand-Taquet (Alimentation liquide et solide) ; Carrière (Article de Paris); Cassard (Ameublement) ; Chanée (Henri) (Tapisserie) ; Collonge (Articles graphiques) ; Lejeune (Alimentation liquide) ; Richard (Georges) (Alimentation liquide) ; Schneider (Machines agricoles) ; Steenbrugghe (Van) (Orthopédie) ; Troncin (Produits pharmaceutiques).

Jurés syriens :

MM. Abdallah Beyum ; Derviche Haddad, entrepreneur de travaux publics ; Manasseh, négociant ; Neasane, négociant ; Sirgi (Michel), négociant. — *Suppléant* : marquis de Freige.

Membres du Jury choisis parmi les membres du Haut-Commissariat et les collaborateurs officiels de l'Exposition :

MM. Achard, conseiller du Haut-Commissariat pour l'Agriculture ; Barré, chef du Bureau économique du Haut-Commissariat ; Desplats, ingénieur, membre suppléant ; James, commissionnaire ; Not, commissionnaire ; Soubret, ingénieur.

ART. 2

La répartition entre les sections des jurés ci-dessus énumérés sera effectuée au moment de la réunion du Jury à Beyrouth par le Délégué du Gouvernement français ou son représentant.

Art. 3

Le Délégué du Gouvernement français est chargé de l'exécution du présent arrêté.

Paris, le 2 avril 1921.

Signé : Lucien **DIOR**.

Les opérations du Jury, réparti en douze sections, eurent lieu du 25 avril au 2 mai.

Le Jury supérieur, composé de MM. Fernand David, président ; Auguste Terrier, délégué du Haut-Commissaire ; Grandguillot, directeur des Offices communaux du Levant, chargé de remplacer M. Charmeil, délégué du Gouvernement, retenu en France ; Jean Faure, président du Comité d'organisation de la Section française, et Bac, rapporteur général, se réunit, le 5 mai, et la distribution solennelle des récompenses eut lieu le même jour. Le Jury supérieur a tenu depuis lors, à Paris, une nouvelle réunion au cours de laquelle a été définitivement arrêtée la liste officielle des récompenses qui a été approuvée par M. le Ministre du Commerce et qu'on trouvera ci-après.

FOIRE-EXPOSITION DE BEYROUTH

Avril-Mai 1921

COMMISSARIAT GÉNÉRAL

DE LA

FOIRE-EXPOSITION DE BEYROUTH

Sous le haut patronage de

M. le Général GOURAUD

Haut-Commissaire de la République Française en Syrie et au Liban
Commandant en chef de l'Armée du Levant.

MM. le Chef de Bataillon FUMEY, Commissaire général.

Pierre GILLY, Directeur de l'Office commercial, Commissaire
général-adjoint.

Capitaine L. LORENTZ, Adjoint au Commissaire général.

COMITÉ D'HONNEUR

Président d'honneur :

CLEMENTEL, Sénateur, ancien Ministre du Commerce.

Vice-Président d'honneur :

Auguste TERRIER, Délégué à Paris du Haut-Commissaire de la République Française en Syrie.

Membres d'honneur :

Capitaine De LESTAPIS, Délégué-adjoint du Haut-Commissaire.

GRANDGUILLOT, Directeur général des Offices commerciaux français,
du Levant.

MINISTÈRE DU COMMERCE ET DE L'INDUSTRIE

Lucien DIOR, Député, Ministre du Commerce et de l'Industrie.

De TARDE, Auditeur au Conseil d'Etat, Chef du Cabinet.

Alexis CHARMEIL, Conseiller d'Etat, Directeur du Personnel, de
l'Expansion commerciale et du Crédit.

Roger FIGHIERA, Directeur des Affaires commerciales et industrielles.

Charles DROUETS, Directeur de la Propriété industrielle.

Daniel SERRUYS, Directeur des Accords commerciaux et de l'Information économique.

André DUPIN, Sous-Directeur de l'Expansion commerciale.

DÉLÉGUÉ DU GOUVERNEMENT POUR L'EXPOSITION DE BEYROUTH

Alexis CHARMEIL, Conseiller d'Etat, Directeur au Ministère du Commerce.

MINISTÈRE DES BEAUX-ARTS

Paul LÉON, Directeur de l'Administration des Beaux-Arts.

PERSONNALITÉS DIVERSES

Hubert GIRAUD, Député, Président de la Chambre de Commerce de Marseille.

MEGGLÉ, Secrétaire Général du Comité des Conseillers du Commerce extérieur.

COMMERCE EXTÉRIEUR

Georges RICHARD, Délégué du Haut-Commissaire de Syrie à Marseille.

ANCEY, Directeur de l'Office commercial du Levant à Marseille.

COMITÉ D'ORGANISATION

DE LA

SECTION FRANÇAISE

Président :

Jean FAURE, Président de la Commission d'initiative et d'enquête du « Comité français des Expositions », Président de la Chambre syndicale des Fabricants de produits pharmaceutiques.

Vice-Présidents :

BAC, Président de la Chambre syndicale des Fabricants d'articles métalliques.

Alfred BERTRAND-TAQUET, Délégué-Rapporteur de l'Alimentation aux Expositions de San-Francisco et de Casablanca.

DEFORGE, Président de la Chambre syndicale de la Confection française.

MORIN, Président de la Chambre syndicale des Fabricants de plumes.

Secrétaires :

BAUDRY, Fabricant de plumeaux et négociant en plumes brutes.
WEISSMANN, Administrateur-Délégué de la Compagnie française des
    Perles électriques.

Trésorier :

HENRI, CHANÉE, Président de la Chambre syndicale des Tissus d'ameu-
    blement.

Services administratifs :

LÉON DRUJON, Attaché au Comité français des Expositions.

COMMISSARIAT GÉNÉRAL

DE LA

FOIRE-EXPOSITION DE BEYROUTH

Partie inférieure de la rue Allenby (Stands 149 à 334)
Square de la place des Canons
Esplanade de la Marine

BUREAUX DE RENSEIGNEMENTS

Rue Allenby, Stand n° 5
Esplanade de la Marine, n° 353.

COMITÉ D'HONNEUR

Général GOURAUD, Haut-Commissaire de la République Française en
    Syrie et au Liban, Commandant en chef de l'Armée du Levant.
ROBERT DE CAIX, Secrétaire général du Haut-Commissariat.
Général GARNIER-DUPLESSIS, Adjoint au Général commandant en
    chef l'Armée du Levant.
Amiral MORNET, Commandant la Division navale de Syrie.
Capitaine de frégate TRABAUD, Gouverneur du Grand-Liban.

HAKKI BEY AZEM.	MOUSSA BENJAMIN.
ABDALLAH ADIN ABDEL WAHED.	ABDALLAH BEY BEYHOUM.
KHEIR ED DIN ADRA.	OMAR BEY BEYHOUM.
ABDEL SATTAR BEY ALLAMEDIN.	L. BOYER.
HUSSEIN BEY AHDEB.	F. CHAPOTOT.
AHMED AJEM.	EMIR MALEK CHEHAB.
DAOUD BEY AMMOUN.	GEORGES CHEDRASI.
ANTOINE ARAB.	N. CHOUERI.
EMIR FOUAD ARSLAN.	BADER DAMASHKIÉ.
S. AUDI.	S. DANA.
KHALIL BADAOUI.	MOUSTAPHA EZZEDIN.
FOUZI BEY BACRI.	M. FOURNIER.

Marquis DE FREIGE.
GABRIEL GEAMMAL.
ELIE GÉDÉON.
FOUAD BEY GEMBLAT.
EMILE HACHO.
NEGIB HADDAD.
FRÉDÉRIC HAKIM.
J.-V. HAKKIM.
A. ISSA.
HABIB KAHALÉ.
KARAM KARAM.
CHEIK YOUSSEF BEY KHASEN.
HASSAN KORONFOL.
YOUSSEF LINIADO.
HASCHEM MAARI.
AMIN MALLOUK.
LOUTFALLAH MANASSAH.
EMILE BEY MANNOUKH.
R. MARTEAUX.

HENRI MICHACA.
ABRAHAM BEY MOUSTAPHA.
SELIM NADJIAR.
PHILIPPE PHARAON.
HABIB PACHA SAAD.
KHALIL SARA.
HASSAN SIOUFFI.
E. SOUBRET.
ROUCHDI SUCCARI.
ALFRED BEY SURSOCK.
EMILE TABET.
JACQUES TABET.
EMIR TAHER.
PHILIPPE DE TARRAZI.
ANIS TRAD.
PHILIPPE M. YAZBECK.
MOHAMED SAID BEY EL YOUSSEF.
NAOUM ZIADI.
A. ZOC.

COMITÉ GÉNÉRAL D'ORGANISATION

Commandant FUMEY, Commissaire général de la Foire-Exposition de Beyrouth.

PIERRE GILLY, Commissaire général-adjoint.

ABDALLAH BEYHOUM, négociant.

N. CHOUERI, négociant.

OMAR BEY DAOUK, Président de la Chambre de commerce de Beyrouth.

E. DE FLEURAC, Directeur de la maison Worms et Cie.

Marquis DE FREIGE, propriétaire, Conseiller municipal.

HENRI MICHACA, Conseiller municipal.

H. MICHEL, Ingénieur-Architecte.

M. ODINOT, Directeur de l'Ecole d'Ingénieurs.

E. SOUBRET, Directeur de la Société française d'Entreprises.

ALFRED BEY SURSOCK, Conseiller municipal.

GEORGES VAYSSIÉ, directeur du journal *La Syrie*.

MICHEL ZACCOUR, directeur du journal *El Bark*.

PREMIÈRE PARTIE

Les Conférences de la Foire-Exposition de Beyrouth

LES CONFÉRENCES

de la

FOIRE-EXPOSITION DE BEYROUTH

Les conférences qui sont publiées ici ont été faites pendant la Foire-Exposition de Beyrouth, en 1921. La plupart ont été prononcées au Cercle de l'Union Française, sous le patronage de l'Alliance française.

Cette vieille maison levantine, élevée sur des pilotis que les flots battent sans cesse, est un des plus anciens foyers de notre influence. Depuis des années, presque chaque soir, on y recueille les enseignements de la pensée française, dans un cadre que les nuits d'Orient rendent plus grandiose encore : c'était, au printemps dernier, une véritable féerie que de voir les jeux de la lune sur les eaux où voguaient jadis les trirèmes de Phénicie et sur les monts vénérés déjà par les premiers cultes d'Astarté et d'Adonis.

Le programme fixé par le général Gouraud, Haut-Commissaire de la République, embrassait l'ensemble des questions qui préoccupaient le plus la Puissance mandataire, amie séculaire des Syriens et Libanais. Selon ses instructions, il convenait de choisir l'occasion d'une grande manifestation économique pour rappeler l'œuvre accomplie depuis un an et demi.

L'heure était en effet venue, après les victoires remportées par les soldats de l'Armée du Levant à Khan Meisseloun, en juillet 1920, et à Aïntab, en février 1921, de regarder l'avenir avec une confiance ranimée par les résultats obtenus dans tous les domaines.

Pour saisir ainsi le sens et la portée de cette publication, il faut évoquer la Foire-Exposition de Beyrouth qui apparaîtra désormais à tous ceux, Syriens, Libanais ou Français, qui ont travaillé aux côtés du général Gouraud dans les heures militantes de 1919, 1920 et 1921, comme une consécration de la Paix gagnée après tant de sacrifices.

Après avoir solennellement proclamé, le 1er septembre, l'indépendance du Grand-Liban et constitué, à Damas et à Alep, des Etats libres et autonomes, le général Gouraud a voulu affirmer, par une manifestation économique, les volontés de la France.

Sur ces rivages où le commerce est une tradition, il était nécessaire de frapper les esprits par une réalité concrète adaptée au génie des Orientaux et à celui des Français.

Dans les rues où se tenait, de temps immémorial, une charmante farandole d'échopes, rien ne pouvait exercer plus d'emprise sur les négociants les plus habiles du monde, qu'une Foire-Exposition conçue dans le grand style des assises du commerce et de l'industrie tenues pendant la guerre à Casablanca ou à San-Francisco. C'était, enfin, exécuter avec des vues libérales et modernes notre mandat que d'entraîner les initiatives par l'exemple et par l'association et de donner une formule économique, inspirée par le grand principe démocratique d'égalité.

L'une des principales artères de Beyrouth, la rue Allenby, était transformée en un vaste bazar, très clair, ouvert, aéré, dessiné à grands traits, en opposition avec les marchés obscurs et mystérieux, où se développe la mentalité du changeur qui spécule sous le manteau. Jalonnées de hampes légères qui portaient des fanions où se mariaient nos couleurs et celles des Etats de Syrie et du Grand-Liban, dans un monde d'affiches, 350 boutiques s'alignaient qui présentaient les articles des plus grandes maisons françaises comme ceux du Levant. De ci, de là, les agences des Banques et des grandes Sociétés et, auprès, une foule de badauds fumant le narghilé devant des baraques foraines.

Sur la place des Canons, le forum des Beyrouthins, sous les ombrages d'arbres séculaires, parmi des tapis de fleurs écar-

lates ou bleu de roi, voici maintenant les pavillons des principales villes de Syrie organisés par la collaboration des notables et des représentants de la France. D'abord ceux de Beyrouth et de Tripoli : ameublements à l'européenne ou à
l'orientale dessinés et exécutés par des artisans de Beyrouth,
vin d'or des monts du Liban, cotons, tabacs blonds ou noirs,
épis de blé ou d'orge, légumes saisonniers, fruits parfumés,
huiles légères, enfin toute la gamme agricole des plaines et des
coteaux qui s'échelonnent de Tyr à Alexandrette. Vis-à-vis
l'un de l'autre, les pavillons de l'Armée et de la Marine, et des
Beaux-Arts, qui présentent l'art de la grande guerre et les
œuvres des artistes levantins.

Puis, sur la nouvelle esplanade, au-dessus du port, devant
la rade dont le dessin, au pied du Liban rosé, rappelle celui
de la baie de Naples, entourée de deux sections de stands,
s'élève une tente bédouine foncée avec quelques rayures
blanches : c'est là que sont venus, de l'intérieur comme de la
côte, banquiers, ingénieurs, agriculteurs et commerçants,
s'entretenir avec le général Gouraud de l'œuvre de demain.
A côté, un élégant restaurant où M. Fernand David, sénateur,
ancien ministre du commerce, le jour de l'inauguration, a
apporté aux organisateurs les vœux et l'appui du Gouvernement de la République Française.

Le 30 avril 1921, en effet, a réuni dans une même pensée de
confiance les hommes des deux rives de la Méditerranée, péné-
trés de la nécessité de témoigner de la valeur de leurs ressources au moment où se prépare, au lendemain du relèvement, la
mise en valeur des grands marchés : assemblée qui eût pu
sembler paradoxale et téméraire un an auparavant, alors
que le pays sortait à peine des angoisses de la guerre et de la
famine et qu'un mouvement de xénophobie, hostile au progrès, prêt à faire œuvre de cristallisation en Asie comme en
Afrique, se répandait de la Békaa à la Cilicie et de l'Euphrate
aux Monts Alaouites. Au contraire, en 1921, les membres
du Jury français ont été accueillis, à Damas comme dans le
Liban, par des chants d'allégresse et des vivats reconnaissants adressés à la France libératrice. C'est qu'une rapide
victoire française avait contenu cette levée fanatique et

qu'elle avait été exploitée de suite par le général Gouraud, dont les événements comme les hommes subissent l'ascendant et le charme.

La Foire-Exposition de Beyrouth 1921 n'a été qu'un prologue, car dans tous les domaines des actes s'accomplissent qui s'imposent. Mais le général Gouraud l'avait aperçu dès septembre 1920, elle a été plus, elle a donné confiance. Tous ont senti que, malgré les hypothèques diplomatiques, politiques, économiques qui grèvent le proche Orient, le mandat de la France allait se dégager des difficultés initiales et des sacrifices si lourds, avec une beauté morale : celle-là même qui convient à l'œuvre d'amitié entreprise par la France.

I

LA SYRIE DANS LE PASSÉ

Fig. 1. — Les Stands de la Foire-Exposition.

(Rue Allenby).

Fig. 2. — Les Pavillons des États, sur la Place des Canons.

LA SYRIE A TRAVERS LES AGES

par le **Père DHORME**

de l'Ecole biblique de Jérusalem

I. — LE PAYS ET SES ANCIENS HABITANTS

Du xxe siècle avant notre ère jusqu'à l'époque où nous vivons, c'est 4.000 ans d'histoire qui se déroulent sur cette immense bande de terre méditerranéenne que nous appelons la Syrie. Pays étrange, en vérité, dont les limites furent toujours imprécises et dont l'unité intérieure fut souvent factice ! Les Anciens n'eurent jamais d'hésitation sur la valeur des termes Egypte et Mésopotamie. L'Egypte, c'était suivant le mot fameux d'Hérodote, un don du Nil. Le fleuve divin avait fourni la terre, il en marquait la nature et il en définissait l'étendue. La Mésopotamie, c'était la région entre les deux fleuves voisins à leur source et confondus à leur embouchure ; le Tigre et l'Euphrate avaient déposé les alluvions où se développèrent les remarquables civilisations de Ninive, d'Assur et de Babylone. La plaine mésopotamienne, comme la vallée égyptienne, tirait son unité, et, si l'on peut dire, son identité, des eaux que les grands fleuves lui départissaient à chaque retour de printemps. Mais la Syrie ? Elle ne s'étend pas sur les rives d'un seul fleuve comme le Nil ou entre les rives de deux fleuves comme le Tigre et l'Euphrate. Il semble que la nature se soit ingéniée à la morceler en cantons divers par le jeu capricieux des montagnes et des vallées. Mais si l'on jette un coup d'œil sur son littoral, on comprend pourquoi ce pays aux aspects si variés apparut comme un tout homogène aux Grecs et aux Romains qui en étudièrent l'histoire. La Syrie est à l'Orient le cul-de-sac de la Méditerranée. La mer s'en-

fonce entre l'Asie Mineure au Nord et la terre d'Egypte, y
compris la Sinaï, au Sud. Elle s'arrête alors devant une barre
presque verticale qui descend du golfe d'Alexandrette jusqu'à
l'embouchure du torrent d'Egypte, aujourd'hui Wadi el
Arish. C'est cette côte Syrienne avec son hinterland qui ser-
vira de trait d'union entre l'Afrique et l'Asie. Vers la fin du
troisième millénaire avant notre ère, les Pharaons d'Egypte
connaissent déjà « les chemins de l'Horus » qui, au delà du
Sinaï, mènent vers la Sainte Byblos d'où ils font venir les
cèdres du Liban. Et, de leur côté, les plus anciens dynastes
de Chaldée ont déjà franchi l'Euphrate pour atteindre la mer
« où se couche le soleil ». Un fait qu'il faut noter, c'est que les
Babyloniens et les Assyriens employèrent le mot « Mousour »
pour désigner la région qui s'étend entre Marash et la côte
Cilicienne. C'est le même mot qui était usité, concurremment
avec Misir, pour tout le territoire d'Egypte à partir de l'endroit où il confine avec la Palestine. Or, le sens de Mousour
et de Misr (d'où les Hébreux tirèrent Misraim et les Arabes
Misir comme le nom de l'Egypte) est précisément la limite
ou la frontière. On peut en conclure que, dès l'aurore de l'histoire, le pays qui plus tard s'appela la Syrie était délimité au
Nord par les contreforts du Taurus, au Sud par ce boulevard
de l'Egypte que constitue la péninsule sinaïtique. La zone
douteuse était cette partie septentrionale qui s'étend entre
la chaîne de l'Amanus et la région où l'Euphrate, court
parallèlement à la côte méditerranéenne, sans doute le fleuve
Afrin, affluent de l'Oronte, draine déjà vers la Syrie les produits du sol et la population de ces contrées. Mais Gargamish
(aujourd'hui Djérablous), sur la rive droite de l'Euphrate,
était le rempart de la puissance hittite.

C'est vers elle que descend le Sadjour qui porte à l'Euphrate
les eaux de la région d'Aïntab. Une troisième rivière, le Kowek,
ne rejoint ni le bassin de l'Oronte, ni celui de l'Euphrate ;
elle coule solitaire jusqu'au delà d'Alep où elle se perd dans
les marais. Les Hittites auront beau jeu pour ravager ces
cantons isolés et nous verrons que c'est par là qu'ils s'infiltre-
ront. Le cœur de la Syrie se trouve plus bas. C'est cette merveilleuse vallée de l'Oronte qui, partant de la Coelé-Syrie,

entre le Liban et l'Anti-Liban, s'achemine franchement vers le Nord, laissant à sa gauche les monts du Liban et des Ansariehs, puis, par un coude subit, vient se jeter dans la Méditerranée au pied du mont Casius. Sur son parcours, les villes célèbres se succéderont dans l'espace et dans le temps, depuis le fameux Qadès sur l'Oronte et le Hamath syrien, jusqu'à Emèse et Antioche. C'est de l'histoire de ces villes que se compose surtout l'histoire de Syrie. Mais leur renommée n'éclipse pas et n'éclipsera jamais celle de Damas, que nous trouvons avec son rang de capitale dès les premiers jours des annales orientales. Elle est tributaire, elle aussi, des montagnes libanaises, car c'est de l'Anti-Liban que le Barada lui amène ses eaux fraîches et fécondes. Un autre fleuve, le Litani, quittant la Coelésyrie un peu au sud de la source de l'Oronte, s'achemine vers la Palestine et semble vouloir gagner la vallée du Jourdain. Mais la configuration des montagnes l'oblige à changer subitement de cours, à prendre la direction de l'Ouest pour déboucher dans la Méditerranée, au nord de Tyr. Il devient ainsi un fleuve phénicien comme ses frères qui, des flancs du Liban et par un trajet plus court, descendent respectivement vers les anciennes cités d'Arwad, de Tripoli, de Batroun, de Byblos, de Beyrouth et de Sidon. Enfin, le Jourdain lui-même est redevable à l'Anti-Liban de ses eaux vivifiantes. Ses multiples sources jaillissent des pentes occidentales et méridionales du grand Hermon, cette montagne de la neige ou du vieillard à cheveux blancs (comme on l'appelle dans le pays), point culminant de l'Anti-Liban. Le Jourdain, dont le nom sémitique signifie : « Celui qui descend », fleuve en escalier qui aurait pour paliers le lac Houlé, à 2 mètres au-dessus du niveau de la Méditerranée, et le lac de Tibériade, à 200 mètres au-dessous. Il creuse son lit à travers l'immense faille du ghor et vient mourir dans le lac mystérieux qu'on appelle successivement la mer de sel, la mer Morte, la mer de Loth ou encore le lac asphaltique : mer aux eaux lourdes et surchargées de sel, de soufre, d'alun et de bitume ; lac intérieur qui, à près de 400 mètres au-dessous du niveau de la Méditerranée, s'évapore silencieusement sous les ardeurs d'un soleil tropical. Avant d'y atteindre, le fleuve draine les eaux des montagnes transjordaniennes, grâce à ses affluents dont les plus considérables sont le torrent de Yarmouk, entre le Djolan et le massif d'Adjloun, la Zerqa ou « fleuve bleu », entre l'Adjloun et la steppe du Belqa. Un autre torrent célèbre, l'Arnon, qui sépare le Belqa du territoire dont Kérak est la capitale, se jette directement dans la mer Morte vers le milieu de sa rive orientale. De l'autre côté de ce bassin fermé que constituent le Jourdain et la Mer Morte, ce sont des cours d'eaux insignifiants qui dévalent des monts de Galilée, de Samarie et Judée. Une grande dépression, la fertile et riante plaine d'Esdrelon, coupe obliquement la chaîne montagneuse comme pour faire communiquer la Méditerranée avec le Jourdain. Le Cison, qui l'arrose, roule son flot boueux vers la mer et, caressant le pied du Carmel, s'avance à travers les sables jusqu'à son embouchure, au nord de Caiffa, tandis que plus haut le Bélus, moins long et plus capricieux, court parallèlement à la mer avant de la rejoindre au sud de Saint-Jean-d'Acre. Comme en Phénicie, les villes de la côte auront leur fleuve nourricier.

Les principaux seront celui de Jafa au nord de la Philistie et celui de Gaza au sud. L'intérieur du pays, ce massif de calcaire qui forme la ligne de partage des eaux entre la Méditerranée et le Jourdain ou de la Mer Morte, n'a rien qui ressemble aux vallées de l'Oronte ou du Litani, à la Bekaa ou à la région de Damas. Des torrents généralement à sec, des wadis étroits et peu cultivés, quelques sources par ci, par là, mais d'un débit toujours parcimonieux, le rocher partout à fleur du sol et rarement un plateau uniformément cultivable ! Les destinées historiques de ces régions pierreuses eussent été pitoyables, si les récits bibliques ne s'étaient accrochés aux flancs de ces montagnes et au fond des vallées pour mettre en relief les noms inoubliables d'Hébron, de Bethléem, de Jérusalem, de Samarie et de Sichem, de Nazareth et de Tibériade. L'histoire religieuse du monde entier part de ce coin de terre que les Israélites situaient entre Dan (tell-el-gadi, une des sources du Jourdain) et Bersabée, la ville méridionale où s'embranchait la route qui menait vers le Sinaï et l'Egypte. Les Chrétiens l'ont appelé la terre sainte.

Ses destins furent toujours solidaires de ceux de la Syrie. Celle-ci pouvait sans doute communiquer par mer avec l'Egypte, grâce à ses ports du littoral phénicien ; mais la Palestine était la voie de terre. Par elle, montèrent les Pharaons, et, par elle, descendirent les rois de Ninive et de Babylone. Pour les premiers, la Palestine était l'étape préliminaire lorsqu'ils voulaient traverser la Syrie pour affronter les armées qui débordaient l'Euphrate. Pour les seconds, la marche normale, après le passage du grand fleuve, comportait la dévastation de la Syrie, la descente en Palestine, la prise de Gaza, clef de l'Egypte ; la Syrie changera de maître suivant que les caprices de la fortune auront donné la préminescence à l'Egypte, à l'Assyrie, à la Babylonie ou au pays de Hattou qu'habitaient les Hittites. Elle aura ses jours de gloire et d'indépendance. Nous la verrons même, vers les débuts de son histoire, au delà de l'Euphrate. Mais une barrière s'opposait à son expansion vers l'Est. C'est le désert syrien où seul a pu fleurir Tadmor « la palme » que les Grecs et les Romains traduisirent par Palmyre. Et plus au Sud, au-dessous du wadi stérile qui va des monts du Hauran jusqu'au moyen Euphrate, le désert arabe qu'un roi assyrien, Asaraddon, décrira comme une zone de pays desséché, sol de sel, endroit de soif ! Toute cette solitude aride avait du moins l'avantage de protéger la Syrie contre les agressions des « Béné-qédem » « fils de l'Orient » dont l'existence nomade et pillarde inquiétait les frontières de l'Arabie et de la Transjordanie.

Nous avons dit, en commençant, que la nature avait prédestiné la Syrie, par contraste avec l'Egypte et la Mésopotamie, à présenter une juxtaposition d'Etats plutôt qu'un territoire unique. Mais les grandes nations voisines ne cherchèrent pas toujours à donner à chaque canton son nom propre. Par un procédé familier à l'ancienne géographie, on étendait au pays entier le nom de la région ou de la peuplade la plus proche. C'est ainsi que les Egyptiens, lorsqu'ils commencèrent à pénétrer en Syrie par les marches du Sud, baptisèrent toute la contrée du nom de Kharou qui s'appliquait primitivement au territoire méridional où vivaient les Khorites de la Bible (*Genèse*, XIV, 6). Les Babyloniens du xx[e]

siècle avant notre ère usaient d'un terme plus vague encore.
Ils appelaient Amourrou toute la région qui s'étendait à
l'ouest de l'Euphrate jusqu'à la Méditerranée. Ce même nom
leur servait encore à désigner les Sémites occidentaux, quelle
que fût leur origine première. Ils appliquaient ainsi aux pays et
aux peuplades de l'Ouest une désignation qui, nous le savons
par la Bible et par les documents cunéiformes, aurait dû être
réservée aux Amorrhéens proprement dits, dont l'habitat
était la Syrie du Nord. Le vrai nom de la Syrie était Aram,
l'habitant du pays était l'Araméen. La version grecque des
Septante ne s'est pas méprise quand elle a partout rendu par
Syrie le mot hébreu Aram et par syrien le mot Araméen. La
Bible considère Aram comme un nom patronymique et elle
nous présente l'ancêtre Aram comme un fils de Sem (*Genèse*,
X, 22). Ce sont, en effet, des Sémites que ces Araméens dont
la langue appartient au rameau ouest-sémitique et s'apparente de près au cananéen (hébreu, moabite, phénicien), d'un
peu plus loin à l'arabe ou à l'assyro-babylonien. Leurs plus
anciens noms propres, soit qu'ils représentent des individus,
des clans ou des tribus, sont des noms sémitiques. Nous n'avons
pas d'inscriptions araméennes antérieures au VIIIe siècle avant
notre ère, date où se localisent les textes de Sendjirli (entre
Antioche et Marash), celui de provenance inconnue publié
en 1908 par Pognon, ceux de Nerab au sud-est d'Alep. Ces
textes d'ailleurs, à part celui de Pognon, nous renseignent
plus sur la religion que sur l'histoire. Ce n'est pas ici le lieu
de faire un exposé de cette religion. Il faudrait la mettre à sa
place dans le tableau des religions sémitiques et montrer ce
qu'elle eut de spécial au milieu de ses congénères. Disons
seulement que le Dieu suprême des Araméens fut Hadad,
dieu de la foudre, qui avait pour symbole un taureau. Ce dieu
eut une vogue extraordinaire. Il était vénéré, sous son nom
de Hadad, par les Babyloniens et les Assyriens. On le rencontre chez les Amorrhéens qui peuplèrent la Syrie du Nord.
Les Hittites, proches voisins des Araméens, adorèrent aussi
le dieu de la foudre sous le nom de Teshoup, leur principale
divinité. Quand le royaume schismatique d'Israël voulut
avoir ses dieux particuliers, ce fut le taureau, image de Hadad,

que Jérobaam installa dans les sanctuaires de Dan et de Béthel.

A la lumière de la Bible et des documents cunéiformes, nous pouvons nous faire une idée de ce qu'étaient les Araméens dans la première moitié du deuxième millénaire avant notre ère. C'est un groupe de tribus nomades et batailleuses que les Babyloniens et les Assyriens classent sous les noms d'Arimou, Aroumou, Aramou. Sans cesse elles harcèlent les frontières occidentales de la Mésopotamie. Parmi elles, les plus actives et les plus dangereuses sont les Soutou, les Akhlamou et les Kaldou. La tribu araméenne des Kaldou doit retenir notre attention. C'est elle qui, la première, a débordé les confins du désert syrien pour envahir la Babylonie du Sud à laquelle finalement elle imposera son nom, la Chaldée. La migration d'Abraham qui, vers le XIXe siècle avant Jésus-Christ, commence l'histoire du peuple de Dieu, a pour point de départ la ville d'Ur, qu'on est accoutumé à appeler Ur en Chaldée. Mais le texte hébreu porte : « Ur des chaldéens ». C'est le plus ancien souvenir de l'installation des Araméens sur les rives de l'Euphrate. Abraham et sa famille remontent le cours de l'Euphrate et vont s'installer à Harran. Ils y trouvent une autre installation araméenne. La ville de Harran (aujourd'hui Eskiharran) avait la même religion que la ville d'Ur. Le culte commun aux deux cités était celui du dieu-lune, dieu des nomades que l'astre des nuits guide dans le désert et auxquels il indique la marche du temps. Toute la région de Harran est déjà, à cette époque reculée, un habitat syrien. Là encore s'épanouira plus tard la civilisation syrienne dans la brillante Edesse (aujourd'hui Orfa) qui succédera à Harran comme capitale de la Syrie transeuphratéenne. C'est une Syrie d'avant-garde que la Bible n'a pas manqué de caractériser sous la désignation « d'aram des deux fleuves », c'est-à-dire mésopotamienne. On la distinguait ainsi de « l'Aram de Damas » qui représente la Syrie damascène et de l' « Aram de Soba » qui prolonge au Sud, vers la Transjordanie, l'Aram de Damas. Ce nom d'Aram était devenu l'appellation générique de toutes les installations araméennes. On précisait en ajoutant le nom de la ville principale. C'est ainsi que les contrées qui avoisinaient les sources du Jourdain s'appelleront Aram de Beth-rehob et Aram de Maaca. Un fait des plus intéressants et qui a échappé à la sagacité des philologues, c'est que le fleuve syrien par excellence, l'Oronte, révélait son nom, ses origines et sa patrie. Les plus anciens textes syriens qui s'y réfèrent l'appellent couramment Arantou (d'où les Grecs tirèrent Oronte). Or, par une loi phonétique des plus communes, la lettre M devant une dentale devenait fatalement N. Nous n'hésiterons donc pas à voir dans Arantou une dérivation de Aramtou qui signifiait simplement l'araméenne ou la syrienne. Et c'est bien la désignation qui convenait à ce fleuve qui, nous l'avons vu, baigne le cœur de la Syrie.

Ainsi donc, les Syriens primitifs ne sont plus seulement les nomades du désert. Ils ont déjà fondé des royaumes prospères, dans la vallée de l'Oronte, dans la région de Damas et du Haut-Jourdain, dans la région d'Orfa, de l'autre côté de l'Euphrate. Ce qui leur manque, c'est l'unité politique. Seule, cette unité eût permis à ces peuples d'une même souche de résister à leurs voisins entreprenants et ambitieux. La vallée de l'Euphrate ne livrait pas toujours passage à des invasions aussi pacifiques que celle d'Abraham et de sa famille. La ville de Harran, dont le nom signifiait « la route », n'était pas seulement la route des caravanes mais aussi celle des armées qui, de Babylone ou d'Assur, montaient vers l'Occident pour subjuguer les pays de Hattou (hittites) ou d'Amourrou (amorrhéens). Tantôt l'orage grondait au Nord, c'étaient les Hittites qui dévalaient du Taurus et, appuyant leur base à la citadelle de Gargamish sur l'Euphrate, ravageaient la Syrie du Nord et descendaient jusqu'en Palestine. Ou bien, c'étaient les hordes du Mitanni, de ce royaume qui vient de sortir des ténèbres de l'histoire et dont la souveraineté s'est étendue sur la Mésopotamie septentrionale, depuis les rives du Balikh et du Khabour jusqu'à la ville de Ninive. D'autres fois, c'est du Sud que montait l'ouragan ; car, si la Syrie était le chemin des Babyloniens et des Assyriens vers l'Ouest, des Hittites et des Mitannites vers le Sud, elle était aussi le chemin que suivaient les Egyptiens vers le Nord. Les champs de bataille de Megiddo en Canaan et de Qadès sur l'Oronte sont célèbres dans les fastes des pharaons comme ceux de Gargar (non loin de l'Oronte, près du site d'Apamée), de Hamath, de Damas et de Jérusalem, le seront dans les fastes des rois d'Assyrie. N'oublions pas non plus de signaler les Arabes qui, sans cesse débordants de leur péninsule désertique, inondaient les confins méridionaux ou orientaux de la Palestine, menaçaient le Hauran et Damas, ou parfois se jetaient sur les plaines fertiles de la Chaldée. Fils d'Ismaël « dont la main est contre tous et contre qui est la main de tous » (*Genèse*, XVI, 12), on ne les énumère que d'après leurs villes ou leurs tribus, mais plutôt d'après « leurs campements ou leurs enclos » (*Genèse* XXV, 16). La Bible nous montre bien comment ils s'intercalent comme un coin entre l'Arabie proprement dite et la région de Shour « en face de l'Egypte en allant vers l'Assyrie » (*Genèse* XXV, 18). Le mot Shour signifiant en hébreu « la muraille », la région ainsi nommée s'étendait au nord du Sinaï, précisément à l'endroit où, dès les temps les plus reculés, les Egyptiens avaient élevé un mur de défense contre les incursions des Bédouins d'Arabie. C'est de là que les fils d'Ismaël se répandront à travers la Palestine méridionale et, en se mélangeant avec d'autres tribus sémitiques, formeront les principautés d'Edom, dont l'axe sera la vallée d'Arabah, qui court de la Mer Morte au golfe d'Aqaba. Les Amalécites, qui s'acharnèrent si longtemps vers le Sud de la Judée, étaient apparentés aux Edomites. L'existence nomade de ces Bédouins frappa l'imagination des Egyptiens. C'est dans leurs parages que se passent les aventures de Sinouhit, l'un des officiers du pharaon Sésostris I (première moitié du xxᵉ siècle avant J.-C.). Banni d'Egypte, le vagabond est recueilli, mourant de soif, par les habitants du désert qui l'adoptent pour un des leurs. Ils lui permettent de s'installer quelque part en Palestine ou en Syrie, dans une région merveilleuse « où il y a des figues et des raisins, et du vin plus que de l'eau ; où le miel est abondant et l'huile à profusion, avec toutes sortes de fruits aux arbres ; où il y a du froment et de l'orge, et des troupeaux sans nombre ». L'Egyptien épouse la fille aînée du cheick et devient un prince sédentaire. Rentré plus tard dans son pays d'origine, il étonne Pharaon et sa dame par son accoutrement bédouin et le récit de ses voyages. Les contes de Sinouhit défrayèrent la littérature égyptienne durant des siècles. On aimait à entendre parler de ces Asiatiques dont les portraits, caractérisés surtout par la forme du nez, l'absence de moustache et la barbe taillée en pointe, s'étalaient dans les reliefs des temples ou les peintures des tombes. Et l'on cherchait à laisser leur caractère exotique à ces Bédouins et Bédouines aux tuniques bariolées dont les caravanes sont représentées amenant aux Egyptiens des fards et des parfums. Ce sont les ancêtres lointains de ces Nabatéens qui furent le trait d'union entre la Syrie, l'Egypte et l'Arabie. Race de commerçants semi-nomades et semi-sédentaires que la Bible, sous le nom de Nebaioth, et les textes Assyriens, sous le nom de Nabatou, nous font connaître bien avant que leur capitale « La Roche », la Pétra des Grecs et des Latins, eût taillé dans le grès multicolore et éblouissant de la « vallée de Moïse » ses sanctuaires pour le dieu Doushara, ses palais pour les princes de l'Arabie Pétrée et surtout « ses demeures d'éternité » pour les morts. Pétra, la Palmyre du Sud, à mi-chemin entre la Mer Morte et le golfe d'Aqaba, cité des caravanes infatigables et des commerçants parvenus, confluent des civilisations égyptienne et sémitique, jusqu'au jour où la Nabaténe deviendra une simple province romaine comme le reste du monde ! Si la navigation par mer relia étroitement la Phénicie et l'Egypte, les vaisseaux du désert permirent aux Nabatéens de porter jusqu'au Nil les épices d'Arabie et les blés du Hauran. Lorsque Pline, dans son Histoire naturelle, parle des nomades de l'Arabie septentrionale, il met en relations les Nabatéens et les Cédréens. Or, Nabaioth et Qédar (d'où Cédrei) sont, d'après la Bible, les fils aînés d'Ismaël (*Genèse* XXV, 13). Les Grecs, toujours habiles à trouver le nom caractéristique, avaient baptisé tous ces peuples de l'épithète de Scénites, c'est-à-dire habitants de tentes.

Donc, de chaque côté du désert syro-arabe, les Sémites envahissent la Syrie ; les Araméens par le Nord, les Ismaélites et les Edomites par le Sud. Mais une autre couche de populations sémitiques s'est déjà intercalée entre les Syriens et

Fig. 3. — Le Pavillon de l'Etat de Damas.

Fig. 4. — Inauguration officielle de la Foire-Exposition de Beyrouth.

Le Général Gouraud, Haut-Commissaire, M. Fernand David, Sénateur,
ancien Ministre, Délégué du Gouvernement, et M. Edouard Soulier, Député,
sont reçus par les Organisateurs et les Membres dn Jury.

les Arabes. Ce sont les Cananéens qui apportent à la Syrie et à la Palestine leur civilisation, leur langue et leurs dieux. A l'est de la Mer Morte, ils déposent un premier sédiment : les Moabites et les Ammonites. Les Moabites occupent les monts de Moab et la vallée de l'Arnon. Leur capitale s'élève à l'endroit même où plus tard s'édifiera le nid d'aigle de Kérak, le Krak de Renaud de Chatillon. Leur dieu national est Camos. Ils nous ont laissé un des plus anciens échantillons de la langue et de l'écriture cananéenne dans cette stèle du roi Mésa (vers 850 avant J.-C.) qui est maintenant au Louvre. Plus au Nord, les Ammonites se répandent dans les montagnes d'Ammon et la vallée de la Zerqa. Ils ont pour dieu national Moloch, le mangeur d'enfants qui eut le triste honneur d'être le type des divinités auxquelles on offrait des sacrifices humains chez les Phéniciens et les Carthaginois, comme chez les Hébreux en rupture de ban avec le dieu d'Israël.

De l'autre côté du Jourdain et de la Mer Morte, les Cananéens s'installent comme chez eux. Ils sont les propriétaires des pays qu'on nomme la « terre de Canaan ». La Bible emploie tantôt le terme Cananéen, tantôt celui d'Amorrhéen pour désigner l'habitant de Palestine. En confrontant les données bibliques avec les textes cunéiformes, on arrive à une précision plus grande. Les Amorrhéens sont les Cananéens du Nord qui tiennent la Phénicie et son hinterland jusqu'à la région d'Alep. La jonction entre leur pays et le Canaan proprement dit était la région qui s'étendait au sud du Litani vers les installations araméennes des sources du Jourdain. Amorrhéens et Cananéens avaient en commun le culte des Baals et des Astartés. Leur langue était quasi la même que l'hébreu et le moabite. Sur la côte syrienne, les Amorrhéens fonderont les villes et les comptoirs d'où leurs descendants, les Phéniciens, s'élanceront à la conquête des mers. Ces derniers furent les thalassocrates de la Méditerranée. Leurs flottes les conduisirent partout où il y avait du gain à réaliser ; en Chypre, en Asie-Mineure, en Sicile et en Sardaigne, jusqu'en Espagne. Colons de l'Afrique du Nord, ils y établirent Carthage et le royaume punique dont la langue et le culte ne seront que des dégradations de la langue et du culte phéniciens. Ils furent, au témoignage de l'antiquité, les inventeurs de l'alphabet, cette merveilleuse découverte de l'esprit humain, plus précieuse que les cèdres du Liban et les coquilles de pourpre qu'ils colportaient à travers le monde civilisé. Si la Syrie a rayonné dans l'Occident, elle le doit à ces hardis navigateurs, que, dès les origines, nous trouvons sur les côtes égyptiennes et dans les îles. Leur déesse prépondérante sera l'étoile de la mer, la planète Vénus, divinité des soirs et des matins. C'est cette Astarté que les plus anciens documents appellent « la dame de Byblos », réplique de l'Ishtar babylonienne et comme elle dame de l'amour et des plaisirs ! Elle sera l'amante d'Adonis, le dieu de Byblos, d'Eshmoun, le dieu de Sidon, de Melqart, le dieu de Tyr. Contre elle tourneront les anathèmes des prophètes juifs. Elle deviendra célèbre chez les Grecs et les Latins sous le nom de « déesse syrienne », car ses temples se sont répandus jusque dans la Syrie euphratéenne où le plus célèbre était celui de Hiérapolis ou Bambyce (aujourd'hui Membidj). Pour les Sémites, elle était la sœur du dieu Soleil, Shamash, dont le culte avait précisément pour centre, tout proche de la Phénicie, l'antique cité de Baalbek en Coelésyrie, dont le nom grec fut Héliopolis, « ville du soleil ». Enfin, le Soleil et Vénus avaient pour père commun le Dieu-Lune qui, nous l'avons vu déjà, recevait à Harran les honneurs des Syriens, qu'il partageait avec Hadad, le dieu grondant et fulminant des orages.

Les pays de Syrie et de Palestine étaient donc déjà fortement sémitisés avant que les Hébreux, échappés d'Egypte, vinssent s'installer en Canaan. Mais l'histoire d'Orient, qui se renouvelle chaque jour, montre de plus en plus la présence d'éléments non sémitiques au milieu des envahisseurs. Tels ces Hittites que la Bible appelle « fils de Heth » (les Héthéens) et qui, au temps d'Abraham, agissent comme des seigneurs terriens à Hébron. Il semble que, vers le xve siècle avant notre ère, ils occupaient les charges les plus importantes dans un grand nombre de villes amorrhéennes ou cananéennes. On commence, grâce aux découvertes de Boghaz-keui, à déchiffrer leur langue, sinon leurs inscriptions, et tout porte

à croire qu'il y avait parmi eux de véritables castes appartenant à la famille aryenne. Ce n'étaient pas non plus des sémites
que ces Philistins qui, à une date inconnue mais antérieure
à l'invasion israélite, s'étaient cramponnés à la côte sud de
la Phénicie et y avaient fondé leurs cinq satrapies entre Jaffa
et Gaza. Les monuments égyptiens les distinguent nettement
des autres Asiatiques, principalement par leur couronne à
plumes. Apparentés aux Crétois et à ceux que les Egyptiens
appelaient « les peuples de la mer », les Philistins étaient,
pour Israël, les « incirconcis ». Par là, en effet, ils se mettaient
à part des Arabes, des Cananéens et des Egyptiens. Leur
dieu classique est tout naturellement un dieu poisson, le
fameux Dagon du temple d'Asdod. La déesse était Dercéto,
dont la statue, campée dans le sanctuaire d'Ascalon, était
une femme à queue de poisson, prototype des sirènes et de
ces êtres hybrides dont Horace dira : « Elle se termine en
poisson celle qui était par en haut une belle femme ! » Nous
ne connaissons guère la langue des Philistins. Ce qu'il y a de
remarquable, c'est que le nom de leur pays, qui était Palastou,
a donné naissance au grec Palaistiné et au latin Palaestina,
d'où nous avons tiré la désignation de Palestine pour tout le
pays dont la Philistie n'était que la région côtière. C'est par
un procédé analogue que les Grecs qui, au dire d'Hérodote,
« le père de l'histoire », appelaient Syriens ceux que les « barbares » qualifiaient d'Assyriens, finirent par donner le nom
de Syrie à la partie de l'Asie occidentale que nous connaissons
encore sous cette appellation.

II. — L'HISTOIRE JUSQU'A LA CONQUÊTE D'ALEXANDRE

L'exposé qui précède nous fait entrevoir ce que sera l'histoire de la Syrie à travers les âges. Juxtaposition de cantons,
un peu comme la Suisse ; mélange de races diverses ou de
diverses familles d'une même race ; route commerciale entre
l'Asie-Mineure, la Mésopotamie, l'Egypte et l'Arabie ; champ
de bataille entre les Hittites, les Babyloniens, les Assyriens
et les Egyptiens : l'histoire de ce pays sera surtout celle des
dominations étrangères. La cohésion manque entre les élé-

ments qui se sont groupés là, au hasard des invasions et des nécessités économiques. Pendant que Babylone, deux mille ans avant notre ère, prend définitivement l'hégémonie sur le bassin mésopotamien, et que son illustre monarque, Hammourabi, fond dans l'unité politique et religieuse les vieilles cités du Tigre et de l'Euphrate, les Hittites se remuent à l'Ouest et, franchissant le fleuve frontière, commencent à descendre vers la Chaldée. Au temps de Samsouditana, dernier roi de la dynastie Hammourabienne, ces envahisseurs marchent résolument sur Babylone (vers 1956-1926). Une dynastie d'origine étrangère, les Kassites ou Cosséens, venus des montagnes à l'est du Tigre, prennent le sceptre à Babylone et résistent aux Hittites, tandis que, sur les rivages du Golfe Persique, une autre dynastie très éphémère règne sur « le pays de la mer ». Arrêtés dans leur marche vers l'Est, les Hittites se répandent déjà dans la Syrie du Nord et ils établissent leur suzeraineté sur les pays qui les séparent d'Amourrou, à savoir les régions entre la boucle de l'Euphrate et la Méditerranée, englobant le cours inférieur de l'Oronte. Les Cosséens, occupés à sauvegarder leur empire usurpé, ne s'intéressent pas pour le moment aux régions au delà de l'Euphrate et laissent même se développer tranquillement les installations araméennes de Harran. Mais l'Egypte est gouvernée par des pharaons actifs qui veulent en finir avec les incursions des nomades asiatiques. Sésostris III, dans la seconde moitié du XIXe siècle avant J.-C., entreprend une campagne en Syrie et attaque spécialement la ville de Sekmen, qui pourrait bien être Sichem (aujourd'hui Naplouse). D'après l'inscription de l'officier qui relate le fait, l'expédition a pour résultat la conquête « de la misérable Roten ». A cette époque, les Egyptiens désignent la Syrie sous le nom de Roten. L'intervalle qui s'écoule entre la domination de la XIIe dynastie égyptienne, à laquelle appartient Sésostris III, et les débuts du nouvel empire (milieu du XVIe siècle avant J.-C.) est l'une des périodes les plus troublées et les plus obscures de l'histoire d'Egypte. Le fait le plus intéressant pour nous est l'invasion des Hyksos, dans le Delta. Ce sont des Sémites que le prêtre Manéthon, en souvenir de leurs origines nomades, appellera les rois-pasteurs. Ils descendent à la fois de la Syrie et d'Edom, franchissent la « muraille des princes » élevée contre les Bédouins par les pharaons d'antan et, vers l'an 1670 avant notre ère, deviennent les seigneurs de la Basse-Egypte pour plus d'un siècle. Ces usurpateurs fondèrent une capitale à Awaris, ville orientale du Delta, non loin de Tanis. Ils adoptèrent les dieux et les usages de cette immuable Egypte qui, mieux encore que la Grèce, a toujours réussi à s'assimiler ses vainqueurs. Mais ils eurent un culte spécial pour le dieu Set, ce roi des ténèbres et de la destruction, patron des déserts stériles, frère ennemi du dieu de la lumière, Horus, de ce faucon lumineux dont les yeux sont la lune et le soleil. Les Egyptiens des âges suivants traitèrent avec horreur ces Sémites qui avaient introduit leurs rois dans les listes divines des pharaons. Ils les appelèrent les impurs. En tous cas, avec les Hyksos, la « misérable Syrie », de Canaan ou du désert arabe, continua de travailler sous le fouet des maîtres de corvée. Les descendants d'Abraham et de Jacob, dont nous avons saisi les origines dans la première partie de ce travail, avaient participé à la migration vers l'Egypte. Ils y restèrent jusqu'aux jours de Moïse et d'Aaron. Fait digne de remarque, le nom de Jacob, le père des douze patriarches, apparaît comme élément divin dans le nom d'un des rois-pasteurs que nous pouvons transcrire Jacob-her. D'autres rois de cette dynastie ont des noms sémitiques.

Ce fut le pharaon Amosis I (vers le milieu du XVIᵉ siècle avant J.-C.) qui expulsa d'Awaris et du Delta les intrus sacrilèges. Il les poursuivit jusque dans leur pays et fit assiéger, durant six ans, la ville de Sharoukhen, qui, plus tard, fera partie de la tribu de Siméon, dans le sud de la Judée. Le de cette région méridionale de la Palestine est alors Zahinom dans les textes égyptiens. Un peu plus tard, une expédition de grande envergure est organisée par Thoutmosis I (vers 1530 avant J.-C.). L'armée égyptienne traverse le pays de Roten, c'est-à-dire la Syrie, et atteint même Naharina qui n'est autre que Naharaim « les deux fleuves », nom de l'Aram mésopotamien où nous avons signalé la ville de Harran. Thoutmosis II, au début du XVᵉ siècle avant J.-C., arrive jusqu'au

pays de Nî, c'est-à-dire dans la Syrie du Nord, région frontière entre les Hittites et les Amorrhéens, du côté d'Alep.
Dans la première moitié de ce XVe siècle, Thoutmosis III ne
conduit pas moins de sept campagnes en pays syrien. La
22e année de son règne, il traverse la Palestine et, avec une
armée des mieux exercée, s'avance vers la trouée de la plaine
d'Esdrelon. Le prince qui domine alors sur Qadès de l'Oronte
a formé une véritable confédération de tous les seigneurs féodaux. La Syrie comprend que l'union de ses forces et de tous
ses chefs est nécessaire pour résister à la poussée égyptienne
et sauvegarder un semblant d'indépendance. L'armée des
coalisés franchit les monts de Galilée et se jette dans la plaine
où, 33 siècles plus tard, Bonaparte livrera la bataille de
Thabor. Le combat se livre près des dernières pentes du
Carmel, entre les forteresses bien connues de Taannak (qui a
gardé son nom) et de Mégiddo (aujourd'hui Ledjoun). Une
habile manœuvre du pharaon tourne l'ennemi par sa droite
et l'oblige à se retrancher dans Megiddo où il ne tarde pas à
capituler. Les textes égyptiens énumèrent avec complai-
sance le butin qu'on arrache aux princes syriens : argent,
or, pierres précieuses, blé, vin, bœufs et petit bétail. Une liste
gravée sur les murs du temple d'Amon à Karnak détaille par
le menu les chiffres des prisonniers de guerre, y compris la
récolte de tout le pays, soit 207.400 sacs de froment. Une liste
similaire termine le récit de la cinquième campagne de Thoutmosis III. Cette fois, en l'an 29 de son règne, le pharaon portait le coup mortel à la Syrie. Le journal de marche gravé sur
la muraille du temple mentionné ci-dessus est complété par
le récit qu'avait fait inscrire sur les parois de sa tombe l'officier Amen-em-heb qui avait pris une part active aux opérations. On suit pas à pas l'avance des troupes égyptiennes.
La Palestine, depuis la bataille de Mégiddo, reste calme, mais
pourtant le général égyptien attrape quelques prisonniers
dans le Negeb, c'est-à-dire dans le Sud. Il n'est plus question
de s'arrêter dans la plaine d'Esdrelon. Tout s'efface devant
les fantassins, les cavaliers et les chars de guerre du pharaon.
La résistance ne commence que dans la Haute-Syrie. C'est
'ors la conquête de Tounip, ville que nous croyons pouvoir

Fig. 5. — La Fête donnée à la Résidence du Haut-Commissaire
à l'occasion de la Foire-Exposition.

Fig. 6. — Visite de M. Herbert Samuel,
Haut-Commissaire du Gouvernement britannique
en Palestine.

identifier, d'après les lettres de Tell-el-amarna, avec Qalaat-el-Hosen, le Krak des chevaliers. Un mouvement vers l'Ouest assure la possession de la côte par la prise d'Arwad (île de Rouad et port de la côte en face de l'île). On monte ensuite jusque dans la région d'Alep, on entre dans la partie de Naharaina, « l'Aram mésopotamien », qui est en deçà de l'Euphrate, on s'empare de Gargamish, la citadelle des Hittites, on franchit même le fleuve pour inquiéter les Syriens transhumants et les Mitannites de la Mésopotamie septentrionale. Au retour ou peut-être dans une campagne suivante, ce sont les régions de Sinzar et de Tahsi qui sont dévastées. Qadès sur l'Oronte, centre de la confédération syrienne, « la ville sainte » que les Hittites convoitaient parce qu'elle leur ouvrait les portes du Sud, cette citadelle dont les ruines s'amoncellent sur le tell-neby-Mendo, tombe entre les serres de l'épervier d'Egypte. Le pillage est organisé. Alors « les soldats de sa majesté furent ivres tous les jours et ils se frottaient d'huile comme aux fêtes d'Egypte » ! D'autres expéditions en Syrie et en Phénicie appesantirent sur les vaincus le joug de Thoutmosis III. Ce pharaon inaugura un système de gouvernement assez efficace. Laissant sur leur trône boîteux les roitelets des districts syriens, il emmenait en Egypte les enfants et les frères de ses vassaux. Quand le roi mourait, l'héritier légitime était envoyé au pays qui lui revenait. Il avait bu l'eau du Nil et subi l'influence de la cour égyptienne. Otage pour son père ou son frère, il était un garant pour la fidélité du souverain régnant ; rentré dans son domaine, il devenait le féal du pharaon. Chaque année, les tributaires syriens envoyaient en nature leurs redevances : esclaves mâles et femelles, chevaux, métaux précieux et pierres précieuses, grand et petit bétail, encens venu d'Arabie, huile et miel, jarres de vin et cruches de bière, sans parler des céréales et des farines. Le temple d'Amon et ses prêtres avaient la part du lion. Puis « le fils d'Amon », c'est-à-dire le pharaon, prélevait la part du roi. Et les braves soldats, qui avaient pacifié la Syrie à la pointe du glaive, de la lance ou du javelot, regorgeaient des victuailles qu'apportaient sur leurs dos les ânes de Damas et de la Palestine,

Pour que ces tributs fussent équitablement répartis, Thoutmosis III avait fait dresser soigneusement, par les experts
en hiéroglyphes, des listes géographiques de toute la Syrie.
Elles ornent encore le sixième et le septième pylones du temple
d'Amon à Karnak. Avec les listes d'Aménophis, de Ramsés II,
de Ramsés III et de Sheshonq I, elles forment un des documents les plus précieux pour l'onamastique de la Syrie
ancienne et des pays limitrophes. Confrontées avec les lettres
d'El Amarna dont nous parlerons bientôt et avec les données
de la Bible, elles permettent de saisir la façon dont les Egyptiens rendaient les noms sémitiques et de constater que beaucoup de ces vieilles appellations topographiques ont subsisté
jusqu'à nos jours.

L'hégémonie égyptienne, établie et consolidée par les
armes de Thoutmosis III, pesa sur la Syrie durant plusieurs
siècles. Quelques tentatives de révolte sont réprimées par le
successeur de ce pharaon. Aménophis II fait une promenade
militaire dans le Liban et la Syrie du Nord. Tout rentre dans
le calme sous Thoutmosis IV qui règne vers l'an 1420 avant
Jésus-Christ et inscrit le pays de Roten (Syrie) au nombre de
ses vassaux. Il fait abattre des cèdres du Liban pour construire la barque sacrée qui portera sur le Nil « la beauté de
son père Amon ».

L'histoire de la Syrie se détache en un relief saisissant au
temps des successeurs de Thoutmosis IV, Aménophis III
(vers 1414-1379 avant J.-C.) et Aménophis IV (vers 1379-1362
avant J.-C.). On a eu la bonne fortune de retrouver les archives
diplomatiques de ces pharaons. C'est à el-Amarna, en Haute-
Egypte, que les fouilles ont exhumé ce véritable trésor. Le
tell d'el Amarna, à environ 300 kilomètres au sud du Caire,
sur la rive orientale du Nil, occupe l'emplacement de la ville
« Horizon du disque solaire », que le pharaon Aménophis IV
avait bâtie en l'honneur de son dieu Aten ou Tatonou « le
disque solaire » pour supplanter le culte d'Amon et les splendeurs de la Thèbes aux cent portes (Louqsor et Karnak) où
ce culte atteignait son apogée. Nous n'avons pas à redire ici
les péripéties de cette lutte d'Aménophis IV contre Amon-Ra
et son sacerdoce. Ce qui nous intéresse, c'est que dans un coin

de son palais on a retrouvé, au siècle dernier et au début du siècle actuel, tout un lot de tablettes d'argile, couvertes d'écriture cunéiforme et livrant aux assyriologues les secrets de la chancellerie pharaonique. Près de 400 tablettes (ou fragments de tablettes) ont déjà été découverts et publiés. Presque toutes sont rédigées en babylonien, car la langue babylonienne était la langue diplomatique du proche Orient au milieu du deuxième millénaire avant notre ère. Des tournures et des gloses en cananéen (langue prototype de l'hébreu et du phénicien) émaillent la correspondance de provenance syrienne ou palestinienne. Grâce à elles, il nous a été donné de recomposer, dans ses grandes lignes, le langage qu'on parlait en Phénicie et en Canaan avant l'installation définitive des Hébreux. Nous avons essayé de montrer, dans la *Revue Biblique* (1908-1909-1913-1914), les incomparables renseignements que l'histoire biblique et orientale pouvait trouver dans ces archives royales sur la géographie, la politique, les difficultés intérieures et extérieures, les événements militaires et civils, la religion et la langue des petites principautés syro-palestiniennes à la fin du XVe siècle et au début du XIVe siècle avant notre ère. Nous résumerons ici les conclusions de ces études.

Dans la Syrie du Nord, les Hittites continuent d'envahir les régions de Nî et de Noukhashé entre Alep et l'Euphrate, celles de Tounanat et de Zinzar plus au Sud, vers l'Oronte moyen. Ils atteignent la Coelésyrie qui s'appelle alors Amaqi, c'est-à-dire « la vallée », et menacent tous les pays d'Amourrou dont nous avons précisé la situation en Phénicie et dans son hinterland. Or, en Amourrou et en Canaan (Kinakhou), c'est l'anarchie et le désordre. Des bandes Araméennes que nous connaissons déjà, les Akhlamou et les Soutou, font des razzias dans le Nord. A la solde du plus offrant, ils sont toujours prêts à un coup de main sur les villes soumises à l'Egypte. En même temps, un mouvement nationaliste, représenté par les Khabbatou « pillards », dans le Nord, et par les Khabirou « nomades » ou « confédérés » dans le Sud, fait pousser les hauts cris aux princes et aux gouverneurs qui veulent rester fidèles au pharaon. C'est à tort, croyons-nous, qu'on a voulu reconnaître les Hébreux dans ces Khabirou. La similitude de noms est fallacieuse. A la tête des nationalistes se trouve un Cananéen, Abdi-Ashirta, qui réussit à s'emparer de Soumour (aujourd'hui Soumra), à vingt-cinq minutes au nord de l'embouchure du Nahr-el-kébir (entre Arwad et Tripoli). Par là, il devient un terrible compétiteur pour Rib-Addi de Byblos (appelée Goubla, Djebail) qui se plaint de l'abandon du pharaon, des intrigues des gouvernements égyptiens, des coups de poignard reçus de mains traîtresses. Rien de lamentable comme ces appels de Rib-Addi qui recourt tantôt à la pitié, tantôt à l'amour-propre du suzerain ! Abdi Ashirta s'empare de Batroun (Batrouna) et bloque son rival dans Byblos (appelée Goubla Djebail) « Nous ne pouvons sortir des portes ! ». Mais la maladie s'abat sur le vainqueur. Rib-Addi reprend courage. Le secours lui arrive par mer, ce sont les flottes de Rouad (Arwad), de Sidon (Sidouna) et de Beyrouth (Bérouta) qui débarquent dans la région de Batroun et exécutent Abdi-Ashirta avant qu'il ait pu atteindre Byblos. Tout réconforté par ces nouvelles, Rib-Addi veut reprendre le poil de la bête et reconquérir la côte septentrionale. Mais Abdi-Ashirta a laissé des fils, dont le plus actif et le plus audacieux, Azirou, prend la tête des Khabbatou. Cet Azirou est en train de recruter ses partisans à Damas (Doumashqa) et Rib-Addi voudrait le faire arrêter. Mais le pharaon fait la sourde oreille. Toutes les villes de la côte et de l'intérieur prennent le parti d'Azirou, qui réalise l'unité syrienne et représente la tendance nationaliste. Aux lamentations de Rib-Addi, le pharaon répond : « Garde-toi, tu seras bien gardé ! » La guerre civile éclate dans Byblos, le frère cadet de Rib-Addi s'insurge contre lui. Le malheureux roitelet se réfugie à Beyrouth, puis à Sidon. Déjà, Azirou est reconnu par l'Egypte comme prince d'Amourrou. Rib-Addi lui demande asile, mais Azirou le livre à ceux qui lui en voulaient le plus et qui ont vite fait d'exercer leur vengeance.

L'Egypte s'est donc inclinée devant le fait accompli. Azirou adresse à la cour mille protestations de fidélité. Il fait même un voyage *ad limina* et reste un certain temps auprès du pharaon. De retour dans son pays, il se ménage des intelligences avec les Hittites. Ceux-ci ont occupé la citadelle de Qadès sur l'Oronte et y ont installé le fils de l'ancien roi du pays. Azirou fait un pacte avec le nouveau souverain et cherche à tenir la balance égale entre ses plus proches voisins, les Hittites et la lointaine Egypte. L'agitation a gagné le pays de Canaan. Les lettres qui émanent alors de la Palestine sont un mélange de dénonciations mutuelles, de plates protestations de fidélité envers l'Egypte, de récits plus ou moins pittoresques des menées rebelles. C'est un certain Labaya qui conduit l'insurrection. Son quartier général est à Sichem (Shakmi). Il est chef des Khabirou qui jouent dans le Sud le rôle des Khabbatou dans le Nord. Grâce à ces bandes irrégulières et nationalistes, il conquiert Gézer (Gazri), Souné (Shounama) et, finalement, trouve la mort au siège de la forteresse de Mégiddo (Magidda). Les deux fils de Labaya continuent l'œuvre de leur père et, de connivence avec Milki-ili, qui donne le change au pharaon sur ses véritables sentiments, ils ravagent la région de Jérusalem (Ourousalem). Le prince de cette ville, probablement un hittite ou un mitannite, Arta-Khépa, envoie des rapports détaillés pour renseigner l'Egypte sur les agissements des rebelles. Ceux-ci s'emparent des vieilles cités de Lachis (Lakisi), d'Ascalon (Asqalouna), menacent Gaza (Khazat), conquièrent tout le sud de la Palestine. Fidèle à sa doctrine du fait accompli, l'Egypte reconnaît la suprématie des fils de Libaya et des fils de Milki-ili. En Canaan comme en Amourrou, c'est le parti nationaliste qui l'emporte.

Les lettres d'El-Amarna nous permettent de comprendre comment l'autorité égyptienne s'exerçait sur la Syrie et la Palestine. Diviser pour commander, telle était la formule du gouvernement. Chaque ville avait son chef qui prenait tantôt le titre de roi, tantôt celui de prince (Amêlou « l'homme » par excellence), tantôt celui de préfet (Khazânou « l'inspecteur »). A côté de l'autorité locale, se trouve le commissaire du pharaon qu'on désigne sous le nom de rabisou, « l'accroupi » aux pieds du roi suprême (tels les scribes accroupis des musées du Louvre, du Caire). Ce rabisou sera le plus souvent un Egyptien, tandis que les princes seront des Syriens ou des Cananéens, quelquefois des Hittites dans les endroits où les Hittites ont conquis le pouvoir. Les lettres de tous ces cheicks suintent la délation et l'intrigue. La courtisanerie la plus veule y colore les agissements louches et criminels. Le roi d'Egypte est appelé le soleil ; fils du soleil, dieu de ses vassaux. On le décore même du nom du dieu Syrien Hadad. Et le vassal déclare qu'il se roule sept et sept fois sur le ventre et sur le dos en présence de son suzerain, dont il est « la boue des pieds », « la poussière sous les sandales du roi ». Tel dira : je suis « la poussière de tes pieds, le sol sur lequel tu marches, le siège sur lequel tu t'assieds, l'escabeau de tes pieds ! » Oyez la protestation de fidélité de Labaya : « Même si le roi m'avait écrit : Mets un poignard de bronze dans ton cœur et meurs ! est-ce que je n'aurais pas accompli l'ordre du roi ? » Et ainsi de suite ! Nous sommes loin des formules protocolaires : « J'ai l'honneur de vous rendre compte. » ou « J'ai l'honneur de vous informer ».

On nous pardonnera d'avoir insisté sur cette courte période (entre 1410 et 1360 avant J.-C.) qui est couverte par la correspondance d'El-Amarna. L'histoire ancienne s'écrit au hasard des découvertes et suivant la quantité des documents qui font connaître une époque. C'est une série de tableaux dont le relief s'accuse plus ou moins selon qu'il y a pléthore ou pénurie d'informations. Après la phase de la conquête égyptienne, il était nécessaire de montrer les résultats de cette conquête et les agitations des vaincus.

L'hégémonie de l'Egypte sur la Palestine et la Syrie se maintient tant bien que mal sous les premiers successeurs d'Aménophis IV, en particulier sous Séthos I, qui règne vers 1310-1290 avant J.-C. Mais « les maudits bédouins » s'agitent toujours. Un message reçu par ce pharaon porte ces mots : « Chacun d'eux attaque son voisin et ils méprisent les lois du palais. »

Une rapide campagne met les Asiatiques à la raison et « quiconque échappe à la main du pharaon » est emmené en Egypte comme captif. Alors s'inaugure le règne brillant de Ramsès II (vers 1290-1227 avant J.-C.) qui devait éclipser tous ses prédécesseurs. Nous n'avons pas à décrire ici les splendeurs des constructions entreprises par ce monarque dans toute l'Egypte. La Syrie apprit à le connaître dès les premières années de son règne. Il inscrivit son nom sur les rochers du Nahr el kelb, « le fleuve du chien », entre Beyrouth et Djouni, là même où les rois d'Assyrie, les Grecs, les Romains et finalement les Français de l'expédition du siècle dernier (1860-1861) graveront leurs exploits. Le nom de Ramsès II se lit encore sur une stèle que les musulmans appellent « la pierre de Job » et qui est religieusement conservée dans le Hauran, près du sanctuaire du cheick Saad. Le fait marquant du règne fut la bataille de Qadès, sur l'Oronte, l'an 5 de Ramsès II. On en peut suivre encore toutes les phases sur les pylones du Rammesséum que le monarque avait bâti dans la nécropole de Thèbes, sur le mur des temples de Karnak et de Louqsor, d'Abidos et d'Abou-Simbel, partout où se dépensa l'activité architecturale du pharaon magnifique. Des notices explicatives accompagnent les reliefs. Grâce à elles, l'étude stratégique des guerres anciennes a singulièrement progressé. Une relation en prose et une description politique (le poème dit de Pentaour) font de cette bataille un des épisodes les plus connus de l'histoire orientale. Les Hittites occupent Qadès et les évacués de la ville au sud du lac de Homs. Ils sont l'obstacle à la pacification de la Syrie. Ramsès II veut les frapper au cœur et, avec des forces considérables, vient ofrir la bataille autour de la ville. D'habiles manœuvres, dans lesquelles un savant américain, M. Breasted, voit les premiers indices de la tactique napoléonnienne, « remporter la victoire avant la bataille », donnent à l'armée du pharaon l'ascendant sur l'adversaire qui capitule. Un traité entre Ramsès II et le roi des Hittites, Hattousil, clôt les hostilités. Ce traité nous est parvenu non seulement dans sa rédaction égyptienne, mais encore dans sa teneur babylonienne, grâce aux découvertes de ces derniers temps, à Boghazkeui (site de la capitale des Hittites). N'oublions pas que le babylonien était alors la langue diplomatique du proche Orient.

La paix ne fut pas de longue durée. Les populations de Palestine continuaient leur agitation. Il fallut revenir de ce côté du Sinaï, prendre de haute lutte la cité d'Ascalon, reconquérir la Galilée, dont les villes les plus importantes figurent

sur la liste que Ramsès II fit dresser pour orner le mur méridional de la fameuse salle hypostyle de Karnak.

Sous Menephtah (vers 1226-1215 avant J.-C.), la domination de l'Egypte sur la Syrie et la Palestine se relâche de plus
en plus. Cependant, le chant de victoire, composé la 5e année
de son règne, exalte encore les victoires du roi : « La Lybie est
dévastée, Khéta (pays des Hittites) est en paix, Canaan est
pillée avec tous les méchants, Ascalon est emmenée en captivité, Gézer est empoignée, Iénoam est anéantie, Israël n'a que
quelques gens, sa semence n'existe plus, la Syrie est devenue
comme une veuve !... » La stèle qui porte cette inscription est
universellement connue sous le nom de stèle d'Israël. C'est
elle, en effet, qui, pour la première fois, fait entrer en scène
le peuple de Dieu. A quelle époque, les Beni-Israël ont-ils
quitté la servitude d'Egypte pour venir s'installer en Palestine ? Nous l'ignorons. Ce que nous savons, c'est que, sous la
conduite de Moïse et d'Aaron, ils ont franchi la Mer Rouge,
erré par les solitudes du Sinaï, triomphé des tribus amalécites
et édomites qui voulaient leur barrer le passage dans la Palestine transjordanienne. Après la mort d'Aaron, ils réussissent
à s'installer au pays de Moab où Moïse, des hauteurs du mont
Nébo, aperçoit de loin la terre promise avant de mourir. Le
lien qui groupe en un faisceau les tribus d'Israël, ce n'est pas
seulement une origine commune, c'est avant tout le monothéisme le plus rigide et le plus exclusif (malgré les écarts de
la plèbe), en même temps qu'une loi essentiellement religieuse qui régente tout ensemble, le culte, la morale, les relations sociales et même l'hygiène de la nation. Ce n'est pas ici
le lieu d'insister sur la révélation du Sinaï et les péripéties de
la marche au désert. Un grand chef militaire, Josué, franchit
le Jourdain et s'empare de Jéricho. Les Cananéens donneront
à ces envahisseurs le nom d'hébreux, « ceux d'au delà », parce
qu'ils viennent d'au delà du fleuve. Et, alors, commence la
série de guerres que la Bible appelle à bon droit les combats
de Canaan. Il s'agit de se tailler un royaume dans ce pays
qui est considéré comme la terre des pères, en souvenir d'Abraham, Isaac et de Jacob qui est Israël. L'anarchie, le désordre,
les querelles intestines, dont nous avons perçu l'écho dans les

lettres d'El-Amarna, n'est-ce pas la situation rêvée pour s'emparer des villes une à une et répartir les régions de la Cisjordane et de la Transjordane entre les douze familles qui se réclament des douze fils de Jacob ? Mais ces sémites nomades n'ont pas encore le sens de l'unité politique. Il faut que des hommes suscités par Iahvé — c'est le nom de Jéhovah — les groupent de temps à autre. Ce sont les Juges. Leur pouvoir s'impose difficilement à tous les clans. Le cantique de Déborah, l'un des plus anciens et des plus beaux poèmes de la littérature biblique, montre bien ces difficultés. Il reproche aux tribus de Ruben, de Dan et d'Aser, de n'avoir pas pris part au fameux combat de Taannak « sur les eaux de Mégiddo». On voit que ces deux villes sont toujours la clef du pays Canaan. Et les Israélites ne luttent pas seulement contre les Amorrhéens et les Cananéens, mais encore contre les Sidoniens de Phénicie et les Philistins de la côte méridionale. Le rôle des femmes n'est pas moindre que celui des hommes, qu'il s'agisse de Déborah, la prophétesse lyrique, ou de la philistine Dalilah, dont les charmes séduiront le gigantesque Samson. Le dernier des Juges, Samuel, aura pour mission d'instituer la royauté. Il oindra successivement Saül et David, les deux compétiteurs rivaux, appuyés respectivement par la tribu de Benjamin et par celle de Juda.

C'est durant le XIIIe et le XIIe siècle avant notre ère que se localise cette invasion des Hébreux en Canaan. L'Egypte est en proie à des troubles intérieurs durant l'interrègne qui sépare la XIXe et la XXe dynastie. Le pharaon Ramsès III (vers 1200-1169 avant J.-C.) raconte qu'un Syrien a réussi à saisir dans ses mains indignes le sceptre divin de l'Egypte. Sous Ramsès III, l'Egypte remet le grappin sur la Syrie et la Palestine. Les reliefs des temples et les papyrus, entre autres le fameux papyrus Harris, continuent d'énumérer les villes tributaires. On relate même la construction d'un temple en l'honneur d'Amon, dans la Palestine méridionale. Une flotte est organisée pour le trafic avec les côtes de Philistie et de Phénicie. Mais l'étoile égyptienne pâlit. La force des Pharaons est épuisée, comme est épuisée celle de la dynastie Kasite qui régnait à Babylone. Une nation a grandi dans la

Mésopotamie du Nord et c'est elle qui va présider aux destinées de l'Orient. Les Assyriens ont conquis tout l'ancien territoire du Mitanni. Les noms de Ninive et d'Assur veulent éclipser ceux de Babylone et de Thèbes. Sans doute, les dynasties locales garderont un semblant d'autorité. Mais déjà Téglath-Phalasar (vers 1115-1100 avant J.-C.) a triomphé de Babylone et consacré la suprématie de l'Assyrie sur les vallées du Tigre et de l'Euphrate. Désormais, les annales des rois assyriens forment la trame de l'histoire orientale.

Téglath-Phalasar I, mis en goût de conquêtes par ses succès contre Babylone, entreprend une campagne vers l'Ouest. Il traverse le pays des Akhlamou « de la région d'Aram » (Syrie mésopotamienne), marche droit sur Gargamish, citadelle des Hittites, prend la ville et s'ouvre ainsi les portes de la Syrie du Nord. Il parcourt le pays d'Amourrou, tue quatre buffles aux pieds du Liban et vient prendre la mer « sur des vaisseaux d'Arwad ». Cette première main-mise n'était qu'un voyage de reconnaissance. Les successeurs immédiats de Téglath-Phalasar I ne nous disent pas quelle fut leur action en Syrie. Il semble que les princes d'Amourrou et de Canaan se contentent de payer une redevance. De grands royaumes commencent à s'organiser. D'abord, celui de Damas qui va devenir un des plus puissants de la Syrie, puis celui de Tyr et de Sidon, proche voisin d'Israël, enfin celui de Juda où règne David, l'an 1000 avant notre ère. La prise de Jérusalem a été la consécration du triomphe des Judéens contre les Benjamites. La « cité de David », prédestinée à une gloire sans égale, est devenue la capitale de tout l'empire d'Israël. Centre religieux, politique et militaire, c'est là que Salomon, fils et successeur de David, construit la « maison de Iahvé », le temple et la « maison de Salomon », le Palais. Le roi de Tyr, Hiram fournit les cèdres du Liban et les ouvriers. Ceux-ci, grâce à la technique savante qu'ils ont puisée en Egypte et développée en Phénicie, suppléent à l'insuffisance des Hébreux à peine sortis de la vie nomade. C'est l'âge d'or d'Israël. La reine de Saba vient du fond de l'Arabie pour s'extasier sur l'habileté de Salomon à résoudre les énigmes les plus compliquées de la sagesse orientale. Le roi des Israélites épouse

une fille de Pharaon et installe dans son harem les plus belles
fleurs du pays des Hittites, de Sidon, d'Edom, d'Ammon et
de Moab. Une flotte juive s'unit à celle d'Hiram. Une autre
parcourt la mer Rouge pour rechercher, en Arabie, les essences
précieuses et recueillir l'or d'Ethiopie. Mais le luxe et les
femmes perdent le monarque et trompent sa sagesse. Le châtiment tombe sur son fils Roboam. L'unité réalisée par David,
maintenue sous Salomon, est définitivement brisée sous
Roboam. Une seule tribu, Juda, et une petite portion de
Benjamin restent fidèles au roi légitime qui garde la ville de
Jérusalem et le temple de Iahvé. Les autres tribus font schisme
sous l'impulsion de Jéroboam. Un royaume rival se crée dans
le Nord. La capitale sera Sichem (aujourd'hui Naplouse), les
sanctuaires Béthel « la maison de Dieu » (aujourd'hui Bétin)
et Dan « le juge » (aujourd'hui tell el Qadi), aux sources du
Jourdain). Le taureau de Hadad prend la succession du veau
d'or dans les temples de ces hérétiques. Et, désormais, l'histoire d'Israël sera la triste épopée des luttes fratricides entre
les deux états. Nous sommes aux environs de l'an 930 avant
Jésus-Christ. A tour de rôle, Juda et Israël se détruiront
mutuellement. Aussi, lorsque la 5e année de Roboam, le roi
d'Egypte, Shèshonq I, que la Bible appelle Shishaq, monte
contre la Palestine, il n'a pas de peine à s'emparer de Jérusalem et à piller les trésors que Salomon avait entassés dans
le temple. Ce pharaon, qui régna vers 955-924 avant J.-C.,
pourra faire graver, lui aussi, dans le temple de Karnak, une
liste des villes syriennes et palestiniennes qui lui sont tributaires. Il faut noter que l'Egypte avait réchauffé dans son
sein l'aventurier Jéroboam qui fut l'instigateur de la révolte
contre Roboam. Elle était donc portée à seconder le royaume
du Nord contre celui du Sud. Aussi, lorsque le petit-fils de
Roboam, Asa, se trouve serré de près par Baasa, roi d'Israël,
il ne tourne pas les yeux vers l'Egypte, mais vers Damas, où
règne Ben-Hadad I, fils de Tab-Rimmon. Ben-Hadad rompt
le traité qu'il avait précédemment conclu avec Baasa et vient
grignoter le territoire d'Israël autour du lac Tibériade. La
force syrienne s'affirme de plus en plus à Damas. C'est un
royaume homogène qui s'est constitué entre l'Anti-Liban et

el Hauran. Le roi d'Assyrie, Assur-nasir-apal (884-860 avant Jésus-Christ), respecte Damas dans son expédition en Syrie. Parti de Gargamish, il parcourt les régions arrosées par l'Oronte (Aranti), traverse le district du Liban, atteint la mer du pays d'Amourrou, la Méditerranée : « Dans la grande mer je lavai mes armes et j'offris des sacrifices aux Dieux. » Tyr, Sidon, Byblos, Arwad, toutes les villes de la côte « baisent les pieds » du vainqueur et offrent le tribut. Le retour s'effectue par les montagnes de l'Amanus (Khamana). Ce n'était pas encore l'entreprise définitive. Elle sera l'œuvre du fils de Téglath-Phalasar I, le fameux Salmanasar II (860-825 avant J.-C.).

Pendant que Damas consolide sa suprématie dans la Syrie, un général de premier ordre, Omri, a été proclamé roi par les troupes du royaume d'Israël. Son premier soin est de déplacer la capitale. Il comprend que la position de Sichem sous l'Ebal et le Garizim n'a pas grande valeur au point de vue militaire. Il fonde la citadelle de Samarie (aujourd'hui Sébastiyeh) qui sera le repaire de son armée. Son nom s'imposera à la région qui, plus d'un siècle après, s'appellera « pays de la maison d'Omri » dans les annales assyriennes. Omri inquiète tantôt le royaume limitrophe de Juda, tantôt même les frontières de Damas. Il s'étend au delà du Jourdain. Le roi de Moab Mésa, fameux par sa stèle maintenant au Louvre, écrira plus tard : « Omri, roi d'Israël, fut l'oppresseur de Moab durant de longs jours. » Un rapprochement avec Juda commence à s'établir durant le règne d'Omri. Ce rapprochement aboutit à une véritable alliance entre Israël et Juda, du temps d'Achab, successeur d'Omri, et de Josaphat, successeur d'Assa. L'ennemi commun est Damas au Nord-Est et Moab au Sud-Est. Les démêlés entre Achab et le roi de Damas remplissent une partie de l'histoire d'Israël dans les récits bibliques. A l'intérieur, la lutte était engagée entre le prophète Elie et les prêtres de Baal. Ceux-ci avaient été amenés sur le Carmel par la femme d'Achab, la sidonienne Jézabel, fille du roi Ithobaal. Guerre religieuse à l'intérieur avec Juda, tel est l'aspect qu'offre le règne d'Achab. C'est durant ces temps troublés que la pieuvre assyrienne va étendre ses tentacules sur la Syrie et la Palestine. En l'an 854 avant J.-C., Salmanasar II traverse en triomphateur la ville de Gargamish et les pays au nord d'Alep. Cette dernière ville lui ouvre ses portes et le monarque assyrien offre un sacrifice « au dieu Hadad », d'Alep. Puis en route vers le pays de Hamath ! Le roi de Hamath (aujourd'hui Hama) appelle à son secours son collègue de Damas, un certain Hadadézer. Une coalition s'organise contre l'Assyrie comme elle s'était organisée jadis contre l'Egypte. En têté, les rois de Damas et de Hamath, puis Achab, roi d'Israël, qui oublie un instant ses griefs contre la Syrie Damascène. La Phénicie envoie les soldats d'Arwad, l'Arabie mille chameaux. Même la Cilicie et le pays d'Ammon figurent parmi les conjurés. Un terrible combat s'engage à Qarqar, près de l'Oronte (non loin d'Apamée). Et Salmanasar raconte le carnage avec enthousiasme : « Par les armes, je fis couler leur sang dans les crevasses de l'endroit. La plaine fut trop petite pour la chute de leurs cadavres, le vaste sol ne suffit pas pour les enterrer : avec leurs corps je comblai l'Oronte comme pour faire un gué. Je leur pris, en ce combat, leurs chars, leurs cavaliers, leurs chevaux, leurs harnais. »

Ce qu'avaient été le jour de Megiddo pour Thoutmosis III et le jour de Qadès pour Ramsès II, la victoire de Qarqar le fut pour Salmanasar II. Mais l'insurrection succédait promptement à la soumission forcée. C'était alors une nouvelle campagne. Le cri de révolte, jailli généralement de la ville de Damas, n'est plus lancé par Hadadézer, mais par un usurpateur, Hazael, connu à la fois par les textes assyriens et les récits bibliques. Il vient attendre l'armée de Salmanasar sur les pics de l'Anti-Liban, au nord de Baalbeck. L'Assyrien le déloge, le poursuit vers Damas, le cerne dans sa capitale et ravage les jardins alentour. Il dévaste ensuite la région du Hauran et revient vers la côte. Au promontoire de Baal-Ras « maître de la tête », qui n'est autre que le pic au-dessus du Nahr-el-Kelb, il grave son inscription à côté de celle de Ramsès II. C'est là qu'il reçoit le tribut des Tyriens et des Sidoniens. Le troisième tributaire est Jéhu, roi d'Israël. De plus en plus, l'inimitié avait grandi entre Joram d'Israël et Josaphat de Juda, avait persisté sous les successeurs de Josaphat, à savoir Joram de Juda et Ochozias. Jéhu, successeur de Joram d'Israël, préfère suivre la destinée de Tyr et de Sidon, en rendant hommage au vainqueur Assyrien, plutôt que de s'unir à Hazaël qui est devenu l'ennemi héréditaire. L'an 839, Salmanasar repasse l'Euphrate « pour la vingt-et-unième fois », simple campagne contre les villes du territoire de Damas. Au passage, on recueille le tribut de Tyr, de Sidon et de Byblos.

Les dernières années de Salmanasar II sont empoisonnées par la révolte d'un de ses fils. En même temps, la Babylonie s'insurge et les peuples du lac du Van cherchent à se déverser sur l'Assyrie. L'héritier légitime de Salmanasar, le roi Samsi-Adad, est retenu en Mésopotamie par la nécessité de faire face à toutes ces difficultés. Au lieu de profiter de ce répit pour s'unir et sauvegarder leur liberté, la Syrie et la Palestine continuent à s'entredéchirer. C'est toujours Hazaël de Damas qui mène la danse. Il entame Israël par la Transjordanie, s'avance jusqu'à la région du Carmel et opprime le royaume « durant toute la vie de Joachaz », qui a succédé à Jéhu, vers l'an 820 avant J.-C. Le pays de Juda a été témoin de scènes épouvantables depuis que la régente Athalie, immortalisée par notre Racine, a cherché à faire disparaître toute la souche d'Ochozias. L'héritier du roi, le jeune Joas, sauvé par sa tante et par le grand-prêtre, reprend le pouvoir sur le cadavre d'Athalie. Quand il apprend que le roi de Damas, vainqueur d'Israël, s'approche du royaume de Juda, il n'hésite pas à puiser dans les trésors du Temple tout l'or dont il a besoin pour apaiser la rapacité d'Hazaël. Ainsi Juda échappe au sort de son voisin, mais sa vassalité vis-à-vis de Damas lui fera subir le contre-coup des événements en Syrie.

L'ère des conquêtes assyriennes recommence avec Adad-Nirari III (811-783 avant J.-C.). Entre les années 807 et 804, il reprend la route de l'Euphrate, soumet la région d'Alep et vient mettre le siège devant Damas. Le nouveau roi syrien, Mari, obtient sa grâce et la paie de « 2.300 talents d'argent, 20 talents d'or, 3.000 talents de bronze, 5.000 talents de fer, avec des vêtements bariolés, des tuniques de lin, un lit d'ivoire, un trône d'ivoire massif » ; Adad-Nirari déclare que sa domination s'étend sur les pays Hittites et d'Amourrou, sur Tyr, Sidon, la région d'Omri (royaume d'Israël), Edom et la Philistie. Du Nord au Sud, c'est l'empreinte assyrienne qui va effacer de plus en plus l'empreinte égyptienne. Et rien ne peut calmer les discussions intestines. Le fils de Hazaël, Ben Hadad II, qui est peut-être le même que Mari « le seigneur » dont nous venons de parler, avait passé son temps à guerroyer contre Israël et contre le roi de Hamath, Zakir, dont l'inscription est l'un des plus anciens documents en langue araméenne que nous possédions.

Et, pendant ces années d'invasion, le roi de Juda, Amasias, successeur de Joas, avait dû lutter contre les Edomites. Tous ces peuples frères sont des frères ennemis. Pendant que les Judéens conquièrent « la Roche », c'est-à-dire Pétra, la capitale d'Edom, un second Joas, celui d'Israël, réussit à conquérir sur Damas une partie du territoire jadis occupé par Hazaël. Le vainqueur des Edomites et le vainqueur des Syriens ne tardent pas à s'affronter comme aux plus beaux jours. C'est le roi de Juda qui est vaincu sur son propre territoire, à Beth-Shemesh. La ville sainte de Jésuralem et le Temple sont pillés par Joas d'Israël. Libre d'un côté du Sud, le successeur de Joas, son fils Jéroboam II, reprend le duel avec Damas. Il est favorisé dans cette entreprise par les attaques que Damas continue de subir de la part des Assyriens sous le règne de Salmanasar III (781-772 avant J.-C.). Le successeur de ce roi ayant eu à faire face à des révoltes intérieures, Damas relèvera la tête, ainsi que les pays syriens de Hamath et du Iadi (région de Sendjirli). Mais Jéroboam II s'acharne contre la Syrie. Pour un moment, il s'impose à Hamath et à Damas. C'est Israël qui profite de la décadence de l'Egypte et des troubles intérieurs de l'Assyrie. Le royaume de Juda, qui s'est ressaisi durant le règne d'Azariah, plus connu sous le nom d'Osias, fera dans le Sud ce qu'Israël réalise dans le Nord : l'unification par la conquête. Edom et la Philistie s'inclinent sous son sceptre. Moment unique dans l'histoire où les deux branches maîtresses sorties du même tronc étendent leurs rameaux sur la Syrie et la Palestine ! Si Juda et Israël s'étaient fraternellement soutenus, qui sait jusqu'où leur domination se serait étendue ? Mais les rivalités de famille sont parfois les plus durables. Les deux royaumes continueront de suivre chacun sa destinée, qui est de disparaître successivement. Nous ne faisons pas ici l'histoire du peuple juif. Il faudrait mettre en relief les incomparables figures des prophètes Elie et Elisée au début du royaume d'Israël, celle d'Amos au temps d'Ochozias et celle d'Osée dans les dernières années de Jéroboam II. Ces hommes de Dieu combattirent la politique des rois et leurs alliances avec les peuples idolâtres. Les anathèmes d'Amos contre Damas et contre les satrapies des Philistins, contre Tyr, Edom, Ammon et Moab, sont suivis d'un réquisitoire contre Judas et Israël. La nation choisie doit s'appuyer sur Dieu seul. L'observance de la loi est la garantie du succès. Tout le reste, intrigues diplomatiques et action militaire, c'est le côté humain que le ciel réprouve et qui doit mener à la ruine.

L'exécuteur des vengeances divines est toujours l'Assyrien. Un guerrier fort et hardi, Téglath-Phalasar III (744-727 avant J.-C.) a reconquis l'hégémonie sur toute la Mésopotamie par la prise de Babylone. Il lutte d'abord contre une véritable invasion de tribus syriennes qui ont profité de la faiblesse de ses prédécesseurs immédiats pour déborder l'Euphrate et menacer les frontières. Il énumère trente-cinq de ces tribus, toutes classées sous la rubrique Aroumou « les Araméens ». Le seul remède est de porter la guerre au cœur même de la puissance araméenne. C'est l'expédition de l'an 738, dans la région de Sendjirli, puis au pays de Hamath, sur l'Oronte et sur la côte phénicienne. La Syrie du Nord est réduite en province assyrienne. Une inscription dira : « Tous les Araméens, tant qu'il y en avait, je les ai fait rentrer dans la frontière d'Assur et j'ai placé mes généraux comme gouverneurs sur eux. » En tête de ces vassaux apparaît le roi de Damas, qui est Rason, dont Isaïe écrira : « Damas est la tête du pays d'Aram et Rason est la tête de Damas. » Nous retrouverons ce roi en train d'attaquer le royaume de Juda. Nous savons à la fois, par les inscriptions de Téglath-Phalasar et par la Bible, que le souverain d'Israël, Ménahem, paye également le tribut évalué à mille talents d'argent. Puis, ce sont les villes phéniciennes de Tyr et de Byblos. Le roi de Tyr est Hiram II, connu par une inscription trouvée à Chypre et dédiée au Baal du Liban. L'énumération mentionne encore les territoires de Cilicie et de Gargamish, de Hamath et de la Syrie septentrionale. Une reine d'Arabie, qui siège sur le trône de la reine de Saba, envoie également, elle aussi, son tribut.

Nouvelle campagne en 734 jusqu'en Philistie. Le roi de Juda, Achaz (735-727 avant J.-C.), n'a rien de plus pressé que d'envoyer des messagers au roi d'Assyrie pour implorer son assistance à prix d'or et d'argent. Il avait à se défendre contre Rason de Damas et Péqah d'Israël, qui s'étaient ligués pour en finir avec Juda. Rason avait réussi à descendre jusqu'au golfe d'Aqaba et à s'emparer de la ville et du port d'Elath où il avait substitué des Syriens aux anciens habitants juifs. L'armée assyrienne, à son retour de Philistie, dévaste « la maison d'Omri », c'est-à-dire toute la Samarie. Ce n'est qu'un prélude à l'action contre Damas, qui se place en l'an 733-732. Seize districts appartenant à Rason ont été ravagés. Les habitants de Damas sont déportés, le roi est assassiné. En même temps, une conspiration, à Samarie, aboutit à l'assassinat de Péqah. Le chef des conjurés, Osée, est placé sur le trône et, se soumettant à l'Assyrie, est reconnu roi par Téglath-Phalasar. Alors, arrive une nouvelle reine arabe, Samsi, « celle du soleil », qui avait dû être complice de Rason dans la campagne des Syriens, vers Aqaba. Toute l'Arabie est représentée par cette souveraine de la terre classique des aromates. Le tribut qu'apportent les caravanes de Saba et de Teima, c'est naturellement l'or et l'argent, les chameaux et les chamelles, finalement « toutes sortes de parfums ». Avant de quitter le pays, les Assyriens portent un dernier coup à Israël, dont les sujets se sont révoltés contre Osée, la créature de Téglath-Phalasar. Le roi parcourt le pays « comme un ouragan ». Massacres et déportations ramènent l'ordre et le silence. Des gouverneurs assyriens sont installés partout. Tous les sémites de Syrie, de Phénicie, d'Israël, de Juda, d'Edom, d'Ammon et de Moab, aussi bien que les Hittites et les Philistins, figurent sur les listes de tributaires que Téglath-Phalasar inscrit dans les annales de son règne.

Son successeur, Salmanasar V (727-723 avant J.-C.), aura
peu de temps pour accroître l'empire de son père. Contemporain d'Osée, roi d'Israël et d'Ezechias, roi de Juda, la Bible
le considère comme le destructeur de la ville schismatique de
Samarie. Salmanasar en commença le siège à la suite d'une
campagne en Phénicie. C'est le roi Sargon qui porta le coup
fatal au royaume d'Israël.

Jamais le rayonnement de l'Assyrie sur le monde oriental
ne fut plus grand qu'à l'époque des Sargonides, qui s'ouvre
avec l'usurpateur Sargon (722-705 avant J.-C.) et se ferme
avec Assurbanipal, le Sardanapale des Grecs (668-625 avant
Jésus-Christ). Nous ne pouvons que dire un mot des multiples
événements par lesquels ces conquérants réduisirent en province la Syrie et la Palestine, s'imposèrent à l'Arabie et à
l'Egypte, réalisèrent l'unité du proche Orient, non seulement
par le fer et par le feu, mais aussi par la civilisation, les arts,
les sciences et les lettres. La chute de Samarie inaugura le
règne de Sargon. Pour en finir avec le royaume d'Israël, les
Assyriens imaginèrent de changer la face du pays. On déporta
les indigènes et à leur place on installa des colons venus de
Babel et de Coutha, en Babylonie, de la ville syrienne de
Hamath, et très probablement du lointain pays d'Elam. Ces
nouveaux occupants apportèrent leurs idoles. Telle fut l'origine de ce syncrétisme des Samaritains qui fut en abomination au peuple juif. Pendant que Sargon organise son empire
de l'Ouest, les populations de la Chaldée méridionale sont en
état d'insurrection. Un roi babylonien, Mérodach-Baladan II,
siégera durant douze ans (721-709 avant J.-C.) sur le trône
de Babel et sera une menace pour l'Assyrie. Un danger plus
redoutable venait d'Egypte. Le pharaon avait délégué l'un
de ses généraux, que la Bible appelle Séné et les textes assyriens Sibou, pour fomenter l'agitation dans les régions soumises jadis aux dynasties du Nil. La révolte est en bonne voie.
Damas, Hamath, Samarie (où se trouvent des colons de
Hamath) prennent la tête du mouvement. Les phalanges
assyriennes repassent l'Euphrate par la route accoutumée.
Elles mettent en pièces la coalition précisément à Qarqar,
célèbre déjà par la fameuse victoire de Salmanasar. Poursuite

des rebelles vers le Sud, jusqu'à la limite du territoire d'Egypte où les avait accueillis le roi de Gaza. Bataille à Rapikh qui n'est autre que le tell-Rifah, au sud de Gaza. Prise de la ville et déportation des habitants. La Syrie et la Palestine sont pacifiées.

Les années 719-714 sont consacrées, par Sargon, à consolider son empire vers le Nord, dans les régions de Van et d'Ourmiah, jusqu'à la mer Noire. On nettoie le pays des Hittites, dont un certain nombre d'indigènes sont déportés à Damas, tandis que des Assyriens colonisent Gargamish. Le système de Sargon est d'amalgamer les peuples pour les fondre ensuite dans le moule assyrien. Ainsi les Arabes de Madian et de Hedjaz sont juxtaposés à la population déjà très bariolée de Samarie pour que rien ne manque à cette mosaïque de races. La grande expédition aux pays syriens a lieu l'an 711 avant Jésus-Christ. L'objectif est Asdoud et la Gath philistine. Suivant la méthode sargonique, on y amène des colons étrangers. Le pharaon d'Egypte, qui a trempé dans le complot, redoute l'inondation syrienne et livre le transfuge d'Asdoud. Du haut Euphrate à l'Egypte, Sargon règne sans conteste et sa puissance est, au dire d'Isaïe, « comme les eaux du fleuve larges et puissantes ». Le royaume de Juda, dont le roi Ezéchias a écouté les conseils d'Isaïe et a gardé la neutralité, reste indemne durant cette invasion. Mais une ambassade du rival de Sargon, le roi de Babylone Mérodach-Baladan, a trouvé bon accueil à Jérusalem où l'imprudent Ezéchias n'a pu se défendre d'étaler ses trésors aux yeux des envoyés. Les intrigues du Babylonien tourneront à sa confusion. Une campagne de Sargon, dans le Sud, « au pays de la mer » (région du golfe Persique), assure à ce monarque la suzeraineté sur Babylone où il entre en triomphateur, l'an 710-709. En même temps, l'un de ses généraux, gouverneur en Cilicie, commence la conquête de l'Asie-Mineure. L'île de Chypre accepte le joug et une stèle de victoire, au nom de Sargon, consacre dans cette île la suprématie syrienne. La chute de Sargon suivit son apogée. Il mourut de mort violente, en l'an 705, et on ne put l'enterrer « dans sa demeure ». Cette mort tragique inspira au prophète Isaïe, dans Jérusalem, l'un de ses plus beaux poèmes : la satire contre le roi de Babylone (*Isaïe,* chap. XIV).

Toute l'énergie de Sennachérib (705-681 avant J.-C.) fut nécessaire pour maintenir la cohésion dans l'immense empire assyrien que la mort de Sargon ébranlait jusque dans ses fondements. La Chaldée levait de nouveau l'étendard de la révolte. L'Egypte, gouvernée par le fils de Shabakou, fondateur de la dynastie éthiopienne (la XXVe), avait des attaches en Judée, en Philistie, en Phénicie. Damas et Israël, contaminés par l'importation des colons exotiques, ne jouaient plus qu'un rôle secondaire. Mais Juda oublie les conseils d'Isaïe et s'appuie sur « le roseau brisé » qui était l'Egypte. Sennachérib, après avoir réduit les populations chaldéennes de Babylone et du golfe Persique, entreprend de vider la querelle avec l'Egypte et ses alliés de Palestine. C'est la fameuse campagne de l'an 701. L'itinéraire est soigneusement tracé par les scribes assyriens. La Syrie du Nord est traversée sans coup férir et l'on atteint la côte phénicienne. Sidon la grande et Sidon la petite, Acre, Jaffa, telles sont les principales étapes. Il s'agit ensuite de forcer les villes philistines d'Asdoud et d'Akkaron. Dans la plaine, au sud de cette dernière ville, à Eltéqeb, se livre la bataille où tombent non seulement les coalisés, mais encore les Egyptiens et les Ethiopiens qui dirigeaient leur inexpérience. La prise d'Asdoud et d'Akkaron ouvre les portes de la Judée vers l'Ouest. Sennachérib monte contre Jérusalem où Ezéchias est enfermé « comme un oiseau dans sa cage ». Pour éviter la catastrophe, Ezéchias fait sa soumission et paie le tribut. De retour dans son pays, Sennachérib organise une nouvelle expédition dans les marais du golfe Persique. Il la termine en plaçant l'un de ses fils sur le trône de Babylone (l'an 700 avant J.-C.). Puis une campagne en Cilicie qui aboutit à la prise de Tarse et une autre campagne en Cappadoce, afin de poursuivre plus facilement les Chaldéens du Sud qui ne cessent d'incursionner en Babylonie, où Sennachérib fait construire une flotte, et ce sont les Phéniciens de Tyr, de Sidon, aidés par des Chypriotes, qui travaillent à édifier les navires destinés à croiser sur le golfe Persique. Les Elamites viennent en aide aux Chaldéens. La bataille de Khaloubé (sur le Tigre, non loin de Bagdad) est

indécise. C'est seulement en 689 que Sennachérib aura reconquis la Babylonie. Mais l'Occident s'agite encore, grâce aux
émissaires du pharaon éthiopien, Tirhaqa, qui exerce la royauté
en Egypte depuis 693 avant J.-C. Si nous comprenons bien
la série des événements, telle qu'on peut la reconstituer avec
des éléments de textes assyriens, un passage d'Hérodote et
les récits bibliques, une expédition en Arabie, vers l'an 689,
fut suivie d'une tentative contre Jérusalem. La peste envahit
le camp des Assyriens. Les renforts d'Egypte approchent.
L'armée quitte précipitamment la Palestine. C'est à Babylone
que le grand monarque Sennachérib devait trouver la mort,
sous les coups d'un de ses fils rebelles. Comme son père Sargon,
il mourait de mort violente. Nous sommes en 681 avant J.-C.

Le duel entre l'Assyrie et l'Egypte pour la prépondérance
sur la Syrie, la Palestine et l'Arabie, entre dans sa phase
aiguë durant le règne d'Asaraddon (680-669 avant J.-C.). Les
villes de la côte, rattachées par la mer avec l'empire des
Pharaons, ne cessent de se rebiffer contre les exigences des
Assyriens. La Cilicie prête son concours à la Phénicie.

Une campagne vigoureusement menée, en 677-676, se termine par la dévastation de Sidon et la déportation des Sidoniens. Le roi des Phéniciens, Abdi-Milkout, s'était réfugié sur
mer. Mais, dit Asaraddon, « je le pêchai hors de la mer comme
un poisson et lui coupai la tête ». Quant au roi de Cilicie, « je le
capturai dans la montagne comme un oiseau et lui coupai la
tête ». Un court répit est laissé à la Syrie pendant le temps
qu'Asaraddon guerroye contre les Chaldéens du bas Euphrate
qui sont toujours inquiétants. Et déjà les peuplades aryennes,
les Scythes et les Mèdes, menacent au Nord et à l'Est les
frontières de l'Assyrie. Obligé de se garder chez lui, Asaraddon
ne recommence que l'an 674-673 la marche vers l'Egypte.
Une première campagne atteint « le torrent de l'Egypte »,
c'est-à-dire le wadi-el-arish. Une autre prend le chemin du
désert arabe déjà frayé par Sennachérib. Mais l'Egypte
échappe à l'invasion. Aucune ville égyptienne ne figure sur
les listes des cités vassales. Les tributaires sont Baal, roi de
Tyr, Manassé, roi de Juda, les rois d'Edom, de Moab et de la
Philistie. La glorieuse Sidon n'apparaît plus, car, Asaraddon

se vante de l'avoir rasée de fond en comble. Les autres villes phéniciennes font acte de soumission. Et à leurs noms se juxtaposent dix noms de villes chypriotes, avec leurs rois qui sont des Grecs. Un traité est conclu avec Baal, de Tyr, pour les transports maritimes. Les divinités invoquées à ce propos sont celles de Phénicie : le baal des cieux, le baal des princes, le baal du Nord, le tyrien Melqart, le sidonien Echmoun, et la grande Astarté. Le roi de Tyr ne garde pas ses serments. Il noue des intelligences avec l'Ethiopien Tirhaqa et s'attire des représailles. En 671, Asaraddon vient faire le siège de Tyr et laisse une partie de sa troupe autour de Tyr. Il poursuit sa route jusqu'au torrent de l'Egypte où il attend les chameaux que lui amènent ses vassaux d'Arabie. Pour la première fois, l'armée assyrienne s'engage dans le Delta, réussit à prendre Memphis et emmène en captivité toute la famille de Tirhaqa. Celui-ci réussit à s'échapper. Le chap. XX d'*Isaïe* montre bien le retentissement qu'eut en Palestine et dans les pays limitrophes la conquête de l'Egypte par l'Assyrie. Asaraddon se contente de reconnaître, comme ses gouverneurs, un certain nombre d'indigènes qui lui juraient fidélité. En rentrant chez lui, il eut à étouffer des conjurations dans son propre palais. Il mourut de maladie, en 669 avant J.-C. Avant sa mort, il avait partagé son empire entre ses deux fils : Assurbanipal, en Assyrie, Shamash-shoum-oukin, à Babylone.

C'est au cours d'une nouvelle expédition en Egypte que la maladie et la mort avaient terrassé l'intrépide Asaraddon. Le premier soin de son fils, Assurbanipal, fut de prendre l'armée en mains et de parfaire l'œuvre de son père. Un ordre fut adressé aux tributaires assyro-palestiniens d'avoir à préparer vaisseaux, hommes et vivres pour seconder les troupes du grand roi. Les tributaires sont les « 22 rois de la côte de la mer », du milieu de la mer et « des (îles) de la terre ferme ». Pêle-mêle, sont groupés les contingents d'Arwad, de Byblos et de Tyr, de Gaza, d'Akkaron et de Asdoud, d'Ascalon, de Juda et d'Edom, d'Ammon et de Moab, sans oublier les renforts venus de Chypre. Les soldats du pharaon Tirhaqa viennent à leur rencontre à Krabanit, dans le Delta. Assurbanipal est vainqueur. Après une marche d'un mois et dix jours, le voici sous les murs de la Thèbes aux cent portes. Toute l'Egypte tombe sous le joug d'Assur. Les gouverneurs reconnus par Assurbanipal seront chargés d'inspirer à chaque nome du Delta ou de la Haute-Egypte le respect de l'invincible force assyrienne. Une tentative d'insurrection est réprimée par des représailles exercées sur les trois vieilles cités du Delta : Saïs, Mendès et Tanis. La mort de Tirhaqa, survenue vers 664-665 avant J.-C., n'amène pas la paix définitive. Son neveu, Tanout-Amon, reconquiert Thèbes et Héliopolis. Il marche sur Memphis. Plus promptes que la foudre, les armées assyriennes, avec leurs auxiliaires, sauvent Memphis et investissent Thèbes, qui succombe. Le pillage est organisé. A noter, parmi le butin, « deux obélisques du poids de 2.500 talents » qui se dressaient à la porte du temple. « On les emporte en Assyrie, exactement comme 2500 ans plus tard un obélisque de Ramsés II viendra orner la place de la Concorde, à Paris. Le prophète Nahoum, au pays de Juda, chanta la chute de Thèbes, comme le type de la dévastation et du carnage (*Nahoum*, chap. III). La Phénicie, qui avait eu encore des velléités d'indépendance, se soumit platement. Les filles des rois d'Arwad et de Tyr sont offertes par leurs pères au harem d'Assurbanipal. Le roi d'Arwad paiera une redevance caractéristique : de l'or, de la pourpre violette et rouge, des poissons et des oiseaux. A sa mort, ses dix fils entreprirent le voyage de Ninive, pour baiser les pieds d'Assurbanipal. La renommée aux cent bouches porte le nom du monarque jusqu'aux confins de la Lydie. Le légendaire Gygès envoie ses ambassadeurs et demande du secours contre les Cimmériens qui, venus de la Scythie, envahissent les frontières lydiennes.

Des événements graves rappelaient Assurbanipal en Mésopotamie. Les Aryens, au Nord, et les Elamites, à l'Est, cherchaient à descendre de leurs montagnes dans les riches vallées du Tigre et de l'Euphrate. Pendant que les troupes assyriennes font face à ce double danger, le propre frère du roi, celui qui régnait à Babylone sous le nom de Shamash-Shoum-Oukin, organise une gigantesque coalition dans laquelle entrent les pays de l'Ouest, y compris la Syrie, l'Arabie et l'Ethiopie. Assurbanipal frappe au cœur en s'emparant de Babylone dont l'infortuné roi se suicide, se jetant dans les flammes de son palais incendié. La répression fut inexorable, accompagnée de supplices atroces. L'an 648 avant J.-C., la Chaldée était rentrée dans le calme, mais l'Elam se révoltait toujours. Ce fut l'occasion d'une campagne jusqu'à Suse, qui fut pillée et rasée. Tranquille de ce côté, Assurbanipal revient vers l'Ouest qui s'ébranlait encore sous les excitations du pharaon Psammétique. Syrie et Palestine se taisent, mais les Arabes sont toujours indomptés. L'armée syrienne organise une chasse aux Bédouins. Le quartier général est installé à Damas. De là on rayonne dans la Ledja, la Transjordane, les pays du Sud. Les Cédréens et les Nabatéens sont battus dans le Nedjd. Leurs chameaux sont razziés et importés en Assur : « Je partageai les chameaux comme du petit bétail, je les distribuai aux Assyriens. » La peste et la famine ravageant les campements arabes : « pour assouvir leur faim, ils mangèrent leurs enfants » ! Trahi par les siens, le chef de la rébellion, Ouaté, est capturé et amené à Ninive : « Avec le couteau tranchant que tient ma main, je lui perçai sa mâchoire. Je fis passer une corde dans son menton, je lui mis une chaîne de chien et je lui fis garder la cage, à la grande porte orientale qui se trouve à Ninive et qu'on appelle l'entrée de la foule des peuples. » On revint par la côte, où des représailles furent exercées contre les Phéniciens de Palaetyros (au sud de Tyr) et contre la ville d'Acre. Puis il fallut regagner le Haûran où se débattaient les restes de la coalition arabe. Le dernier chef bédouin fut saisi et le roi vainqueur l'écorcha vif dans la cité de Ninive. Tout ployait devant la force militaire d'Assur. Le roi de Juda, Manassé, restait vassal d'Assurbanipal, comme il l'avait été d'Asaraddon. Le fils de Manassé, Amon (638-637 avant J.-C.), ne fit que passer sur le trône et fut assassiné dans son propre palais. C'est à la fin du règne de Josias (637-607 avant J.-C.) que devait se produire l'événement le plus capable de frapper toutes les imaginations syriennes, arabes ou égyptiennes : la chute de Ninive.

La mort d'Assurbanipal, en 625 avant J.-C., laissa le sceptre d'Assur et de Babylone entre des mains trop faibles pour porter le fardeau de l'empire du monde. Quand on apprit que le redoutable conquérant était allé rejoindre ses pères, ce fut un déclanchement des haines entassées dans les cœurs par les massacres et les dévastations sur lesquels il avait appuyé son autorité. Le signal de la révolte est donné par les Chaldéens qui installent sur le trône de Babylone une dynastie nouvelle, celle de Nabopolassar. Le roi des Mèdes prête son appui à l'usurpateur. Les Scythes, d'abord ennemis des Mèdes, finissent par se grouper avec eux contre l'Assyrie. Pendant ce temps, le pharaon Néchao monte de l'Egypte pour reprendre la route de l'Euphrate. Le roi Josias, fidèle allié de Ninive, veut l'arrêter à Mégiddo, mais il est tué dans le combat. Ne sachant plus de quel côté donner de la tête, le second des fils d'Assurbanipal, un certain Sin-Shar-Ishkoun, abandonne la partie. Les Aryens de Médie et de Scythie forcent les portes de la capitale Assyrienne, cette fastueuse Ninive, qu'on ne traversait qu'en trois jours aux dires de Jonas, cité des sciences et des arts, où Assurbanipal avait réussi à fonder la plus grande bibliothèque du monde oriental et où les Sargonides s'étaient complus à édifier leurs somptueux palais ! La prophétie de Nahoum est écrite toute entière sous l'impression de cette catastrophe, dont la date est approximativement l'an 607 avant J.-C.

Deux grands empires héritent de l'Assyrie. Celui des Mèdes à Ninive, celui des Chaldéens à Babylone. C'est Babylone qui exercera la suprématie sur les pays de l'Ouest. Un grand monarque, Nabuchodonosor, le deuxième du nom, viendra inscrire ses fastes au Nahr et Kelb et dans le Wadi Brisa (sur les pentes orientales du Liban). Il épouse la fille du roi des Mèdes Astyage et s'assure ainsi le concours de son voisin du Nord. Le plus urgent était d'arrêter les Egyptiens qui, depuis la victoire de Mégiddo sur Josias, menaçaient la Syrie. Avant même son accession au trône, l'an 605 avant J.-C., Nabuchodonosor conduit vers le haut de l'Euphrate les troupes de son père Nabopolassar. Sur l'éternel champ de bataille de Gargamish, l'armée égyptienne est battue à plate couture. Le royaume de Juda, malgré les injonctions du prophète Jérémie, ne cesse de lier partie avec l'Egypte. Le souverain régnant, Jehoachaz, est emmené en captivité au pays du Nil. Après la victoire de Nabuchodonosor à Gargamish, Jehoyaquim affecte de se soumettre durant trois ans. Il veut ensuite secouer le joug. Sans se déplacer, Nabuchodonosor fait ravager la Judée par ses bandes de Chaldéens, auxquels s'adjoignent les Araméens (Syriens), les Moabites et les Ammonites. La Bible montre excellemment l'hégémonie babylonienne sur la Syrie et la Palestine : « Le roi d'Egypte ne continua plus de sortir de son pays, car le roi de Babel avait pris tout ce qui était au roi d'Egypte, jusqu'au fleuve Euphrate. » (*II Rois*, XXIV, 7). Une nouvelle campagne « des serviteurs de Nabuchodonosor » en Palestine (vers l'an 597 avant J.-C.) aboutit à un premier pillage de Jérusalem et à la captivité du roi Jéhoyakin, qui vient de succéder à son père Jehoyaqim. Une première déportation des Judéens à Babylone est organisée par les vainqueurs. L'oncle du roi captif, à savoir Sédécias, est intrônisé sur Jérusalem par Nabuchodonosor. Il veut s'affranchir de la tutelle babylonienne et renouer des relations avec l'Egypte. Alors, en l'an 588 avant J.-C., Nabuchodonosor prend la tête de l'armée babylonienne et revient en Syrie. Le quartier général s'installe à Riblah, sur l'Oronte, au nord de la Coélésyrie. Les troupes descendant vers Jérusalem qui est investie durant deux ans, car les Egyptiens réussissaient encore à envoyer des renforts aux Juifs pour inquiéter les derrières de l'armée babylonienne. En l'an 586, onzième année de Sédécias, le neuvième jour du quatrième mois, Jérusalem succombe. Le temple de Dieu, le palais du roi, les maisons de la ville sont livrés aux flammes. Les trésors du temple sont pillés. Sédécias, amené à Riblah devant Nabuchodonosor, voit égorger ses fils. Pour le laisser sous le coup de cette vision atroce, on lui crève ensuite les yeux. Chargé de chaînes, il est emmené à Babylone. Et c'est là que les Juifs, déportés en masse, viennent pleurer sur le sort de Jérusalem en chantant leurs lamentations. L'ère de la captivité a commencé. Elle durera jusqu'à l'époque Perse (538 avant J.-C.). Le grand prophète Ezéchiel fait partie des déportés. Jérémie reste au pays de Juda.

Durant la dynastie qu'on appelle néo-babylonienne et à laquelle appartient Nabuchodonosor, Babylone maintient sa suprématie sur la Syrie et la Palestine. Le dernier roi, Nabonide (555-538 avant J.-C.), voulant relever le temple du dieu Lune à Harran, convoque ses vassaux « depuis le pays de Gaza à la frontière d'Egypte et depuis la mer syrienne (Méditerranée) au delà de l'Euphrate, jusqu'à la mer inférieure (le golfe Persique). » Et voici qu'un royaume nouveau surgit à l'est et au sud de Babylone. Un guerrier de premier ordre, Cyrus le Grand, de la race des Perses et de la famille des Achéménides, a réuni dans ses mains la Perse et l'Elam. Il triomphe du mède Astyage et, vers l'an 553-552 avant J.-C., devient roi unique de la Médie, de l'Elymaïde et de la Perse. Un double obstacle arrête ce conquérant vers l'Ouest. D'abord l'empire babylonien, qui va du Tigre à la Méditerranée, ensuite l'empire lydien qui, sous le sceptre du fabuleux Crésus, s'étend sur presque toute l'Asie-Mineure. La première tâche de Cyrus fut de réduire Crésus. Il le fit par la prise de Sardes, en 546 avant J.-C. Nabonide le Babylonien et l'Egyptien Ahmasis avaient essayé de soutenir Crésus. Ce fut le Babylonien qui paya pour tous. Les Perses et les Mèdes, sous la conduite de Cyrus, envahissent la Chaldée, et, en octobre de l'an 539 avant J.-C., s'emparent de Babylone par surprise. La ville était en train de célébrer par des ripailles et des beuveries la nuit du nouvel an. Le fils de Nabonide, Balthasar, est tué à table. Le père s'enfuit, mais on le rattrape et il vient orner le triomphe de Cyrus qui devient le chef incontesté de l'Orient. Après l'Egypte, après l'Assyrie et après la Babylonie, c'est maintenant la Perse qui va marquer de son empreinte les pays syriens. L'habileté stratégique de Cyrus et sa bravoure militaire s'associaient en lui à l'esprit de tolérance. Il respecta les coutumes religieuses de tout l'empire babylonien. Adorateur du Dieu suprême Ahouramazda, il n'eut que des sympathies pour les Juifs monothéistes. Dans la tradition d'Israël, il reste béni comme celui qui présida à la restauration de Jérusalem et du Temple. En l'an 538 avant J.-C., il autorise les déportés à regagner la ville sainte, sous la conduite de Zorobabel. C'est l'ère de la résurrection religieuse que prêchent les prophètes Aggée et Zacharie.

Cyrus passe les dernières années de son règne à donner de la cohésion à son empire. Il place ses généraux à la tête des provinces. Plusieurs légendes circulaient dans l'antiquité sur la mort de ce héros. La plus vraisemblable est celle qui le fait périr dans une expédition contre les Scythes au delà de l'Araxe. Son fils Cambyse, qui laissa aux Perses et aux Grecs le renom d'un fou, eut maille à partir avec l'Egypte que gouvernait encore Ahmasis. Perses et Babyloniens, Lydiens et Syriens, toute l'Asie s'ébranla vers le delta du Nil. Ahmasis mourut avant de voir l'issue de la lutte. Son fils Psammétique fut battu près de Péluse et l'Egypte reconnut, elle aussi, la suzeraineté de la Perse.

La grande œuvre de Darius I (521-485 avant J.-C.) fut de centraliser le pouvoir et de donner au monde oriental l'administration la plus uniforme. L'esprit méthodique des Aryens se révèle dans la division de l'empire en satrapies.

Les satrapes sont les préfets du grand roi. Ils prélèvent le tribut des nations vassales. Des courriers parcourent les routes et une véritable poste royale est organisée. Le nombre des satrapies atteignit le nombre de 31 à la mort du grand Darius. La Syrie et la Palestine sont rattachées à la satrapie d'Arabie, tandis que la Babylonie, l'Assyrie, l'Egypte deviennent des satrapies distinctes. Ce n'est plus en Orient que les Perses trouveront leurs adversaires. Un peuple dont le nom va bientôt éclipser tous les autres va bientôt émerger de la Méditerranée. La Grèce barrera la route que la Perse, qui atteint les Indes à l'Orient, voudrait s'ouvrir vers l'Europe. Dans la plaine de Marathon (en 490 avant J.-C.), un coup fatal est porté par l'Athénien Miltiade aux généraux de Darius. L'Egypte intrigue avec la Grèce contre les vaincus de Marathon. Le successeur de Darius, Xerxès I, réussit encore à réprimer les Egyptiens. Mais la flotte grecque remporte sur la flotte perse la fameuse victoire de l'île de Salamine, en l'an 480 avant J.-C. L'année suivante, quand les bataillons perses ont réussi à atteindre Platée, en Béotie, le Lacédemonien Pausanias sauve la patrie grecque par une victoire retentissante. Les populations syriennes restent indifférentes à ces duels où se jouent les destinées du monde. La communauté juive est en train d'essayer de se reconstituer autour de Jérusalem et de son temple rebâti sous la direction de Néhémie.

Les démêlés perses avec les Grecs et les Egyptiens se prolongent pendant les règnes d'Artaxerxès I (465-424 avant J.-C.) et de Darius (423-415 avant J.-C.). Le premier concentre des troupes en Cilicie et Phénicie, d'où une expédition maritime est lancée contre l'Egypte, en même temps que trois cent mille hommes arrivent par terre. L'Egypte est vaincue en 455-454 avant J.-C. Les Phéniciens sont les auxiliaires des Perses. Les Grecs les attaquent du côté de l'île de Chypre. Les combats en Méditerranée aboutissent à la conclusion d'un accord entre Artaxerxès et les Grecs (l'an 449 avant J.-C.). La base de l'accord est la limitation des eaux entre les flottes grecque et perse. Nous n'avons pas à insister sur les démêlés intérieurs qui préludèrent à l'avènement de Darius II. Sous ce monarque, les Perses interviennent dans la guerre du Péloponèse et se joignent à Sparte qui prend la prédominance dans les affaires de la Grèce. La lutte fratricide entre les fils de Darius II, Cyrus le jeune et Artaxerxès II, ramène la guerre en territoire asiatique.

La bataille de Cunaxa (en amont de Babylone) se termine par la mort de Cyrus le jeune. Mais Artaxerxès II (405-358 avant J. C.) n'a pas la solidité de poigne nécessaire au maintien de l'hégémonie perse sur l'Orient. L'Egypte reconquiert un semblant d'indépendance et favorise l'île de Chypre qui s'est révoltée vers l'an 337 avant J.-C. Une expédition perse dans le delta ne réussit pas à soumettre le pharaon Nectanébo. Ce fut Artaxerxès Ochus (358-337 avant J.-C.) qui rétablit sur le Nil la suprématie de la Perse en l'an 342. Il avait préludé à cette campagne par une sévère répression de la Phénicie et spécialement de Sidon qui s'était insurgée et n'avait pas craint de mettre le feu aux approvisionnements accumulés dans les ports pour la campagne du grand roi en Egypte.

Sous Arsès (337-335 avant J.-C.) et Darius Codoman (335-330 avant J.-C.), de sombres tragédies se jouent dans le palais des Achéménides. L'heure de la catastrophe approche,

L'Orient va, une fois encore, changer de maître. Le Macédonien Alexandre le Grand, fils du roi Philippe et élève du philosophe Aristote, a ramené la Grèce à l'unité par le succès de ses armes. C'est l'Europe civilisée qui va maintenant faire briller sur l'Asie le flambeau de la raison hellénique. Les phalanges macédoniennes sont déjà en Asie-Mineure où le petit fleuve du Granique, tributaire de la Marmara, assiste au désastre des Perses de Darius en l'an 334 avant J.-C. Une année plus tard, c'est en Cilicie, près du golfe d'Alexandrette qui est aussi le golfe d'Issus. L'an 333 est l'une des dates des plus fatidiques de l'histoire du monde. C'est l'hellénisme envahissant l'Orient pour se subsistuer à ces vieilles civilisations d'Egypte, de Chaldée ou d'Iran, dont nous avons vu défiler les représentants sur ce sol de Syrie, placé comme un carrefour entre la Méditerranée, l'Asie-Mineure, le bassin du Tigre et de l'Euphraté, la vallée du Nil et le désert arabe ! Mais le terroir n'a pas perdu ses droits. La langue du pays, ce vieux dialecte sémitique qu'on nomme l'Araméen, s'est répandue avec les Syriens, commerçants, soldats ou déportés, à travers l'Asie antérieure. En Babylonie comme en certaines régions de l'Asie-Mineure, en Palestine comme en Syrie, cette langue facile est devenue langue commune. Elle sera usitée chez les Palmyréniens aussi bien que chez les Nabatéens et on la retrouvera dans les inscriptions de Teima, au nord de l'Arabie. Langue des Juifs après la captivité, elle se survivra dans le syriaque des chrétiens orientaux, les targums et quelques écrits rabbiniques. On la parle encore dans quelques villages de l'Anti-Liban. Mais, de plus en plus, le grec va supplanter cet idiome dans les centres intellectuels de Syrie et de Palestine, comme il supplante l'égyptien dans le delta du Nil. La troisième grande victoire d'Alexandre dans la plaine de Gaugamèle, près d'Arbèles, en 331 avant J.-C., n'est pas seulement le triomphe définitif sur les Perses, c'est la consécration de la pénétration hellénique dans tout l'Orient civilisé. La beauté grecque va tenter d'unifier ces peuples malheureux, dont les dissensions intestines ont amené la déchéance et la ruine.

L'EMPIRE PALMYRÉNIEN

par le Père LAGRANGE
Dominicain de Jérusalem

Palmyre est le nom grec de l'antique Tadmor. La glorieuse cité du désert n'est plus qu'une ruine. Devant un auditoire de France, je n'aurais pu me dispenser de reproduire en projections lumineuses la grande Colonnade, le Temple qui contient aujourd'hui toute la ville moderne de Tadmor, les tombeaux qui sont à l'entrée de cet amphithéâtre de sables dont la scène se prolonge à l'infini. Mais, aujourd'hui, il vous est facile de visiter Palmyre. Vous pouvez y arriver en automobile, de Homs ou de Damas, et goûter sur place le charme de ces imposants débris. Depuis qu'ils ont été découverts, en 1678, par des marchands anglais, ils servent de thème aux méditations sur la chute des empires et la fragilité des choses humaines. Déjà, La Bruyère a montré l'avenir échappant à Zénobie au moment où elle croyait avoir assujetti la Fortune. Mais, sans essayer de pénétrer dans les secrets de la Providence, on peut tenter d'analyser les causes humaines qui ont produit une si étonnante prospérité, interrompue tout à coup par une catastrophe plus étonnante encore, par son caractère soudain et définitif. C'est ce que je voudrais essayer avec vous, ce soir. L'étude est d'autant plus captivante pour nous, Français qui aimons la Syrie, ou Syriens attachés à la France, qu'elle pose un des cas où l'Orient et l'Occident se sont trouvés en contact, d'abord avec des rapports amicaux, sources d'avantages pour les deux parties, puis en lutte après une rupture fatale. L'intérêt spécial de l'empire Palmyrénien est, qu'en effet, il se présente dans l'histoire comme la seconde des trois vagues qui ont déferlé sur les pays syriens en venant du désert. Depuis la guerre, ce mot de vague nous est devenu familier pour désigner l'élan d'une armée qui marche à l'assaut. Les vagues des nomades avaient moins de fougue, la dernière exceptée, celle-ci qui renversa tout sur son passage et qui vint expirer dans les champs de Poitiers, c'est la conquête musulmane. La première fut la pénétration pacifique des Nabatéens qui étaient parvenus à fonder un royaume sur la lisière de la Syrie. Il suffit d'un geste de Trajan pour l'annexer à l'empire romain (106 après J.-C.). L'empire Palmyrénien fit meilleure figure : il balança un jour la fortune de Rome, mais il succomba dans une lutte inégale. Pourquoi cette fortune, et pourquoi cette infortune, ce sont, comme on disait autrefois, les deux points de ce discours.

I

Comme les Nabatéens, comme les compagnons de Mahomet, les Palmyréniens venaient d'Arabie ; c'étaient des nomades. Vous avez eu l'occasion de le constater récemment : c'est la vie nomade qui s'oppose le plus à la vie du civilisé. Qu'on soit Arien ou Sémite, à supposer que la science autorise encore ces appellations reçues, on s'accorde plus aisément si l'on appartient à un groupement de culture, que ne peuvent s'entendre des nomades et des cultivateurs. Définir la civilisation n'est point aisé. Mais, du moins, nous savons très bien qu'elle commence avec la culture de la terre. Lorsque quelqu'un a labouré, puis ensemencé, qu'il voit grandir l'espoir de la moisson, il enclôt son champ, il s'installe auprès de lui, il bâtit une demeure permanente. Les maisons se groupent. Une ville naît, la cité dont on est citoyen, et c'est tout le germe des arts, architecture, peinture, sculpture. C'est encore le point de départ des sciences, qu'on cultive, elles aussi, dans l'intérêt du groupe social, à la fois stable et désireux de progrès. Le nomade pasteur, — car l'Orient classique n'a pas connu le nomade chasseur, — le pur nomade vit, en théorie, du lait de ses troupeaux. Mais il est bien rare qu'il s'en contente. Si les terres qu'il parcourt peuvent être cultivées, il appelle des fellahin pour une besogne qu'il dédaigne.

Le plus simple pour lui est encore de faire des incursions dans les pays de culture et de prendre ce qui est à sa convenance. Or, la razzia n'est pas sans danger et ne réussit pas toujours. Le nomade essayera donc de pénétrer chez les civilisés en ami et de mettre à profit ses habitudes errantes et sa connaissance des points d'eau pour se faire intermédiaire entre deux pays riches, séparés par le désert. Déjà, dans la *Bible*, nous voyons se dessiner les Israélites, tantôt comme des pillards que Gédéon doit expulser les armes à la main, tantôt comme des marchands peu scrupuleux, ceux qui achetèrent Joseph à ses frères, véritables trafiquants de blancs et de blanches. La traite existait déjà. Depuis que les Arabes sont devenus si célèbres comme conquérants, ou qu'ils sont retombés dans leurs habitudes de razzier, pillards incorrigibles, nous avons oublié ces grands marchands de l'antiquité, les Israélites, les Nabatéens, les Sabéens, les Palmyréniens, véritables agents de liaison entre la Perse et les Indes d'une part, la Syrie et tous les pays de Japhet du côté de l'Occident. C'étaient avant tout des voyageurs résolus, des entrepreneurs de caravanes. Mais ils avaient, comme tous les nomades, une tendance à pénétrer dans les pays de culture.

Voilà encore une chose, Messieurs, que vous entendez mieux que d'autres. La politique a mis à la mode le nom des zones : zone bleue, zone rouge, zone de mandat, zone d'influence. Au VIIIe siècle avant notre ère, il y avait une zone de civilisation, comprenant les royaumes hébreu et phénicien, qui rejoignaient au Nord-Est l'empire des Assyriens, contigu lui-même à la Chaldée dominée par Babylone. A côté de ces pays où fleurissaient les arts, les écoles, l'administration, le droit, une seconde zone servait aux relations avec les nomades. Tandis que chacun des pays civilisés possédait sa langue, dans la zone intermédiaire on parlait l'araméen, la moins compliquée des langues sémitiques et par conséquent la plus propre aux transactions commerciales, si bien que les nomades la préfèrent à l'arabe, leur langue maternelle, et qu'elle menaça et détrôna les langues plus riches par leurs formes et par leur littérature. L'un de ces peuples, parti de la zone franche des nomades arabes pour s'installer à la lisière occidentale du désert d'Arabie, sans renoncer à ses habitudes vagabondes, devenues des pratiques commerciales, ce sont les Palmyréniens.

Ceux qui comprirent l'importance de la source de Tadmor, la source bénie comme ils disaient, firent preuve de ce génie qui suggéra à Constantin de faire de Bysance une nouvelle Rome. En effet, ils étaient là assez éloignés de Damas et des villes phéniciennes pour conserver leur indépendance, et ils pouvaient rapidement atteindre Babylone. Faute de connaître les points d'eau ou afin d'éviter les mauvaises rencontres, les marchands venus des Indes, en direction de l'Occident, devaient remonter l'Euphrate, le Tigre, et encore l'Euphrate, au risque de rencontrer bien des péages et de dépenser de lourdes sommes sur une route si longue. Quel avantage pour eux de confier leurs marchandises à des Palmyréniens pour lesquels la traversée du désert n'était qu'un jeu ! Après la conquête d'Alexandre et la fondation d'Antioche et de Ctésiphon, une ligne droite joignant ces deux capitales de l'empire macédonien d'Orient passait presqu'exactement à Palmyre. C'est sûrement de cette époque que date la prospérité des tribus qui s'y groupaient. Lorsque le royaume des Séleucides eut été comme partagé entre les Romains et les Parthes, la situation exigea à coup sûr beaucoup plus de dextérité. Les deux empires étant en guerre, il fallait les ménager tous deux. Nous savons aujourd'hui, pour l'avoir vu, ce que les neutres habiles savent tirer d'un pareil cas. Mais nous savons aussi qu'il leur est parfois malaisé de conserver l'équilibre. Les Palmyréniens furent embarrassés, nous le verrons, mais ils surent d'abord profiter de la nécessité imposée aux deux parties, de recourir à leurs bons offices intéressés.

Non seulement les chefs de caravanes faisaient payer leurs services, l'État palmyrénien exigeait une redevance de tout ce qui entrait à Tadmor ou en sortait. Nous sommes assez bien informés sur ce point, grâce à une stèle gravée en grec et en palmyrénien et qui fixe les droits à payer à l'entrée et à la sortie. La précaution était sage, car la perception étant confiée à des fermiers, ceux-ci exigeaient le plus possible des trafiquants. Saint Jean-Baptiste recommandait aux publicains de Judée de ne pas exiger plus que la juste redevance (1). C'était donc une vertu méritoire et le montant de la somme due était précisément ce que le douanier avait intérêt à dissimuler. Pour remédier à cet inconvénient, le Sénat de Palmyre, réuni selon les rites, fixa le taux à acquitter pour chaque objet. Tant pour un esclave — vingt-quatre deniers — tant pour l'orge, le vin, les peaux, la graisse, les poissons salés, l'huile parfumée dans les vases d'albâtre, l'huile ordinaire dans les outres, etc., etc... Seulement pour l'usage de la source, huit cents deniers par an. Un char chargé équivalait à quatre chameaux et un chameau à deux ânons. Même à vide, chaque bête de somme devait payer la taxe.

Or, il est difficile d'exagérer l'importance de ce trafic. Vous n'avez pas oublié l'intérêt que prit l'Allemagne, même après l'ouverture du canal de Suez, à la construction du chemin de fer de Bagdad. C'est par milliers, peut-être par centaines de mille, que les chameaux traversaient Palmyre, et nul ne passait sans contribuer à la richesse des particuliers et de l'Etat.

Devenus riches, les Palmyréniens voulurent bâtir une ville, et une ville splendide. Une ville dans ce désert. On s'en est étonné, et ce serait inconcevable si ces nomades ne s'étaient pas attachés au sol où ils s'étaient groupés, près de la source qui le rendait fécond. Vous vous rappelez le mot de Tacite : « Qui donc, sans parler du péril d'une mer effrayante et inconnue » — lisez le désert, — « voudrait abandonner l'Asie, ou l'Afrique, ou l'Italie, pour se rendre en Germanie : terres sans formes nettement dessinées, au ciel sans couleur, mal cultivée sous un triste horizon, si ce n'était sa Patrie ? » Palmyre, pour ces Nomades était devenue une Patrie.

Ils voulurent qu'elle fût belle... Qui de nous leur en ferait un reproche ?

Mais nous avons à nous demander comment ils y ont réussi : admirons, mais examinons.

Notons d'abord que notre étonnement à la vue de Palmyre

____

(1) Luc, III-13.

naît spontanément du contraste avec la laideur des villes
modernes et à la joie qu'éprouvent nos yeux, nous comprenons
qu'ils avaient trop souvent le droit de se plaindre. Mais, si
Palmyre fut assurément une des belles cités de l'empire, il en
comptait un bon nombre du même rang, sans parler de celles
qui dominaient les autres « comme le cyprès s'élève au-dessus
de l'olivier ». C'est ainsi que Pompéï, petite ville de province,
a pu passer pour un musée de chefs-d'œuvre. Pompéï a été
embaumée dans la poussière du Vésuve, Palmyre a été défen-
due contre la destruction par sa barrière de sables. Le fanatisme religieux qui a brisé ses statues lui fut moins nuisible
que la convoitise d'entrepreneurs bâtissant à côté une ville
nouvelle.

Telle qu'elle est, représente-t-elle le génie propre de ses
habitants ?

Nous l'avons dit : vie nomade et architecture s'excluent
absolument. Mais le nomade, décidé à construire, n'essayera-
t-il pas d'exprimer quelque chose de son ancien idéal dans la
maison de pierre qui remplacera pour lui la maison de poil ?
C'est peut-être le cas de la mosquée du vieux Caire, étendue
sur le sol comme une grande tente, dont les piquets, fichés
dans le sable, seraient devenus des colonnes. Ordinairement,
le nomade venu le dernier dans un monde déjà vieux emprunte
aux civilisés leurs modèles en même temps que leurs ouvriers.

Placés plus près des Egyptiens, les Nabatéens avaient subi
l'influence de ces grands bâtisseurs : la gorge égyptienne
dans les façades de leurs tombeaux, les obélisques du haut
lieu de Pétra, ne laissent aucun doute ; vous l'avez constaté
ces jours derniers (1). Mais les Palmyréniens étaient plus
voisins de la Mésopotamie, centre non moins important de
constructions monumentales. Toutefois, Ninive était ruinée
depuis longtemps et oubliée, quand on commença de bâtir
la Palmyre que nous connaissons, c'est-à-dire quelques
années avant l'ère chrétienne. Les tours colossales de la Babylonie, bâties en briques crues, n'offraient déjà que les con-

---

(1) Conférence donnée par le R. P. Jansson sur les monuments de Médaïn
Silch et de Pétra.

tours usés par les intempéries. La mode, en Orient comme à Rome, était à l'art grec (Est-ce vraiment une parenthèse dans une de ces réunions où nos sympathies françaises et syriennes entrent en contact, de rappeler cette pénétration de l'esprit grec, commencée par la conquête, mais poursuivie dans une pensée de fusion vraiment humaine ? Le conquérant lui-même en eut le dessein bien arrêté. Le plus souvent, on donne à César la palme du génie militaire ; et nous, fils des Gaulois qu'il n'a pas vaincus sans peine, jugeons avec raison qu'Alexandre a eu moins de mérite dans sa marche triomphale contre les Perses. Mais César n'a guère compris les Gaulois et Rome a fait disparaître leur religion presque entièrement, leurs chants nationaux et leur langue jusqu'à les anéantir. Alexandre, lui, a voulu que la conquête fût suivie de la réconciliation avec cette égalité que constatent ou que réalisent les mariages. Plutarque a raconté cette scène étonnante où la volonté du jeune et charmant capitaine, son exemple même, puisqu'il épousa la fille de Darius, s'imposa aux répugnances de ses compagnons d'armes. L'Asie séduite, et si les Palmyrinéens se trouvaient sur la route de pénétration du Grec, du côté de l'Occident, ils le rencontraient aussi déjà installé à la cour des Parthes ; on y jouait les Bacchantes d'Euripide, quand la tête de Crassus, jetée sur la scène, vint rouler aux pieds du roi au lieu de celle de Panthée. Ctésiphon et Séleucie avaient remplacé Babylone et n'étaient guère moins grecques qu'Antioche : Palmyre la sémitique ne pouvait se dérober à cet envahissement de la beauté.)

Mais sur ce sol, dans ces circonstances et à cette date, les artistes grecs eux-mêmes n'étaient plus en état de reproduire les anciens chefs-d'œuvre. Ce qui faisait la beauté d'Athènes, c'était l'adaptation des monuments au site et des styles aux monuments. En haut, sur l'Acropole, c'était la demeure des Dieux, d'Athéna surtout, la déesse vierge ; au bas, c'était le Forum, où les vivants discutaient les intérêts de la Patrie, et le Céramique, qui conservait le souvenir des morts. Tout cela avait grandi peu à peu. Les frises et les métopes du Parthénon, chef-d'œuvre de Phidias, étaient solidement assises sur les colonnes doriques, symbole de l'énergie virile, l'Erechtéion avec ses cariatides ioniques faisait une part inimitable à la grâce féminine ; dans le monument de Lysicrate, l'élégance de l'ordre corinthien enlevait en l'air un monument svelte et léger.

Palmyre, elle, fut bâtie sur un plan dressé d'avance. Les rues avec leurs portiques, le Temple, les tombeaux, sortirent du sol comme par enchantement, ainsi qu'il convenait au désert où règnent les Djinns. Point d'Acropole où l'on montât pour supplier les Dieux, où le peuple pût se réfugier comme dans un redan inviolable, et un Forum n'était pas nécessaire où sans doute l'éloquence eut peu de part aux délibérations. Comme dans plusieurs cités de l'Orient, il semble qu'on prit pour modèle le camp romain, le type d'une installation rapide sur un espace vaste et bien choisi, autant que possible près d'une source. Une grande voie traversait la ville, bordée des deux côtés de colonnes, sur une longueur de onze cents mètres, et cette voie était traversée, comme dans un camp, par une autre galerie à colonnes. Au point de départ de la grande rue, les tombeaux ; au point d'arrivée, le Temple.

Le Temple marque mieux encore comment la construction de Palmyre eut l'aspect d'une toge taillée en plein drap. L'enceinte de l'Acropole d'Athènes épousait les contours de la montagne et l'on n'accédait pas au Parthénon en ligne droite. A Palmyre, on traça un grand carré de 227 mètres de côté. C'était l'enceinte traditionnelle des Sémites, destinée à contenir la maison de Dieu ou des Dieux, et à Palmyre, où tout se faisait à neuf, cette maison fut naturellement placée au centre. Les Grecs et les Romains, comme les Sémites, ont éprouvé ce sentiment qu'on n'entrait pas de plein-pied dans l'ambiance du divin. La maison du Dieu, où personne ne pouvait pénétrer que les prêtres, était située dans un espace clos, où les hommes étaient admis, mais avec les précautions de pureté rituelle indispensables avant de pénétrer dans la sphère divine. Cependant, ces exigences n'étaient pas telles que l'enceinte sacrée (Haram) ne fût très fréquentée. A Palmyre, où il n'y avait pas de Forum, et de même à Jérusalem, la clôture qui, vue du dehors, apparaissait comme un mur, abritait au dedans des portiques spacieux. C'est par cette dispo-

sition que le Temple était à la fois le trésor des archives nationales, un musée de chefs-d'œuvre, objets précieux consacrés
à la divinité, et le centre de la vie nationale. A Jérusalem,
aussi, le Temple n'était point purement une maison de prière,
si bien que Jésus dut en chasser les acheteurs et les vendeurs ;
comment ne pas supposer que les portiques sacrés de Palmyre
furent le lieu où se traitaient les affaires ? La stèle du tarif y
était dressée probablement aussi, c'est là que se tint la réunion du Sénat qui en dirigea les ordonnances, comme le
Sanhédrin se réunissait à Jérusalem, tout près du Sanctuaire,
sur la montagne du Temple.

Les architectes grecs, à Palmyre comme à Jérusalem,
avaient donc su tenir compte du caractère particulier du
temple sémitique. Ils ne se donnèrent pas la peine de varier
autrement leur style. Au temps d'Hadrien, l'ordre corinthien
avait prévalu, même au temple de Zeus, dans cette Athènes
où on ne l'employait autrefois que pour de petits édifices.
A Palmyre, il déborda partout. On n'a découvert que quatre
ou six chapiteaux ioniques, perdus dans cette profusion de
colonnes corinthiennes. La feuille d'acanthe a son charme,
mais cette uniformité paraît d'abord obsédante, puis on est
exaspéré. Surtout lorsqu'on songe aux cathédrales de France,
bâties selon ce style éminemment national que nous avons
le tort de nommer gothique ; là, dans une seule église, s'épa-
nouissent en pierre toutes les fleurs de nos pays, celles des
jardins et celles des bois, celles des eaux et celles des coteaux
éclairés par le soleil. Même à Gérasa, qui passait pour une
ville d'Arabie, mais en pays de culture, l'ordre ionique alter-
nait avec le corinthien. Il semble donc que la monotonie de
Palmyre ait participé à la raideur des lignes du désert, ou
bien qu'elle ait plu au génie sémitique, peu soucieux de la
variété, ou qu'elle ait été le résultat naturel d'une trop grand
rapidité dans l'exécution. Assurément, l'impression d'unité
est profonde et tant de richesse éblouit. Personne, sans
doute, ne préfère un habit rapiécé, raccommodé, élimé, à
un vêtement neuf ; mais, quand il y a plus de poésie dans
nos vieilles cités qui portent l'empreinte des tâtonnements,
des échecs des maîtres, mais aussi des progrès du génie,

que dans cette opulente reine du désert, avouons qu'elle offre un peu l'aspect d'une ville faite sur commande pour satisfaire les prétentions de nouveaux riches.

Commencée, avons-nous dit, avant le début de notre ère, Palmyre était sûrement dans toute sa splendeur quand elle fut visitée par l'empereur Hadrien. C'était le temps où l'antique Jérusalem était détruite, cette fois de fond en comble, et où une nouvelle ville, colonie romaine, s'élevait sur ses ruines. Par une rencontre singulière, les deux villes prirent le nom Aélius Hadrianus. Jérusalem devint Aélia, Palmyre Hadriana ; mais ce surnom ne prévalut pas. La ville était alors une colonie romaine, avec les privilèges des villes d'Italie, le *jus italicum*. Elle avait, comme Athènes, comme Rome, son sénat et son peuple, expressions assez vagues pour convenir à des situations politiques bien différentes. Les affiches de Rome parlent encore du Sénat et du peuple romain. Palmyre, en se constituant en cité, attira très peu, sans doute, la constitution de ses groupements nomades. Les villes romaines d'Orient étaient administrées par des conseils de décurions, auxquels les empereurs prodiguaient d'autant plus les titres honorifiques qu'ils leurs demandaient de plus durs sacrifices d'argent. Ce sénat local ou ce conseil municipal était sans doute composé à Palmyre des cheikhs des principales tribus. Le suffrage du peuple ne comptait plus guère sous l'empire ; mais vous savez combien l'esprit des nomades est démocratique, moins par l'exercice de fonctions électives que par la prédominance de l'opinion et l'égalité sociale. Aussi, à Palmyre, le peuple est-il constamment nommé dans les inscriptions, mais son suffrage paraît se confondre avec celui du Sénat. Nous voudrions pénétrer dans les âmes. Le temps ne nous le permet pas, ni peut-être les renseignements de l'histoire.

Les Palmyréniens étaient très religieux et attachés à leurs dieux nationaux, dont les soldats conservaient le culte jusque dans les pays lointains de l'Afrique ou de la Germanie. Point important et qui marque bien la persévérance de la constitution nomade ; ces dieux, tout en ayant une individualité précise, étaient des dieux de chaque tribu. Le titu-

laire principal du grand Temple, Bel, portait un nom babylonien : il était donc d'importation étrangère. Quand on parlait du dieu bon, du dieu éternel, rémunérateur, béni à jamais,
on n'entendait pas le Dieu, Dieu unique qu'adoraient les
Juifs et les Chrétiens, et qu'avaient soupçonné quelques
philosophes, mais, ou bien le dieu Bel, ou peut-être le Dieu
spécial du ciel. On donna sans difficultés le nom de dieu à
l'empereur Hadrien et à l'empereur Alexandre Sévère de
leur vivant. Nous n'apercevons donc pas à Palmyre l'ascendant de ce monothéisme intransigeant qui souleva les compagnons de Mahomet.

Les morts furent d'abord déposés dans des tombeaux
creusés dans le roc ; puis, quand la manie de bâtir se fut
emparée de ces fils du désert, ils construisirent pour les
défunts des tours à plusieurs étages, véritables habitations,
où les morts étaient représentés en effigie. Dans des pièces
soigneusement ornées, de véritables salons, leurs portraits
sculptés dans la pierre semblaient attendre encore les hom-
mages des vivants, les femmes en riches toilettes, parées de
colliers, les hommes dans l'attitude sérieuse de penseurs,
le rouleau de parchemin à la main. Et cette ostentation fut
sûrement un des traits caractéristiques de ce peuple. Je ne
vous ai pas encore dit que les colonnes, presque innombrables,
étaient en très grand nombre, je ne dirai pas ornées, mais
chargées, vers leur milieu, de consoles sur lesquelles étaient
placées des statues. Aux Athéniens de la décadence, les
Palmyréniens avaient emprunté cette déplorable mode d'élever des statues sans attendre le jugement de la postérité. Si
encore ils avaient toujours dit à qui et pourquoi, les archéo-
logues seraient indulgents, cette nouvelle vanité leur faisant
oublier la première en faveur de leurs carnets d'inscriptions.
Les heureux titulaires étaient surtout des conducteurs de
caravanes, que les marchands remerciaient, après fortune
faite, de les avoir menés aux bords de l'Euphrate, ou des
donateurs généreux qui avaient ajouté à l'éclat des édifices, ou
des magistrats qui avaient administré sagement les finances,
comblé le peuple de largesses ; en un mot, ceux qui avaient
bien servi les dieux et la patrie. Point de poètes, ni d'orateurs,

ni d'artistes. Peu ou point de statues de généraux, car le titre de stratège ne doit pas faire illusion ; le stratège était le premier magistrat de la colonie. La joie de l'archéologue est sans mélange quand il peut, à l'aide de plusieurs inscriptions, reconstruire une généalogie, établir l'état-civil des grandes familles. Mais cet empressement à glorifier surtout la richesse, cette avidité à poursuivre les titres et les honneurs, sans qu'il en coûte beaucoup, ce bavardage insignifiant dans le grand désert silencieux, tout cela ne s'allie que trop bien avec le caractère fastueux de la ville. Nous maudissons le vandalisme qui a brisé toutes ces statues, et beaucoup d'inscriptions avec, mais, sous le quadruple portique de Palmyre, nous rêvons de l'Arc de Triomphe, devenu le tombeau d'un soldat inconnu.

Parmi ces inscriptions, il en est deux cependant qui appartiennent à la grande histoire ; ce sont celles que deux généraux, Zabda, général en chef, et Zabbaï, commandant de la place de Tadmor, ont gravée en l'honneur de Zénobie, la très illustre et pieuse reine, leur maîtresse, et d'Odénath, roi des rois, corrector, c'est-à-dire exerçant le pouvoir suprême sur toute la région, lequel était décédé depuis quatre ans. On était en août 271, et l'Etat Palmyrénien, ancien groupement de tribus, puis cité romaine, était devenu un grand empire, mais aussi le conflit avec Rome venait d'éclater.

II

Lorsque du flanc des monts albains on regarde vers la mer, on a peine à distinguer Rome tant la ville éternelle est peu élevée, même avec la coupole de Saint-Pierre, au-dessus de sa campagne désolée. Comment la plaine a-t-elle cette fois dominé la montagne, puis le monde, on le comprend en lisant son histoire et déjà cette première page, qui heurte violemment nos instincts affectueux d'enfants : Romulus a tué son frère Rémus. Oui, cela est atroce. Mais pourquoi Rémus affectait-il de sauter, comme par dérision, le sillon sacré de l'enceinte de Rome, ce pomerium que le fondateur avait tracé pour être inviolable à jamais ? Tandis que Palmyre était un lieu de passage, assez aimé pour qu'on en ait fait une splendide hôtellerie, Rome fut dès l'origine une patrie, pour laquelle il fut doux de mourir. Tout est là et de plus longs développements seraient inutiles. La ville de Romulus grandit peu à peu, dans des luttes acharnées contre ses voisins, sans jamais désespérer, même quand Annibal était à ses portes, lui, le Sémite qui, à peine âgé de neuf ans, avait juré de la détruire. Enfin, Carthage mise hors de combat, Rome aborda au cœur des pays sémitiques. Le premier contact avec Palmyre fut peu glorieux pour les deux cités. Cette fois, la razzia vient de l'Occident. Antoine, à court d'argent puisqu'il venait de quitter Cléopâtre, résolut de piller une ville dont les richesses étaient déjà célèbres. Un raid de cavalerie l'y conduisit en 34 avant J.-C. Prudemment, les Palmyréniens ramassèrent leurs trésors et les mirent en sûreté dans le désert. Antoine revint bredouille, mais les Palmyréniens avaient montré peu de bravoure. Bien décidés à se battre le moins possible, ils surent, nous l'avons déjà dit, tirer parti de la neutralité entre les Romains et les Parthes. Mais il fallut opter et Palmyre opta pour l'empire le plus voisin, qui était aussi le plus fort. Une nouvelle tentation s'offrit, lorsque l'oligarchie des Parthes fut remplacée par la dynastie des Sassanides, en 226. L'antique monarchie persane était restaurée au moment où Rome était en proie aux factions, où les empereurs recevaient la pourpre des soldats engagés ainsi dans des compétitions que le Sénat ne se hasardait à résoudre qu'après le triomphe du vainqueur. Et ce fut précisément aussi le moment où une famille palmyrénienne devint assez forte pour aspirer à organiser la royauté en sa faveur.

Autant que j'en puis juger, cet établissement monarchique n'eût pas été possible sans la faveur de Rome. Les différentes tribus se jalousaient trop pour tolérer qu'une d'entre elles conférât à son cheikh l'autorité sur tous les autres. Mais Rome fut amenée à accorder ses titres les plus élevés à une famille où le talent militaire fut héréditaire durant plusieurs générations. Celui qui émerge tout à fait dans l'histoire portait le nom arabe d'Odenath, et le nom romain de Septimius, qui rattachait la famille à la lignée impériale de Septime Sévère. Rome abhorrait encore chez elle le titre de roi et l'insigne du diadème, mais elle pouvait tolérer qu'un de ses généraux, un duc, un imperator, prît l'un et l'autre chez les Barbares. Les temps étaient durs pour elle. L'empereur Valérien avait été fait prisonnier par les Perses ; le roi des rois, Sapor, se servait de son dos comme d'un escabeau pour monter à cheval. Le second Odenath, froissé de l'insolence de Sapor, resta fidèle à la fortune de Rome. Et quand il prit le titre de roi des rois, Rome indulgente pensa sans doute que c'était un outrage au roi de Perse, qui diviserait l'Orient. Pour tout dire, Gallien, le fils efféminé de Valérien, accorda au prince arabe le titre d'impérator et de roi ; il lui refusa cependant le titre incommunicable d'Auguste (1).

Avant Dioclétien, on ne pouvait imaginer qu'il fût attribué à deux hommes en même temps. L'harmonie n'avait donc pas cessé officiellement entre Rome et Palmyre ; la guerre malheureuse entreprise au nom de Gallien pouvait paraître une lutte intestine entre compétiteurs. Odenath, victorieux, mourut assassiné avant d'avoir consommé la rupture. Ce fut sa veuve, Zénobie, qui n'hésita pas à prendre le titre d'Augusta, en couronnant Auguste son fils Wahballath, encore enfant. Ayant déjà conquis l'Egypte et l'Asie-Mineure, cette prétention suprême ne lui parut pas démesurée.

Elle pouvait se dire qu'en somme Palmyre était romaine de droit et que, depuis longtemps, ce n'était plus Rome, ni même l'Italie qui donnait les maîtres au monde méditerranéen. Sévère était un Africain, Maximin un Thrace descendu des Goths ; un empereur avait porté le nom de Philippe l'Arabe, parce qu'il était originaire du Hauran. Et, ce qui flattait peut-être encore davantage l'ambition de la reine des Syriennes, Julia Domna, Sonemias, Vammæa avaient été mères d'empereurs. (J'ouvre encore une parenthèse. Elagabale, fils d'une Syrienne et vraiment Syrien par son éducation, fut un débauché et un dégénéré, vraiment un fou. Mais cela n'autorise pas les historiens à constituer une rubrique

(1) C'est l'opinion des critiques modernes malgré l'attestation d'un écrivain ancien.

mal famée pour désigner les empereurs syriens. Alexandre Sévère, aussi Syrien que son cousin, fut un excellent empereur, et si je ne puis approuver le syncrétisme religieux qui lui inspirait d'honorer à la fois Abraham, Orphée et Jésus-Christ, du moins sa tolérance fut-elle plus politique que l'esprit persécuteur des empereurs trop attachés au vieil idéal romain, étroit et exclusif. Ce fut une faute d'associer à jamais la fortune de l'empire et de Rome au culte des anciens dieux nationaux, dont personne ne voulait plus, un crime évident contre la raison et le bon sens, d'ériger les honneurs divins pour l'empereur encore vivant, fût-il un fonctionnaire sérieux, au lieu d'être un mauvais drôle, comme c'était souvent le cas. Les empereurs syriens comprirent que l'état romain ayant absorbé la partie la plus cultivée de l'humanité, devait être moins Romain et plus humain. C'est Caracalla, le fils de Julia Domna, une Syrienne, qui accorda à tous les sujets de l'empire le titre de citoyens romains. Philippe l'Arabe fut probablement chrétien et fit pressentir Théodose. La faveur accordée aux Juifs par les Sévère fut même plus que de la tolérance). Cette précision sur les empereurs syriens ne m'a pas en somme éloigné du sujet, car telle fut précisément la politique de Zénobie. Près de cent ans après, saint Athanase a affirmé tout uniment qu'elle était Juive. Cela prouve à tout le moins qu'elle a témoigné aux Juifs beaucoup de sympathie. Mais elle avait pour premier ministre le rhéteur grec Longin. Elle affecta aussi de s'entendre avec les chrétiens. Elle se trompa, il est vrai, en soutenant Paul de Samosate. Comme Juive, d'après saint Athanase, elle était peu inclinée à comprendre l'incarnation du Fils de Dieu, et l'évêque Paul était, lui aussi, réfractaire à ce mystère. Peut-être cependant lui accorda-t-elle sa faveur, seulement parce que ce prélat intrigant, fastueux, dominateur, lui parut un auxiliaire utile. Quoi qu'il en soit, au moment où elle prétendait à l'empire pour son fils, né à Palmyre d'ancêtres nomades, il était dans la logique des choses qu'elle cherchât à rompre le faisceau des forces purement romaines. Sa destinée voulut qu'elle eût pour adversaire le plus vigoureux restaurateur de la chose romaine avant Dioclétien.

Avec Aurélien, les manuels d'histoire romaine ouvrent une autre rubrique où ils rangent les princes illyriens. Cette fois, on se demande d'où vient tout à coup cet ascendant de l'Illyrie. En réalité, il faudrait parler de l'armée du Danube et de ses chefs. Placée comme un coin entre les peuplades de Germanie, inaugurant l'invasion des pays civilisés, cette armée avait la tâche la plus rude et on mettait à sa tête ses meilleurs généraux. Dans le désordre universel, ceux-ci paraissent s'être entendus pour ne pas abandonner le choix de l'empereur aux hasards d'une émeute populaire, de la faveur d'une cohorte prétorienne ou des intrigues du Sénat. Eux-mêmes se réservaient de choisir celui qui serait le plus digne de commander l'armée, suprême instrument de salut. Aurélien fut le second et le plus brillant de cette série d'empereurs choisis par leurs pairs. Fasciné comme tant d'hommes d'Etat par l'idée qu'il n'est pas de véritable unité politique sans l'unité religieuse, il voulut imposer à tous un seul culte, qui n'était plus celui des dieux nationaux, fussent-ils ceux de Rome, mais celui du Soleil qui éclaire tout le monde. Et Palmyre n'avait rien à objecter puisque son grand dieu, Bel, passait dans l'opinion commune pour le Dieu-Soleil. Puis il dirigea ses premiers coups contre les Francs et il ne marcha contre Zénobie que lorsqu'elle eut elle-même rompu tous les accords, en posant son fils en Auguste, et par conséquent en maître de Rome et du monde.

Le plan du Romain était tracé par les circonstances comme une réponse à celui de Zénobie. Il lui fallait ôter le masque, si utile à sa dynastie, des dignités romaines, lui retirer l'appui des légions, représenter son entreprise comme une lutte de Barbares contre la majesté romaine et la culture grecque, l'isoler, s'il était possible, des autres Arabes, pourvoyeurs de Palmyre.

Aurélien se présenta d'abord en Asie-Mineure. Après un siège assez sérieux, il prit d'assaut la ville de Tyane, et, en dépit de sa promesse aux soldats, il leur interdit le pillage pour montrer aux populations grecques qu'il venait en libérateur plutôt qu'en conquérant. Vainqueur près d'Antioche, il se déclara contre l'évêque Paul de Samosate en faveur de ceux qui étaient unis à l'évêque résidant à Rome. C'était frapper la créature de Zénobie et satisfaire les chrétiens fidèles. Depuis quelque temps déjà, les légionnaires romains avaient quitté les étendards de la reine de Palmyre, lorsque les meilleurs soldats de Rome, fiers d'avoir tué mille Francs, comme ils chantaient, abordèrent la cavalerie palmyrénienne près d'Emèse, aujourd'hui Homs. Cette fois encore, la tactique romaine l'emporta. Il ne restait à Zénobie d'autre défense que le désert. Mais cette mer de sables était une ceinture plus infranchissable que l'océan lui-même. Comment y lancer les légions, dont le ravitaillement eût été exposé aux razzias des Arabes ? Si tous les Bédouins du désert avaient été fidèles, résolus à mourir pour défendre la prestigieuse cité, l'entreprise d'Aurélien eût échoué peut-être. Mais il acheta le concours de quelques tribus qui fournirent les troupes du nécessaire. Incorrigibles autant que changeants, ils continuaient leur métier de chefs de caravanes. Palmyre tomba. Zénobie, qui se prétendait issue de Cléopâtre, n'imita pas sa mort tragique. Si Plutarque avait introduit quelques femmes dans sa galerie des vies parallèles, il n'eût pas manqué d'opposer Cléopâtre, le type même de la séduction, en compagnie des « deux enfants divins, le désir et la mort », à Zénobie, plus semblable à Minerve qu'à Vénus. Cléopâtre prodigue jusqu'à la folie, faisait dissoudre dans sa coupe la perle la plus précieuse ; Zénobie excellait, dit-on, à profiter de la chaleur communicative des banquets pour arracher leur secret aux diplomates qu'elle provoquait le verre à la main.

Cléopâtre se tua, désespérée plutôt que passionnée, par dépit du refus d'Octave plus que par attachement pour Antoine, puisqu'elle essaya auprès du jeune vainqueur le pouvoir des attraits qui avaient conquis son père adoptif. Zénobie espéra-t-elle gagner le cœur du dur soldat qu'était Aurélien ? Cette illusion de la femme aurait eu le même sort que son illusion de reine et d'impératrice. Aurélien ne lui donna comme parure que des chaînes d'or, si pesantes que les soldats devaient les soulever pendant qu'elle suivait le cortège triomphal. La reine de Palmyre monta au Capitole, mais en captive avec son fils Wahballath. L'empire Palmyrénien n'avait duré guère qu'un an.

Palmyre lui survécut ; les villes ne disparaissent pas si vite. Elle fut fortifiée par Dioclétien ; Justinien, grand bâtisseur, ne la négligea pas. On y construisit une église. Mais cette existence posthume n'a pas d'intérêt pour la grande histoire. Quand l'Islam parut prendre sur l'empire romain la revanche des nomades, Palmyre ne joua aucun rôle appréciable dans cette révolution. Damas fut leur capitale en Syrie. Encore la domination des nomades du Hedjaz ne dura-t-elle alors qu'une vingtaine d'années, et vingt ans sont un court intervalle dans la suite des temps. C'est une loi de l'histoire que le nomade, même vainqueur, doit s'assimiler à la culture, être en quelque sorte résorbé par elle s'il ne veut pas être rejeté dans le désert, comme une bouche inutile et vorace.

Les Arabes de Palmyre avaient essayé de se hausser au niveau de la civilisation la plus brillante du monde antique, qui était déjà une fusion groupant la pensée et les arts de la Grèce avec le droit et la discipline militaire de Rome. Ils y avaient réussi en partie, c'est ce contact qui leur a permis de faire figure. Leur erreur fut de prétendre à la domination sans être animés de cette énergie farouche de l'Islam qui dédaignait et bravait toutes les conquêtes de l'esprit humain, au nom d'un principe supérieur divin. Il leur manquait cette assiette territoriale, cette population dense et attachée au sol, point de départ nécessaire pour toute tentative d'agrandissement. C'est parce qu'ils n'avaient point cette patrie compacte et unie qu'Athènes et Venise, le Portugal et la Hollande ne purent conserver les immenses domaines annexés à leurs petits pays. Ce qui leur fit défaut plus encore, ce fut l'attachement héréditaire et traditionnel pour la patrie, petite ou grande, qui rend les peuples illustres. C'est par une suite ininterrompue de sacrifices, de morts glorieuses ou obscures, de batailles gagnées ou même perdues, pourvu qu'on tienne, que se fondent les véritables patries. Les Palmyréniens furent aisément vaincus, et leur chute les brisa.

Palmyre ne nous offre donc pas seulement un spectacle féérique au clair de lune ; ses destinées contiennent plus d'une leçon. Je veux retenir seulement celle de l'accord entre ceux qui travaillent en commun à la prospérité de la Syrie.

II

LA SYRIE CONTEMPORAINE

Les Opérations de l'Armée Française du Levant

par le **Lieutenant-Colonel GOUDOT**

Sous-Chef d'Etat-Major de l'Armée du Levant

Depuis plusieurs années, l'Allemagne avait établi son influence sur la Turquie, et, dès août 1914, l'arrivée à Constantinople du *Goeben* et du *Breslau* avait donné l'appui des canons, des états-majors et des équipages de ces bâtiments à Enver et à Talaat, ces âmes damnées de l'Allemagne, qui allaient à sa suite entraîner leur pays à sa perte.

Dès la fin octobre 1914, grâce à leurs manœuvres, la Turquie entrait en guerre aux côtés de nos adversaires.

L'Allemagne, ayant manqué son coup en août 1914, allait tenter de porter la guerre sur tous les points sensibles de l'entente.

Tout le monde se rappelle l'impression produite, en janvier 1915, à la nouvelle de la tentative de franchissement du canal de Suez par la Division Turque de Djemal Pacha.

Pour protéger l'Egypte et le canal, l'Angleterre, d'ailleurs occupée sur d'autres théâtres, avait pensé que le désert serait une couverture suffisante. Le danger que venait de courir l'Egypte, la présence de Falkenhayn, puis de Liman von Sanders à la direction militaire en Syrie, l'amenèrent à prendre l'offensive pour se couvrir.

Ce fut d'abord l'épopée sans lendemain des Dardanelles. Puis, l'armée d'Egypte, en 1917, envahit la Palestine, nettoya la péninsule sinaïtique, Jaffa fut pris le 16 novembre, Jérusalem le 10 décembre et le front se stabilisa sur la ligne Jaffa-Raffa-Jericho.

Il n'entrait dans les vues de la France, ni dans ses moyens

de prendre une part active à ces opérations, mais, par une question de sentiment, elle estimait qu'une « escorte de drapeau » devait être envoyée aux côtés de l'armée anglaise. C'est ainsi que fut constitué le « D. F. P. S. » sous les ordres du lieutenant-colonel de Piepape, comprenant 3 bataillons, 1 de territoriaux et 2 de tirailleurs, un escadron.

Embarqué à Marseille et Bizerte, ce détachement débarquait, le 21 avril 1916, à Port-Saïd et venait camper à Khan Yanus, puis, suivant les troupes anglaises dans leur offensive, le détachement s'installa à Deir Sineid. C'est de là que 2 sections d'infanterie et 1 peloton de cavalerie partirent pour Jérusalem, où le général en chef Allenby fit son entrée solennelle le 11 décembre 1917, ayant à sa droite le lieutenant-colonel de Piepape, représentant la France, 819 ans après Godefroy de Bouillon.

Les adversaires restèrent face à face jusqu'en 1918. Le 19 septembre, la manœuvre brillante et hardie du maréchal Allenby rompait le front, amenait la reddition de deux armées turques et rejetait le reste vers le Nord.

Le D. F. P. S. prit une part active à cette offensive : l'infanterie en attaquant et enlevant le saillant de Raffa, pivot de la manœuvre, la cavalerie en formant l'A. G. de la brigade australienne lancée vers la droite par Naplouse vers le lac Tibériade. Cette victoire donnait aux Alliés les portes de Syrie et permettait aux A. G. de se porter rapidement sur Damas et Beyrouth.

La division navale française de Syrie prit possession de Beyrouth ; le contre-amiral Varney y débarqua le 7 octobre.

Le colonel de Piepape arriva, le 8 octobre, avec l'Etat-major du 21e corps britannique.

L'armée turque rejetée en Anatolie, le général Allenby organisa le territoire en zones d'occupation, correspondantes aux zones définies par l'accord Sykes-Picot.

La zone Sud, de l'Egypte à Tyr, était confiée aux Anglais, la zone Est, comprenant la Syrie intérieure, était donnée à l'armée Chérifienne, la zone Ouest puis la zone Nord devaient être sous le contrôle des Français.

Le commandement suprême restait aux Anglais. Le lieutenant-colonel de Piepape était nommé administrateur en chef de la zone Ouest ; le général Hamelin, débarquant à Beyrouth le 28 octobre 1918, prenait le commandement du détachement qui allait devenir : les Troupes Françaises du Levant.

Il ne s'agissait plus simplement de jouer le rôle d'escorte du drapeau, mais de faire de l'occupation. Les moyens à la disposition du général Hamelin ne lui permettant pas de remplir sa mission, il rendait compte de la situation dès son arrivée et demandait instamment des renforts en effectif et en matériel. C'est ainsi que les T. F. L. furent portées, dès le premier semestre 1919, à une brigade mixte. Cependant, la France n'avait pas, en Syrie, la situation qui lui était attribuée par les accords de 1917, situation que les résultats de la Commission d'enquête, envoyée par la Conférence de la paix, montrait toujours prépondérante.

D'autre part, l'opinion anglaise supportait mal les charges d'une lourde occupation militaire. C'est alors que la relève fut décidée entre les Gouvernements anglais et français, par la Convention du 15 septembre 1919 qui modifiait en partie les accords de 1916.

Les troupes britanniques devaient évacuer, à partir du 1er novembre, tous les territoires situés au Nord de la frontière entre Syrie et Palestine.

Le départ des troupes britanniques ne devait pas avoir pour conséquence l'occupation par les Français des quatre villes : Damas, Homs, Hama, Alep, qui restaient à l'armée chérifienne et devaient constituer un état arabe ou une confédération d'états arabes. Mais c'est au Gouvernement français que le pouvoir arabe devra désormais demander appui et conseils.

L'expédition décidée, il était indispensable de mettre à sa tête un de nos grands chefs qui réunît au prestige du général victorieux les qualités d'ordre, de méthode et d'esprit de tolérance nécessaires pour assurer la pacification du pays et inspirer confiance à toutes les confessions.

Le 5 octobre, le Président du Conseil, M. Clemenceau, faisait appeler le général Gouraud, alors commandant de la

IVe armée, en Alsace, et le désignait comme commandant en chef de l'armée du Levant et Haut-Commissaire en Syrie.

AVANT LE DÉPART

Les quatre semaines qui précédèrent le départ furent employées à préparer la mission. Le Général eut d'abord à se constituer un état-major : le colonel Pettelat, son fidèle collaborateur des glorieuses journées de Champagne et d'Alsace, acceptait aussitôt de suivre son chef, ainsi qu'une grande partie de l'état-major de la IVe Armée. Le général Gouraud se rendit ensuite à Strasbourg passer son commandement ; il y reçut la consécration de l'affection unanime que portait et porte encore l'Alsace au Général entré le premier en vainqueur dans Strasbourg reconquis.

Puis il était nécessaire de prendre contact avec les différents Ministères, en particulier avec les Affaires Etrangères.

Enfin, il fallait régler la question des effectifs.

La composition de l'Armée du Levant fut arrêtée dans une conférence tenue à Paris, le 7 octobre, sous la présidence du maréchal Foch.

Il y fut admis que, pour remplir sa mission, l'Armée du Levant devait comporter un effectif équivalent à celui des troupes anglaises à relever, soit : 32 bataillons, 20 escadrons, 14 batteries.

Le Général exposa que le Gouvernement ayant l'intention de profiter de la relève des troupes britanniques pour rétablir la situation de la France dans le Levant, une action rapide s'imposait, de manière à amener à pied d'œuvre dans le délai minimum la totalité des effectifs nécessaires.

C'était également l'avis du maréchal Foch, qui résuma la conférence en disant : « Nous devons, pour être en état de faire face à toute éventualité, procéder dans le Levant non à un renforcement progressif, mais à la réalisation d'un effort massif largement calculé. »

Pourquoi l'exécution de cette action massive, sur laquelle tout le monde était d'accord, n'a-t-elle pas été réalisée ?

D'abord, les difficultés de créer les disponibilités suffisantes étaient grandes, nous étions en pleine période de démobilisation, le Rhin, le Maroc, l'Orient absorbaient la plus grande partie des troupes. Puis l'insuffisance des moyens de transport, en particulier pour les chevaux.

Enfin les moyens de débarquement des ports de Syrie étaient rudimentaires et ne correspondaient pas à l'effort demandé.

En fait, c'est seulement le 8 avril que le nombre des bataillons de l'armée atteindra 33, la cavalerie étant encore réduite à 3 régiments.

On verra, par la suite, quelle répercussion cette pénurie d'effectifs a eue sur les événements militaires et sur la situation politique.

Le manque de matériel pèsera non moins lourdement sur les opérations.

La guerre avait montré la nécessité de moyens matériels puissants, en particulier des moyens de liaison ; ceux-ci s'imposaient ici plus que partout ailleurs en raison précisément de la poussière d'effectifs répandue sur un vaste territoire, de l'éloignement des postes et de l'isolement des colonnes.

L'emploi de ces moyens permettait, en outre, d'économiser le sang de nos hommes. Ce n'est qu'à partir de mars que l'on sentira l'exécution du plan prévu, que l'Etat-Major de l'Armée à Paris poursuivra avec ténacité malgré toutes les difficultés.

Nous ne disposerons, jusqu'en mars, que de 5 avions en service ; à partir de mars, le plan d'aviation s'exécutera et le nombre des escadrilles sera successivement porté à 3, 6, puis 8, mais ce n'est qu'en juillet que nous disposerons d'une aviation à peu près suffisante.

Les chars de combat arrivent à partir du 28 février, une compagnie, une autre compagnie le 27 mars, une autre le 6 juin et la 4e le 13 janvier 1921.

Deux groupes d'auto-canons arrivent en janvier. Ce n'est qu'en novembre 1920 que nous aurons le matériel de T. S. F. suffisant pour en doter les postes. Encore le manque de personnel exercé ne nous permettra-t-il pas de multiplier les postes de colonnes.

Quant aux camions automobiles, nous ne disposions que de quelques sections qui furent portées progressivement à 16 sections un an après.

ARRIVÉE EN SYRIE

Le général Gouraud quitta Paris le 10 novembre et débarquait à Beyrouth le 21.

Quelle était la situation militaire à la date du 1ᵉʳ novembre fixée pour la relève ?

Les Anglais disposaient de 34 bataillons d'infanterie, 15 régiments 1/2 de cavalerie, 5 bataillons 1/2 du génie et 13 batteries d'artillerie.

Les troupes françaises du Levant ne comprenaient que 13 bataillons d'infanterie, dont 3 arméniens et un syrien, 3 escadrons de cavalerie, 4 batteries d'artillerie.

Nous sommes loin de l'impression de force que l'on jugeait utile de donner au début, et les renforts n'allaient arriver que lentement, le 18ᵉ tirailleurs et le 17ᵉ sénégalais débarquaient en tête le 28 octobre et le 17 novembre. Le Général en Chef se trouvait ainsi dès son arrivée dans une situation difficile.

Il s'agissait d'abord d'exécuter la relève avec les faibles éléments dont on disposait dans les conditions indiquées par le Président du Conseil : relever les Anglais partout.

On se trouvait ainsi amené à prendre un dispositif de paix en donnant à nos faibles garnisons un large échelonnement sans lien mobile possible, dispositif d'ailleurs justifié par la période de calme, au moins apparente, que l'on traversait.

Puis il s'agissait de collaborer fidèlement avec le Gouvernement de Damas dans l'esprit des accords.

Enfin d'entretenir, avec le corps expéditionnaire anglais d'Égypte, les relations de cordiale camaraderie et d'estime réciproque créées entre les armées françaises et anglaises sur le front Occidental.

Quelles sont les raisons qui ont changé la tranquillité apparente de notre arrivée en une hostilité qui s'étendra peu à peu à tout le front, hostilité qui se manifestera presque immédiatement par des rencontres sanglantes et nous imposera des opérations dont il sera parlé plus loin ?

En face de nous, deux adversaires, l'un déclaré, le Turc nationaliste, l'autre, le plus immédiatement dangereux, le gouvernement chérifien de Damas.

En Cilicie et dans les territoires de l'Est, l'idée même de la relève des Anglais par les Français était de nature à irriter les nationalistes turcs ; la présence des Anglais résultant en effet de la situation militaire en fin de guerre, elle ne préjugeait en rien du sort ultérieur du pays et s'était imposée au moment où la Turquie vaincue ne pouvait élever aucune protestation.

La relève des Britanniques par les troupes françaises ne pouvait, aux yeux de tous, se justifier uniquement par des nécessités militaires et on la rattachait naturellement à l'exécution d'accords politiques. On rapprochait notre occupation en Cilicie de l'occupation de Smyrne par les Grecs. Les nationalistes y voyaient le démembrement de l'Empire qu'ils ne voulaient accepter à aucun prix. D'autre part, le recours à la légion arménienne, qu'il aurait été politique d'éviter, mais qui nous était imposé par la rapidité de la relève avant l'arrivée des renforts, justifiait l'appréhension des Musulmans qui considéraient la présence des Arméniens comme une provocation.

Aussi, la relève fut-elle le signal d'une nouvelle propagande à la fois patriotique et religieuse, que la faiblesse de nos effectifs contribuait grandement à encourager.

Les envoyés des comités de Sivas et d'Angora circulent dans le pays, exaltent le sentiment national, réveillent les haines anciennes contre l'étranger, avivent les ressentiments, prêchent la guerre sainte. Journaux et lettres venant d'Anatolie ne cessent d'accroître l'excitation.

Sur le front de Syrie, l'hostilité n'était pas moins violente.

L'accord du 15 septembre avait provoqué dans la zone Est un redoublement de propagande en faveur de l'indépendance ; l'agitation anti-française était poussée à l'extrême : tous les partis politiques fusionnent avec le Comité de la

Défense Nationale, auquel l'émir Zeid, remplaçant Faysal alors à Paris, abandonne les rênes du Gouvernement.

Les éléments avancés proclament hautement qu'ils repoussent tout accord quel qu'il soit avec une puissance étrangère.

Le mot d'ordre est toujours l'indépendance absolue sans tutelle ni mandat.

Malgré les commerçants et les bourgeois de Damas, qui se rendent compte de la folie d'une résistance armée aux décisions de la Conférence de la paix, l'émir Zeid ne voit que le recours aux armes comme seul moyen de défendre le droit de la nation.

La propagande chérifienne agit surtout par les clubs et les comités; elle exploite, d'une part le culte de l'indépendance, et, d'autre part, le fanatisme musulman auprès duquel on nous représente comme les oppresseurs des musulmans nord-africains et les protecteurs des chrétiens.

RELÈVE

Tel est l'état d'esprit qui règne autour de nous pendant la relève.

Elle s'effectue en Cilicie et dans les territoires de l'Est sans incident, mais non sans quelques protestations à Aïntab, Biredjick, Marasch, Killis, Ourfa. La relève en Bekaa allait provoquer le premier incident grave.

Aux termes des accords, nous devions relever en Bekaa les garnisons britanniques ; cette relève s'imposait pour nous, en particulier au point de vue militaire, par la nécessité de protéger le Liban, de surveiller et d'utiliser l'unique voie ferrée qui nous reliait aux territoires du Nord.

Le Général en Chef n'ignorait rien des sentiments du Gouvernement de Damas, aussi prit-il des dispositions pour assurer sûrement la relève.

C'est ainsi qu'une colonne de 5 bataillons, 3 batteries, 2 escadrons, soutenus en arrière dans le Liban par 2 bataillons et 1 batterie, fut concentrée à Zahlé. La relève, d'abord fixée au 22, fut reportée au 28 sur la demande du maréchal Allenby, qui craignait de graves incidents.

Mais, pendant le délai du 22 au 28 novembre, Faysal obtenait des Cabinets de Paris et de Londres la renonciation à notre occupation de la Bekaa. Le télégramme arriva le 27 au soir, juste à temps pour arrêter la marche en avant.

L'effet produit fut énorme.

Cet événement, dit Testis dans la *Revue des Deux Mondes*, causa dans tous les milieux un étonnement considérable. Nos partisans l'accueillirent avec consternation. Ils ne voulaient voir, dans ce qu'ils appelaient notre reculade, qu'une insigne marque de faiblesse. Quant aux Chérifiens de Damas, ils ne pouvaient croire à un succès si facilement obtenu. Ils s'imaginèrent alors que la France s'inclinerait désormais devant toutes leurs prétentions quelqu'immodérées qu'elles fussent.

On peut affirmer que l'affaire de la Bekaa fut le point de départ de nos difficultés en Syrie avec Faysal et son gouvernement, convaincus de notre faiblesse et croyant à notre incapacité politique.

ORGANISATION DE L'ARMÉE

Le 1ᵉʳ décembre, des ordres généraux fixent la constitution de l'armée.

Division de Cilicie : Q. G. Adana, sous les ordres du général Dufieux, comprenant 2 brigades à 6 bataillons, 1 régiment de cavalerie, 7 batteries.

Division de Syrie : Q. G. Zahlé, sous les ordres du général de Lamothe, comprenant 2 brigades à 6 bataillons, 1 régiment de cavalerie, 11 batteries.

ACTION DES BANDES EN SYRIE

Pendant que Faysal, à Paris, réitère à M. Clemenceau ses assurances de loyal concours avec les autorités françaises, il excite, en Syrie, ses partisans contre nous, espérant, en donnant le change sur l'importance du mouvement chérifien, peser sur les négociations en cours. A Damas, les partis extrémistes tentent de renverser le gouvernement qui n'ose accepter la responsabilité d'une lutte armée. N'y réussissant pas, ils reportent toute leur activité en tribus. Leur politique est parfaitement résumée par le passage suivant d'un discours du général Ruchdi Bey, commandant la division d'Alep : « Puisque nous ne pouvons déclarer officiellement la guerre aux Français, inondons le pays de bandes qui les détruiront en détail. »

Des bandes d'irréguliers, commandées par des officiers chérifiens, ont pour mission d'attaquer nos détachements à la limite des zones.

Ces agissements donnent naissance aux affaires de Tel-Kalaat, Baalbeck, Merdjayoun.

A Tel-Kalaat, les officiers du poste sont attaqués pendant une promenade à proximité du poste, — un tué, un blessé — le poste lui-même est attaqué, une colonne venue de Tripoli ramène l'ordre ; à Balbeck, notre officier de liaison est insulté, menacé, ses bagages pillés, un détachement de trois bataillons est envoyé occuper momentanément la ville, au grand contentement des habitants.

Dans le Merdjayoun, une série d'actes de brigandages commis sur nos protégés nous forcent à intervenir avec une colonne. Il y eut un combat sérieux, l'ennemi fut rejeté, mais nos pertes assez graves : 54 tués ou disparus, dont 2 officiers ; 52 blessés, dont 2 officiers.

Les mêmes actes d'hostilité se produisaient dans la région d'Alep ; les bandes pillent et coupent les communications ; un camion est arrêté, les dix occupants tués ou blessés, un convoi de ravitaillement destiné au poste d'El-Hamman est enlevé par une bande de 600 hommes, le poste lui-même, fort d'une section, est attaqué et enlevé le 22 janvier, après trente-six heures de combat.

Faysal, qui, de Paris, provoquait les troubles ainsi qu'il en a convenu lui-même au cours d'un entretien avec le général Gouraud, Faysal affirme que sa seule présence à Damas ramènera le calme et la tranquilité.

Il débarque à Beyrouth, le 14 janvier.

EN CILICIE

En Cilicie et dans les territoires de l'Est, il semblait qu'une certaine détente se produisait, le mois de décembre était calme.

Cependant, l'opposition kémaliste ne désarmait pas. Elle entretenait une agitation d'autant plus violente que les territoires agités étaient plus loin de nos garnisons.

En Anatolie, se poursuivait l'organisation de l'armée régulière, son recrutement, son instruction. Nos commissaires de gare, placés sur le Bagdad, en vertu des clauses de l'armistice, étaient expulsés, entre Konia et Bozanti. Les trains de céréales à destination de la Cilicie étaient arrêtés à la frontière.

Mustafa Kemal adressait ses appels aux nationalistes arabes et s'efforçait de les entraîner dans un vaste mouvement panislamique et xénophobe.

En janvier, les effets de cette campagne se font sentir. Le 4 janvier, une bande de plusieurs centaines d'hommes armés, dont beaucoup revêtus d'uniformes turcs, fait son apparition dans la région de Marasch ; elle est commandée par des officiers turcs, elle a des canons et des mitrailleuses. Dispersée, elle se reforme et se grossit de tous les gens douteux et des villageois fanatisés.

Nos colonnes et nos convois de ravitaillement sont attaqués : le 6 et le 8 janvier, sur la route d'Aïntab ; le 18 et le 20 janvier, sur la route de Marasch. C'est l'entrée en ligne effective de Mustafa Kemal.

Il en résulte une transformation rapide de l'état des esprits dans la région.

Les fonctionnaires, jusque-là soumis en apparence, entament ouvertement la lutte contre nous. L'agitation et l'insécurité s'accentuent, les attentats isolés se multiplient à tel point, que l'on comptait plus de cent victimes massacrées, dans les premiers jours de janvier.

L'inquiétude se propage jusqu'à Adana, — l'insurrection couve partout, — nous sommes à la veille d'événements plus graves.

COUP D'ŒIL D'ENSEMBLE SUR LA SITUATION

Ainsi, en fin janvier, le feu est partout, foyers dans les régions de Tyr, de Tripoli, d'Alexandrette, d'Alep. Menaces non déguisées sur le front Nord.

Il nous faut tenir tête à ce mouvement insurrectionnel avec les deux divisions Dufieux et de Lamothe.

Un coup d'œil sur l'immense théâtre d'opérations qui s'étend de Tyr à Marasch, et de Mersine à Ourfa, nous montre clairement les difficultés auxquelles le commandement allait se heurter pour maîtriser ou au moins contenir l'ennemi sur tout le front.

De Tyr à Marasch, près de 600 kilomètres ; de Mersine à Ourfa, plus de 400 kilomètres.

Sur ce territoire, 24 bataillons.

La condition nécessaire et indispensable dans une telle situation, pour pouvoir agir, est de disposer de réserves et de communications faciles pour opérer des navettes rapides.

Des réserves, nous n'en aurons qu'au fur et à mesure de l'arrivée des renforts.

Deux lignes de communications entre le Sud et le Nord. D'abord, la voie ferrée Beyrouth-Rayak-Alep et le Bagdad, qui pouvaient nous permettre de transporter, en quarante-huit heures, troupes et ravitaillement, de Beyrouth à Alep.

En fait, cette voie nous était interdite par les Chérifiens, comme on le verra plus loin.

Puis, la mer.

Il est facile de se rendre compte que le transport par mer, dans les meilleures conditions, d'une unité ou de ravitaillement, de la région de Beyrouth à Alexandrette, puis Killis ou Alep, demandait au moins quinze jours. Et, encore, tous les bateaux n'étant pas aménagés pour transporter les équipages, certains bataillons durent être transportés sans leurs équipages, débarqués et acheminés par étapes, sur les points en danger avec des équipages de fortune.

Contre cela, rien à faire, nous subissons les événements.

Je dois ici rendre hommage à la Division navale de Syrie

et à son chef : l'armée a toujours trouvé près d'eux le concours absolu que réclamait la situation et le dévouement le plus complet chez tous les marins.

Dans cette période critique, l'armée et la marine, fraternellement unies, ont marché la main dans la main.

Une solution s'imposait pour remédier à cette situation précaire : replier tous les postes avancés, abandonner une partie des régions occupées, organiser en arrière des postes solides et se constituer ainsi des disponibilités qui formeraient des colonnes mobiles. C'était la solution militaire ; mais elle était inadmissible au point de vue politique.

En effet, tout retrait de nos troupes, indice de faiblesse, aurait eu une répercussion immense dans tous les pays turcs et arabes, exaltant l'audace de tous les fanatiques, ralliant à l'insurrection tous les hésitants. Enfin, l'abandon des territoires mettait nos protégés à la merci du fanatisme des bandes.

D'où nécessité, avec nos faibles moyens, de nous maintenir et, pour parer aux attaques, de dégarnir les régions moins agitées, au profit des régions menacées.

C'est ainsi qu'en fin janvier, Beyrouth n'avait pas une seule unité de garnison. Le plan de défense de la place reposait sur la mise en ligne des employés de tous les services.

L'arrivée de renforts très échelonnés amènera le Commandement à former l'armée progressivement à 4 divisions : la division de Cilicie devient la 1re, celle de Syrie devient la 2e, la 3e est formée le 20 avril à Beyrouth et la 4e débarquée à Alexandrette, venant de Constantinople, le 15 mai. Pour la clarté de l'exposition et quoique les opérations aient été simultanées sur les fronts de Syrie et de Cilicie, j'examinerai successivement la situation sur ces deux théâtres.

OPÉRATIONS CONTRE FAYSAL

A son débarquement à Beyrouth, le 14 janvier, Faysal annonce les dispositions les plus amicales. Ses entretiens avec le général Gouraud sont très cordiaux et semblent empreints de loyauté. Il est venu pour montrer sa puissance

sur Damas et les tribus et arrêter la propagande et l'insurrection qu'il avait lui-même suscitées. Il ne tardera pas à
s'apercevoir qu'il est plus facile de mettre le feu que d'éteindre
l'incendie.

Dès son arrivée à Damas, il est débordé par le parti extrémiste. Il continue à donner au général Gouraud des assurances verbales de son dévouement et de son désir d'entente,
mais ces bonnes intentions sont annihilées par les faits.

La libre disposition de la voie ferrée Rayak-Alexandrette
est, nous le verrons, une question de vie ou de mort pour
la division Lamothe, qui a été transportée à Killis le 11 février
et dont le territoire est entièrement soulevé ; Faysal refuse
d'acquiescer à nos demandes de transport en se retranchant
derrière son gouvernement. D'autre part, il se montre impuis-
sant à arrêter les troubles dans les régions d'Antioche, chez
les Ansariehs et dans le Merdjayoun. « Moins de deux mois
après le retour de l'émir, dit Testis, il semble donc avéré
qu'il n'a ni l'autorité suffisante, ni la volonté de rétablir
l'ordre dans les territoires syriens et de collaborer loyalement avec la France. Malgré tout, fidèle aux instructions
reçues, le général Gouraud continue à observer loyalement
ses engagements avec Faysal, que nous subventionnons. »

Le 8 mars, il se fait proclamer roi de Syrie et prend un
ministère extrémiste qui refuse de reconnaître le mandat que
la France avait reçu, le 26 avril, à San Remo. Cependant,
le Général tenait le Gouvernement au courant d'une situation
qui allait, malgré ses efforts de conciliation, en empirant
et réclamait les renforts nécessaires pour être prêt à toute
éventualité.

Les disponibilités étant peu nombreuses et les renforts
annoncés (la brigade sénégalaise du Rhin, le régiment de
spahis marocains et un groupe d'artillerie) ne devant débarquer qu'à partir du 20 juin, il fallait tenir jusque-là. L'armistice conclu avec Mustafa Kemal, le 30 mai, avait permis un
moment d'espérer un accord définitif et ainsi de nous créer des
réserves. Malgré nos efforts, l'armistice ne put être prolongé.
Il fallait donc, à partir du 20 juin, compter sur une reprise
des hostilités sur le front Nord et, en même temps, se tenir

prêt à faire face, du côté de l'Est, à des événements qu'il ne paraissait plus possible d'éviter.

D'ailleurs, à partir de la deuxième quinzaine de juin, en effet, la presse de Damas accentue ses attaques et ses injures contre le général Gouraud. Les chefs de bandes qui opèrent contre nous trouvent de plus en plus, auprès des autorités chérifiennes, un appui matériel et moral. Des armes et munitions sont expédiées par chemin de fer, de Damas sur Homs-Hama-Alep. Enfin, des atteintes au droit des gens, la conscription, le refus de respecter les capitulations et les conventions diplomatiques, l'achat de la plus grande partie des membres du Conseil administratif du Grand-Liban, montraient clairement que nous ne pouvions faire crédit au gouvernement chérifien.

La mesure est comble.

L'ULTIMATUM

Le 14 juillet, sur l'ordre du Gouvernement, le Général en Chef adresse à l'émir Faysal un ultimatum ; il rappelle les actes blâmables commis par le gouvernement de Damas, énumère les garanties que la France se voit obligée de prendre pour assurer la sécurité de ses troupes et celle des populations des territoires sous son mandat.

Il impose les conditions ci-après :

1° Disposition absolue de la voie ferrée Rayak-Alep ;

2° Abolition de la conscription ;

3° Acceptation du mandat français ;

4° Acceptation de la monnaie syrienne ;

5° Châtiment des coupables.

Les dispositions suivantes avaient été prises pour soutenir, si besoin était, l'ultimatum par les armes.

Sont formés trois groupements :

1er Groupement : 2° D.-I. 6 bataillons partant de la région de Katma, objectif Alep ;

2e Groupement : 4° D.-I. 7 bataillons rassemblés dans la région Tripoli, Tel Kaalaat, objectif Homs-Hama ;

3e Groupement : 3º D.-I. 7 bataillons, rassemblés à Ain-Sofar, Zahlé, objectif Rayak.

Délai d'acceptation jusqu'au 18 juillet.

Faysal demande successivement deux délais de vingt-quatre heures qui lui furent l'un et l'autre accordés. Enfin, aucune réponse n'étant parvenue à l'heure fixée : 20 juillet minuit, nos troupes se mirent en marche le 21.

La colonne du général Goybet, portée à 10 bataillons, 6 escadrons, 7 batteries, une compagnie de chars de combat, une aviation sérieuse, franchit la Békaa, occupe Rayak, gravit les pentes de l'Anti-Liban, poussant devant elle les troupes chérifiennes en retraite ; ces troupes comprenaient plusieurs milliers de réguliers, un grand nombre d'irréguliers, de volontaires et de bédouins. Elle était sous les ordres du ministre de la guerre, le colonel Youssef Bey Azmé.

Cet officier, très jeune, était notre adversaire acharné, l'homme des extrémistes. Il s'était vanté d'avoir commandé la batterie qui mutila le général Gouraud aux Dardanelles. Très ambitieux, ancien officier d'ordonnance d'Enver Pacha dont il espérait jouer le rôle en Syrie, il avait entrepris, dès son arrivée au ministère, la réorganisation de l'armée chérifienne.

Au cours de la matinée, pendant la marche, le général Gouraud recevait un télégramme de l'Emir acceptant en principe les conditions imposées. Ce télégramme, expédié le 20 de Damas, n'avait pu parvenir à temps par suite de l'interruption de la ligne télégraphique, coupée par les bandes que l'Emir avait tant soutenues contre nous.

La nouvelle de la marche de la colonne avait produit à Damas une émotion considérable. La foule, exaltée, s'était jetée aux casernes, réclamant des armes et avait ouvert les prisons. Les consuls étrangers ne cachaient pas leurs inquiétudes et craignaient des massacres.

Dans ces conditions, malgré les inconvénients de l'arrêt de la marche sur Damas, il apparut nécessaire au Général Commandant en Chef de donner une fois de plus une preuve évidente de sa modération et de sa loyauté.

La colonne reçut l'ordre de ne pas continuer son mouvement et de s'installer sur place.

Une note nouvelle demandait à l'Emir le désarmement immédiat des soldats démobilisés et progressif de la population, le repli à Damas des détachements chérifiens encore en Bekaa et le maintien de notre colonne à l'emplacement du 21 au soir.

Cet emplacement était défectueux en raison du manque absolu d'eau. Il fut demandé à l'Emir de pousser sur Khan Meiseloun où l'eau était abondante, avec utilisation de la gare d'El Tekieh, à proximité, pour les ravitaillements.

La réponse, parvenue le 23 au soir, constituait un refus. D'ailleurs, un fait nouveau s'était produit dans la journée du 22, qui prouvait nettement la duplicité de l'Emir ; par un ordre signé de lui et retrouvé par nous, il prescrivait à un détachement de 400 réguliers, appuyé par des canons et des mitrailleuses, d'attaquer nos avant-postes sur la route de Homs. Ce détachement subit un échec complet.

Devant cette violation des engagements et le refus d'accepter les conditions, la colonne du général Goybet reçut l'ordre de continuer, le 24, son mouvement sur Damas.

Nos troupes devaient déboucher du long défilé de l'Oued Korn en face d'une longue crête élevée, occupée par les Chérifiens qui tenaient la route en vue, sur plus d'un kilomètre.

Dès 5 heures 30, pendant que notre artillerie prenait à parti l'artillerie ennemie et canonnait les tranchées, la compagnie des chars de combat, escortée par une compagnie du 415e d'infanterie, suivant la route comme axe, se portait à l'assaut, encadrée à droite par les Sénégalais, à gauche par les tirailleurs algériens, pendant que le régiment marocain tournait la position par la droite.

Malgré les difficultés du terrain, les positions ennemies étaient enlevées à la baïonnette vers 9 heures 20. L'arrivée des chars de combat sur la route, l'ardeur des bataillons, le mouvement vers le Sud des spahis marocains, le bombardement par avions du champ de bataille, la mort du colonel Azme, entraînait la retraite et bientôt la déroute des Chérifiens. Ils laissaient sur le terrain 15 canons, plus de 40 mitrailleuses et des munitions en quantité. Les premiers fuyards, arrivés à Damas vers 11 heures, y jettent la panique, l'Emir et tous nos adversaires prennent la fuite vers le Sud. La colonne française entre à Damas, le 25, dans l'après-midi, et défile sous les yeux d'une nombreuse population.

Au nom du Général en Chef, le Général Goybet proclame la déchéance de l'Emir Faysal. Un nouveau gouvernement est établi et le calme se rétablit aussitôt.

Au centre, Homs et Hama étaient occupées sans difficulté, le 28.

Au Nord, la colonne du général de Lamothe occupe Alep sans coup férir, le 23 au matin, au milieu des acclamations d'une grande partie de la population.

L'éclatante victoire du 24 juillet nous a rendu notre prestige et l'application du mandat va pouvoir enfin se réaliser.

OPÉRATIONS EN CILICIE

ET DANS LES TERRITOIRES DE L'EST

Pendant que se déroulaient ces événements en Syrie, le plan kémaliste s'était développé progressivement.

Mustafa Kemal disposait de troupes régulières, comprenant le XIII⁰ Corps à Diarbékir, le III⁰ à Sivas, le XII⁰ à Koniah et des éléments du XX⁰ à Angora, et de nombreuses bandes irrégulières souvent levées de force.

Les troupes régulières et les bandes étaient très bien armées et approvisionnées par les armes ou munitions abandonnées par les Allemands ou les Turcs pendant la retraite devant les Anglais. Tous les arsenaux d'Anatolie avaient été mis à plein par les Allemands et permettaient l'armement de toute la population.

Au point de vue valeur militaire, ces contingents étaient loin d'être négligeables.

En face de ces adversaires, la 1ʳᵉ D. I. ne dispose en janvier que de 10 bataillons, 4 escadrons, 5 batteries. Mais, le 11 février, la 2ᵉ D. I., général de Lamothe, vient relever, dans les territoires de l'Est, les éléments de la D. I. Dufieux, qui y stationnent. Le front Nord sera alors tenu par deux divisions. En somme, à ce moment, début de février, sur tout ce front Nord, nous nous bornons à occuper des postes, nous n'avons pas des troupes disponibles.

Il n'est pas besoin de rappeler que, dans un pays soulevé, tout poste qui n'a pas une garnison suffisante pour constituer une colonne mobile et pouvoir se donner de l'air est une charge pour le commandement, sans profit pour la pacification, d'autant plus que son ravitaillement ne peut se faire que par convois escortés.

L'arrivée des bataillons de renfort va heureusement coïncider à peu près avec le commencement de l'insurrection ; de sorte qu'à peine débarqués, ces bataillons forment des colonnes pour dégager les postes, les ravitailler, rétablir les communications. Toute la longue période d'hiver et de printemps se passera ainsi en colonnes incessantes, jusqu'au moment où tous les efforts des deux adversaires se concentreront sur Aïntab ; colonnes qui infligent des échecs à l'ennemi mais qui ne peuvent l'empêcher de se reformer en raison même de son manque d'organisation. Devant la force, il disparaît pour reparaître dès que le danger a cessé.

Il ne rentre pas dans le cadre de cette conférence de suivre pas à pas les opérations des première et deuxième divisions. Ces deux grandes unités ont été constamment sur la brèche, sans un jour de répit, par une température rigoureuse, avec des moyens de transport et de liaison insuffisants, défectuosités auxquelles il faut ajouter la lenteur et l'irrégularité des communications ; la voie ferrée étant détruite entre Alep et Adana.

Elles ont fait preuve d'une endurance et d'un héroïsme que l'on ne saurait trop admirer.

La 1re D. I., seule jusqu'en février, a subi tous les efforts de l'ennemi. Les troupes de cette division, défiant l'ennemi, le climat, la fatigue, ont combattu victorieusement dans les gorges du Taurus et de l'Amanus, à chaque pont, à chaque kilomètre de chemin de fer, constamment alertées, presque sans repos, puisant leur énergie dans leur patriotisme, dans le devoir militaire et dans leur sentiment d'affectueux dévouement à leur chef.

Trois événements dominent toute cette période : Marasch, Ourfa, Aïntab. Ils synthétisent nos efforts et les difficultés auxquelles nous nous sommes heurtés sur le front Nord.

MARASCH

Depuis longtemps, Marasch était un centre très actif d'agitation anti-française. Ce fut la première localité où se firent sentir les effets de la propagande kémaliste et la présence d'unités arméniennes dans les troupes de relève fut habilement exploitée pour justifier les griefs dirigés contre nous.

En rapport direct avec les centres kémalistes d'Anatolie, la ville reçut d'eux armes et munitions et s'organisa pour une action éventuelle contre sa garnison ; chaque quartier eut ses veilleurs, ses guetteurs, ses coureurs, ses volontaires encadrés et armés.

Calme en apparence, Marasch se préparait.

Au commencement de janvier, l'insurrection, qui s'étend rapidement dans les campagnes, isole Marasch. Le général Dufieux fait rouvrir de vive force les communications par les colonnes de ravitaillement de la place : colonnes Corneloup, Marty, Thibaut.

Le général Quérette, commandant la région, se porte d'Aïntab à Marach, où il arrive le 14 janvier. Il dispose de 4 bataillons, 5 C. M., 1 escadron, une batterie 1/2. En raison de la rigueur de la température, les troupes sont réparties dans divers secteurs de la ville pour y cantonner plus facilement.

La situation imposait cependant de stationner militairement et non de cantonner.

L'attitude des notables et d'une grande partie de la population était nettement hostile. Les combats livrés par les différentes colonnes apparaissaient aux habitants de Marasch comme des succès pour les bandes. Aussi la surexcitation était grande et la situation grave. Le général Quérette restait très optimiste, cependant que le général Dufieux demandait une action prompte et énergique.

Le 20 janvier, le général Quérette décide d'arrêter les meneurs le lendemain.

Le 21 janvier, il rassemble les notables et prend le dispositif d'alerte.

Un quart d'heure à peine après la fin de la réunion des notables, la fusillade éclate partout dans les rues sur un signal parti de la citadelle que nous n'occupions pas.

La fusillade est dirigée sur des corvées qui n'avaient pu être touchées par l'ordre d'alerte, les isolés, les agents de liaison. La circulation devient impossible en ville et toutes communications sont coupées avec le général Dufieux, les avions ne peuvent voler à cause de la température ; les émissaires ne réussissent pas à franchir les lignes.

L'arrivée en renfort du 21e tirailleurs et d'une batterie va permettre au général Dufieux de porter un ravitaillement sur Marasch. Le rassemblement de ce convoi est ordonné pour le 28, mais la rupture de la voie ferrée par les bandes la retarde jusqu'au 4 février ; la colonne, sous les ordres du colonel Normand, quitte Islahié, le 5 février, et arrive, le 7, devant Marasch. Après des combats incessants et malgré une tempête épouvantable, elle réussit à vaincre l'investissement et entre en liaison, le 8 au soir, avec le général Querette.

En raison des difficultés du ravitaillement, le général Quérette prend la décision d'évacuer la ville et de se replier sur Islahié, dans la nuit du 10 au 11.

La retraite sur Islahié eut lieu sans combat, mais dans des conditions climatériques épouvantables.

Entre tous, le bataillon d'arrière-garde, bataillon Bernard, fut remarquable d'endurance et d'énergie, et son chef obtint l'effort émouvant de défiler par quatre, nouba en tête, comme à la parade, devant le général Dufieux qui assistait à l'arrivée.

Les conséquences de l'évacuation de Marasch furent graves. Les kémalistes multiplièrent télégrammes et communiqués triomphants, présentant notre retraite comme provoquée par l'action des forces nationales.

Les fractions musulmanes qui avaient plus ou moins partie liée avec nous étaient ébranlées dans leur confiance, d'autres nous abandonnaient.

Le général de Lamothe, qui arrivait à ce moment pour prendre à Killis le commandement des territoires de l'Est, ne peut dépasser Katma ; il est obligé de rester en gare dans un wagon, avec les insurgés à deux kilomètres de lui.

OURFA

A ce moment, tous nos postes d'Aïntab, Ourfa, Killis, les postes de l'Euphrate et de la voie ferrée sont privés de communication et plus ou moins encerclés.

Ourfa est investi depuis le 10 février et on n'aura plus de nouvelles officielles à partir du 20. L'arrivée de renforts (bataillon du 19e et du 22e R. T. A.) permet de diriger une colonne de ravitaillement sur les postes de l'Euphrate, avec mission de pousser si possible sur Ourfa, à près de 200 kilomètres de la base de Katma. Cette colonne, partie le 29 février, ne peut atteindre Ourfa en raison des forces supérieures qu'elle trouvait sur son passage et qui auraient rendu l'opération trop aventureuse. Une autre tentative, en mars, fut arrêtée par la même raison.

Plus tard, le 9 avril, avec toutes les disponibilités qu'il a réussi à se créer, le général de Lamothe peut reprendre la marche sur Ourfa. Le colonel Normand prend le commandement d'une nouvelle colonne de 4 bataillons, 2 escadrons, 2 batteries 1/2. Mais cette colonne est à peine en mouvement, le 10 avril, que force est de la rappeler sur Aïntab, où l'insurrection a éclaté.

C'en est fait : Ourfa ne pourra être dégagée ; d'ailleurs, à cette date, 10 avril, la vaillante garnison succombait. La garnison d'Ourfa comprenait environ 4 compagnies et un peloton de cavalerie, en tout 10 officiers et 460 hommes.

Attaquée sans interruption depuis le 9 février, elle repoussa tous les assauts, mais au commencement d'avril, manquant de vivres, n'espérant plus un secours que la faiblesse de nos effectifs, la rupture de nos communications, le manque d'avions, les difficultés de toute nature n'avaient pas permis de faire parvenir jusqu'à lui, le commandant Hauger se résigna à entrer en pourparlers avec les autorités turques.

Il fut convenu que la garnison se retirerait sur Arab Punar, sans être inquiétée, que les Turcs fourniraient des moyens de transport et des vivres, qu'à ces conditions les hostilités cesseraient et que les chrétiens ne seraient pas inquiétés.

Confiant dans le traité signé, nos troupes quittèrent la ville, le 10 avril.

Elles se trouvaient le 11, à 8 heures, à 15 kilomètres d'Ourfa. C'est là qu'elles furent attaquées de toute part à l'improviste par 5 à 6.000 Turcs et Kurdes et forces régulières turques, munies de mitrailleuses.

La malheureuse garnison était tombée dans un piège.

Elle soutint un combat acharné pendant plusieurs heures, ayant épuisé ses munitions ; submergée par l'ennemi, elle fut détruite.

Quelques groupes épars, environ 150 hommes, purent seuls s'échapper.

AÏNTAB

Aïntab est une ville de 60.000 habitants, dont 15.000 Arméniens ; elle a son importance de sa situation même, au carrefour d'un grand nombre de routes et de l'abondance des eaux qui sont captées pour ravitailler Alep.

La garnison était installée au dehors de la ville, à proximité du quartier arménien ; d'abord de 3 compagnies, elle fut renforcée au fur et à mesure des événements.

Ainsi que nous l'avons vu plus haut, la ville, suivant le mouvement général, se soulève dès le 9 avril, et la colonne Normand est détournée de sa mission première pour venir au secours de la garnison et doit être immédiatement appuyée par une nouvelle colonne sous les ordres du colonel Debieuvre.

Les deux colonnes arrivent le 16 et 17 avril et investissent la place, qui fait sa soumission le 18.

Il était nécessaire, pour rétablir notre prestige, de châtier les bandes coupables du guet-apens d'Ourfa.

C'est ce que le colonel Debieuvre réussissait à faire le 7 mai, battant les forces kémalistes à Séroudj, à l'est de l'Euphrate. Mais, dès que le gros de nos forces s'est éloigné dans le Sud-Est, l'insurrection a recommencé à Aïntab.

Le général de Lamothe, qui n'a plus un effectif suffisant pour dégager la ville, est encore une fois forcé de rappeler la colonne Debieuvre qui, après avoir infligé à l'ennemi qui lui barre la route un sanglant échec le 22 mai, entre dans la ville le lendemain et la trouve évacuée par les autorités turques. A ce moment, survint l'armistice conclu à Angora par M. de Caix. Mais, par suite de circonstances diverses, l'armistice ne fut pas renouvelé.

Et les Turcs recommencent les attaques.

La colonne Andréa est envoyée sur Aïntab pour essayer de réduire la ville.

Les efforts des deux adversaires sur Aïntab ont amené les Turcs à considérer cette ville comme le symbole de la patrie envahie par l'étranger, le Verdun de l'Anatolie. De toutes parts, ils vont accourir au secours de la place. Aussi, dès l'automne, la question d'Aïntab devient la question capitale : là convergent tous les efforts, tous les moyens des deux adversaires. Je passe sous silence les difficultés du ravitaillement et les combats journaliers autour de la ville, dont les noms du Collège américain et du Marabout rappellent les principaux.

La situation restait sans décision ; il n'y avait qu'un moyen d'en finir, c'était d'investir complètement la place. Aussi, dès que le général Goubeau, avec la forte colonne de 10 bataillons à la tête de laquelle il avait balayé la Cilicie de l'Est à l'Ouest en octobre, fut disponible, le Général en Chef décida de la porter sur Aïntab. D'Adana à Aïntab, il y a plus de 200 kilomètres. Le temps était épouvantable, les marches sont extrêmement pénibles sous une pluie glaciale. Néanmoins, la colonne arrive devant Aïntab, le 20 novembre. Le blocus complet de la ville est établi.

Au départ du général Goubeau, le lieutenant-colonel Andréa prend le commandement des troupes : 9 bataillons, 4 batteries, 2 escadrons, 4 escadrilles.

Il a non seulement à faire face à l'ennemi de la ville, mais à tous les renforts accourus d'Anatolie et du Caucase pour forcer l'investissement.

Les attaques se multiplient, l'ennemi a une artillerie puissante et bien approvisionnée. Les attaques des 20 et 26 décembre sont particulièrement sérieuses. Le 26 décembre, profitant de l'absence de deux bataillons partis à la rencontre d'un convoi, les Turcs renouvellent leurs attaques, arrivent jusqu'à nos positions, neutralisent même un moment notre artillerie. Les deux bataillons du convoi, rappelés par T. S. F., tombent sur les derrières de l'ennemi par une marche de 75 kilomètres en vingt-six heures et lui infligent un grave échec.

Le 18 janvier, apprenant l'arrivée d'un fort convoi de ravitaillement, surtout de munitions, le gros des Turcs se porte à sa rencontre et essaie de l'enlever.

Très brillamment menée par le commandant Knall Demars, l'escorte du convoi bat l'ennemi en lui infligeant d'énormes pertes. Nous-mêmes, nous perdons 32 tués et 105 blessés, dont 10 officiers.

Enfin, le 31 janvier et les jours suivants, les Turcs de l'intérieur et de l'extérieur déclanchent l'attaque décisive attendue ; mais c'est en vain. Nos troupes, dans la neige, dans la terre gelée, ont établi un front qui défie tous les assauts. Partout l'attaque est brisée.

Aïntab est à bout de ressources, la disette et la famine ont amené une effroyable misère. Dans une dernière convulsion, dans la nuit du 6 au 7 février, les défenseurs se jettent encore en masse sur le front d'une de nos compagnies, ils restent sur le terrain. Un certain nombre d'entre eux peut seul s'échapper. La ville capitule dès le lendemain. Le 9 février, toutes les conditions du lieutenant-colonel Andréa sont acceptées. Ainsi se termine ce siège de six mois, qui clôt à notre avantage un long chapitre de l'históire militaire du Levant.

Ce succès, nous le devons à l'énergie du lieutenant-colonel Andréa et à l'admirable ténacité de nos troupes.

La guerre autour d'Aïntab était une guerre de tranchées extrêmement pénible, car aux attaques et aux bombardements s'ajoutaient les rigueurs d'une température extrême et surtout les difficultés des ravitaillements.

La reddition d'Aïntab, arrivant au moment même où allaient s'ouvrir les négociations de Londres, allait faciliter la tâche des représentants de la France, leur permettre de donner à la Turquie des preuves de notre générosité et de notre désir d'amener une paix durable.

**

Ces négociations avaient en effet abouti, le 12 mars, à la signature d'un accord entre le Gouvernement français et Békir Samy Bey, délégué du Gouvernement d'Angora. L'accord devait mettre fin aux hostilités, stipulant un échange immédiat des prisonniers de guerre et fixait la frontière entre les territoires que la France rétrocédait à la Turquie, sous réserves de la garantie du droit des minorités chrétiennes en Cilicie et dans la région Killis-Aïntab.

Cet accord n'ayant pas été ratifié par le Parlement nationaliste, on peut dire qu'en fait l'état de guerre n'a pas cessé. Cependant, la forme des hostilités s'est modifiée. A la guerre déclarée a succédé sur le front turc une période d'hostilité déguisée, mais non moins active et par laquelle le commandement nationaliste, transportant son action par le moyen d'agents et de bandes en deçà du front, espérait soulever les populations de Syrie, qu'une action politique bien conduite et une organisation administrative judicieuse avaient peu à peu gagnées à notre cause. Et, de fait, la nouvelle forme prise par la lutte réussit à amener une crise dans la confiance des populations terrorisées par les bandes, au sud de la ligne Alep–Antioche. Des agitateurs turcs et arabes recrutent et prélèvent des dîmes par la terreur. Leurs bandes, rapidement grossies et appuyées par des éléments turcs réguliers, deviennent vite menaçantes. En même temps, la Haute-Montagne alaouite se met en complète insurrection.

La réplique française ne se fait pas attendre. Toutes les disponibilités des 2ᵉ, 3ᵉ et 4ᵉ D. I. sont réunies afin de remédier au plus vite à une situation dont il importe d'arrêter net le développement : 11 bataillons, 5 batteries, 3 escadrons sont articulés en quatre colonnes et placées sous le commandement du général Goubeau. Déjà une série d'actions heureuses et brillamment conduites ont permis de nettoyer la vallée de l'Oronte et une partie du massif des Alaouites, lorsque se produit l'attaque turque de Bab-Membidj. Au nord d'Alep et à 30 kilomètres environ, le pont sur l'Afrin-Su saute ; au sud d'Alep, des bandes s'emparent de la voie ferrée et l'occupent. La situation était critique, Alep était directement menacée. Une colonne, aussitôt organisée et placée sous les ordres du colonel Debieuvre, réoccupe Bab el Membidj et rejette les forces turques au delà de l'Euphrate. A la fin de mai, les bandes nationalistes et les tribus bédouines, attaquées, poursuivies, harcelées sans arrêt par les colonnes du général Goubeau et l'aviation, demandent l'aman ou se dissocient après s'être réfugiées dans le Djebel Zawié. Un des très beaux faits d'armes de ces opérations multiples fut l'affaire d'El Katra. Saisissant avec décision l'occasion favorable, le chef d'escadrons Ving, à la tête de ses spahis marocains, décide du sort de la journée et enlève une partie des campements de la tribu des Maoualis. Il a fallu plusieurs charges répétées contre un ennemi se défendant avec l'ardeur du désespoir, trois officiers de spahis avaient en cette affaire leurs chevaux tués sous eux.

Alep dégagée, deux dangers subsistaient :

Les bandes réfugiées dans le Djebel Zawié ;

L'insurrection des Alaouites.

Le premier fut écarté par une série d'opérations menées par le colonel Debieuvre entre Idlib et Maaret el Noman. Le fameux chef de bandes Ibrahim Hanano essaya de fuir vers Palmyre et la Transjordanie. Un escadron, lancé à sa poursuite, a réussi, par un magnifique coup de main, à lui faire 18 prisonniers, dont 6 officiers turcs. L'insurrection des Alaouites était réduite en même temps par les 7 bataillons mis à la disposition du colonel Nieger et répartis en trois colonnes : colonnes Morand, Clément-Grandcourt et Maignan. Malgré les difficultés de terrain et de climat, l'action remarquablement coordonnée, d'abord parallèle puis concentrique et menée du Nord au Sud par ces trois colonnes, réussit à chasser les bandes du chef alaouite Cheik Salah et détermina leur soumission.

Dans la Syrie du Sud, l'ordre n'avait pas été troublé. L'œuvre d'organisation politique se poursuivait sous les conseils éclairés du lieutenant–colonel Catroux, délégué du Haut-Commissaire auprès du Gouvernement de Damas. Mais la présence en Transjordanie de l'Emir Abdallah, frère de Fayçal, n'était pas un voisinage des plus sûrs. C'est ainsi qu'au cours d'un voyage dans la région de Kuneitra, le Général Haut-Commissaire faillit, le 23 juin, être victime d'un attentat dont les auteurs, étrangers au pays, étaient venus de Transjordanie, armés par Abdallah.

L'accession de Faysal au trône de Mésopotamie allait également nous obliger à surveiller la région de l'Euphrate. L'envoi d'une mission française dans la région de Deir-ez-Zor, fortement travaillée par la propagande turco-arabe, fut décidé et, peu après, un poste y fut installé par la colonne Lemoigne, chargée de rétablir la sécurité des communications entre Alep et Deir. Cette colonne, comprenant deux bataillons de T. A. et le détachement d'Assyro-Chaldéens, environ 350 hommes destinés à tenir garnison à Deir, lancée à plus de 350 kilomètres d'Alep, eut à vaincre des difficultés de toute nature, tant celles résultant du fait de l'ennemi que celles causées par la chaleur étouffante des mois de juin et de juillet, et le manque d'eau.

Peu de temps après le retour à Alep de la colonne Lemoigne, le détachement assyro-chaldéen, laissé par elle à Deir-ez-Zor, était attaqué, le 10 septembre, au cours d'une marche d'entraînement, par les tribus Ogueidats de la région de Mayadin et du Khabour. Il fallait de nouveau rétablir la situation. Un groupement d'aviation est d'abord constitué qui bombarde par représailles les campements rebelles ; et, bientôt, une colonne de trois bataillons, deux batteries, deux escadrons, sous le commandement du colonel Debieuvre, quitte Alep pour Deir-ez-Zor, où elle arrive le 15 octobre. Un brillant succès, mais chèrement acquis, est remporté par la colonne Debieuvre, le 24, à Acham, succès confirmé, le 26, à Bessiré. L'ennemi éprouve des pertes énormes, trois des principaux chefs rebelles sont au nombre des morts restés en nos mains.

Les opérations continuent, appuyant l'action politique entreprise par le commandant de la colonne et qui déjà a amené la soumission de la plus grande partie des chefs.

Sur ces entrefaites, parvenait au Haut-Commissaire le texte de l'accord signé à Angora, le 20 octobre, par M. Franklin-Bouillon et Mustapha Kémal Pacha, accord immédiatement ratifié cette fois par le Parlement nationaliste et qui mettait fin à l'état de guerre entre la France et la Turquie. C'était, à très peu de chose près l'accord conclu à Londres, au mois de mars dernier, avec Békir Samy Bey. L'évacuation de la Cilicie qui en est la conséquence est actuellement en cours, elle doit être terminée le 4 janvier.

Si le récent accord ne doit avoir pour conséquences que de permettre la réduction des effectifs entretenus au Levant et de diminuer d'autant les charges budgétaires de notre pays, nous ne pourrons que nous en féliciter.

CONCLUSION

J'ai terminé.

Toute opération militaire comporte la conception qui appartient au commandement, la préparation qui est du domaine de l'Etat-major, l'exécution qui revient à la troupe.

Malgré les difficultés dont vous venez de vous rendre compte, chacun, à sa place, a rempli hautement son devoir.

Mais si les conceptions du commandement se sont pliées aux difficultés de la situation, si les Etats-majors ont dû faire preuve d'ingéniosité et de souplesse d'esprit pour permettre de donner à nos troupes les moyens de vaincre, celles-ci ont montré que le soldat de l'armée du Levant ne le cédait en rien à son frère de la Grande Guerre.

Nos soldats ont lutté sans trêve contre un ennemi beaucoup plus nombreux, bien armé, bien approvisionné, par des températures exceptionnellement rigoureuses. Ils ont fourni des efforts qui n'ont pas été demandés pendant la guerre. C'est ainsi que certains éléments de la colonne Goubeau, en novembre-décembre dernier, ont parcouru 700 kilomètres, d'Alexandrette à Tarsous, de Tarsous à Aïntab, pour revenir à Alep et dans la Kosseir, et toujours en combattant.

Les deux bataillons dont je vous ai parlé et qui, couvrant 75 kilomètres en vingt–six heures pour voler au secours d'Aïntab en danger, battent le record des divisions de Masséna se portant d'Arcole à Rivoli.

Ces efforts ont été donnés avec une abnégation admirable et un moral superbe.

La France a le droit d'être fière de son armée du Levant.

L'ENSEIGNEMENT EN SYRIE

pendant la période d'organisation (1919-1921)

par M. CHEVALLEY

Conseiller du Haut-Commissariat pour l'Enseignement

En octobre 1918, les troupes françaises sont entrées à Beyrouth et, en août 1920, les troupes victorieuses du général Gouraud sont entrées à Damas et Alep. L'ensemble des territoires occupés forme actuellement quatre Etats autonomes : Grand-Liban, Damas, Alep, Alaouites. Dans quelle situation avons-nous trouvé les écoles jadis florissantes de ce beau pays ? et quelles mesures la France a-t-elle pu prendre, depuis un ou deux ans, pour la réorganisation rapide de l'enseignement en Syrie ? Voilà l'objet de cette étude ; et si l'on songe que ce vaste pays, divers dans ses aspects comme dans ses populations, ses lois et ses religions, s'étend sur un espace équivalent au Sud-Ouest de la France (Loire, Rhône, Pyrénées, Beyrouth occupant à peu près la place de Bordeaux), il apparaîtra bien, sans doute, que l'on ne peut prétendre donner ici qu'un aperçu rapide des réalités.

*
* *

Déjà, avant la guerre, il fallait distinguer le Liban de la Syrie. Le Liban proprement dit était le pays idéal au point de vue des dépenses scolaires. Il y avait, dans tout village, une école, deux écoles, des écoles de toutes religions : et cependant il n'y avait point de budget de l'Instruction publique. Les classes se tenaient souvent sous le chêne de la place publique ou dans l'église ; mais l'enseignement était gratuit, les dépenses étant généralement supportées par les évêques pourvus à cet effet soit de biens inaliénables, soit de dons assurés et à peu près réguliers venant de France, de Russie, ou d'ailleurs, pour les différents rites ou confessions. A ces écoles dites de rites, qui constituaient pour ainsi dire les écoles officielles du Petit-Liban, s'ajoutaient naturellement un grand nombre d'écoles privées hors rites, dépendant de diverses associations religieuses : Jésuites, Lazaristes, Frères des Ecoles chrétiennes, Sœurs de la Charité, du Sacré-Cœur, de la Sainte Famille Française, de la Sainte Famille Libanaise, de Nazareth, de Besançon, etc., etc... J'en passe et j'en oublie, car chaque congrégation tenait à avoir son coin dans ce merveilleux Liban et la tâche n'était pas toujours facile au délégué apostolique ou aux évêques mêmes de maintenir chacun à sa place ou de donner une place à chacun.

Dans la Syrie, c'est-à-dire dans le reste du pays, sauf le Liban, le Gouvernement turc avait institué un certain nombre d'écoles, dont les titres superbes et les programmes magnifiques, macédoine des programmes d'Europe, donnaient à l'étranger une haute idée d'études cependant fort modestes. Ces écoles turques étaient complétées par un petit nombre d'écoles appartenant soit à des municipalités, comme Beyrouth, soit à des particuliers. Et, enfin, dans toute la Syrie comme dans le Liban même, il y avait un nombre considérable d'écoles de rites, d'écoles de bienfaisance ou d'écoles hors rites, presque toutes religieuses (sauf quatre) et de toutes les religions aussi bien que de tous les degrés, parmi lesquelles se distinguaient notamment, à Beyrouth, l'Université Américaine, de langue anglaise, protestante, et l'Université des Jésuites, de langue française, catholique.

Voilà quel était l'état des écoles de Syrie avant la guerre, où un bon instituteur vivait pour 600 francs par an et où les écoles étaient si riches que l'internat comme l'externat étaient souvent gratuits. Voyons maintenant ce qu'il en est advenu pendant la guerre.

Hélas ! la guerre, comme partout, a détruit beaucoup. D'une part, toutes les écoles françaises, anglaises, italiennes, furent fermées dès la déclaration de guerre et les maîtres expulsés ou internés. Les écoles américaines subsistèrent à peu près tolérées, moyennant bien des arrangements. Les écoles locales de rites reçurent l'ordre d'enseigner le turc à la place du français. Seule, je crois, une école réussit à continuer l'enseignement du français, en l'appelant d'ailleurs « turc » dans ses programmes officiels : c'était l'Ecole de l'Alliance Israélite de Beyrouth, et nous ne devons pas oublier cette fidélité. Hors de cette Ecole, tout ce qui était enseignement français disparut donc de la face de la Syrie.

Par contre, tout ce qui était allemand ou turc reprit une belle vigueur, d'autant plus facilement d'ailleurs que les locaux et le matériel des écoles françaises surabondaient. Notre vieux Collège d'Antoura, l'ancienne Ecole des Langues Orientales, où s'étaient entassées les collections les plus rares pendant deux siècles, fut vidé en cinq jours par trente camions allemands. Toutes les écoles françaises furent pillées et des écoles officielles furent ainsi créées à leurs dépens, en abondance, au moins sur le papier. On trouva facilement des instituteurs et l'on en trouva même pour payer 15.000 francs cette modeste fonction qui les exemptait du service militaire. On trouva aussi des institutrices parce que, dans ces temps de dure famine, le titre de fonctionnaire donnait droit au ravitaillement officiel. Il vint enfin de Constantinople un brillant personnel. Une Ecole de Commerce fut établie chez les Sœurs de la Charité. Une Faculté de Médecine turque s'établit dans la Faculté Française. Une Faculté de Droit ottomane s'organisa dans le Collège des Jésuites, où l'Ecole française de Droit avait été fondée en 1914. Enfin, pour couronner le tout, une Ecole normale turque fut établie dans le couvent des Dames de Nazareth, rassemblant une cinquantaine de jeunes filles dont le principal travail fut de préparer la représentation avec chœurs de « Joseph » pour la satisfaction de l'Etat-major turc et au bénéfice du Croissant rouge·

Ainsi, tout ce qui avait été n'était plus et la « révolution » fut complète. Pendant quatre ans, on ne parla plus le français dans cette Syrie qui le parlait jadis comme une langue maternelle. On n'avait aucune nouvelle de la guerre d'Europe, sauf par les quelques numéros du *Temps* ou du *Matin* que l'on pouvait encore louer à la censure turque moyennant

25 francs par heure. Et l'on désespérait de tout, lorsque soudain se répandit la nouvelle invraisemblable que l'armée turque n'ayant pu traverser le canal de Suez battait en retraite, qu'elle évacuait Jérusalem, qu'elle évacuait Saïda, qu'elle évacuait enfin Beyrouth. A vrai dire, les deux gros canons de Beit-Mery étaient encore braqués sur la ville ; mais, d'une part les habitants furent si persuasifs, et d'autre part l'arrivée des troupes anglaises et françaises fut si prompte, qu'aucune irréparable destruction n'eut lieu. Un gouvernement provisoire, composé de quelques notables, assura l'ordre. Le 8 octobre, les troupes françaises du colonel de Piepape prirent possession de la ville sous l'autorité supérieure du général Allenby. Le 9 octobre, on épinglait sur les portes du Seraï les **dix** cartes de visites indiquant les **dix** services essentiels où affluaient immédiatement les offres d'emplois ou demandes de subventions. Et, tout aussitôt, paraissaient les premiers arrêtés, sur l'initiative du grand administrateur que fut M. le sous-intendant Copin. L'un d'eux nous intéresse particulièrement, c'est celui qui concerne les écoles et ce fut l'un des premiers publiés, à peu près sous cette forme :

Art. 1er — Les Ecoles sont maintenues.

Art. 2. — Le personnel reste en fonction.

Art. 2. — La langue française remplace la langue turque.

C'est ainsi que, d'un seul trait de plume, la Syrie fut dotée en grand de ce qu'elle n'avait jamais eu : un système d'écoles officielles où l'enseignement serait arabe et français, qui allait s'adjoindre au système des écoles privées restaurées. Voyons donc successivement chacune de ces deux catégories d'écoles.

II. — ÉCOLES OFFICIELLES

Les débuts de l'enseignement officiel furent difficiles et l'on a conservé longtemps le petit papier sur lequel furent notées les premières impressions. Elles se résumaient à peu près ainsi :

1º Pas de maîtres pour les petites classes, pas d'élèves pour les grandes classes ; pas de locaux, pas de matériel, pas de fournitures, pas d'argent, pas de budget ;

2º Arabe très faible. Français obligatoire ; mais interdit depuis cinq ans. Enfants de 10 ans ne l'ont pas appris. Enfants

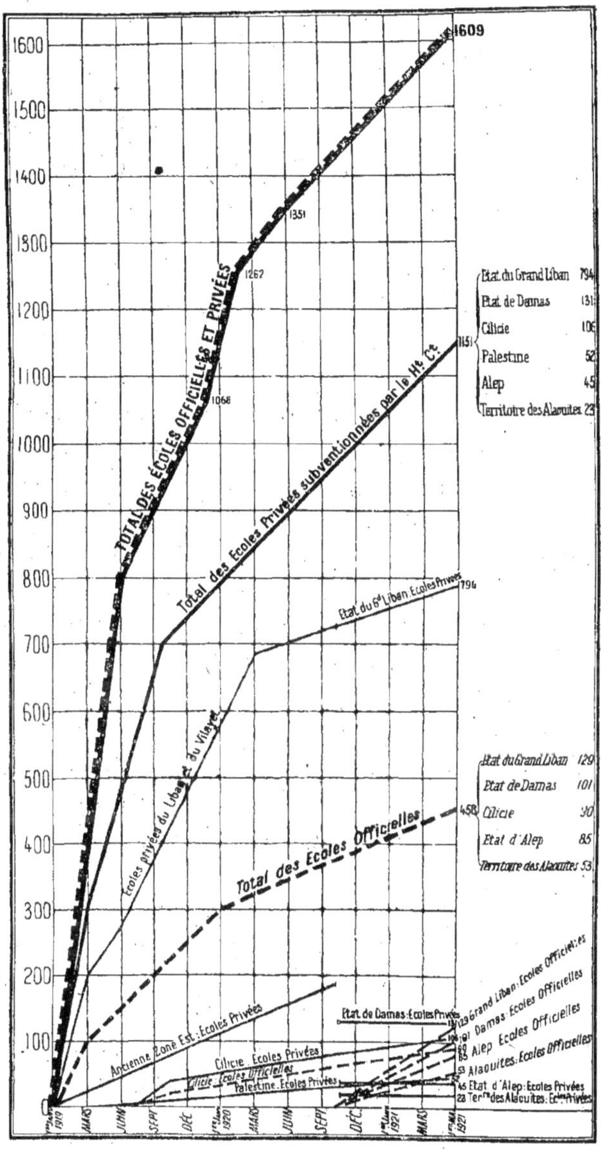

de 15 ans l'ont oublié. Donc créer partout, d'urgence et par tous les moyens, le plus grand nombre possible de petites écoles où l'on apprenne à lire, écrire, compter, en arabe et en français, une année mauvaise valant mieux qu'une année perdue ;

3º Création progressive des classes. Il faut au moins trois ans de français et d'arabe pour un premier examen. Donc, départ en 1919 ; premiers examens en 1922 ; arrivée vers 1925.

Je ne crois pas que le lieutenant Petit, victime des difficultés quotidiennes et du devoir pressant d'établir un budget, — le premier budget, — ait jamais eu le temps de contempler si nettement l'avenir. Mais enfin l'avenir, notre présent, c'était cela, et c'était cette lente réorganisation qu'il nous fallait prévoir.

On allait donc organiser des écoles, mais quel type d'écoles ? Pour ceux qui vivent en Orient et savent que la tête de la Syrie se trouvait en Egypte, aucun doute n'était possible. Les Français ont créé là-bas, près du Nil, de 1881 à 1898, un type d'école qui donnait complète satisfaction au pays :

Cinq années d'études primaires, français-arabe, conduisant à un certificat d'études primaires ;

Cinq années d'études secondaires, français-arabe, conduisant à un baccalauréat égyptien (lettres ou sciences) ;

Une Section Normale d'un ou deux ans, se recrutant dans les classes secondaires et préparant du personnel enseignant.

Ce système donnait satisfaction, en ce sens que les études secondaires étaient assez développées au point de vue de l'arabe pour convenir au pays, et assez développées au point de vue français pour qu'une espèce d'équivalence pût s'établir, permettant aux jeunes Egyptiens de continuer leurs études supérieures en France. Mais, en 1898, le cours d'études secondaires ayant été réduit à trois ans, l'équivalence dut être supprimée en France. Toutefois, le mécontentement provoqué par cette mesure dans tout le pays et l'accusation capitale d'avoir « abaissé le niveau des études en Egypte » prouvaient que c'était là tout justement la faute à éviter.

En conséquence, le plan d'organisation générale des écoles officielles de Syrie fut particulièrement facile à établir :

1º Il était inutile de publier à ce moment des programmes nouveaux qui ne pouvaient que soulever d'inutiles discussions, puisque l'ancien programme turc, libéralement maintenu, contenait tout, comme ces vastes palais de l'Orient où il est si facile d'installer trois ou quatre appartements modernes, moyennant quelques réparations de détail ;

2° Il était également inutile d'intervenir pour la question de langues, puisque l'arrêté militaire d'octobre 1918 donnait au français la place du turc, c'est-à-dire de 8 à 14 heures, sur trente par semaine, suivant les possibilités locales ;

3° Il était enfin inutile d'insister pour la méthode directe de l'enseignement du français puisqu'elle a fait ses preuves depuis vingt ans en Orient et que, familière à tous, elle devait être naturellement appliquée partout où les moyens en personnel le permettraient ;

4° Le système des classes devait comprendre : des écoles maternelles et classes enfantines (5 à 7 ans) dans les localités importantes ; des classes primaires de 5 ans (7 à 12 ans), réduites à 4 ans pour les petits villages, conduisant à un certificat d'études primaires franco-syrien en 4e année, la 5e année devant être consacrée à un enseignement pratique, industriel, agricole, commercial, ménager, etc. ; des classes secondaires de 5 ans (13 à 18 ans) dans les grandes villes, divisées en deux parties : d'abord, enseignement général de 3 ans conduisant à une 1re partie de baccalauréat, donnant accès aux Ecoles de commerce, d'agriculture et d'arts et métiers ; ensuite, enseignement spécial de 2 ans (lettres et sciences, ou philosophie et mathématiques), conduisant à la 2e partie d'un baccalauréat syrien, égal au baccalauréat moderne de France et supérieur dans l'ensemble au baccalauréat égyptien, de façon que l'équivalence pût s'établir dans les deux pays ; des sections normales d'un an (18-19 ans) conduisant à un certificat d'aptitude à l'enseignement, en Orient ; enfin, des Ecoles supérieures, comme les Ecoles pratiques de Droit et de Médecine, transportées de Beyrouth à Damas, et dont l'organisation technique fût attribuée, comme en Egypte, aux services compétents de l'Hygiène et de la Justice.

Ainsi le pays pouvait se couvrir, suivant les moyens et les besoins de chaque ville, de chaque région ou de chaque Etat, d'un réseau suffisant d'écoles officielles de toutes catégories. Toutefois, le plan se trouvant ainsi conçu, qui allait le réaliser ?

Au début, c'est-à-dire en 1919-1920, il n'y avait pas d'hésitation possible, c'était le Haut-Commissariat : d'abord parce qu'il n'existait pas de service local compétent ; et ensuite parce que la région soumise à notre influence ne comprenant guère que le Liban, l'influence du Haut-Commissariat pouvait s'exercer directement sans trop grandes difficultés.

Mais, en 1920, se produisirent deux faits nouveaux :

1º En juillet 1920, le général Gouraud occupa Damas et Alep qui, avec Beyrouth et Lattaquieh, devinrent les capitales de quatre Etats ;

2º Des dispositions organiques attribuèrent à chacun de ces Etats une large indépendance ou autonomie administrative et financière, exercée sous le contrôle général du Haut-Commissariat. Cette autonomie fut marquée par l'institution de Directeurs libanais ou syriens, qui étaient, notamment pour l'Instruction publique, assistés de conseillers locaux français.

Dans ces conditions nouvelles, qui allait procéder à l'organisation effective des écoles, publication et application des règlements ou programmes officiels ?

Le Haut-Commissariat a une mission de conseil, d'approbation et de contrôle des mesures d'organisation scolaire, mais l'initiative officielle appartient aux Directeurs, assistés de Conseillers français de chaque Etat.

Le nombre des écoles officielles est de 458, ainsi réparties d'après les dernières statistiques :

Grand Liban	129
Damas	101
Cilicie	90
Alep	85
Alaouites	53

Il en résulte que l'école officielle revient, en moyenne, tous frais compris, à 30.000 francs dans le Liban, un peu plus à Damas, et plus du double à Alep, ce qui tient aux conditions particulières de chaque Etat, la vie étant plus ou moins chère suivant les villes.

L'enseignement féminin est encore faible, bien qu'il ait déjà doublé dans les écoles officielles ; mais il est toutefois largement donné dans les écoles privées.

Les premiers examens officiels du certificat d'études primaires syrien auront lieu en 1922, suivant les prévisions. Les examens du baccalauréat syrien auront lieu en 1922 ou 1923, leur organisation ayant été retardée par le défaut de personnel et la nécessité de ne point instituer des examens officiels prématurés, ce qui en abaisserait le niveau d'une façon à peu près irrémédiable. Ces programmes d'examens seront pratiquement programmes d'études, jusqu'à décision locale relative aux modalités de l'enseignement religieux dans les classes primaires.

III. — ÉCOLES PRIVÉES

La situation des écoles privées était des plus précaires en 1918. Les bâtiments étaient ruinés, le matériel pillé, les maîtres dispersés ; les enfants étaient réduits par la famine ou le typhus à l'état de petites squelettes, et l'on ramassait des mourants chaque matin dans les rues ; les Turcs, en fuyant, laissaient à notre charge 30.000 orphelins auxquels se joignirent bientôt des réfugiés arméniens ; les écoles servaient principalement d'hôpitaux pour l'armée, de dispensaires pour la population civile, de centres de ravitaillement officiel dans les villes et de cuisines populaires dans les campagnes, après avoir servi de casernes pour les Turcs et les Allemands : c'est dire en quel état tout cela pouvait se trouver en 1919.

Mais les bonnes volontés étaient grandes ; une partie du personnel des associations enseignantes étant d'origine syrienne, avait pu rester dans le pays ; les maîtres européens revenaient toujours plus nombreux ; quelques-uns étaient même arrivés avant l'armée, comme le R. P. de Martimprey, chancelier de la Faculté de Médecine française, qui eut la joie de reconquérir à lui seul son matériel déjà emballé pour Damas; et tout occupé que l'on fût de vivre, c'est-à-dire de soigner des malades et d'organiser des soupes populaires, on songeait aussi à rouvrir les écoles, actuellement peuplées d'orphelins, mais que la population réclamait à grands cris.

Toutefois, une chose faisait encore défaut, qui était l'argent ; et qui pouvait donner l'argent, si ce n'était la France ? Or, la France le donnait bien avant la guerre, sous forme de subventions aux œuvres de quelques rites ; mais que signifiaient ces petits secours du temps jadis où les écoles étaient riches, maintenant que les écoles étaient ruinées, que le coût de la vie avait décuplé ? Il fallait évidemment agir très vite en laissant au Haut-Commissariat le soin de disposer des sommes nécessaires. Deux raisons l'imposaient. D'abord, la France agissant au titre d'occupante pouvait penser que, suivant la loi commune, les dépenses d'administration seraient ultérieurement payées par l'Etat occupé. En second lieu, la France occupante était, en outre, suivant les arrangements de 1916, mandataire éventuelle sur la Syrie, de sorte qu'elle ne pouvait laisser à aucune autre puissance étrangère le soin d'organiser les écoles du pays. Pour ces raisons, c'était la France qui devait secourir les écoles privées hors rites ou de tous rites dans toute l'étendue de la Syrie, et elle le pouvait d'autant mieux que, suivant toutes les probabilités, des indemnités pour dommages de guerre devraient être payées par les Turcs ou les Allemands.

En conséquence, des crédits furent obtenus par M. Georges Picot, pour la réorganisation des écoles privées de toute la Syrie. A cet effet, une Commission des représentants de tous rites et associations enseignantes fut réunie, en décembre 1918, afin de déterminer quelles écoles privées devaient être ouvertes d'urgence, et par quels rites ou associations. L'indemnité fut fixée en moyenne à 2.200 francs par classe, dont 2 à 300 francs devaient servir à l'acquisition du matériel le plus urgent. Les conditions étaient qu'il n'y eût, en principe, qu'une école par village, admettant donc les enfants sans aucune distinction de race, langue ou religion ; que le français serait enseigné comme l'arabe, et que des enfants pauvres seraient admis gratuitement. Par ailleurs, tous frais de personnel, locaux, matériel, coûts et risques demeuraient à la charge des associations subventionnées, l'école ayant la faculté de pourvoir à ses besoins par des allocations municipales ou taxes de scolarité et le Haut-Commissariat gardant son droit de regard, de contrôle et de direction générale.

Comme l'émulation scolaire se doublait, en la circonstance, de cette heureuse rivalité des religions qui a si largement contribué à développer l'enseignement en Orient, les écoles s'ouvrirent. Et même elles s'ouvrirent si promptement que le crédit global prévu s'est trouvé insuffisant. Les subventions furent donc réduites à 1.800 francs en mars 1919, 1.500 francs en octobre 1919, et l'on espérait même les réduire à 1.200 francs à partir du 1er janvier 1920, lorsque ce mouvement s'arrêta net, les chefs de rites et associations ayant fait connaître qu'ils seraient contraints de fermer leurs écoles si les subventions étaient encore diminuées, le déficit dépassant leurs moyens. Bien des raisons expliquaient et justifiaient cette déclaration :

1º On avait pensé que la Bekaa fertile enverrait son blé au Liban : or, l'Emir Faysal la fermait en interdisant toute exportation, aussi bien de la Bekaa que du Hauran ;

2º On avait espéré que les biens religieux allaient reprendre valeur : mais les destructions étaient plus graves qu'on ne l'avait cru, la main-d'œuvre faisait défaut et des écoles riches, comme celle de Rayfoun, qui avait 72 fermes avant la guerre, n'avaient plus que 5 ou 6 fermes en culture, et de médiocre rendement ;

3º Les villages appauvris refusaient de payer les allocations municipales, de même que les parents ruinés refusaient de payer aucune taxe de scolarité ;

4º Ainsi point de recettes ; par contre, des dépenses accrues par le prix de toutes choses, nourriture, logements, bois, livres ;

5º Plus de secours réguliers d'Europe, dons ou collectes.

Voilà quelle était la situation ; il était impossible à la France de retirer à tant d'amis et de bons serviteurs l'appui qu'elle leur avait promis : et il leur fut maintenu. Le nombre des écoles passa de :

14 en janvier 1919
à 800 en mai 1919
1.068 en janvier 1920
1.351 en mai 1920
1.450 en janvier 1921
et 1.609 en mai 1921, chiffre actuel.

Parmi ces écoles, il y a lieu de distinguer :

1° Les écoles privées de rites ;

2° Les écoles privées hors rites, en mettant à part les 152 écoles privées, sunnites, chiites, druses, qui s'ajoutent naturellement aux 458 écoles officielles, dont elles sont très voisines.

Les écoles privées de rites sont celles qui dépendent des évêques ou chefs de rites ayant une obligation légale de donner l'enseignement et pourvus à cet effet de biens wakfs ruinés par la guerre. Elles se répartissent ainsi :

Maronites	258
Grecs catholiques	216
Grecs orthodoxes	154
Arméniens catholiques	25
Arméniens grégoriens	24
Syriens catholiques	9
Assyro-Chaldéens	7
Latins	4
Syriaques orthodoxes	2

Soit au total : 700 environ.

Le devoir de la puissance mandataire était naturellement de rouvrir ces écoles aussitôt et en aussi grand nombre que possible, et leur répartition est à peu près conforme à l'importance relative des « Nations ». Toutefois, il faut bien dire qu'un certain nombre d'écoles et un certain nombre de professeurs (1/3 environ) restent entièrement à la charge des intéressés, soit faute de crédits, soit désir de conserver une marge contre les accidents toujours possibles, et que les écoles constituent, de ce fait, un lourd fardeau pour les chefs de rites. Leurs professeurs sont communément des laïcs, moins payés que dans les écoles officielles (3 à 10 £ par mois, au lieu de 7 à 20) et dont le recrutement demeure difficile, tant que le coût de la vie n'a pas diminué ou que les biens religieux n'ont pas repris valeur.

Des inspecteurs visitent ces écoles chaque mois et des rapports trimestriels rendent compte de leur situation. La pratique habituelle est de donner environ quatre heures de français ou d'enseignement en français le matin, et deux heures d'arabe ou d'enseignement en arabe l'après-midi. Les écoles de village, qui enseignent le français depuis un ou deux ans, prépareront au certificat d'études primaires français avec mention d'arabe. On demeure généralement surpris des résultats obtenus par l'ingéniosité des maîtres et l'intelligence des enfants, malgré l'absence de matériel et notamment le défaut de livres.

Des dons de fournirures (20.000 francs en 1919, 80.000 en 1920) ont d'ailleurs été faits aux écoles privées, moins pour leur fournir du matériel qui est à leur charge que pour leur faire connaître les livres appropriés à leurs besoins, et l'on prépare une collection d'ouvrages spéciaux pour les écoles du Levant.

Les écoles privées hors rites ne dépendent pas des évêques locaux et n'ont pas de biens wakfs ; mais elles ont également été ruinées par la guerre. Elles comprennent des classes de tous degrés : maternelles, enfantines, primaires, primaires supérieures, secondaires classiques, secondaires modernes, supérieures, et dépendent presque toutes des associations d'enseignement religieuses.

Jésuites	91
Lazaristes	47
Filles de la Charité	35
Sœurs des Sacré-Cœurs	34
Capucines	24
Sœurs de Saint-Joseph	16
Sœurs du Rosaire	16
Dames de Nazareth	12
Ecoles pour orphelins	10
Alliance israélite	10
Franciscains	9
Frères des Ecoles chrétiennes	9
Sainte Famille libanaise	9

Maristes............................... 9
Protestants............................ 7
Sainte Famille française............... 5
Écoles privées laïques................. 5
Sœurs de Besançon...................... 3
Franciscaines.......................... 2
Dames de Sion.......................... 2
Sœurs du Bon Pasteur................... 1
Sœurs de la Visitation................. 1
Société Saint-Vincent-de-Paul.......... 1
Carmélites............................. 1
Pères de Sion.......................... 1

C'est à cette catégorie de 360 écoles environ qu'il faudrait ajouter les 2 écoles de la Mission Laïque et l'Université des Jésuites (Médecine, Droit, Génie civil), si ces établissements ne recevaient directement leurs subventions de Paris.

Ces écoles ont été ruinées par la guerre en locaux, matériel et personnel. Elles recevaient jadis des subventions locales qui ont disparu, pour cause de déficit. Elles attendaient des réparations de la Turquie qui, suivant les termes du traité actuel de Sèvres, ne paiera rien. Tous les frais retombent donc, soit à leur charge, soit à celle de la France, et c'est ce qui explique le maintient des subventions.

Du reste, comme pour les écoles de rites, un certain nombre d'écoles hors rites ne reçoivent rien ou presque rien : ainsi l'école des Frères de Beyrouth, qui a 1.095 élèves, le Collège d'Antoura, qui revient à ses 300 internes, les pensionnats des Dames de Nazareth, des Sœurs de Besançon ou des Sœurs de Saint-Joseph, pour ne citer que ces exemples, ne reçoivent que des aides dérisoires (1). Enfin, lors même qu'une subvention est accordée, elle est encore bien loin de représenter les services et la valeur de professeurs qui ne devraient être payés moins de 20 à 25.000 francs syriens aux taux actuels.

Il va sans dire que dans ces écoles, comme dans toutes les

____

(1) Il en résulte que les statistiques trimestrielles n'indiquent pas toujours le nombre total des élèves. Par exemple, les Frères indiquent officiellement 914 élèves, tandis que leur seul Collège (payant) de Beyrouth en compte 1.095. Les statistiques officielles de 1920 (Palestine et Cilicie non comprises) indiquaient 67.738 élèves ; on en compte 120.000 actuellement.

écoles subventionnées, les élèves sont admis sans distinction de race ni de religion, que les pauvres sont admis gratuitement et que l'enseignement est généralement égal à celui des écoles similaires de France. Parfois, comme à Antouza, on soumet l'élève à une culture française pendant les deux ou trois premières années, l'enseignement se donnant ensuite principalement en français. D'autres fois, on augmente progressivement la part du français, de façon que les premières classes se font en arabe, les dernières en français, la part de la langue française passant ainsi progressivement de 8 à 20 heures sur 30 environ. Les deux méthodes ont leurs avantages et il n'appartient pas du reste au Haut-Commissariat d'intervenir formellement dans ces questions, chacune de ces associations ayant ses règles et règlements de fondation, dont elle ne peut se départir facilement.

En principe, le contrôle direct des écoles privées est attribué aux Conseillers français pour l'Instruction publique de chaque Etat, qui sont donc la cheville ouvrière de toute l'organisation scolaire, puisqu'ils agissent comme conseillers du Directeur local pour les écoles officielles et délégués du Haut-Commissariat pour les écoles privées. Quant au contrôle des études, il se fait principalement par le moyen des axemens français, qui imposent pratiquement des programmes sans considération confessionnelle, en laissant, suivant une formule habituelle, les écoles libres mais non indépendantes.

Les examens français, créés en Egypte pour le Levant, de 1896 à 1904, ont pu être institués à Beyrouth dès 1919, précisément avec le concours de cette école de l'Alliance israélite qui avait osé continuer l'enseignement du français pendant la guerre.

On créa d'abord le certificat d'études primaires français qui, avec une composition d'arabe, ressemble parfaitement au certificat d'études primaires syrien avec une composition de français. La même année, fut créé le brevet élémentaire français, dont le diplôme est délivré en France, suivant les formes et règles de France, mais qui, avec ses mentions complémentaires d'arabe, anglais, italien, grec, arménien, etc., de comptabilité, dactylographie, sténographie, enseignement ménager, etc., délivrées sans intervention de Paris, deviendra promptement un examen d'Orient très sérieux.

En 1920, il fut possible d'organiser les examens du brevet supérieur et du baccalauréat, les candidats étant soit des Français d'origine, soit des jeunes Syriens qui avaient pu continuer leurs études malgré la guerre.

A l'heure actuelle, tous ces examens existent, régulièrement préparés dans les écoles petites et grandes, et l'on peut en attendre en Syrie d'aussi bons résultats qu'en Egypte, où cette institution, d'abord reçue avec quelque inquiétude, a finalement passé dans les mœurs.

Il y aura bien quelques modifications à apporter au systsème du baccalauréat français. D'abord, il n'implique pas une connaissance suffisante de l'arabe pour qu'on lui donne volontiers l'équivalence en Egypte. D'autre part, il n'implique pas non plus une connaissance suffisante du français pour qu'on l'accepte d'emblée en France, puisque le calcul des points se fait de telle sorte, qu'un aspirant très fort en arabe, par exemple, peut réussir avec une très faible note en français. Mais il paraît que l'on va modifier tout cela et, dans tous les cas, le baccalauréat franco-syrien sera exempt de ces inconvénients.

Pratiquement, et surtout pour l'enseignement féminin qui a tant d'importance en Orient, c'est le brevet élémentaire qui reste le bon examen de moyenne. Il peut être préparé partout, même dans une école de village. Il implique des connaissances pratiques, solides et bien équilibrées. Enfin, il ne donne lieu à aucune dispense d'âge, ce qui oblige les jeunes filles à compléter leurs études, garnit les classes supérieures des écoles et contribue ainsi à leur prospérité bien plus qu'une subvention.

En 1919, nous avions, à Beyrouth :

8 inscriptions au Certificat d'études primaires ;

4 inscriptions au Brevet élémentaire.

En 1920, ces examens, complétés par le brevet supérieur et le baccalauréat, furent étendus à Damas, Alep, Adana, Larnaca, Jérusalem, Jaffa. Les résultats étaient déjà intéressants :

197 inscriptions au Certificat d'études primaires ;
  39   —   au Brevet élémentaire ;
   4   —   au Brevet supérieur ;
  17   —   au Baccalauréat.

Pour 1921, les chiffres ne sont pas tous exactement connus, mais on sait qu'il y a progrès partout. A Beyrouth, on compte :

Certificat d'études primaires : 8 en 1919, 99 en 1920, 143 en 1921 ;

Brevet élémentaire : 4 en 1919, 27 en 1920, 50 en 1921.

Ce qui est important, c'est que les mêmes examens se passent dans tout le Levant, du Caire à Adana, marquant ainsi une certaine unification des programmes dans les écoles françaises. D'autre part, les examens proprement syriens se modèlent, par la force des choses, sur les certificats, brevets ou baccalauréats français. De sorte que cette unité d'enseignement, qu'il semblait impossible d'imposer sans excès de pouvoir aux écoles officielles de tant d'Etats et aux écoles privées de tant de rites, se réalise très simplement, dans la pratique, sans grandes discussions et par des moyens purement techniques.

Cette étude ne serait pas complète s'il n'y était dit également quelques mots des écoles étrangères de Syrie. Les écoles étrangères du Levant et de Syrie enseignent toutes le français, parce que cela est impossible autrement ; et, finalement, elles envoient leurs meilleurs élèves achever leurs études dans les classes supérieures des écoles françaises ; il n'y a donc qu'à se féliciter de cette collaboration.

Enfin, nous devons signaler que la grande Université américaine de Beyrouth, notamment, ayant reconnu notre libéralisme, a récemment décidé de donner une partie de ses cours en français : nul doute que les motifs pratiques de cette décision n'aient été utilement renforcés, soit par de cordiales relations personnelles, soit par le sentiment renouvelé de cette vieille amitié des nations qui s'est manifestée si brillamment sur les champs de bataille.

IV

En résumé, les quatre questions importantes au point de vue de l'organisation scolaire se trouvent actuellement réglées :

a) Ecoles officielles.

b) Ecoles privées.

c) Examens.

d) Rapport du Haut-Commissariat avec les Etats.

Et il est heureux de pouvoir constater que, malgré la complexité des intérêts divers de langue, de race, de politique et de religion qui s'opposent en ces questions, elles ont été toutes résolues dans un sens conforme au mandat de la France.

L'ASSISTANCE FRANÇAISE EN SYRIE

par le **Médecin Inspecteur J. ÉMILY**
Inspecteur Général des Services de Santé
Hygiène et Assistance Publique du Haut-Commissariat
en Syrie et au Liban

I

C'est un Livre d'or que je vais feuilleter devant vous, le Livret de la Générosité Française dans ce pays du Levant, où, depuis des siècles, tant de raisons d'ordre religieux, sentimental et politique ont attiré nos ancêtres et nous-mêmes. Les « Gesta Dei per Francos » ne comportent pas qu'exploits guerriers, prouesses de combattants enflammés par l'amour du Christ ou simplement de la gloire, prises de villes aux noms fameux dans l'histoire, fondations et chutes de royaumes éphémères.

Nos aïeux, à l'exemple du Maître divin dont ils venaient adorer le tombeau, puis délivrer la Patrie, surent, de tout temps, se livrer à des tâches plus humbles, se pencher avec pitié sur les moindres misères et pratiquer cette charité innée aux cœurs d'Occident toujours portés à se sacrifier, à se dévouer pour soulager et guérir.

Depuis le début de l'ère chrétienne, malgré la distnace et le fossé des mers, ils affluaient dans ces régions à flots pressés. Mais inquiétés, tracassés, ils venaient en armes et par troupes de plusieurs centaines et même de plusieurs milliers d'hommes.

De ces premiers visiteurs nous ne savons pas grand'chose, et c'est à Charlemagne qu'il faut arriver pour trouver trace durable et tangible de l'influence française dans ce pays. Son intervention auprès du Khalife Haroun-al-Rachid adoucit les rigueurs exercées sur les caravanes occidentales. En 797, une ambassade, partant d'Aix-la-Chapelle pour Bagdad, obtenait du Khalife le droit de protection sur les Chrétiens de Palestine et même la propriété du Saint-Sépulcre. Dès lors, les aumônes de l'Empereur d'Occident s'étendirent à tous les Chrétiens établis en terre musulmane. Un capitulaire est promulgué qui fixe le montant des aumônes régulières que l'Empire devra verser à la Terre-Sainte. L'Assistance Française était créée, un hospice était fondé près des Lieux-Saints, qui deviendra plus tard le berceau des hospitaliers de Saint-Jean.

Le protectorat français s'exerça avec efficacité jusqu'au XIe siècle, attirant des pélerinages de plus en plus fréquents et les Occidentaux se rendirent familiers avec les chemins de Palestine.

Mais, à mesure que le souvenir de Charlemagne allait s'effaçant, la domination musulmane, d'abord tolérante sous les Omméïdes et les Abbassides, devint une oppression intolérable sous les Fatimites d'Egypte. Les Empereurs de Byzance étant impuissants à lutter contre le progrès et le fanatisme de l'Islam, l'heure était venue où la parole des Papes allait susciter l'élan irrésistible qui devait guider contre les Sarrazins la chevalerie d'Occident.

C'est le 15 juillet 1099 que les croisés de Godefroy de Bouillon pénétrèrent dans Jérusalem, après avoir occupé la Syrie et fondé, un an auparavant, les principautés d'Edesse et d'Antioche. Le royaume de Jérusalem, malgré la faiblesse de ses souverains, devait durer un siècle et ne tomber qu'en 1187 sous les coups de Saladins, le courtois émule des chevaliers francs.

La croisade de Philippe-Auguste et de Richard Cœur de Lion n'aboutit qu'à la reprise de Saint-Jean d'Acre et à la conservation du pays avoisinant. Cet étroit littoral resta aux mains des Francs plus d'un siècle encore, grâce aux différentes croisades, jusqu'à celle de saint Louis, en 1248. La Palestine devient alors la proie des sultans mamelucks d'Egypte qui, reprenant une à une les places fortes occupées par les chrétiens d'Occident, les chassent définitivement, en 1291.

Au cours de ces deux siècles, les croisés ne firent pas que donner de superbes coups d'épée, ils furent des colonisateurs modèles et s'implantèrent profondément dans toute la Syrie. Ils couvrirent le pays de châteaux, d'églises, de ports et de créations agricoles, commerciales et hospitalières. Aujourd'hui encore, des restes importants subsistent partout qui, à 900 ans de distance, nous impressionnent et nous émeuvent.

En l'an 1516, la Syrie tomba sous la domination turque. Elle ne devait s'en affranchir qu'en 1918, sous la poussée d'une nouvelle croisade venue, comme les premières, d'Occident, la croisade des Alliés. Pendant ce long esclavage, il est vrai, par deux fois, les soldats de la France abordèrent sur ces rivages, sinon, comme les croisés, en soldats du Christ poussés par le souffle religieux, du moins en soldats de l'humanité, armés pour arracher ses populations malheureuses à un joug avilissant et les sauver de massacres sans cesse renouvelés. A la fin du xviiie siècle, Bonaparte débarque à Saint-Jean d'Acre et, suivant la plaine d'Esdrelon, arrive jusqu'aux rives du Jourdain. Et son neveu, en 1860, délivre l'héroïque Liban et fait reconnaître son indépendance.

C'est alors que commence réellement à se faire sentir l'action bienfaisante et ininterrompue de la France en Syrie, et c'est cette action, qu'après ce rapide exposé de nos efforts séculaires sur cette terre de notre prédilection, nous allons maintenant étudier avec plus de détails.

II

Cette période de soixante années doit se diviser en deux parties, celle antérieure à la défaite de l'armée turco-allemande, en 1918, et celle qui commence à notre arrivée.

La période qui va de 1860 à 1914 a été particulièrement propice à notre influence en Syrie. Nos relations, presque de tout temps cordiales avec la Sublime-Porte, et surtout le souvenir de l'expédition heureuse de 1860, ont permis à notre action séculaire de protection des chrétiens d'Orient de s'exercer avec fruit, et à notre renom de grandir et de s'étendre.

C'est de cette époque que datent les concessions de route'

de voies ferrées et de ports obtenus dans ce pays par nos compatriotes. C'est à cette même époque que la culture française, qui, de tout temps, a occupé en Syrie une place considérable, l'emporta nettement sur la rivalité courtoise, mais active de nos concurrents. A côté des nombreuses écoles appartenant aux différents rites du pays ou au Gouvernement ottoman, d'autres écoles sont développées ou fondées par les missions des différents ordres français déjà implantés, ou venues s'établir en Syrie, ainsi que par la Mission Laïque et l'Alliance Israélite. En 1913, le nombre des écoles françaises de tout ordre ouvertes en Syrie peut être évalué à 500, et encore ce chiffre est-il probablement au-dessous de la réalité.

Au point de vue spécial qui nous occupe, les œuvres d'assistance prennent alors leur véritable essor : Hôpitaux, dispensaires, orphelinats s'ouvrent de toute part et la Faculté française de Médecine est inaugurée à Beyrouth, en 1875, donnant au pays syrien et aux pays limitrophes des praticiens de formation française.

Sept hôpitaux se fondent successivement, cinq en Palestine, deux en Syrie. Dans ce pays où le Gouvernement s'inquiète peu de secourir la misère publique, où, il faut le dire, la charité privée ne se soucie guère de soulager les pauvres, c'est aux étrangers qu'il incombe de veiller à ce que les indigents puissent trouver ce bien, seul apanage des classes riches, le soulagement de leurs peines. Et, dans ces régions où le Christ a, durant son apostolat, prêché la pitié, tous les peuples de la terre viennent mettre en pratique le divin enseignement. Dans cette lutte de la bienfaisance et de la générosité, la France n'est en reste avec personne. En 1854, est fondé, à Jérusalem, par le baron Pielat, l'hôpital Saint-Louis. En 1883, une autre famille charitable française fonde l'hôpital de Jaffa. En tout, 150 lits. Ces deux établissements, dirigés par les Sœurs de Saint-Joseph de l'Apparition, ont des médecins français et reçoivent surtout les indigents, ceux qui, sans cela, doivent mourir sans soins dans la rue.

Peu après, en 1889, les Filles de la charité ouvrent l'hopital de Bethléem, de 80 lits, un peu plus tard, vers 1906, celui de

Nazareth, 50 lits, et de 1889 à 1812, les magnifiques hospices de Saint-Vincent-de-Paul, à Jérusalem, avec 360 lits.

Presqu'en même temps, la même congrégation fondait l'hôpital Saint-Louis à Damas, et celui du Sacré-Cœur de Beyrouth, encore 200 lits environ. Tous ces établissements sont des œuvres privées et tirent leurs ressources de la France, annuités des congrégations elles-mêmes, subsides de la charité privée, allocations du Ministère des Affaires étrangères. Partout nos consuls, protecteurs des religieux qui les font fonctionner, protègent également et soutiennent leurs manifestations charitables. C'est au nom de la France que le bien est prodigué, que les souffrances sont soulagées, les misérables guéris.

Mais il n'y a pas que des grands malades à secourir, ce sont les petits malades qui sont le plus nombreux, ce sont ceux-là qui viennent le plus facilement demander aide et protection. Ce sont aussi les plus faciles à secourir. Pour eux, point n'est besoin de grands médecins. Un simple frère, une simple sœur suffisent à panser une plaie ou administrer une potion. Et c'est l'éclosion des dispensaires. Partout où se trouve un couvent, une école congréganiste, les misérables sont sûrs de trouver du secours. Ce réseau s'étend sur toute la Syrie, Beyrouth, Ghazir, Aïn-Eble, Saïda, Tripoli, Bahmès, Damas, Homs, Alep, Alexandrette, Antioche, et, en Cilicie, Mersina, Tarsous, Adana. En Palestine, quinze autres dispensaires fonctionnent pareillement depuis Jaffa et Caïffa, jusqu'à Nazareth et Tibériade, en passant par Jérusalem, Bethléem, Ramleh, Naplouse, etc...

Là aussi, c'est la main française qui panse, la pitié française qui soulage et console, sans distinction de race ni de religion. Être misérable est le seul titre exigé ; souffrir, l'unique caution nécessaire.

Ainsi en est-il pendant plusieurs dizaine d'années.

III

Mais la grande tourmente de 1914 éclate. L'orgueil du pueple allemand va jeter le monde entier dans la désolation et le deuil. L'une après l'autre, les nations grandes et petites sont entraînées dans le tourbillon sanglant, et la Turquie, l'alliée ou l'amie de la France à travers l'histoire, se lève contre nous. Je ne dirai pas le désastre de nos œuvres, toutes cessent de fonctionner dès que l'Allemagne réussit à mettre Constantinople de son côté. Et c'est l'exode pathétique et douloureux des innombrables Français depuis si longtemps implantés en Palestine, en Syrie, en Cilicie et dans toute l'Asie-Mineure. Les couvents et les écoles se vident, les dispensaires se ferment et les hôpitaux sont réquisitionnés par l'armée turque. Là où les misérables étaient accoutumés de trouver l'accueil secourable des hommes et des femmes de France, ce ne sont que paquets sanglants, membres coupés, plaies affreuses. Il n'y a plus assez de place pour les blessés et les malades de la guerre insensée, les autres n'ont qu'à souffrir et mourir sans soins. Durant quatre ans, le carnage dura, durant quatre ans le souffle bienfaisant de compassion française cessa de passer.

Pourtant non, sur un îlot rocheux, à peine peuplé, couvert de ruines magnifiques, le feu sacré continua de brûler, entretenu par un cœur ardent et généreux. De tous les fils syriens de la France les plus chers, les plus fidèles, les montagnards du Liban étaient aussi les plus malheureux. Ceux-là avaient de tout temps affirmé leur sympathie française. A l'entrée en guerre de la Turquie, ce fut une explosion. Est-ce que, dans la montagne, on ne fit pas des collectes pour envoyer au Gouvernement de Paris la modeste offrande de ceux qui n'avaient pas oublié 1860 ? Et ses enfants désertaient en masse les bataillons turcs. Le Boche comprit qu'il ne tirerait rien de ce noble petit peuple. Alors, froidement, cyniquement, avec la même perversité qui accomplissait tant de crimes en Belgique et en France, il oblige la Turquie à décréter que le Liban périrait, qu'il mourrait de faim ! Le blocus de la montagne fut décidé. Plus de ravitaillement par la mer surveillée par la flotte et les sous-marins turco-boches, plus de ravitaillement par la voie de terre partout gardée par les troupes. La misère et la mort s'abattirent sur l'héroïque Liban et 180.000 de ses enfants sont morts faute de pain.

Or, le matin du 1ᵉʳ septembre 1915, un bateau de guerre français s'approcha rapidement de Rouad et une embarcation déposa à terre quelques matelots conduits par un officier de marine. C'était mon cher camarade Trabaud. Il n'avait pas de grandes ressources, je crois même qu'à part une petite valise et quelques vivres, il n'avait que sa pipe. Mais avec lui, dans lui, débarquait l'âme même de la France qui accourait au secours de la « grande pitié » du mont Liban.

Qui ne connaît ici l'effort prodigieux accompli sur ce rocher désolé par le commandant Trabaud ? Il y a passé trois longues années ; il n'a quitté son poste d'honneur qu'en juillet 1918, exténué, épuisé, à bout de résistance et de forces. Savez-vous quels subsides il a fait passer sur la côte durant cette période ? D'abord tout près d'un million en pièces d'or envoyées par la France à titre de secours aux pauvres du Liban. Puis à peu près deux millions en or également, expédiés au prix de quels risques, du Caire, par l'archevêque maronite de cette ville, Monseigneur Darian. Cette somme provenait de chèques émis par les Libanais d'Amérique pour leurs malheureux compatriotes. Convertis en or par le grand prélat, ils parvenaient en sacs scellés au commandant de Rouad, qui les faisait passer tels quels sur la côte et les confiait à un homme de confiance du petit village de Bouard.

Les soirs sans lune, des marins français, accompagnés d'agents sûrs, se mettaient à l'eau, dans le petit port de Rouad et, poussant à la nage un frêle esquif sur lequel était placée la précieuse cargaison (et pour éviter le plus possible le bruit et ne pas attirer l'attention de l'ennemi toujours à l'affût), ils franchissaient ainsi le bras de mer les séparant de la terre. Le retour se faisait de la même façon. L'homme de Bouar, comme l'appelle mon ami Trabaud, devait, de son côté, remettre les sacs au Patriarcat Maronite, sans se faire surprendre. Sa ruse était simple. Il les chargeait sur un bourriquot ostensiblement porteur de légumes et s'en allait ainsi trottinant, en plein jour, par les grands chemins, jusqu'à la résidence du Patriarche. La Providence veillait, car jamais, au cours de ces trois longues années, aucun accident n'arriva.

Une nuit, pourtant, un étranger à la combinaison, un prêtre maronite, surprit le secret. Qu'allait-il faire ? L'homme de Bouar inquiet se concerte avec les marins et il est décidé qu'il ne quittera pas l'indiscret, et que les marins, de retour à Rouad, préviendront le commandant. La nuit suivante, nos marins reviennent à terre, se saisissent de l'ecclésiastique et, le chargeant sur leur barque, ils le ramènent avec eux sur leur rocher. Qu'est-il advenu au brave homme ? Rien de mal. A la première occasion, il fut envoyé au Caire auprès de Monseigneur Darian et il n'est revenu dans sa montagne qu'à la fin de la guerre. Il y est sans doute encore.

Les matelots du commandant Trabaud n'étaient pas seuls à franchir à la nage le bras qui sépare Rouad de la terre. Des centaines de réfugiés libanais, plus d'un millier, ont emprunté le même chemin, qui ont constitué, dans la suite, le noyau de la légion syrienne. Un soir, le service de nuit qui veillait au bout du vieux môle phénicien entendit un bruit insolite. Ce n'était plus des nageurs qui avançaient mais bien une embarcation. L'alerte est donnée, les fusils et les mitrailleuses sont prêts à tirer, lorsque des voix de femmes et des cris d'enfants se font entendre. Et l'on vit approcher un radeau informe, construit avec de vieilles caisses de conserves, portant tout une famille, qui, inquiétée par les Turcs de Banias et confiante dans l'aide secourable des Français de Rouad, n'avait pas hésité à accomplir ce dangereux voyage, sûre ainsi de se sauver des mauvais traitements et de la faim.

<h2 style="text-align:center">IV</h2>

Enfin, l'heure du châtiment a sonné. L'armée anglo-française de lord Allenby a emporté d'assaut Naplouse et les Turco-Boches, lâchant pied de tout côtés, ont fui en désordre vers le Nord. Le 15 octobre 1918, les alliés franco-anglais sont à Beyrouth et la Syrie est délivrée, mais pas sauvée, car la disette et la misère sont, partout, génératrices des pires souffrances et aussi des pires débordements.

La population libanaise meurt litéralement de faim. A l'arrivée de nos premiers détachements, le spectacle, dans les rues de Beyrouth, est horrible. Ceux qui ont un peu de littérature se croient débarqués dans une ville moyenâgeuse, au temps des grandes famines de l'histoire. Des passants, couverts de haillons, décharnés, au teint terreux, les yeux brillants de fièvre au fond de l'orbite, se traînent lamentablement, tendant la main. Des cadavres gisent partout. Sur les trottoirs, on heurte du pied les misérables qui râlent. Si on revient peu après sur ses pas, les râles ont cessé, la mort à fait son œuvre. Des charrettes se chargent de cadavres ramassés dans tous les coins, en déversant jusqu'à cent par jour dans la fosse commune.

De secours, point. Chacun pense à sa propre subsistance. La farine est si chère et la guerre est si longue ! Aura-t-on du pain demain pour soi, pour les siens ?

Nos ennemis, eux, n'ont rien fait pour conjurer le désastre. Le Boche, quand il a appris la défaite, s'est empressé de vider ses dépôts de vivres... mais pour tout jeter à la mer, à la barbe des squelettes ambulants tombant d'inanition sous ces yeux de bêtes fauves. Précédant de cinq jours l'entrée des contingents de Palestine, 60 soldats français ont débarqué le 10 octobre, arrivés par la voie de mer. Ils ne disposent d'aucun moyen, encore, pour soulager tant de misère. Et, pourtant, le ravitaillement commence. Les poilus n'ont que leur gamelle... Ils la partagent avec les miséreux.

Mais, dès la victoire de Naplouse, dans les premiers jours d'octobre, pressentant la fuite de l'ennemi, le représentant de la France auprès du général Allenby, M. le Consul Coulondre, alors à Jérusalem, a fait appeler à lui un sergent du service des renseignements qu'il sait avoir longuement habité la Syrie. Pour tous deux, pas le moindre doute, par des bruits arrivés de partout, sinon de source officielle, ils savent que le Liban se meurt. Il faut le secourir, et, à la veille d'atteindre Beyrouth, se mettre en mesure d'apporter, en même temps que la délivrance française, l'assistance française.

Le sergent reçoit mission de partir aussitôt pour Port-Saïd et de s'entendre avec les autorités françaises locales, pour l'achat immédiat de la plus grande quantité de vivres possible. Quelle joie sur le visage du sous-officier : un visage

un peu curieux en vérité pour un poilu de la Grande Guerre !
Une longue barbe couvre ses joues creuses et ascétiques,
tombant jusque sur sa poitrine, et ses yeux si doux, si tendres,
s'illuminent d'un contentement profond en pensant au bien
qu'il va faire. Serait-ce qu'il était plus porté à secourir et
aimer qu'à haïr et détruire ? Oui, certes ! Ce sergent était
un Père Capucin, j'ai nommé le Révérend Père Rémy, un
des grands sauveurs du Liban.

A Port-Saïd, un conseil de bienfaisance se réunit aussitôt.
Il se compose, en plus du Révérend Père Rémy, du Consul
local de France, M. Laffont, et de deux officiers bien connus
et très aimés de toute l'armée du Levant, M. l'intendant
Copin, M. le payeur Daumas. C'était l'époque des résolutions
promptes et de l'action immédiate. En quelques jours, on avait
rassemblé pour un million deux cent cinquante mille francs
de farine, de riz, de légumes secs. Embarqué sans retard sur
tous les bateaux disponibles, ce stock important était dirigé
sur Beyrouth. Le Révérend Père Rémy l'y précède. Dès son
débarquement, sans prendre le temps de rentrer dans son
couvent, il va se mettre à la disposition de M. le Consul Coulondre, venu avec nos troupes de Palestine, et déjà en grande
conférence avec deux autres mobilisés de la même trempe
et du même caractère que lui. Le commissaire de la marine
de Martimprey et l'aumônier Sarloute proviennent, eux, de
l'île de Rouad, où ils ont été durant toute la guerre les plus
précieux auxiliaires du commandant Trabaud. Le premier
appartient à la Compagnie de Jésus et s'inquiète de rouvrir
la Faculté de Médecine dont il est chancelier. L'autre, un
Lazariste, s'inquiète de son collège d'Antoura dont il est le
supérieur. Mais, qu'à cela ne tienne, il faut aller au plus
pressé, et puisqu'on a besoin de leur dévouement encore,
que l'on fait appel, au nom de la France, à leur esprit de
charité et à leur connaissance du pays, ils s'enrôlent avec
joie dans cette nouvelle croisade du ravitaillement.

Les rôles sont vite répartis. Il y aura trois services séparés :
le ravitaillement de Beyrouth, le ravitaillement du Liban
Nord et le ravitaillement du Liban Sud.

Le premier est confié à un officier dont le nom restera

cher dans ce pays, si la reconnaissance n'est pas un vain mot. Le sympathique commandant Doizelet est chargé de l'administration de la ville. Sa première préoccupation sera de lui donner du pain.

Le Révérend Père de Martimprey se chargera du Liban Nord, le Révérend Père Sarloute se chargera du Liban Sud, et la vie rentrera peu à peu dans chaque ville, dans chaque village.

Mais il y avait, à notre arrivée dans ce pays, tellement de misères et de misérables, que même chaque famille secourue, la tâche n'était pas complètement remplie. Il restait à secourir, loger, nourrir et vêtir les « sans famille » de tout âge, de tout sexe, de toute religion, vieillards et orphelins, mères de famille veuves ou abandonnées, filles perdues pour un morceau de pain ou une poignée de piastres : ce fut la part du Révérend Père Rémy.

Chacun ayant ainsi sa tâche, on se met à l'ouvrage sans perte de temps. Chaque minute qui passe coûte des vies humaines. Il faut faire vite et tout s'organise. Il y a du blé caché en ville. Des réquisitions d'officiers en recueillent 60 tonnes environ. C'est peu, mais on le transforme immédiatement en farine que l'on distribue gratuitement aux indigents. Puis, de l'extérieur, de Damas, de Mersine, de Lattaquié, avec l'argent de la France, on fait venir des stocks considérables de blé.

Quinze jours après, dès le commencement de novembre, le ravitaillement de Beyrouth fonctionne régulièrement. Des cartes sont réparties dans la population pauvre et la classe moyenne, par l'intermédiaire d'une commission composée de quatre notables de la ville, appartenant aux différents rites. Les distributions se font dans cinq dépôts principaux et quarante boutiques. Les policiers et les soldats de garde sont souvent impuissants à empêcher les bousculades et les bagarres, tellement tous ces malheureux sont pressés d'être secourus.

Le premier mois, toutes les cartes sont gratuites, la France est tout le contraire de la Bochie, elle est tout humanité, charité, et le mot d'ordre est de donner, donner largement.

En décembre, la misère étant moins grande, et l'ordre commençant à régner, on distribue :

Cartes gratuites................................... 25.000
Cartes demi-gratuites et payantes............. 54.000

ce qui correspond à une répartition de :

255.000 kilogs de farine à titre gratuit ;
375.000 kilogs de farine à titre demi-gratuit ;
641.000 kilogs de farine à titre payant ;

en tout, 1.269.000 kilogs de farine distribués.

Sans compter 19.000 kilogs de riz, 50.000 kilogs de sucre et 10.000 kilogs de café.

En même temps, le ravitaillement de la montagne s'organise. Les Révérends Pères de Martimprey et Sarloute ont décidé de constituer des dépôts où les indigents viendront avec les cartes qui leur sont distribuées toucher ou acheter les vivres dont ils ont tant besoin. Aussitôt, une grave difficulté se présente. Comment trouver les moyens nécessaires pour le transport de milliers de sacs ? Le détachement français n'a pas de camions automobiles et peu de voitures. La ville, elle, ne possède rien. Mais l'armée anglaise est riche. On lui emprunte des mulets, des chevaux et ce sont des théories de voitures, des caravanes de chameaux qui parcourent les routes défoncées du Liban, apportant dans les villages depuis si longtemps abandonnés un peu de joie, avec un peu de pain. On utilise également la voie de mer, et des barques, des chalutiers transportent le long de la côte les précieuses denrées, constituant à Tyr, à Sidon, à Tripoli, à Tartous, à Lattaquié, à Alexandrette des dépôts importants de vivres. Aux caravanes de chameaux succèdent les camions automobiles et le flot nourricier pénètre de plus en plus facilement, de plus en plus abondamment jusqu'au fond de la montagne.

A la fin du printemps 1919, le gros effort terminé, les Révérends Pères peuvent songer à quitter ce nouveau champ de bataille, passant leur service désormais organisé et fonctionnant régulièrement au lieutenant bientôt frère, Goutandier. Encore une belle figure de ces temps héroïques de la bienfaisance, simple et digne dans sa soutane noire, que fleurissaient la Légion d'honneur et la Croix de guerre aux nombreuses palmes !

Désormais, la « Grande Pitié » de la Syrie est bien atténuée, la famine est conjurée et chacun mange à sa faim.

Les denrées distribuées, au cours de la première année de notre occupation, ont atteint 15.000 tonnes, représentant une valeur de plus de vingt millions de francs.

Dans cette œuvre de ravitaillement, le Révérend Père Rémy s'était fait une place à part : la misère était si profonde, dans ce malheureux pays, que beaucoup de gens étaient incapables d'aller aux dépôts de vivres et de faire l'effort voulu pour transporter leur part de denrées, et même d'assurer la cuisson des aliments. Le Révérend Père Rémy, touché de compassion, résolut de venir au secours de ces misérables. Ils ne pouvaient aller au ravitaillement, le ravitaillement irait à eux. Et il fonda ce qu'on a appelé les « soupes populaires du Liban ».

Avec l'aide de l'armée et du Haut-Commissariat, avec le concours aussi de l'armée anglaise, il réussit à surmonter la crise des transports et il créa de toutes pièces des postes de distribution :

3 dans le Kesrouan : Ghazir, Chini, Harissa.

7 dans le Meten : Krey, Hamana, Baabdeth, Broumana, Aïn-Hamadé, Kornet-Chaoin, Beskinta.

3 dans le Chouf : Aley, Deir el Kamar, Betater.

1 à Zahlé.

Pour chacun de ces postes, toute personne indigente recevait, par jour, un pain de 300 grammes et une portion chaude de légumes secs, cuits et assaisonnés.

Et cet organisme compliqué fonctionnait grâce au concours des religieuses et religieux, des prêtres et des personnes charitables de chaque localité, qui s'empressaient pour la préparation des aliments et pour aider aux distributions.

A lui seul, le Révérend Père Rémy, au cours de la campagne 1918-19, distribua 3.600.000 repas, nourrissant journellement jusqu'à 25.000 personnes, qu'il a sauvées ainsi d'une mort certaine.

Parmi celles-ci, il faut compter les veuves et les femmes

abandonnées, les vieillards et les orphelins, dont le bon Père s'était en outre complètement chargé.

Car, nous l'avons dit plus haut, nombreuses, trop nombreuses étaient les familles complètement désorganisées.

Asiles-ouvroirs. — Les femmes sans travail et sans famille furent recueillies, hébergées dans les maisons religieuses ou des maisons réquisitionnées. En janvier 1919, leur nombre était d'un millier environ, réparties entre plusieurs asiles.

Le premier but poursuivi était de mettre toutes les malheureuses, dont la plus grande partie étaient encore jeunes, à l'abri de la débauche, à laquelle la misère les conduisait presque fatalement.

On songea ensuite à les soustraire à l'oisiveté, mauvaise conseillère, et on s'ingénia à leur donner du travail et à leur apprendre un moyen de gagner leur vie.

La chose fut facile. Assurer l'alimentation de toute une population complètement dénuée de toutes ressources ne pouvait suffire, il fallait aussi la vêtir. Ces asiles devinrent des ouvroirs. Les étoffes nécessaires furent fournies par la France, toujours la France, et aussi par les généreux Syriens habitant l'Egypte ! Rien que de cette dernière source parvinrent, en janvier et février 1919, de nombreuses pièces d'étoffes, 12.000 pièces de vêtements. Et les ouvroirs, dirigés avec un dévouement inlassable par les religieuses, se mirent à couper, à coudre, à confectionner les habillements. Le rendement fut considérable : au 1er janvier 1919, 6.000 costumes ; en février, le travail étant mieux organisé, 5.400 costumes et 3.800 pièces de lingerie ; en mars, 8.000 costumes ou robes et 3.200 pièces de lingerie. Durant l'année, plus de 25.000 pièces.

Petit à petit, les asiles-ouvroirs se vident. Au fur et à mesure que les personnes recueillies peuvent se suffire à elles-mêmes, elles retournent dans leur famille reconstituée ou s'établissent pour gagner honnêtement, désormais, leur vie.

Orphelinats. — Dire le nombre d'enfants syriens que la guerre, la misère, la famine ont fait orphelins ou réduits à l'abandon, est impossible. A notre arrivée dans le pays, on en trouvait partout errant, déguenillés, sales, décharnés, dans les rues de Beyrouth, comme dans la montagne. Il fallut les recueillir, fonder des orphelinats. C'est encore le Révérend Père qui s'en chargea.

Avant la guerre, la France possédait, à Beyrouth, deux orphelinats, un pour les garçons, un autre pour les filles, dirigés tous deux par les Sœurs de Saint-Vincent-de-Paul. Ils furent vite débordés, et dans l'impossibilité d'admettre ces centaines d'enfants venant on ne sait d'où, et sans la moindre référence. Ils pouvaient au plus en recevoir 500, et on en avait recueilli 10.000. Il fallut aviser d'extrême urgence, la France généreuse fournit les moyens et des maisons furent réquisitionnées où, sous la direction des religieuses, des orphelinats nouveaux furent organisés. Ainsi arriva-t-on à passer la période critique, l'hiver 1918-1919.

Au printemps 1919, on songea à désencombrer la ville et à transporter ces pauvres abandonnés à la campagne, à les mettre en mesure de respirer un air plus salubre.

D'ailleurs, leur nombre allait en diminuant, beaucoup de familles parvenues à se regrouper, grâce surtout à des envois d'argent d'Amérique, en réclamant quelques-uns chaque jour.

Néanmoins, le cadre d'avant-guerre ne pouvait suffire. Les Filles de la Charité, avec leurs deux maisons de Beyrouth et leurs six de la montagne, sommairement reconstituées, n'en purent recevoir que 1.500 ; il fallait prendre soin des autres, 3.000 environ. Les Sœurs de Besançon ouvrent un orphelinat à Beyrouth et quatre dans le Liban, à Aley, Baabdeth, Araya, Beskinta, et en recueillent près de 1.000.

De leur côté, les Sœurs de Saint-Joseph de l'Apparition en ouvrent un à Beyrouth, un autre à Saïda, pour 300 enfants environ, les Sœurs du Bon Pasteur accueillent 150 filles, à Hamana.

Les Sœurs du Sacré-Cœur, près de 700 filles et garçons, à Batroun, Ghazir, Damour.

Les moines Maronites, une centaine de garçons, à Bahersaf.

Telle était, ou à peu près, l'œuvre d'assistance accomplie à la fin de l'année 1919, au moment où l'armée du Levant fut créée et où le général Gouraud fut mis à la tête du Haut-

Commissariat en Syrie et Cilicie. Il n'est que juste d'en rendre hommage aux bons artisans que j'ai cités au passage et à bien d'autres encore, parmi lesquels méritent une mention spéciale; le Haut-Commissaire d'alors, M. Georges Picot, et son dévoué et distingué directeur de la santé, hygiène et assistance publique, M. le Professeur Calmette, de la Faculté française de médecine.

Que de progrès en un an ! Tout un pays tiré de la désolation, la famine conjurée, un nombre incalculable de vies sauvées, des centaines de femmes arrachées à la misère, à l'oisiveté et au vice, des milliers d'orphelins recueillis, hébergés, habillés, nourris, instruits ! Et parallèlement, aussi bien en Syrie qu'en Palestine, les hôpitaux, les dispensaires d'avant-guerre presque partout ouverts et fonctionnant à nouveau pour les miséreux.

Année féconde, pendant laquelle la France avait pansé à la hâte, avec sa générosité coutumière, les plaies saignantes de la guerre. Année pendant laquelle, amenant chaque jour plus d'hommes et plus de moyens, elle montrait à la Syrie qu'elle voulait lui donner avec la paix définitive, sa liberté, son indépendance et son lustre d'autrefois. Année pendant laquelle elle apportait à sa sœur malheureuse l'assurance que son concours, son aide, son assistance lui étaient acquis pour toujours.

V

C'est sous ces heureux auspices que s'ouvrit pour l'assistance publique l'année 1920, la première année du Haut-Commissariat du général Gouraud.

C'est aux déshérités, aux misérables, aux malades que va la première pensée du nouveau Commissaire. Son arrêté n° 1 est celui qui organise le service de santé, hygiène et assistance publique du pays qu'il va administrer, au nom de la France, pour le compte de la Société des Nations.

Un inspecteur général est nommé qui dirigera l'ensemble du service des T.-O.-E., c'est-à-dire des zones Ouest et Nord, et s'occupera également et directement des œuvres françaises en zone Est et en Palestine.

Pour les zones Ouest et Nord, l'inspecteur général est doublé d'un directeur local, secondé lui-même d'un sous-directeur. Et, pour ce dernier emploi, le choix se porte sur un médecin du pays. Ce fut là une des premières manifestations de l'esprit dans lequel la nouvelle administration entendait faire sentir son action : collaborer avec les plus compétents des enfants de la Syrie pour arriver à son relèvement rapide et complet.

Parallèlement, le service du ravitaillement, qui avait donné de si belles preuves de sa vitalité et de sa puissance, continuait à fonctionner de façon indépendante, de même qu'une autre œuvre, créée par M. Georges Picot, et dont nous n'avons pas encore parlé, parce qu'elle déborde notre cadre, celle de l'assistance aux Arméniens victimes de la guerre.

Le ravitaillement s'était peu à peu transformé dans son organisation. Depuis le milieu de 1919, les services séparés du ravitaillement de Beyrouth, du ravitaillement du Liban, du ravitaillement des autres cazas s'étaient fondus, pour ne constituer qu'un ravitaillement unique, celui du Haut-Commissariat, confié à un officier aussi compétent que dévoué, le capitaine Ruffat.

Le ravitaillement du Haut-Commissariat a rendu deux grands services à ce pays. Il lui avait, dès le début, évité la famine. Celle-ci une fois conjurée, il a, d'un côté, continué à pourvoir aux besoins de toutes les œuvres créées pour assister les indigents, de l'autre en jetant sur le marché des stocks, de plus en plus importants, de denrées alimentaires, à des prix très bas, il a régularisé le cours et empêché la hausse prête à se manifester.

Durant l'année 1920, aux dures journées de la néfaste influence faysalienne, son rôle, s'il fut difficile, fut des plus utiles et des plus décisifs. Au moment où Damas, Homs, Alep arrêtaient toute exportation de farine ou de blé vers la côte, il en fit venir de France, d'Egypte, d'Australie, des stocks considérables, et sauva ainsi la Syrie d'une seconde disette.

Durant les seuls premiers mois de l'année, il a livré à la

population (j'emprunte ces chiffres au lumineux rapport du capitaine Ruffat) :

Farine....................	2.040.631	kilogrammes
Blé....................	507.250	—
Riz....................	115.847	—
Café....................	18.845	—
Sucre....................	10.238	—

sans compter les légumes secs, 4.638 kilogs, les pommes de terre, 33.480 kilogs, la viande fraîche, 18.000 kilogs, et un stock considérable de légumes frais et de conserves.

Et cette aide s'est poursuivie pendant toute l'année 1920 et une partie de l'année en cours, donnant aux malheureux du pain et toutes les denrées de première nécessité aux prix les plus modérés. Aujourd'hui, les plaines de Damas, d'Alep, d'Homs, les greniers du Hauran nous sont ouverts. Les héros de Khan-Meisseloun ont fait ce miracle. Les populations de la montagne peuvent travailler et récolter en pleine sécurité. De plus, la circulation sur mer et sur terre est devenue libre, le prix du fret a diminué et l'apport des denrées est devenu des plus importants. De ce fait, le blé, la farine, les légumes secs affluent sur le marché. Si les prix restent encore élevés, supérieurs à ceux d'avant-guerre, ils ne dépassent pas, en moyenne, la moitié de celui qu'ils atteignaient aux moments les plus critiques, et tout le monde peut vivre et manger.

Pour atteindre cet heureux résultat, l'assistance de la France, par le ravitaillement, a porté sur un roulement de fonds de 27.301.122 francs et sur une manipulation de marchandises de 11.270.241 kilogs. Ces chiffres ont une éloquence que je n'ai pas besoin de souligner.

En même temps, l'œuvre d'assistance proprement médicale se continuait et se développait. Sous l'impulsion du Haut-Commissaire et grâce aux subsides élevés mis à sa disposition, grâce aussi à sa nouvelle organisation, à son personnel plus nombreux, au matériel plus important venu de France, elle peut soigner davantage de malades dans des hôpitaux mieux dotés, ouvrir de nouveaux dispensaires, mieux organiser des asiles et des orphelinats. Dans la zone Ouest, le directeur de l'Assistance, M. le médecin principal Delmas, et son adjoint le docteur Mandour, déploient l'activité la plus franche et la plus louable. Si leur action se manifeste surtout à Beyrouth, elle s'étend aussi sur toute la zone Ouest et bientôt après Khan-Meisséloun, sur le Grand-Liban, la nouvelle patrie ressuscitée.

Hôpitaux. — Un seul hôpital français existait à Beyrouth avant la guerre, l'hôpital du Sacré-Cœur des Filles de la Charité. Il a grandement souffert durant la longue période des hostilités et ses Sœurs ont dû fuir. Mais elles sont venues avec les troupes alliées et, avec l'aide du Haut-Commissariat et du service de santé militaire, elles ont vite réorganisé leur belle maison. Il a sa clientèle spéciale à laquelle il suffit à peine et beaucoup d'indigents resteraient sans soins, si on ne pensait à eux. L'administration de la zone Ouest n'a garde de les oublier. Elle prend à sa charge complète l'hôpital Saint-Georges, de la communauté grecque-orthodoxe, que les Turcs avaient complètement pillé, le remet en état, lui donne literie, linge, instruments de chirurgie, médecine, et jusqu'à des infirmières de la Croix-Rouge française. Aujourd'hui, ce bel établissement, avec son annexe, l'hôpital des contagieux, a plus de 200 lits. Il est le centre d'enseignement clinique de la Faculté française de médecine et ne reçoit que des indigents.

Un quatrième hôpital est ouvert à Ras-Beyrouth, pour les maladies spéciales, avec 80 lits, et rend les plus signalés services à lagrande agglomération beyrouthine.

Dans le reste du Liban, d'autres hôpitaux sont également réouverts ou créés à Saïda, à Tyr, à Tripoli, à Merdj-Ayoun, à Baabda, à Beit-Eddine, à Zahlé.

En Cilicie, le médecin-major Rolland, mort à la peine, et son successeur, le médecin-major Dornier, ne sont pas moins actifs ; l'hôpital turc d'Adana est l'objet de toute leur sollicitude. Une admirable infirmière française en prend la direction effective et, sous cette impulsion, cet établissement misérable, délabré, manquant de tout, devient rapidement un établissement confortable, propre, accueillant aux misérables. Il en est de même des hôpitaux de Tarsous, de Mersina, d'Alexandrette, qui, dirigés par des médecins et des infirmiers français, se relèvent de leurs ruines et peuvent fonctionner régulièrement.

De son côté, le Haut-Commissariat remplit sa tâche humanitaire avec méthode, avec constance et avec toute la hâte possible. L'hôpital Saint-Louis, de Damas, dont l'admirable Mère Gauthier, des Filles de la Charité, avait, durant la guerre, assuré le fonctionnement pour les Turcs, au prix des plus durs sacrifices, est remis en état, complètement remonté, approprié et sa capacité portée de 60 à 100 lits.

Nous entrons à Alep en août 1920. Nous y trouvons un hôpital à peine ébauché. Les Sœurs de Saint-Joseph de l'Apparition l'avaient sorti de terre, en partie, avant 1914... et, tout ce qu'on peut dire, c'est que les Turcs avaient à peu près respecté ses murs inachevés. La Mère Placide Collet, dès l'armistice, rentre avec ses Sœurs et se remet en chantier ; mais ses ressources sont faibles, elle ne pourra seule achever son œuvre. La France vient à son secours et des sommes considérables lui sont allouées. En mars 1920, son établissement peut ouvrir en partie ses portes et fonctionner avec 60 lits, malgré les ennuis de toute sorte que lui suscite le régime faysalien. Une fois les Français maîtres de la ville, les travaux reprennent et bientôt s'achèvent. Aujourd'hui, cet hôpital est un établissement modèle, avec 100 lits, des salles pour indigents, des chambres pour particuliers, une salle d'opération moderne avec stérilisation, radiographie, électricité.

Au total, pour 5 à 6 hôpitaux existant avant la guerre dans toute la région administrée par la France, 17 hôpitaux fonctionnent en 1921 et le nombre des lits réservés aux indigents passe de 250 à 1.500. Au cours de l'année 1920, le nombre des malades hospitalisés à titre absolument gratuit dépasse 8.000 et les journées d'hospitalisation atteignent 130.000.

En Palestine, où notre action bienfaisante continue à s'exercer, le Haut-Commissariat travaille avec ardeur et le même succès. Les hôpitaux de Jaffa, de Jérusalem, de

Bethléem, de Nazareth, que la guerre avait saccagés, vidés, laissés dans le dénuement le plus complet, sans literie, sans linge, sans instruments de chirurgie, sans médicaments et sans pansements, sont l'objet de tous nos soins. Leur remise en état, commencée dès 1918, se complète chaque jour davantage, leur outillage et leur aménagement se poursuivent avec célérité.

Les congrégations qui les font fonctionner travaillent avec tout leur cœur, et, avec les larges secours qui leur sont alloués, arrivent peu à peu à leur donner leur pleine activité d'avant-guerre et même une activité plus grande.

Au cours d'une récente inspection, nous avons été étonné et ravi des progrès accomplis, et touché plus que nous ne pouvons le dire des marques de reconnaissance envers la France que nous avons reçues. Ces établissements possèdent dans l'ensemble 300 lits. L'année écoulée, ils ont reçu 4.000 malades et le nombre de leurs journées d'hospitalisation s'est élevé au total de 5.300 journées.

Si nous ajoutons ces chiffres à ceux donnés plus haut pour les hôpitaux situés dans le pays de Mandat, nous trouvons donc que l'Assistance française aux malades, pour la seule année 1920, a hospitalisé environ 12.000 grands malades et qu'elle leur a assuré les soins gratuits pendant près de 180.300 journées.

Rien ne vaut pour mesurer notre effort cette éloquence des chiffres.

Dispensaires. — Mais notre concours pour le soulagement des miséreux ne se borne pas là. Si, après les hôpitaux, nous passons aux dispensaires, nous allons trouver que, depuis l'arrivée du général Gouraud en Syrie, ces établissements ont également réalisé les plus grands progrès.

Avant la guerre, nous l'avons vu plus haut, les congrégations religieuses françaises, Pères jésuites, Pères capucins, Filles de la Charité, Sœurs de Saint-Joseph de l'Apparition, Sœurs de Saint-Joseph de Lyon, secours indigènes du Sacré-Cœur, entretenaient des dispensaires à Beyrouth, Ghazier, Aïn-Eble, Saïda, Tripoli, Bahnès pour le Liban, à Damas,

Yabroud, Homs, Alep, Alexandrette, Antioche pour la Syrie, et à Mersina, Adana pour la Cilicie.

A la date d'aujourd'hui, tous les dispensaires ont rouvert leurs portes et, à côté d'eux, les nouveaux Etats en ont ouvert quantité d'autres.

A lui seul, le Grand-Liban a fondé et entretient complètement 10 nouveaux dispensaires : Broumana, Baabda, Ghazir, Bourge-el-Baragné, Biskinta, Zghorta, Bikfaya, Batroun, Aley, Amchit, et une Polyclinique avec consultations générales et consultations de spécialités, à Beyrouth.

La Cilicie a fait un effort non moins grand et, l'année dernière, en 1920, elle faisait fonctionner des dispensaires avec infirmerie pour indigents, à Adana, Djihan, Missis, Ayas, Mersine, Tarsous, Osmanié, Deurtyol, Sis, Kars, Hardjinée, Fléké. Depuis ces derniers mois, ce nombre, hélas ! est bien réduit.

De son côté, le Haut-Commissariat crée un dispensaire à Baalbeck, quatre à Damas, Sœurs de Saint-Vincent-de-Paul, Hamidié, Midan, Salayié, et deux à Alep (Charry-Assous et consulat de France).

De sorte que la Syrie et Cilicie, qui comptaient 15 dispensaires avant la guerre, en comptent 44 aujourd'hui.

Pendant l'année 1920, le mouvement des malades dans ces formations a été considérable. A Beyrouth seulement, les dispensaires de l'Assistance publique reçoivent plus de 50.000 consultants, ceux de Damas près de 20.000, ceux d'Alep près de 15.000, soit plus de 85.000 malades secourus dans nos principaux dispensaires.

Et près de 120.000, en y ajoutant ceux traités dans les formations de moindre importance, réparties sur le territoire de Syrie et Cilicie.

En Palestine, le pays échappant au mandat français, nous n'avons pu, comme pour les hôpitaux, nous employer qu'à reconstituer et faire prospérer les dispensaires d'avant-guerre.

Nous y avons pleinement réussi et les 15 dispensaires qui fonctionnaient avant 1914 fonctionnent à nouveau à plein rendement. Nous pouvons le dire, puisque la statistique de l'année 1920 indique 160.000 consultants traités dans ces établissements. Soit au total, pour la Cilicie, la Syrie et la Palestine, 280.000 personnes ayant reçu des soins dans les dispensaires.

Asiles-orphelinats. — Si nous passons maintenant aux orphelinats, nous constatons qu'ils ont réalisé un progrès énorme depuis l'arrivée du général Gouraud ; ils ont perdu près de deux tiers de leur clientèle ! Celle-ci, en effet, est tombée de 10.000 environ, en 1918-1919, à 4.000. C'est encore le Père Rémy qui a été le grand réalisateur de cet heureux changement. Ces enfants loqueteux, misérables, mourant de faim, qui, de tous les points de la montagne, dévalaient sur Beyrouth, sont en grande partie revenus dans leurs familles reconstituées, convenablement habillés, bien portants, pleins de force et de santé. Les autres restent répartis dans les divers orphelinats dont nous avons déjà parlé.

Pour eux, les congrégations qui en ont la charge ont organisé, non seulement des classes, où l'instruction est donnée en français, mais aussi des cours professionnels, où ces enfants, garçons et filles, apprennent le métier qui leur permettra, plus tard, de gagner honnêtement leur vie. Cours de couture, de broderie, de lingerie, tissage de tapis, pour les filles. Ateliers de cordonniers, de tailleurs, de forgerons, de menuisiers pour les garçons. Le Révérend Père Rémy a même ouvert une ferme modèle, où ses pupilles apprennent le travail de la terre, la culture des arbres et de la vigne, l'élevage des animaux de basse-cour. Il est en cela soutenu, aidé par les subsides que lui consentent le Grand-Liban et le Haut-Commissariat.

Ce dernier, en même temps, a poussé et nous pouvons dire presque terminé, de son côté, la remise en état de ses orphelinats de Palestine et développé ceux qu'il a créés à Damas et à Alep. Les deux qu'il a fondés dans cette dernière ville, l'orphelinat Foch, pour les garçons, l'orphelinat Sainte-Odile pour les filles, sont devenus, sous l'habile et dévouée direction du docteur Hartmann, des établissements modèles, là aussi, on ne s'est pas borné à héberger les enfants et à leur assurer la nourriture et le vêtement, des classes régulières ont été créées, où l'enseignement est donné en français, des ateliers de toute sorte ont été constitués et l'on a pu admirer, à la Foire-Exposition, dans le Palais de la ville d'Alep, les magnifiques tapis qui sont l'ouvrage des orphelines de Sainte-Odile.

Au cours d'une récente inspection en Palestine, nous avons pu nous rendre compte personnellement que les orphelinats qu'y subventionne le Haut-Commissariat ont mis à profit les subsides reçus pour mieux s'organiser et prospérer.

Ces orphelinats sont au nombre de dix-huit. Trois sont dirigés par les Filles de la Charité, un à Caïffa, avec 110 orphelines, un à Jérusalem, très important, avec 110 garçons et 117 filles, un troisième à Bethléem, avec 40 filles.

La congrégation des Sœurs de Saint-Joseph de l'Apparition, la plus anciennement établie en terre sainte, en dirige cinq : un à Jaffa, avec 30 orphelines, un à Jérusalem, 50 orphelines, un à Ramleh, encore incomplètement relevé des ruines causées par la guerre et rouvert depuis très peu de temps, comprenant 12 enfants, un autre à Bethléem, 40 orphelines, un dernier à Nazareth, 30 orphelines.

A Nazareth, se trouvent deux autres orphelinats, l'un comprenant 25 orphelines, dirigé par la congrégation des Dames de Nazareth, l'autre comprenant 55 garçons, est dirigé par les Pères Salésiens.

Les Carmélites Apostoliques ont un orphelinat, avec 30 orphelines, à Caïffa.

Les Pères de Sion possèdent, à Jérusalem, un orphelinat-école de garçons, comprenant 103 orphelins.

Dans la même ville, les Dames de Sion ont un autre orphelinat de 70 filles, avec, dans la banlieue, à Saint-Jean-In-Montana une annexe, avec 30 orphelins. Une autre congrégation, celle des Sœurs franciscaines de Naris, possède également, à Jérusalem, un petit orphelinat de 36 orphelins.

Tous ces établissements sont tenus par des Sœurs françaises, aidées par quelques Sœurs indigènes, mais de leur ordre. Quatre autres orphelinats, également subventionnés par la France, sont tenus par la seule congrégation indigène existant en Palestine, les « secours du Rosaire » et se trouvent, l'un, le plus important, à Jérusalem, comprenant 35 orphelins, et un autre à Saint-Jean-In-Montana, avec 25 orphelins, le troisième à Béthléem, avec 30 orphelins, et le dernier à Naplouse, 25 enfants.

Parmi toutes ces organisations, celles des Filles de la Charité de Saint-Vincent-de-Paul, à Jérusalem, mérite une mention spéciale. C'est un établissement de grande allure et de superbe apparence, une des plus importantes et des plus belles constructions de la ville, qui en possède pourtant de magnifiques, appartenant à presque toutes les nations du monde. Dirigé par une femme remarquable autant que modeste, Sœur Récamier, il s'impose à l'admiration de tous, et des Français en particulier, autant pour le nombre de personnes secourues que par les services qu'il rend. C'est une vraie ruche de la bienfaisance. Un dispensaire très couru lui est annexé. Il abrite 225 orphelins et possède, en outre, un asile de vieillards comprenant 35 lits de femmes et 25 lits d'hommes. Quand nous aurons ajouté que la majorité de ces malheureux sont des aveugles, que tous et toutes sont soignés et tenus dans les meilleures conditions, et qu'on pousse le dévouement et la charité jusqu'à leur apprendre la lecture et l'écriture par la méthode Braille, on se rendra compte de l'effort accompli. Et comme si ce n'était pas assez, une crèche est aussi organisée par l'établissement, avec une dizaine de berceaux. Rien n'est plus attendrissant que de voir avec quel soin, quelle abnégation, du plus petit au plus âgé, chacun reçoit l'attention qui lui est due.

Telle est, exposée à grands traits, la part qu'a prise, depuis dix-huit mois, la France du Haut-Commissariat, dans l'œuvre d'assistance en Syrie, en Cilicie et en Palestine.

Me permettrez-vous maintenant de vous dire quel effort financier elle a, de grand cœur, consenti pour cette noble cause ? Les chiffres que je vais citer se rapportent tous à deux années, les exercices 1919 et 1920. Pour l'exercice en cours, cet effort est à peine moins grand.

Donc, pour 1919-1920 :

Le Grand-Liban a consacré au budget de l'Assistance publique 6.260.000 francs.

La Cilicie, près de 9 millions.

Le Haut-Commissariat, de son côté, a donné :

a) Pour la Syrie-Cilicie, d'abord 8 millions pour l'entretien et le fonctionnement des œuvres purement médicales, hôpitaux dispensaires. A cela, il faut ajouter les sommes accordées directement par le Ministère des Affaires Etrangères, soit : 50.000 francs en 1919 et 125.000 francs en 1920.

b) Pour la Palestine, en 1919, 250.000 francs de subventions, auxquels il convient d'ajouter 200.000 francs environ pour le matériel sanitaire et les médicaments.

De son côté, le Département des Affaires étrangères donne, pour la même année, 110.000 francs.

En 1920, le Haut-Commissaire alloue 1.135.000 francs.

Et les Affaires étrangères de Paris, 114.000 francs.

Faisons l'addition, elle donne 22.244.000 francs.

Telle est la somme consacrée par le général Gouraud, depuis son débarquement à Beyrouth, pour l'œuvre de l'Assistance publique purement médicale dans le Levant.

Si nous y ajoutons, ce qui ne serait que juste, ce qu'a coûté pendant le même laps de temps l'assistance aux Arméniens, c'est-à-dire 21.000.000 de francs, nous arrivons au chiffre formidable de 50.244.000 francs.

Et ce n'est pas tout certainement, car, pour être complet, il me faudrait encore parler des travaux d'assainissement que nous avons entrepris partout et surtout à Beyrouth, à Alexandrette, à Mersina, des distributions gratuites de centaines de kilogrammes de quinine préventive, etc...

Mais, dans un sujet aussi vaste que celui que je me suis donné la tâche de traiter, il faut se limiter.

Ne croyez-vous pas qu'en finissant mon exposé, je pourrais donner la parole, si tant est qu'il puisse s'en trouver dans cette salle, à ceux qui font profession de dire, à propos de tout, que les choses allaient mieux du temps bienheureux des Turcs ?

J'aime à croire qu'au nom des milliers de vos frères sauvés de la famine ou de la mort, des 15.000 orphelins et abandonnés devenus pupilles de la France, des 450.000 malades soignés chaque année, qu'au nom de tous ces êtres humains de toutes races, de toutes religions, sur lesquels s'est répandue, sans compter, la bienfaisance de la France, vous vous lèveriez tous pour répondre que le Haut-Commissariat a bien mérité de la Syrie et que la France a su reprendre et continuer la tâche humanitaire commencée chez vous depuis tant de siècles.

LA SYRIE PAYS D'AGRICULTURE

par **M. E. ACHARD**

Conseiller agronome du Haut-Commissariat

La Syrie est un pays d'agriculture.

Bien des fois, sans doute, vous avez entendu répéter cet aphorisme et vous vous êtes demandé s'il est exact.

A l'exemple de nombreux voyageurs qui ont parcouru le pays et ont vu, plus que beaucoup de nos compatriotes qui ne se sont guère éloignés de la côte ou ont jeté par la portière d'un wagon un regard distrait sur les plaines syriennes, je n'hésite pas à dire : oui !

. Et mon opinion s'est formée non seulement après avoir parcouru des itinéraires nombreux et variés à travers les diverses parties du territoire syrien, mais encore en consultant les statistiques douanières.

S'il est exact que la nomenclature des produits exportés d'un pays donne une idée exacte de l'aptitude productrice de ce même pays, il suffit de jeter les yeux sur les statistiques d'exportation de la Syrie pour que devienne évident cet aphorisme que j'énonçais tantôt :

La Syrie est un pays d'agriculture.

Ces statistiques sont malheureusement peu nombreuses à l'heure actuelle. La Grande Guerre a passé sur la Syrie ; comme dans toutes les régions qui ont été le théâtre des violences de l'Allemand et de ses acolytes, nombre de documents, témoins de l'activité humaine, ont disparu ; les statistiques douanières ont été de ce nombre et, d'avant-guerre, nous n'avons pu retrouver que la statistique détaillée d'exportation du port de Beyrouth, pour l'année 1911. Depuis la guerre, nous avons la statistique d'exportation de Beyrouth pour

1919 et celles de Beyrouth, de Tripoli, de Lattaquié, d'Alexandrette, pour 1920.

Il semble peut-être audacieux de baser une opinion sur une
documentation aussi réduite. Mais les renseignements que
nous retirons de ces diverses statistiques sont tellement con-
cordants que, sans grande crainte d'erreur, on peut généra-
liser l'enseignement qu'elles nous donnent.

Si nous faisons une première discrimination des articles
exportés de la Syrie et les classons en articles d'origine purement locale et articles d'importation réexportés, nous constatons que les premiers entrent dans une proportion variant
de 44 à 52 % dans le poids total des exportations et les
autres dans une proportion variant de 56 à 48 %. Ces derniers, peu intéressants pour la question qui nous occupe, ne
retiendront pas davantage notre attention.

Si nous poussons plus loin l'analyse de la masse des articles
d'origine purement locale et les classons en :

1º Produits, frais et secs, de l'exploitation agricole du sol,
en faisant entrer dans cette classe aussi bien ceux qui proviennent de l'exploitation du sol que ceux qui proviennent
de l'élevage et de la cueillette des productions spontanées ;

2º Produits manufacturés dont la matière première provient de la culture, de l'élevage et de la cueillette ;

3º Produits manufacturés dont la matière première est de
toute autre origine que les précédentes ;

4º Produits de l'exploitation minière du sol.

Nous constatons que les articles des deux premières classes
forment de 94,5 à 95 % du total des articles d'origine purement locale et que ceux de la première classe dominent nettement ceux de la deuxième.

Il ne peut apparaître plus clairement que c'est l'exploitation agricole du sol qui fournit à l'exportation syrienne la
majeure partie de son aliment et nous avons ici une première
confirmation que la Syrie est un pays d'agriculture.

L'examen de ses ressources budgétaires nous en donne une
deuxième.

Exception faite du gouvernement d'Alep dont nous ne possédons pas encore le budget, le total des prévisions de recettes des gouvernements locaux, Grand-Liban, Damas, Alaouites, Alexandrette, Djebel-Bereket, pour l'exercice 1921, le seul que nous puissions envisager eu égard à l'époque récente de la constitution de ces gouvernements, s'élève à Liv-Syr. 4.064.653 (1). Nous faisons naturellement abstraction des recettes du service des Douanes, de celui des Postes et Télégraphes, en un mot des recettes qui alimentent le budget général.

De ces 4.064.653 livres syriennes, 49,5 °/₀ sont d'origine agricole et proviennent de la perception des dîmes sur les récoltes, de la taxe imposée sur le bétail, des taxes forestières, de l'impôt foncier de la propriété non bâtie, etc., le reste, 51,5 °/₀ provient de recettes de toute autre nature, parmi lesquelles entrent, pour une proportion infinitésimale, celles qui proviennent de l'exploitation minière du sol.

Nous avons là une nouvelle confirmation de l'aptitude agricole de la Syrie.

Dire que la Syrie est un pays agricole n'implique cependant pas qu'elle soit dépourvue de richesses minérales. Des gîtes métallifères de nature diverse existent sur l'étendue de son territoire ; plusieurs ont été reconnus. Mais le défaut de toute étude méthodique permettant de déduire la valeur des gisements, le faible développement des voies de communication, la pénurie des moyens de transport, du combustible, de la main-d'œuvre sont des obstacles qui, actuellement et pour longtemps encore, s'opposent et s'opposeront à la mise en œuvre de ces richesses minérales. On peut donc affirmer que c'est en exploitant son aptitude agricole que la Syrie, pendant longtemps encore, obtiendra les ressources nécessaires à son existence.

Mais, l'abondance de ces ressources est sous l'étroite dépendance du régime climatérique du pays, principalement de la pluviosité. Certes, l'irrigation est pratiquée en Syrie et elle y est pratiquée de très longue date ainsi que le révèlent aussi

____

(1) La livre syrienne vaut 20 francs.

bien les vestiges d'aqueducs et de canaux, dont quelques-uns souterrains, datant de la plus haute antiquité, que les vieilles et colossales roues hydrauliques de Hama et d'Antioche ; mais la superficie dominée par les irrigations ne s'étend qu'à quelques dizaines de milliers d'hectares, alors que les terres cultivables se comptent par millions d'hectares. En fait, c'est le régime climatérique, principalement la pluviosité, qui règle l'importance de la production syrienne.

Ce régime climatérique est à deux périodes nettement tranchées : une période humide, qui embrasse la fin de l'automne, l'hiver et le début du printemps, pendant laquelle les pluies sont fréquemment torrentielles ; une période sèche qui règne sur le reste de l'année.

L'allure de ce régime et la nature géologique du sol ont déterminé les caractéristiques de l'agriculture syrienne : prédominance des céréales d'hiver, cultures arbustives, élevage en parcours et en transhumance.

Dans la terre arable, en majeure partie calcaire et perméable, de la Syrie, les céréales d'hiver, le blé et l'orge, trouvent en général suffisamment d'eau pour accomplir normalement leur évolution et donner leurs fruits avant que la sécheresse estivale fasse sentir ses effets par l'arrêt de la végétation ; les arbres fruitiers, par leurs racines pénétrantes, retirent en été des couches profondes du sol l'eau que les couches superficielles, desséchées par le soleil, ne contiennent plus en quantité assez abondante pour assurer la croissance d'une végétation herbacée ; le bétail, en raison de la pénurie de cette végétation herbacée, transhume dès le printemps vers les pâturages de la montagne, qui se maintiennent en bon état, grâce à une température plus fraîche et à l'humidité résultant de la fonte des neiges ou, sous le régime du nomadisme, occupe dans la plaine de vastes espaces suostraits ainsi aux bienfaits de la culture. Cependant, dans les bas-fonds et dans les régions à terre peu perméable, susceptibles de conserver plus longtemps l'humidité, dans les vallées où l'irrigation est pratiquée se développent les cultures d'été.

Bien qu'adaptée au régime climatérique de la Syrie, la production fluctue suivant les variations de ce régime ; à un hiver peu pluvieux, à une sécheresse précoce correspondent une diminution de la production et, corrélativement, un affaissement de la situation commerciale et budgétaire.

Il nous faudrait, pour démontrer l'exactitude de cette assertion, recourir à des observations météorologiques, à des statistiques de douane et à des états de perception d'impôts : comparer les uns aux autres. Ces documents, dans leur totalité, nous font défaut et dans ce cas encore nous sommes obligés d'imputer leur disparition à la guerre. Cependant, quelques renseignements épars, que nous avons pu recueillir, nous ont permis d'asseoir notre opinion.

Pour les années 1911, 1912, 1913, les rapports consulaires de diverses nationalités signalent des déficits de récolte dus à la trop faible quantité de pluie tombée et le ralentissement de l'activité commerciale qui en est résulté.

Pour la période 1910-1914, qui englobe les années maigres 1911-1913, nous avons pu nous procurer les chiffres globaux du tonnage d'importation et du tonnage d'exportation du port de Beyrouth, les chiffres globaux des droits de quai perçus par la Compagnie du port de Beyrouth, les états de perception de la dîme prélevée sur les récoltes dans les Sandjaks de l'ancien vilayet de Beyrouth. L'examen de ces divers documents révèle un fléchissement sensible du mouvement commercial, de la perception des droits de quai et de la dîme correspondant aux années de sécheresse signalées par les Consuls et établit très nettement l'influence du climat de la Syrie sur sa production agricole, sur ses transactions commerciales, sur la situation économique et budgétaire du pays.

Quelle conclusion devons-nous déduire de cette démonstration que l'agriculture a une influence prépondérante sur la vie économique de la Syrie et que la production agricole syrienne est étroitement liée aux aléas du régime pluviométrique ?

La conclusion est double.

Tout d'abord, nous devons déduire que c'est par le développement de l'agriculture, par l'accroissement de la production agricole que nous assurerons le progrès de la Syrie ; puis, que c'est en libérant le plus possible cette production agricole des aléas de la pluviosité que nous lui assurerons une stabilité favorable à la réalisation d'un programme de projets à longue échéance.

Et, tout naturellement, vient aussi à la pensée une opinion que n'ont pas su formuler des voyageurs qui, après quelques journées passées en Syrie, je ne dis pas : quelques semaines, se sont crus suffisamment documentés, pour pouvoir parler des besoins du pays, tout naturellement vient à la pensée cette opinion que, si l'agriculture a une influence prépondérante sur la vie économique de la Syrie, les questions agricoles doivent, au premier chef, retenir l'attention des autorités qui ont la mission de diriger ce pays dans la voie du progrès et tenir une place d'importance capitale dans le programme des travaux à effectuer dans ce but par la puissance mandataire.

Mais, avant de passer à l'examen des moyens à mettre en œuvre pour provoquer le développement de l'agriculture et obtenir cette stabilité de la production agricole, jetons un coup d'œil rapide sur les divers éléments de la production agricole et sur les régions dans lesquelles on peut les obtenir.

L'agriculture syrienne, avons-nous dit, se caractérise par la prédominance de la culture des céréales d'hiver, par les cultures arbustives, par l'élevage en parcours et en transhumance.

Les céréales d'hiver sont le blé et l'orge ; partout on les cultive en Syrie, dans la montagne comme dans la plaine. Mais si on fait abstraction des deux plaines littorales d'Akkar et de Djeblé, sises entre Tripoli et Lattaquié et qui mesurent chacune environ 40.000 hectares de superficie, on peut dire que la véritable zone à céréales de la Syrie est la vaste étendue de terres couvrant plusieurs millions d'hectares qui, sur une largeur variable, s'étale, du Sud au Nord, à la base des divers massifs montagneux qui se nomment : le Hermon, le Liban, les monts Ansarieh, l'Amanus.

Cette zone se divise en deux parties d'étendue très inégale, réunies par l'étroit couloir de la Bekaa, que les anciens appelaient la Coélésyrie. C'est, au Sud, le Hauran, de formation basaltique, dont le traité de Sèvres a laissé presque totalement à la Syrie la partie la plus cultivée ; au Nord, c'est la région calcaire infiniment plus étendue qui s'étend du parallèle de Tripoli à celui d'Aïntab, s'appuie à l'Ouest aux Monts Ansarieh et à l'Est déborde largement le désert syrien, embrasse la Haute-Mésopotamie et va finir aux berges du Tigre. Elle offre à la culture des espaces immenses.

Longtemps, la vue des « blancs » de la carte, à l'est de la voie ferrée Rayak-Alep, a permis de croire que le désert commençait à très peu de distance de la ligne du chemin de fer, mais des reconnaissances ont donné une plus exacte connaissance du pays ; elles ont permis de constater que, jusque sous le méridien de Meskené, on trouve des cultures de céréales ; qu'au delà existent encore des terres convenables pour la culture ; que dans le sous-sol, à une très faible distance de la superficie, se trouve une nappe d'eau ; qu'en certaines parties les puits sont nombreux ; que les chutes de pluie sont généralement suffisantes pour mener à bien les cultures d'hiver. Si la culture y est relativement peu développée, la cause en est plus aux habitudes séculaires de nomadisme des tribus bédouines qui y vivent, à l'insécurité, au manque de voies de communication qu'aux conditions naturelles du milieu.

Quant à la Haute-Mésopotamie, sa réputation n'est plus à faire et, au cours de la guerre, elle a prouvé son aptitude productrice en fournissant aux Allemands et aux Turcs d'abondantes ressources en céréales, en laine, en bétail.

Dans la partie de cette zone, que l'on peut rattacher à la Syrie d'avant la guerre, la culture couvre annuellement des superficies réduites, à peine 1/10 de l'étendue des terres cultivables, et la production des céréales d'hiver est évaluée à environ 450.000 tonnes, suffisante en année normale pour les besoins de la population. Mais, si on tient compte de l'étendue de la zone à céréales dans laquelle plusieurs millions d'hectares de terre n'ont point été mordus encore par la charrue, il ne semble pas exagéré de déduire que la production actuelle des céréales en Syrie peut être décuplée dans l'avenir.

La culture des céréales apparaît donc, en quelque sorte,

comme le substratum sur lequel doit s'édifier la prospérité syrienne et la Syrie, comme un pays qui doit se classer au nombre des grands pourvoyeurs de l'alimentation humaine.

D'autres cultures d'hiver sont pratiquées aussi, telle celle de la vesce qui, en outre de ses graines, donne un peu de fourrage vert au bétail, dès le printemps venu ; mais ces cultures ne couvrent que des espaces infiniment réduits par rapport à ceux occupés par les céréales.

Les cultures arbustives, en classant aussi sous ce titre celle de la vigne et celle de l'olivier, sont comme celle des céréales pratiquées partout en Syrie, aux diverses altitudes s'étageant du niveau de la mer jusque vers 1.600 ou 1.700 mètres. Grâce à la nature topographique de la Syrie, on trouve sur son sol toutes les espèces fruitières de la zone tempérée, aussi bien celles que l'on rencontre à la limite méridionale de cette zone que celles que l'on rencontre à la imite septentrionale. Cependant, tantôt sous l'influence de conditions climatériques, tantôt sous l'influence de conditions mal définies, certaines de ces espèces se sont localisées.

Les aurantiacées, l'oranger, le mandarinier, le citronnier, se sont localisés au niveau de la mer, dans les plaines littorales de Saïda, de Tripoli, de Payas-Dort-Yoll. On trouve bien encore quelques échantillons de ces espèces par 400 et 500 mètres d'altitude, mais elles n'y existent qu'à l'état sporadique et ne donnent qu'une production irrégulière ; les grands centres de production sont le long de la côte. Ceux situés au sud de Lattaquié alimentent annuellement un trafic maritime d'environ 8.000 tonnes ; celui de Payas exportait, avant la guerre, de 300 à 350.000 caissettes, principalement sur Constantinople et Odessa.

L'olivier se rencontre en grandes masses aussi bien au niveau de la mer (Choueifat, Lattaquié) qu'à des altitudes plus ou moins élevées (Zgortha, Idlib et Selkim, Alep (400 mètres), Kilis et Nisib (660 mètres). On le trouve isolé jusque vers 800 mètres d'altitude. Ses fruits sont utilisés soit pour la conserve, soit pour la fabrication de l'huile et celle-ci est employée pour l'alimentation et pour la savonneric, dont les centres les plus importants sont à Tripoli, à Antioche, à Idlib.

La culture de l'abricotier a contribué à la réputation de Damas ; elle est aussi prospère à Baalbeck et à Antioche. Indépendamment d'un important commerce local d'alimentation auquel ils donnent lieu, ses fruits sont transformés soit en pâte, exportés surtout en Egypte et en Amérique, soit en confiseries. Les noyaux d'abricots sont également exportés.

La vigne a permis de créer d'importants vignobles ; les uns, comme ceux de Bhamdoun (800 mètres), de Chtora, de Zahleh, sont conduits suivant la méthode arabe qui consiste à laisser le cep traînant sur le sol ; les autres, ceux du sud de Damas, de Homs, de Tel Bissé, d'Alep, de Kilis, sont conduits suivant une forme qui se rapproche du gobelet. En divers points, on trouve la vigne qui, conservant sa végétation naturelle de liane, s'enlace aux arbres et forme un tronc de plusieurs dizaines de mètres de longueur.

Les raisins sont en majeure partie utilisés pour la consommation ; une quantité assez importante est séchée. Mais ils servent aussi à fabriquer des vins, de réputation locale (vins de Chtora et de Zahlé, vin d'or du Liban), et de l'arack, alcool anisé obtenu par la distillation du vin après macération de graines d'anis.

Le figuier couvre de très grandes étendues de terrain aux environs de Kilis ; on le rencontre, en quantités moindres mais cependant appréciables encore, à Idlib, à Hasbaya, le long de la côte.

Les cultures d'été sont représentées par des types variés, qui sont :

Pour les céréales : l'avoine, le maïs, le sorgho ;

Pour les plantes alimentaires : les haricots, les pois chiches, les lentilles, les oignons, les pastèques, les courges, les melons, les fèves, les lupins ;

Pour les plantes industrielles : le chanvre, le ricin, le tabac, le coton.

Ces deux dernières méritent une mention spéciale.

Le tabac a son principal centre de culture dans la région de Lattaquié, où il occupe une superficie moyenne de 4.000 has, et donne une production de 2 1/2 à 3 millions de kilogs. On obtient deux types de tabac, l'un est l'*Abouriha*, tabac fumigué, noir, aromatique, qui entre pour environ 1/3 dans la production de Lattaquié et est, en presque totalité, exporté en Angleterre, l'autre est le *Ckek-el-Bint*, jaune, consommé dans le pays.

Le Liban est une autre région de production de tabac. Jadis, cette plante y couvrait environ 1.000 has et le Liban exportait en Egypte dans les 400.000 kilogs de tabac. Mais, sous l'influence d'un régime spécial appliqué au Liban par la régie ottomane des tabacs, cette culture a diminué d'importance.

La réglementation, imposée d'ailleurs partout en Syrie par la régie ottomane pour la culture et le commerce du tabac, entrave considérablement cette culture. Il est à souhaiter que des dispositions soient prises qui en facilitent l'extension. C'est d'autant plus à souhaiter que la direction générale des manufactures de l'Etat français paraît vouloir s'intéresser aux tabacs syriens et recherche si la Syrie ne pourrait lui fournir des types achetés à l'étranger, dans les pays où les conditions actuelles du change rendent ces achats particulièrement onéreux.

Le coton est actuellement à peine cultivé en Syrie. Son centre principal est, dans le gouvernement d'Alep, la région d'Idlib-Dana qui, chaque année, produit environ 1.800 tonnes d'une fibre de qualité un peu inférieure à celle du coton de Cilicie. On le cultive aussi sur des espaces restreints, dans la plaine de Djeblé, appartenant au territoire des Alaouites. Sa culture, jadis plus répandue, était pratiquée surtout dans la plaine d'Amk au débouché de la vallée de l'Oronte ; dans cette plaine, la production y était suffisante pour que l'on songeât à installer une filature à Antioche. C'était au moment où l'industrie cilicienne de la filature du coton prenant son essor, l'importation des filés de Cilicie en Syrie rendit aléatoire le sort de la filature d'Antioche. La machinerie de celle-ci, bien qu'achetée, ne fut pas montée et, depuis, la culture du coton a considérablement périclité dans une région où jadis elle était florissante.

Eu égard aux besoins de la France en coton, eu égard aux prix élevés de ce textile et aux difficultés que trouve l'industrie cotonnière française pour se ravitailler, il y a intérêt à développer en Syrie la culture du coton. Le général Gouraud, Haut-Commissaire de la République française en Syrie et au Liban, s'est attaché à résoudre les problèmes que suscite la régénération de cette culture.

Il vient d'ordonner la création dans la plaine d'Akkar, au nord de Tripoli, d'une station expérimentale pour la culture du coton, laquelle s'occupera aussi de l'amélioration des céréales.

L'aire d'application des résultats obtenus dans la station d'Akkar ne se limitera nullement à la plaine de même nom, car, en outre de celle-ci, la plaine de Djeblé, la vallée moyenne de l'Oronte, la plaine d'Amk, les basses vallées du Kara Su, de l'Afrin Su, de l'Oronte offrent dans un espace relativement restreint, doté de terres fertiles et d'eaux abondantes, à proximité des ports de Tripoli, de Lattaquié, d'Alexandrette, au voisinage du réservoir de main-d'œuvre que l'on appelle le massif des Ansarieh, une superficie de quelque 360.000 has sur lesquels, bon an mal an, on pourra obtenir 65.000 tonnes de coton, c'est-à-dire le 1/5 de la quantité utilisée en France. Et si, par delà cette zone côtière, on jette les yeux sur la région Euphratéenne et sur la Haute-Mésopotamie où les Allemands rêvaient de créer un champ cotonnier capable de concurrencer celui des Etats-Unis, c'est par centaines de milliers de tonnes que l'on peut espérer, dans l'avenir, voir le coton affluer dans les ports syriens.

D'aucuns qui, de la Syrie, n'ont vu que le littoral et les masses rocheuses qui masquaient l'arrière-pays à leurs yeux, ont trop rapidement conclu à une inaptitude agricole complète ; qu'ils se souviennent des « quelques arpents de neige » du Canada. La Syrie est la porte d'accès à de soi-disantes solitudes qui peuvent produire un jour des millions de tonnes de céréales, des centaines de milliers de tonnes de coton, du bétail par millions de têtes.

L'élevage, en Syrie, s'intéresse à des espèces diverses d'animaux domestiques.

Le chameau se rencontre principalement chez les nomades ; il est utilisé pour les transports. Vu le réseau peu étendu des voies de communication, la pénurie des moyens de transport, longtemps encore on verra par les champs, le long des pistes ou des routes, les longues caravanes de chameaux qui transportent aux marchés les produits de l'intérieur ou diffusent les articles d'importation.

L'élevage du cheval est relativement peu pratiqué : la guerre a creusé de grands vides dans l'effectif chevalin, nombre d'étalons de sang arabe ont disparu, enlevés par les Turcs ou par les Anglais, et difficile est la remonte des Haras qui utilisent le pur-sang arabe ; mais le Haut-Commissaire s'est préoccupé de la question, un service des Haras a été créé qui poursuit un triple but : régénérer le pur-sang arabe, produire en quantité le cheval de service, réserver à la production mulassière les juments de races étrangères à la race arabe laissées dans le pays par les diverses armées qui l'ont occupé. En s'occupant de développer la production du cheval de service et du mulet, le Service des Haras vise à satisfaire aux besoins pressants de la culture en bêtes de trait.

La race bovine ne compte qu'un effectif réduit : l'absence de pâturages perennes, résultant des caractéristiques de la climatologie syrienne, est un obstacle à la production des bovins. On trouve cependant en Syrie des types de bovidés appréciables, tel que le type de Damas, qui fournit de bonnes laitières, et le type du Liban qui donne des animaux de travail sobres et résistants, mais de taille plus petite que ceux du type de Damas.

C'est le mouton et la chèvre qui forment la base du cheptel syrien. Ces animaux sont élevés aussi bien par les sédentaires que par les nomades, mais c'est chez ceux-ci que l'on trouve le nombre le plus considérable de bêtes. Les conditions climatologiques de la Syrie ont déterminé l'élevage en parcours. L'hiver, les nomades et leurs troupeaux s'éloignent vers l'Est, vers les berges de l'Euphrate où, avec un climat plus doux, ils trouvent des pâturages en relative abondance ; au printemps, ils opèrent un mouvement inverse, fùient les régions qui bientôt seront desséchées par les chaleurs de l'été, gagnent les zones de culture où, sur les chaumes, leurs bêtes trouvent suffisamment de nourriture pour se maintenir en état jusqu'aux pluies d'automne qui, de nouveau, font pousser l'herbe. Dans leurs migrations, les nomades suivent les lignes de points d'eau et une sage mesure à prendre pour développer l'élevage serait de multiplier ces points d'eau, de façon à intensifier l'utilisation des pâturages, à réduire l'amplitude des parcours, à éviter aux animaux de longues marches qui nuisent à leur état d'entretien.

Indépendamment de ce que l'on peut appeler l'effectif ovin propre à la Syrie, de nombreux animaux de cette race provenant de la Haute-Mésopotamie, de la région de Mossoul, de celle d'Erzeroum pénètrent chaque année sur le territoire syrien. On évalue leur nombre à environ 500.000 têtes. Les uns sont utilisés par la consommation locale, les autres sont exportés soit par voie de terre, soit par voie de mer. Alexandrette, avant la guerre, expédiait ainsi en Egypte et dans les îles de l'archipel une moyenne de 200.000 ovidés et de 60.000 bovins, qui, venus de l'intérieur du pays, séjournaient quelque temps sur les pâturages de la plaine d'Amk avant d'être exportés.

L'élevage du porc se réduit à peu de chose ; il est aux mains des populations chrétiennes. C'est dans la Bekaa que l'on trouve le plus grand nombre de ces animaux.

La sériciculture était, avant la guerre, l'industrie agricole la plus importante du Liban ; on la pratiquait aussi avec succès dans la région d'Antioche et dans la région de Tripoli. L'exportation de la Syrie se montait en moyenne à environ 25.000 kilogs de soie grège d'une valeur de 28.000.000 francs. Le Liban entrait pour à peu près les 4/5 dans ce mouvement commercial.

Depuis la guerre, la sériciculture a considérablement diminué d'importance et ne donne plus guère que le 1/5 des produits qu'elle donnait avant 1914. On attribue à la destruction par les Turcs, pendant la guerre, de centaines de milliers de pieds de mûriers, le déclin de cette industrie. Certes, la destruction des mûriers est partiellement cause de la réduction de l'élevage du ver à soie, mais c'est bien plutôt à l'élévation formidable du coût de l'existence au lendemain de la guerre qu'il faut attribuer l'abandon de la sériciculture par le paysan libanais. Au fur et à mesure que les conditions de l'existence sont devenues plus difficiles, celui-ci a recherché les moyens de faire face aux charges nouvelles qui lui incombaient ; tantôt il a abandonné une production faiblement rémunératrice pour une autre de plus haut rendement, il a abandonné la culture du mûrier pour s'adonner à celle des oranges ou à la culture maraîchère, tantôt il a émigré, allant chercher à l'étranger les moyens d'existence que le sol natal ne pouvait plus lui fournir.

La sériciculture, en Syrie, paraît frappée d'un coup dont elle ne se relèvera pas.

***

Nous connaissons dès maintenant les divers éléments de la production agricole syrienne et les régions dans lesquelles ils sont obtenus. Restent à indiquer les mesures à prendre pour provoquer l'accroissement de cette production et assurer sa stabilité.

La Syrie, avons-nous dit, est un pays d'agriculture. C'est, hélas ! un pays d'agriculture arriéré, dont l'outillage est antique et rudimentaire, dont les méthodes procèdent encore des méthodes ancestrales.

Quand on parcourt les campagnes, au moment des labours ou au temps de la moisson, on constate non sans étonnement que l'outil, — peut-on lui donner le nom de charrue ? — le « secca » qui sert au « fellah » à labourer la terre, est identique à celui que quelque 3.500 ans avant J.-C. le laboureur thébain utilisait pour ouvrir des sillons dans la vallée du Nil ; que le traîneau qui lui sert à dépiquer les céréales, le « mawrage », est identique à l'appareil dont le prophète Isaïe a décrit la forme et l'emploi.

Depuis des siècles, ce « secca », qui ne peut pénétrer à plus de quelques centimètres de profondeur, égratigne toujours la même couche superficielle du sol, amoublissant une épaisseur de terre trop peu considérable pour emmagasiner en abondance les eaux des pluies hivernales, et la récolte reste ainsi étroitement soumise à la quantité d'eau qui tombe au cours de la saison humide.

D'ailleurs, quel intérêt aurait-il, le cultivateur indigène, à améliorer son outillage et ses méthodes de culture ? Et si même il en avait le désir, en aurait-il les moyens ?

En Syrie, la grande propriété est la forme sous laquelle se révèle le plus souvent le domaine rural, et le propriétaire qui détient, achète ou vend ce domaine rural, en évalue l'importance non par la superficie ni par l'aptitude productrice du sol, mais par le nombre de villages qui se dressent dans son périmètre. S'il s'intéresse à la somme des produits qu'il peut retirer de la culture, cet intérêt est cependant subordonné à la densité de la population qui vit sur son domaine. Sous le régime de culture extensive, qui domine en Syrie, la considération du nombre des cultivateurs prime celle de la production unitaire du sol.

Ce domaine rural est exploité par métayage.

Le cultivateur fournit son travail et son attelage, rarement composé de deux animaux de même race, constitué le plus souvent par un mulet ou un bœuf, par un bœuf et un âne ; il fournit aussi le matériel de culture qui, en principe, se réduit au « secca ». Le propriétaire apporte dans l'association le fonds et la semence. Le partage des produits se fait en général à parts égales. Mais le cultivateur ignore ce qu'est le capital liquide d'exploitation. Il emprunte au propriétaire pour faire vivre sa famille jusqu'à la récolte prochaine ; il emprunte aussi pour faire face aux exigences de la moisson et, celle-ci faite, quand le percepteur ou le fermier des dîmes a prélevé sur la récolte la redevance exigée par la loi, et fortement majorée, quand le propriétaire a prélevé le double de la semence remise au cultivateur, quand le partage final est fait et que sur la part qui lui revient ce cultivateur a remboursé, quand il le peut, les avances reçues du propriétaire, il lui reste tout juste de quoi végéter pendant un temps très court, au bout duquel il sollicite de nouveau des avances qui, pour un temps encore, le lient au propriétaire.

Qu'il change de domaine, les conditions de travail et d'existence qui lui seront faites ailleurs seront les mêmes, et alors
il reste attaché au sol sur lequel il est né, passant d'un maître
à l'autre avec le village qu'il habite, sûr que le maître du
moment, qui ne saurait se passer de lui, lui assurera toujours
les moyens de vivre.

Qu'on ne s'étonne pas que, dans ces conditions d'exploitation du sol, le « fellah » ne fasse aucune tentative pour améliorer la production agricole et limite son effort au rembour-
sement de sa dette et aux exigences de sa précaire existence ;
qu'on ne s'étonne pas davantage que le propriétaire ne s'engage pas dans des dépenses d'améliorations qui lui rappor-
teraient des bénéfices moindres.

Une amélioration de ce système d'exploitation du sol s'impose qui rende la propriété accessible au cultivateur, au
« fellah ». Elle sera la démonstration évidente que notre présence ici signifie : acheminement vers le progrès. Elle prépa-
rera le passage de l'exploitation extensive du sol à l'exploitation intensive ; elle rendra efficaces les mesures propres à
développer économiquement le pays. Que servirait, en effet,
sans elle, d'ouvrir des voies de communication, de perfec-
tionner les moyens de transport, d'établir des réseaux d'irrigation, de créer des banques de crédit agricole et de crédit
foncier, d'organiser l'enseignement technique ? Aucune de ces
mesures n'atteindrait son but. Les unes, telle l'organisation
de l'enseignement agricole, resteraient sans effet, faute par le
cultivateur de posséder la terre sur laquelle il pourrait appliquer l'enseignement reçu ; les autres ne contribueraient qu'à
donner au sol une plus-value dont ne bénéficierait pas la
masse de la population agricole.

Mais cette modification du mode d'exploitation du sol, qui
doit se traduire par une évolution vers le progrès, est une
œuvre de longue haleine.

Dans un pays de culture extensive comme l'est la Syrie,
la grande propriété est nécessaire et, d'ailleurs, la pénurie de
population agricole s'oppose à la transformation de la totalité
de cette grande propriété.

C'est en utilisant les terres domaniales, les parcelles de

terrain indûment détenues que révèlera l'immatriculation des terres, l'excédent des grands domaines que leurs propriétaires sont impuissants à mettre en culture, que cette petite propriété devra être créée, méthodiquement, progressivement.

L'œuvre à accomplir est longue et il n'y a pas lieu d'attendre qu'elle soit achevée, ni pour dresser le programme des mesures propres à provoquer le développement de la production agricole, ni pour entreprendre la réalisation de ce programme.

Ces mesures sont de divers ordres ; les unes sont techniques et scientifiques : elles concernent l'enseignement agricole, l'amélioration des méthodes culturales, la sélection des semences et des animaux, l'étude des conditions de milieu, l'introduction de variétés améliorées, le développement du réseau des irrigations.

Les autres touchent au régime foncier, au régime fiscal, au régime financier : immatriculation des terres devant assurer la sécurité de la propriété et faciliter le crédit, création de banques de crédit foncier et de crédit agricole, amélioration du système des impôts qui atteignent le sol et la production agricole ; d'autres encore sont relatives à l'outillage économique : développement des voies de communication, perfectionnement des moyens de transport.

Ces mesures ne sont pas d'égale importance, la réalisation de plusieurs d'entre elles peut être successive et, déjà, certaines sont mises à exécution.

Pour l'enseignement agricole, le Haut-Commissaire a décidé que l'Ecole de Selemieh, créée par les Turcs avant la guerre à peu de distance à l'est de Hama, serait placée sous l'administration du Service de l'Agriculture du Haut-Commissariat et servirait d'Ecole d'Agriculture générale unique pour la Syrie.

En prenant cette décision, le Haut-Commissaire a tenu compte de diverses considératious.

La Syrie n'est point encore à un stade de prospérité lui permettant de dépenser ses ressources sans compter ; elle n'est point encore pourvue de techniciens nombreux ; les jeunes gens susceptibles de suivre avec fruit des études techniques d'un niveau relevé ne sont pas en nombre considérable.

Le Haut-Commissaire a donc pensé qu'au lieu d'éparpiller des efforts, de créer des établissements nombreux, insuffisamment outillés, fréquentés par un nombre d'élèves restreint, il était préférable de concentrer les ressources disponibles sur une seule Ecole, de l'outiller solidement, de la doter d'un personnel enseignant de choix, de constituer en somme un établissement qui soit à même de rendre de réels services et auquel auraient accès des jeunes gens originaires des divers gouvernements locaux.

Il a choisi l'Ecole de Selemieh pour en faire cette Ecole-type, parce que Selemieh est dans la zone à céréales de la Syrie et que, comme nous l'avons dit déjà, c'est sur le développement de la culture des céréales que repose en majeure partie la prospérité de la Syrie.

Bien que les terrains de Selemieh ne représentent, en somme, pas la synthèse des terres à céréales de la Syrie, on peut considérer que le climat qui règne sur la région présente une unité qui permet d'étendre à toute la zone à céréales les méthodes de cultures qu'il y aura lieu d'adopter en tenant compte des caractéristiques climatériques de cette zone. Parmi ces méthodes, celle du « dry farming » doit tenir la première place. C'est à Selemieh qu'elle sera mise au point, adaptée aux conditions du pays ; c'est de Selemieh qu'elle se diffusera dans la zone à céréales, contribuant, pour sa part, à éliminer les influences climatériques sur la récolte et à assurer, dans la mesure du possible, la régularité de celle-ci.

La réorganisation de l'Ecole de Selemieh, sous le contrôle du Haut-Commissariat, n'implique cependant pas que les gouvernements locaux resteront sans écoles d'agriculture qui leur soient propres ; ils en auront, mais ce seront des écoles spécialisées suivant les aptitudes productrices dominantes des gouvernements, et chacune de ces écoles, qui sera unique pour la Syrie, sera pourvue des moyens d'instruction qui lui permettront de rendre de réels services.

L'expérimentation agricole n'est pas délaissée. En plus des stations expérimentales organisées par les gouvernements locaux, bientôt existera dans la plaine d'Akkar, au nord de Tripoli, créée par ordre du Haut-Commissaire, une station expérimentale qui, bien que devant s'occuper plus particulièrement de résoudre les problèmes qu soulève le développement en Syrie de la culture du coton, se préoccupera en outre de l'amélioration des céréales cultivées et fera des études sur les questions d'irrigation.

L'établissement, ou plutôt l'extension de l'irrigation, est, pour la Syrie, une affaire d'importance.

Nous avons montré précédemment combien la production agricole de la Syrie était sous la dépendance de son régime pluvial. Pour les céréales d'hiver, bien qu'elles soient cultivées à l'irrigation en quelques parties du pays, ce n'est guère que sur la pluie qu'il faut compter pour leur fournir la quantité d'eau nécessaire à leur évolution, et c'est par la pratique du « dry farming » que l'on peut espérer contrecarrer dans les conditions les plus avantageuses possibles les aléas du régime pluviométrique et régulariser leur production. Mais pour les cultures d'été, en particulier pour le coton, c'est avec l'irrigation seule qu'il faut compter pour augmenter leur importance.

Or la Syrie, la Syrie côtière du moins, est relativement mal dotée au point de vue hydrologique. C'est seulement entre Tyr et Saïda, dans les plaines d'Akkar et de Djeblé, dans celle de la Bekaa et dans celle d'Amk, dans la vallée moyenne de l'Oronte, le Gharb, que l'on peut espérer créer des réseaux d'irrigation de quelque étendue. Mais, avant d'aborder la réalisation des travaux que comporte la création de ces réseaux, des études sont à faire : études sur le débit et le régime des fleuves, études sur la capacité d'absorption du sol irrigable, études sur les besoins en eau des plantes à cultiver, études tendant toutes, non seulement à utiliser dans les meilleures conditions possibles les eaux qui actuellement se jettent à la mer sans profit pour le pays, mais aussi à réduire le gaspillage de l'eau dès maintenant utilisée pour les irrigations qui, dans la vallée de Barada ou le long de quelques fleuves côtiers, s'étendent déjà sur plusieurs dizaines de milliers d'hectares.

Si nous jetons les yeux sur la Haute-Mésopotamie, dans la

vallée de l'Euphrate et du Tigre, c'est par centaines de milliers que nous pouvons compter les hectares à irriguer par les
eaux des deux grands fleuves. Mais ici, la question irrigation
se présente d'une manière infiniment plus complexe qu'elle
ne se présente dans la Syrie côtière. La question technique est
pour le moment subordonnée à une question politique et à
une question sociale. Il faut avant d'envisager la possibilité
de répandre de l'eau sur les terres, déterminer les quantités
d'eau dont les puissances mandataires en Haute et en Basse-
Mésopotamie pourront chacune disposer ; il faut aussi savoir
dans quelles conditions pourront être affectées à la culture
des terres qui, en majeure partie, sont actuellement le domaine
des nomades, domaine de fait plus que domaine de droit,
mais dont la reprise par l'Etat pourrait amener des com-
plications qui entraveraient l'œuvre du progrès.

Les mesures qui touchent au régime foncier sont abordées.
Un inventaire de la propriété se poursuit, bientôt commen-
cera à fonctionner un Service de l'immatriculation des
terres qui aura pour but de donner à la propriété foncière
une sécurité que ne lui assure pas le titre possessoire de
« Tapou » créé par la Législation ottomane.

Au point de vue financier, des établissements bancaires
s'installent qui n'attendent pour commencer effectivement
leurs opérations de prêts fonciers que, précisément, le Service
de l'immatriculation détermine avec précision les droits des
détenteurs actuels du sol.

Au point de vue fiscal, il y a tendance à améliorer la perception de la dîme, vexatoire au premier chef, et à la remplacer par un impôt analogue au « Tertib » du Maroc, qui se
rapproche plus que la dîme d'un impôt sur le revenu.

L'extension des voies de communication, l'amélioration
des voies de transport se poursuivent, mais ce sont des questions de travaux publics sur lesquelles d'autres, mieux qualifiés que nous, parleront.

Nous voici arrivé au terme de cet exposé de la situation
agricole de la Syrie. Il laisse l'impression que la Syrie n'a pas
été jusqu'à maintenant appréciée à sa valeur. Est-elle un
pays incapable de faire face à ses besoins par ses seules res-

sources ? Est-elle un « el dorado » ? Ni l'un ni l'autre. Décriée par ceux qui, retenus trop longtemps sur la côte par les circonstances politiques, n'ont pu juger des surprises que recèle son hinterland, vantée par ceux qui, trop impressionnables, se sont laissés éblouir par le « Mirage oriental », elle mérite qu'une étude précise soit faite de ce qu'elle vaut et qu'en soit déduit, avec logique, ce qu'elle peut valoir.

Une occasion s'offre de faire cette étude, d'en tirer cette déduction. La Syrie, sous l'égide du Haut-Commissariat, accepte l'offre qui lui est faite par la Chambre de Commerce de Marseille, de présenter à l'Exposition de Marseille l'inventaire complet de ses ressources. Nul doute que l'épreuve lui soit favorable et que cette manifestation lui ramène une opinion égarée par les dires d'observateurs mal documentés qui ont prétendu la connaître.

L'Évolution Économique et Commerciale de la Syrie

par **M. GILLY**

Directeur de l'Office Commercial du Levant

« Porte de l'Orient », ainsi a-t-on appelé la Syrie. Il serait plus exact de dire une des portes du proche Orient. Mais l'une des principales, des plus faciles, partant des plus fréquentées.

La carte du bassin oriental de la Méditerranée est à cet égard très indicative.

Du golfe d'Alexandrette aux confins de la Palestine, la Syrie a vue sur la mer. Elle est au creux méditerranéen du continent asiatique, plus voisine de l'arrière-pays que ne le sont ses concurrentes du Nord et du Sud. Lorsqu'on peut dire que cet arrière-pays va de Diarbékir à Bagdad en passant par Mossoul, de Marash à Sivas et à Erzeroum, on a déjà évoqué tout un mouvement de caravanes à travers l'Anatolic, la Mésopotamie, les plaines du Tigre et de l'Euphrate, venant vers la mer apporter et chercher les marchandises.

Car ce fut bien, de tous temps, un grand marché que la Syrie : l'un des marchés principaux d'un continent lourd de richesses, dont toutes ne sont pas encore exploitées, une sorte de Bourse qui réunit l'offre et la demande des peuples divers, nomades des déserts, arabes de la plaine ou de la montagne, marchands de l'intérieur.

Ses ports ont compté parmi les principaux des Echelles du Levant ; et l'on sait des marchandises débarquées à Beyrouth qui ont remonté bien au delà, passant le Liban et l'Anti-Liban, passant Damas, passant l'Euphrate, jusqu'à Bagdad et plus loin encore, jusqu'à la Perse et au lac de Van.

Nous retiendrons ce mot « Echelles » qui, employé pour désigner les escales de la côte levantine, pourrait tout aussi bien être appliqué à déterminer les étapes de pénétration vers l'intérieur. Cela permettra de se faire une idée rapide de la technique du mouvement économique et commercial de ce pays.

Le premier des gradins, des barreaux de l'échelle, est le port syrien où débarquent les marchandises. C'est actuellement Beyrouth (il manque encore à Alexandrette un port et un chemin de fer pour que cette ville puisse jouer son rôle véritable). Elles y débarquent soit en simple transit, soit pour y être vendues sur place aux marchands de Damas et d'Alep. Mais leur réel marché est dans ces villes, qui constituent le deuxième gradin de l'échelle. A Alep et à Damas aboutissent les caravanes venues de l'arrière-pays. Là, se font les grosses transactions à la suite de quoi, en éventail, s'éparpilleront les produits d'importation qui, de gradin en gradin, de marché en marché, vont remonter vers la Mésopotamie et vers Mossoul, ou vers Marasch, ou vers le Taurus Arménien.

Les Allemands, qui voyaient grand, si grand qu'ils ont fini par s'écrouler sous le poids de leur mégalomanie prétentieuse, ne s'étaient cependant pas mépris sur l'énorme importance du centre commercial d'Alep ; ils y avaient détourné le Bagdad. Au surplus, il suffit de visiter les souks d'Alep. Ils sont, avec leurs murs épais et massifs, une véritable forteresse de marchands. Et l'on se rend compte aisément de ce qu'est cette ville, placée au carrefour des routes du Nord et l'Est et tête de ligne du chemin menant à la mer. Aussi longtemps qu'elle conservera ses libres mouvements commerciaux avec les territoires voisins, elle demeurera le véritable centre économique d'une région qui dépasse de beaucoup les limites syriennes, comme Damas demeure le centre de la Syrie du Sud et de son hinterland.

Dans son cadre géographique privilégié, la Syrie ne devait jouer jusqu'à présent un autre rôle que celui qui lui était naturellement dévolu, d'être le trait d'union commercial entre la partie de l'Asie dont elle est l'avant-pays et son fournisseur, l'Europe.

Peut-être aurait-elle pu être industrielle ? Elle ne l'a pas été. Elle n'en avait pas besoin pour vivre, au demeurant, les circonstances l'en ont empêchée.

Elle s'est contentée d'être agricole — car la nature l'à dotée d'un sol fertile — et d'être commerçante.

On a dit de la Syrie — de quelle terre de céréales ne l'a-t-on dit ? — qu'elle fut un des greniers de Rome.

Mais ses populations furent surtout et toujours commerçantes. Elles l'étaient, notamment, à l'époque où le sultan Soliman II s'entendait avec le sultan Franc et, en gage d'amitié, accordait à François Ier les chartes des privilèges qui s'appelèrent les capitulations. Ces chartes sont un peu à l'origine des destinées de la Syrie. Entre Marseille et Beyrouth, elles ont reformé le lien qui traversait en diagonale la Méditerranée. Elles ont évolué, mais elles ont résisté au temps, elles étaient nécessaires.

Le lien existe toujours. Son rôle commercial, la Syrie le jouera toujours : « sa fortune est par la mer ». Elle le jouera avec nous, en bons associés qui avons les mêmes intérêts dans une des grosses affaires du monde.

D'ailleurs, peut-elle ne point le jouer ? Pendant la guerre, n'est-elle pas presque morte de son isolement, de n'avoir pu commercer ? Et le principal danger qu'elle court aujourd'hui n'est-il pas de voir diminuer sa situation marchande, par l'élévation de barrières douanières qui la sépareraient des nouveaux groupements politiques en formation ?

LA SYRIE AVANT LA GUERRE

Le mécanisme économique de la Syrie est, en effet, presque exclusivement commercial.

Son industrie, dont nous aurons l'occasion de parler plus loin, se réduit à bien peu de choses et n'a jamais été un facteur important de la balance du pays.

Par contre, son agriculture, en voie de réorganisation, pour mieux dire de régénération, est très intéressante, en ce sens surtout que la Syrie y peut trouver assez rapidement un élément précieux d'exportation, élément qui lui manque aujour-'d'hui, qui lui manquait d'ailleurs avant la guerre.

Car avant-guerre, comme aujourd'hui, la Syrie importait à peu près tout ce qu'elle consommait, — sauf son blé et ses céréales, — tout, qu'il s'agisse de produits d'alimentation, de charbon, de pétrole, de fer, de tissus, de quincaillerie, de mercerie, etc., etc... La gamme est complète, la nomenclature serait fastidieuse et longue.

Quelques chiffres ne sont cependant pas inutiles. Malgré la pénurie des statistiques d'avant-guerre, qui, en grande partie, font défaut, on peut déterminer la moyenne des importations et des exportations annuelles par Beyrouth sur une période d'une dizaine d'années ; soit de 1903 à 1913. Il s'agit là de plus des trois quarts du mouvement commercial syrien, le mouvement du port d'Alexandrette faisant environ le cinquième de celui de Beyrouth.

Il entrait donc en Syrie, par le port de Beyrouth, une moyenne de 155.000 tonnes de marchandises par an. On estime que la valeur de ces marchandises était de 5 à 6 millions de livres turques or, soit approximativement 125 millions de francs.

L'exportation était d'environ 50.000 tonnes, valant 60 millions de francs.

Ce bilan est incontestablement déficitaire. Il eût été désastreux et eût mené la Syrie à l'inévitable faillite, si les marchandises qui affluaient dans ses ports avaient dû rester en Syrie même. Mais partie ne faisait qu'y passer. Comme cela a été dit plus haut, toutes les portes étaient ouvertes sur un hinterland qui venait se fournir sur le marché syrien, était le gros client de ses bazars et de ses souks. En outre, l'émigration syrienne vers l'Amérique, le mouvement des pèlerins et des touristes aidaient à combler le déficit.

Comme dans tout l'Orient, le commerce des tissus tenait de beaucoup le premier plan et, parmi les tissus, les cotonnades.

Les chiffres sont éloquents. On importait annuellement, en Syrie, 13 à 14.000 tonnes de cotonnades, d'une valeur de 170 à 180 millions de piastres turques or, soit en francs, 45 millions environ.

Malheureusement, comme dans tout l'Orient, ce commerce restait entre les mains de l'Angleterre, qui fournissait la presque totalité des qualités courantes.

Les filés de coton, de soie, les nouveautés, les cuirs, la grosse et la petite quincaillerie, les matériaux de construction, la droguerie, la parfumerie, les conserves alimentaires, les produits coloniaux, les combustibles, etc., faisaient également l'objet d'un commerce actif dans lequel la France avait une bonne part.

Ce serait, au surplus, une erreur de croire qu'avant-guerre le commerce était aisé en Syrie. Dans une ville comme Beyrouth ou Damas, où tout le monde, du plus grand au plus petit, était commerçant, une concurrence très âpre, très serrée, naissait par la force même des choses.

Les affaires étaient nombreuses, mais combien peu lucratives. On m'a cité des maisons de commission de Beyrouth, de fortes maisons cependant, qui, après avoir manié un chiffre d'affaires considérable, bouclaient leur année sur un bénéfice de quelques milliers de francs. On m'a cité bien des affaires dont la commission se réduisait à de véritables bagatelles où, pour pouvoir traiter, on abandonnait tout bénéfice. Mais il fallait vivre et la Syrie a vécu.

Cette persistance dans l'effort n'est pas sans mérite, elle n'est pas non plus sans avoir eu des conséquences sur le caractère des habitants des villes, sans avoir créé une mentalité qui a ses défauts et ses qualités, mais qui n'en reste pas moins très déterminée.

Le caractère des populations des grands centres syriens paraît d'ailleurs être fonction de la situation géographique de leur ville. Dans celles de la côte, à Beyrouth surtout, la population est commerçante et, pour ainsi dire, elle n'est que commerçante. Elle cherche l'affaire rapide. On a le sentiment que la mentalité de cette population, qui est ingénieuse, avisée, qui saisit avec vivacité tout ce qui touche aux questions immédiates, lui vient d'anciennes traditions transmises par de longues générations toujours intermédiaires entre les marchands d'Europe et les marchands d'Asie. Parlez change, on vous comprend au premier mot ; parlez d'établir un prix, les calculs sont presque faits de mémoire ; parlez transit ou parlez douane, vous êtes également compris de suite.

Dans les villes de l'intérieur, la population est plus marchande, plus au fait du négoce, des opérations à longue échéance. Elle est habituée depuis des temps et des temps à traiter avec d'autres marchands, ceux qui viennent de très loin faire des échanges, apportent des marchandises, en emportent, et cela lui donne un caractère qui la différencie des populations des villes côtières. Elle est aussi plus orientale, alors qu'à Beyrouth, notamment, l'aristocratie locale, qui parle notre langue, qui a reçu les enseignements de maîtres français, qui lit beaucoup nos auteurs classiques et modernes, et, dirions-nous, s'est presque mise au goût français, est beaucoup plus européanisée.

La situation d'avant-guerre est très intéressante de ce pays syrien qui, pour vivre, reste malgré tout commerçant, qui persiste dans cette voie, la seule qui soit possible, car l'administration turque est prohibitive de tout essai de développement agricole ou industriel. Ce fut une des fautes les plus évidentes du régime turc que de laisser ainsi dépourvus d'une sécurité morale et matérielle indispensable des vilayets qui avaient des éléments de richesse inemployés.

Ils les auraient trouvés dans leur agriculture en exploitant leur domaine rural resté en friche.

Peut-être auraient-ils essayé de créer une industrie, des industries.

Mais, en dehors de celle de la soie, la Syrie ne peut rien mettre sur pied : quelques huileries de conception préhistorique, des savonneries de même modèle, quelques tanneries, qui ne peuvent travailler pour l'exportation, quelques tissages qui envoient, du côté du Hedjaz, de Constantiniple ou de l'Egypte, des étoffes de coton, de laine ou de soie, quelques cuivreries, mais tout cela ne compte même pas comme l'amorce d'une vie industrielle active. Tout a fait défaut en même temps, l'appui d'une administration avisée, le combustible, la main-d'œuvre enfin, la population se concentrant vers les villes pour y exercer le seul métier possible : le commerce.

Une mention spéciale doit cependant être faite pour la sériciculture. L'industrie de la soie, en Syrie, est un apport français. Elle a connu, avant la guerre, de beaux jours. Concentrée principalement dans le Liban, elle constituait une sorte d'industrie familiale qui s'adaptait au caractère des populations montagnardes. Les graines venaient de France, les notions d'élevage avaient été données par des grainiers français, des filatures nombreuses s'installèrent dont quelques-unes françaises. D'après les chiffres donnés par M. Ducousso, qui a consacré une étude intéressante à la question, on comptait, pour le Liban, 8.670 bassines. Lyon était l'acheteur des quatre mille balles de soie que produisait annuellement la Syrie et qui valaient, au prix moyen d'avant-guerre, environ 20.000.000 de francs. Mais l'exportation ne s'arrêtait pas aux grèges. Si l'on compte les cocons secs, les frisons, les pelotes et les bassinées, on arrivait à 28.000.000 de francs, la moitié, ou peu s'en faut, de l'exportation totale syrienne.

Dans cette exportation, les laines s'inscrivaient pour environ 10 millions, le reste était réparti entre les céréales, les réglisses, les tabacs, les abricots, les peaux et quelques autres articles de moindre importance.

Mais tout cela ne faisait pas une Syrie prospère. Et l'on ne peut pas dire que, pendant ces proches années d'avant-guerre, elle ait été particulièrement heureuse. C'était un des pays de l'univers où la vie était à meilleur marché. Et cela n'est-il pas indicatif d'une situation générale lourde, cela n'est-il pas la preuve même de toutes les entraves qui étaient portées au développement d'une région qui avait cependant autant d'éléments que les autres, sinon plus, d'une prospérité normale ?

A vrai dire, sous le régime turc, la Syrie a végété péniblement. Jalouse sans doute de l'essor que prenaient ses voisins du Sud et même du Nord, elle se voyait comprimée, tracassée, économiquement, politiquement, financièrement, par des maîtres aux vues étroites et qui, plus par une décevante incurie que par incompréhension, laissaient aller, comme ils ont laissé aller bien des choses.

Seule, la France ne se détournait point. Les capitaux

français s'intéressèrent au développement du pays. La Société
Générale d'entreprises dans l'Empire ottoman, la Société
ottomane des Chemins de fer Damas-Hama et prolongements,
la Société ottomane du Port, des Quais et des Entrepôts de
Beyrouth, la Société ottomane des Tramways libanais, celle
des Eaux, du Gaz, celle des Tramways (pour cette dernière
avec une participation belge), les Banques ottomanes et de
Salonique, étaient françaises de capitaux et d'administration.
Cela affirmait notre « hégémonie financière dans tous les
grands services publics qui constituent l'outillage économique de la Syrie ».

La Syrie eut un soubresaut d'espoir au moment de la
révolution turque. Ce n'est pas au point de vue politique
seul qu'il faut se placer. — encore qu'une révolution touche
à la politique plus qu'à toute autre chose — mais elle a aussi
un côté économique. Et celui-là intéressait les Syriens éclairés.
Ils pensaient qu'avec le reste de l'Empire, leur pays renaî-
trait à la vie moderne, que cette révolution serait une évolution. Toute l'Europe a pensé comme eux. La déception a été
rapide. En somme, rien ne changea.

LA SYRIE PENDANT LA GUERRE

Puis vinrent les heures très sombres de la guerre, les heures
de grande misère.

Privés de leur commerce, coupés de la mer, bloqués, la
Syrie, et principalement la Syrie côtière et le Liban, qui
n'importaient rien, ne produisaient rien, se mouraient d'inanition.

Dès 1916, les approvisionnements de marchandises qui se
trouvaient à Beyrouth, à Alep, à Damas, furent épuisés.
Des hausses constantes avaient mis tous les produits manufacturés à des prix fantastiques ; quelques fortunes ont été
ainsi édifiées par leurs détenteurs, mais combien, par contre,
ont été ruinés, et combien sont morts de misère et de faim
parmi une population sans travail, sans ressources, sans
réaction ?

Il se produisit un phénomène économique qui doit être

signalé. Cependant que sur la côte et dans la montagne, partout où ne pousse pas le blé, la misère sévissait dans son horreur cruelle, les blés d'Alep et du Hauran étaient vendus à prix d'or, non seulement aux populations côtières, mais encore aux intendances turco-allemandes, qui effectuaient leurs achats en numéraire. Ce fut une véritable émigration, un rassemblement de l'or dans l'arrière-pays. Nous en voyons encore présentement les conséquences ; à Alep et même à Damas, les monnaies d'or circulent ; c'est en or que les marchands de ces villes sont payés, c'est en or qu'ils payent leurs achats à Beyrouth.

Ce fut donc la grande misère sur la côte ; il était temps qu'arrivent les Alliés.

Quand les Turco-Allemands quittèrent la ville, le peuple de Beyrouth se massa sur les quais. Il regarda la mer éperdument, d'où il attendait la vie et la libération.

Enfin, il vit apparaître à l'horizon un navire de guerre. Ce navire portait le pavillon français qu'il attendait.

L'ARRIVÉE DES ALLIÉS

Ainsi, en novembre 1918, les Alliés trouvent une Syrie complètement épuisée, désorganisée, économiquement et commercialement désaxée.

Tout était à faire et bien des choses d'urgence.

M. le médecin inspecteur Emily a tracé avec une éloquente vérité quel a été le rôle de salut joué par le ravitaillement français, ce que lui doit le pays.

Il était également nécessaire de donner à la vie économique, commerciale et agricole la possibilité de reprendre. Cela a été l'œuvre admirable de l'administration française, qui, au milieu de difficultés sans nombre, a fourni un effort remarquable et a rendu possibles les échanges, les transactions, l'apport de ce monceau de marchandises qu'il a fallu débarquer en Syrie pour faire la fourniture d'un pays qui, depuis cinq ans, ne recevait rien.

Ces heures sont déjà anciennes ; ceux qui les ont vécues ne

les ont pas oubliées. Ils se souviennent de notre action du début, alors que l'occupation était franco-anglaise, des services qu'il a fallu créer, des improvisations perpétuelles qui naissaient d'imprévisibles circonstances. Il y aurait là une page d'histoire très vivante, singulière, mais aussi émotionnante à écrire, où l'on dirait comment, en quelques mois, ce pays est sorti de ses misères et a changé de physionomie.

De novembre à fin février, le commerce syrien n'ose acheter, il n'ose croire à la sécurité de son propre marché. Ceux qui ont les moyens de passer les commandes craignent de s'engager, — tout est au très grand comptant, — pour recevoir il faut décaisser. Et puis, où commander ? Aucun pays du monde, après l'ébranlement de la guerre, n'est en état de faire des fournitures sérieuses et suivies. La défiance est réciproque. Il n'y a ni marchandises livrables, ni frets abordables. Et il y a tant de demandes dans le pauvre monde secoué. Mais cela ne pouvait durer.

En mars-avril, la vie économique de la Syrie entre dans une période nouvelle. Les commerçants syriens, plus rassurés, se décident à acheter. L'Egypte était le vendeur tout désigné par sa situation géographique (Port-Saïd est à 24 heures de Beyrouth), par ses stocks constitués avant et pendant la guerre, et par la nécessité même où elle se trouvait, par suite de sa sécurité politique très compromise, d'écouler ses stocks.

Puis la situation commerciale change encore. Les stocks de l'Egypte commencent à s'épuiser, le calme politique s'y rétablit. A Beyrouth, les affaires sont bonnes ; les premières marchandises importées ont laissé de gros bénéfices ; les commerçants beyrouthins ont repris courage et ont pensé que la Syrie pouvait absorber beaucoup de marchandises. En mai, ils passent leurs premières commandes en Europe, en Angleterre et en Italie, qui sont les premières en état de fournir. Ces marchandises apparaîtront sur le marché de Beyrouth en juillet, août, septembre. En juillet, quelques voyageurs français arrivent sur le marché. L'activité commerciale est considérable. Tous les commerçants syriens gagnent de l'argent, tous veulent en gagner. Et l'on retrouve alors cet esprit spéculateur, qui est une des caractéristiques de cette race si commerçante qu'elle va au delà même du commerce. On commande avec moins de prudence. On escompte non seulement les fournitures possibles dans la zone côtière, mais ce que doit acheter l'intérieur, Alep, Damas, ce que l'arrière-pays doit venir chercher dans les villes. Un des premiers rapports économiques établis à cette époque par l'Administration française donne bien la note : « C'est, dit-il, une fièvre d'importation. »

Et cela continue pendant tout le trimestre suivant et jusqu'à la fin de l'année. On ne sait plus ou mettre les marchandises arrivées, cela est littéralement exact. Il est aussi vrai d'ajouter que les hangars et dépôts des douanes et du port sont en partie occupés par l'armée.

Mais, néanmoins, les souks sont pleins. Il n'y a pas encore de stocks, mais l'on sent cependant que le marché commence à étaler, surtout en cotonnades, le principal article d'importation autour duquel gravite tout le marché syrien. Les statistiques de 1919 donnent le chiffre imposant de 10.500 tonnes de « manufacturés ou tissus de coton » importés par Beyrouth.

Pour l'année 1919, le total des importations, par Beyrouth, a été de 65.000 tonnes environ. Si l'on compte que les arrivages n'ont réellement commencé que dans le courant du deuxième semestre de l'année, on atteint à une moyenne imposante d'importation, énorme pour l'époque, car la situation politique est indécise, l'intérieur n'achète pas — pas plus Alep qui n'a pas ses coudées franches avec son hinterland, que Damas, plus ou moins dissidente avec le Faysalisme.

Mais il n'empêche que les bénéfices effectués par le marché de Beyrouth, en 1919, ont été considérables.

D'ailleurs, tout est à la hausse, en France, en Angleterre. Les marchandises qui se trouvent à Beyrouth ont, depuis qu'elles ont été commandées, augmenté de prix dans de sérieuses proportions. Cela entraîne les commerçants syriens à de nouveaux achats. Ils escomptent toujours un écoulement facile vers l'intérieur que l'on sait très démuni, virtuellement acheteur, s'il ne l'est pas de fait.

Pendant le premier semestre 1920, c'est un peu la même fièvre d'importation, mais qui va diminuant. Le marché est moins allant. Les affaires sont moins faciles. Les achats en spéculation, qui eussent donné des résultats plus que brillants si l'intérieur avait été en mesure d'effectuer ses fournitures, s'avèrent une erreur. Le mot crise est prononcé, on dit crise de vendeurs qui ne veulent point lâcher leurs marchandises en consentant des sacrifices, crise d'acheteurs qui ne veulent point se décider à payer le prix fort. En vérité, ce n'est point une crise, malgré les stocks qui se sont constitués (5 millions de livres sterling de cotonnades, c'est encore une fois le principal article d'importation autour duquel gravite tout le marché syrien) et qui commencent à peser. La place tient, elle fait même meilleure figure que ses concurrentes voisines, entre autres l'Égypte, où l'on parle beaucoup de faillites, de bilans déposés, de traites impayées. Ici on paye, non seulement les effets de commerce, mais on rembourse les avances des banques, qui avaient aidé au mouvement du début, et prudentes sans excès, avec la souplesse nécessaire pour ne pas émouvoir un marché un peu désemparé, font rentrer leurs fonds. Tout cela se passe sans à coup, sans surprises, sans mauvaises surprises.

LA SITUATION ACTUELLE DU MARCHÉ SYRIEN

On nous excusera d'avoir aussi longuement insisté sur le mouvement commercial. Il nous a semblé nécessaire d'en établir les grandes lignes, car c'est en lui, qu'au début, s'est résumée, s'est condensée, la renaissance économique syrienne. Il fallait pourvoir au plus pressé : « *primum vivere, deinde* ».

Au surplus, ce début a établi des déterminantes, a été la cause d'effets que nous retrouvons aujourd'hui. A plus d'un an d'intervalle, la situation n'a guère changé : une place chargée, mais saine, ayant payé les marchandises qu'elle possède — ayant donc un capital — prête à les vendre quand l'intérieur qui est démuni achètera. Ce stock, considérable si l'on envisage la seule place de Beyrouth, est loin d'être excessif si l'on procède à un examen d'ensemble. Toutes les prévisions sont qu'il s'écoulera en peu de temps aussitôt la situation normale rétablie. Voilà ce qu'il faut surtout considérer.

La prise de Damas, puis celle d'Aïntab, l'action énergique de nos troupes dans la région du Nord, la montée progressive de notre influence vers l'arrière-pays, l'œuvre administrative et militaire entreprise par le général Gouraud, Haut-Commissaire et Commandant en chef, créent des certitudes d'avenir.

Et le cadre aussitôt s'élargit.

La question commerciale reste importante, évidemment, mais elle n'est plus unique.

On peut envisager la question économique tout entière ; regarder — il le faut, car c'est là que se trouve la Syrie vraiment intéressante — par delà le Liban, vers les plaines du Hauran, de Hama, vers le pays d'Alep ; examiner les possibilités qui s'offrent, agricoles, minières, considérer l'utilisation des forces hydrauliques, étudier le problème des industries à créer, des moyens de transport, des routes nouvelles et des centres nouveaux. Ce n'est plus une région qui se prête à l'examen, c'est un pays. Mais sa mise en exploitation ne peut pas être l'œuvre d'un jour, on aurait tort de le penser et de croire qu'en telle occurrence les improvisations ne sont pas dangereuses.

Déjà, un travail considérable a été accompli, une documentation intéressante réunie, des projets étudiés et menés à bien par les Services du Haut-Commissariat. Ceux de l'Agriculture, où M. l'Ingénieur agronome Achard a réuni des indications précieuses qui permettent de conclure avec certitude à l'évolution normale de la Syrie vers la culture intensive des céréales, à la possibilité d'y cultiver le coton, de commercialiser ces cultures, de donner à ce pays les éléments d'exportation qui lui font défaut ; ceux des Mines qui ont dressé l'état des richesses du sous-sol syrien et où M. l'Ingénieur géologue Jessé-Roux a étudié notamment le problème si ardu de la recherche d'un combustible dont dépend en grande partie la création d'une industrie syrienne ; ceux des Travaux Publics, où sont établis les projets d'agrandissement ou de création des ports, du développement du réseau ferré et routier ; ceux des Finances qui ont, avec la Banque de Syrie, procédé à l'émission de la monnaie syrienne, permettant de se libérer du poids écrasant que la monnaie égyptienne faisait porter à ce pays et créant un lien nouveau et rationnel entre la Syrie et nous. D'autres aussi, comme M. Soubret, Président de l'Association des commerçants et industriels français du Levant, le capitaine Bélandou, chef des Services économiques du Grand-Liban, ont étudié, se sont documentés, documentent à leur tour et apportent leur part de travail à l'établissement de l'inventaire économique de la Syrie, indispensable document qui viendra aussitôt qu'il sera possible de le dresser.

Les résultats pratiques de ces efforts, on les ressent déjà.

A dessein nous avons arrêté aux débuts du deuxième trimestre de 1920 l'examen de la situation commerciale de la Syrie. Il nous paraît que cette date est une étape dans la vie économique syrienne, une étape qui est d'ailleurs marquée par un fait important : la prise de Damas. Mais, à cette époque également, il semble que la Syrie ait attiré l'attention non seulement de commerçants — les commerçants sont les pionniers du début — mais de capitalistes et d'hommes d'affaires qui se rendirent compte que ce pays présentait un intérêt particulier. C'est bien à cette époque, il y a donc environ un an, que des affaires d'entreprises importantes furent étudiées. D'aucunes sont à pied d'œuvre, d'autres projets sont très avancés. Cette année et l'an prochain, nous en verrons l'éclosion. N'avons-nous pas déjà une Banque de plus et qui plus est une banque foncière ? Chacun sait que des sociétés immobilières étudient sur place l'éventualité de créer des quartiers nouveaux ou de rebâtir des quartiers détruits. D'autres, celle d'établir des minoteries, des filatures, des tissages, des entreprises de transports en commun. Les Compagnies françaises de navigation ont également tourné leurs paquebots vers ce pays. La Navale de l'Ouest, les Affréteurs réunis, la Compagnie Paquet, visitent nos ports ; des armateurs français y envoient des navires. Nous aurons, entre Marseille et Beyrouth, des lignes directes qui rendront faciles et moins dispendieuses les communications.

Pour marquer cette renaissance de la vie économique et

commerciale de la Syrie, une manifestation importante, qui fit date, était indiquée. En septembre dernier, deux mois après la prise de Damas, le général Gouraud, Haut-Commissaire, décidait qu'il y aurait une Foire-Exposition à Beyrouth, en avril 1921.

Le Ministre du Commerce fit plus qu'approuver cette décision, il donna à la réalisation du projet le précieux appui de ses services. Il était utile que la France fît un effort, il n'était pas d'une vaine réclame et d'une publicité sans lendemain.

On sait quels sont les résultats immédiats de la Foire-Exposition de Beyrouth, qui a réuni les produits d'environ 1.000 maisons françaises, touchant toutes les branches de notre industrie, pendant laquelle ou à l'occasion de laquelle il a été traité près de vingt millions d'affaires.

Il est des conséquences moins directes, mais cependant d'une importance capitale qu'il importe d'indiquer.

Au lendemain d'une crise commerciale, de difficultés d'ordres divers, cependant qu'elle était obligée, pour faire respecter ses droits d'envoyer des bataillons au delà du Rhin, la France montrait en Syrie que sa position dans le monde était telle qu'elle permettait d'envisager en même temps tous les problèmes et que, d'avoir résolu ceux de la guerre, ne l'empêchait point de résoudre ceux de la paix. Elle montrait aussi à la Syrie comment elle comprenait son mandat, qu'il comportait un côté politique, mais aussi un côté économique ; que dans le domaine de l'industrie et du commerce elle pouvait tout fournir, depuis les produits les plus immédiatement nécessaires jusqu'à ceux de grand luxe qui restent bien notre monopole.

Les commerçants syriens ont regardé, disons plus, ils ont pris des notes. Il est bien passé des curieux dans la rue Allenby, mais aussi tout ce que Beyrouth compte de commerçants s'y est donné rendez-vous ; l'on y vit, en outre, ces marchands de l'intérieur qui sont les gens d'affaires d'Alep ou de Damas, et qui font les gros chiffres. Il semble à première vue paradoxal, en parlant des marchands orientaux, d'employer des mots aussi modernes. Cependant, c'est bien gens d'affaires et orientaux qu'il faut dire pour désigner ces grands marchands des villes qui regardent sans se presser, qui examinent lentement, qui ne s'agitent pas parce qu'ils n'ont point les mêmes nerfs que nous, ni la même conception du temps. Ils ignorent le « time is money », mais ils savent des choses précieuses que nous ne savons point. Ils savent que des tribus lointaines donneront leur laine et leur blé contre telle ou telle marchandise, telle cotonnade à fleurs voyantes, tel drap très satiné, tels bibelots ou telle quincaillerie. Ils savent ce qui est vendable et ce qui ne l'est point. Et c'est là tout un art ; on n'impose pas une marchandise. Quels sont les goûts de cet Orient bizarre et différent qui va jusqu'à la Perse et à la mer Noire ; quels sont les filés que l'on peut vendre aux tisseurs de tapis ou d'étoffes, quels sont les bleus, les rouges et les verts qu'ils voudront employer ; quelles sont les bougies qu'on brûlera sous la tente. Pourquoi telles plutôt que telles autres ? Tous les voyageurs qui ont visité l'Orient savent combien ce qu'on appelle en langage commercial « le goût de la clientèle » est fait de routine, d'incompréhensible engouement, et qu'il vaut mieux s'y plier, car il n'évolue que très lentement.

La Foire-Exposition fut une double école : pour nos industriels d'une part, pour notre clientèle syrienne de l'autre. On en ressentira les enseignements durant de longues années. Il faut y voir aussi le point de départ d'une période nouvelle, d'un avenir commercial nouveau. Grâce à elle, nous connaissons mieux les besoins de ce pays, nous sommes à même de les satisfaire.

En 1919, par suite de notre situation économique, nous ne pûmes contribuer que pour une faible part aux fournitures de la Syrie ; l'Angleterre tient la tête, et comme valeur et comme tonnage. Mais, en 1920, la part de la France augmente sensiblement. Nous sommes au second rang comme valeur des marchandises importées. L'Angleterre nous dépasse encore à cause des cotonnades qui chiffrent gros et qui portent la valeur de ses importations à 250 millions de francs, tandis que les nôtres sont de 100 millions. Cependant, comme tonnage, nous dépassons très largement l'Angleterre, qui s'inscrit avec 11.000 tonnes, alors que nous allons au delà de 16.000 tonnes de marchandises importées ; et de même notre pavillon s'inscrit dans le port de Beyrouth avec 97 navires, alors que 125 battent pavillon anglais ; nos 97 navires font cependant 224.209 tonnes, alors que les Anglais sont à 121.820 tonnes seulement.

Nous arriverons facilement en Syrie au premier rang ; ce ne sera d'ailleurs que justice, que la consécration d'un travail soutenu. La chose en vaut la peine. Si l'on suppose, en effet, que le pouvoir absorbant de la Syrie, mieux administrée, plus vivante, agricole donc exportatrice, augmentera d'un quart seulement sur les moyennes d'avant-guerre, on arrive en augmentant la valeur des marchandises dans le rapport de 1 à 3 (il est actuellement 1 à 8) à 500 millions de francs. C'est un gros chiffre ; il n'a cependant rien d'exagéré. Il dépend de nos industriels, de l'adaptation des produits, de leur fabrication aux goûts et aux nécessités de l'Orient que cette fourniture soit en très grande partie faite par nous.

Notre exportation s'organise. Déjà le succès a couronné certaines tentatives d'adaptation — ne cite-t-on pas des affaires de draps arabes et de tarbouches où notre industrie est parvenue à la production voulue ? C'étaient cependant des fournitures difficiles, des monopoles autrichiens. Nous touchons aussi les cotonnades, le grand domaine anglais ; nos usines du Nord, celles d'Alsace, des Vosges étudient la question ; des contre-types sont à l'examen, car la nécessité s'impose de suivre une clientèle et de lui offrir la marchandise qu'elle préfère.

Nous organisons notre exportation, nous l'adaptons aux méthodes nouvelles. Nous arriverons. Quand les Français veulent, ils savent vouloir. Ce ne sont pas de simples mots : il n'est besoin pour se faire une religion que de prendre les dernières statistiques de l'exportation française.

On a beaucoup parlé des méthodes allemandes; elles avaient du bon et du mauvais. Elles vont reparaître avec la légion de voyageurs allemands qui semaient par le monde les produits de leur industrie et récoltaient des commandes. Mais aujourd'hui nous avons sur ces gens-là une avance sérieuse, nous sommes mieux outillés, nous avons, de l'exportation et de l'industrie, une conception aussi moderne et plus consciencieuse que la leur ; l'organisation de nos facultés de crédit à la clientèle a été l'objet de mesures de l'Etat ; nos services de renseignements sont installés ; nous pouvons envisager notre avenir commercial avec confiance. Pour la Syrie, cette confiance est une certitude.

Dans tout le domaine économique, il en sera de même ; ce sont nos sociétés, nos industries, nos capitaux unis aux capitaux syriens, qui mettront enfin ce pays en état de produire, d'équilibrer son budget, de se créer des ressources. Nous sommes arrivés à ce moment psychologique où le premier travail d'élagage est terminé, où quelques mises au point restent à faire, mais où l'on peut déjà réaliser.

Les faits donneront un démenti au : *Sic vos non vobis* du poète.

L'INVENTAIRE ÉCONOMIQUE DE LA SYRIE

Nous avons parlé il y a un instant d'un document qu'il serait intéressant d'établir et qui réunirait en un seul ouvrage le travail de documentation de ces deux dernières années. Ce serait une sorte d'*inventaire économique* de la Syrie. Il porterait sur toutes les branches de l'activité de ce pays, dirait ce qu'il contient, permettrait des déductions, simplifierait singulièrement la tâche de ceux qui désirent participer à sa mise en exploitation.

On en voit déjà les principaux chapitres : Syrie géographique, Syrie ethnographique, Syrie financière, Syrie agricole, Syrie minière, Syrie commerciale, Syrie industrielle, Syrie maritime, statistique et chiffres, budgets, mouvements des ports, des chemins de fer, projets en cours, projets à l'étude. Il serait d'un intérêt considérable que cela fût mis à la portée du public français et syrien sous une forme concrète. Sur la Syrie d'après-guerre, nous n'avons rien qui soit fait dans ce genre et l'on doit se rapporter à des ouvrages qui datent : Vital-Cuinet, Vernet et Dambman.

La Chambre de Commerce de Marseille a invité la Syrie à la prochaine Exposition qui doit avoir lieu dans cette ville.

La préparation de ce concours comporte la réunion de toute la série des documents économiques qui ont été établis sur la Syrie. Voilà donc le travail aux trois quarts fait ; le reste étant de compilation.

Présenter la Syrie sous un jour réel, sans optimisme ni pessimisme, dans la vérité de ce qu'elle est, dans la logique de ce qu'elle peut devenir, en faisant table nette de toutes les exagérations dans un sens ou dans l'autre, l'Exposition de Marseille en sera l'occasion excellente.

Vue ainsi, la Syrie est intéressante, dans toutes les acceptions que l'on donne à cet adjectif.

Nous nous sommes limité au cours de ces quelques pages à l'exposé très rapide du mouvement commercial de ce pays qui, par suite des circonstances, n'a pu jouer un rôle économique complet. Ce qui hier était vrai ne l'est plus aujourd'hui, ne le sera pas demain.

On voit déjà un mouvement se dessiner nettement. Conseillée, aidée, guidée par la France, administrée avec compétence, sous une direction éclairée qui lui a déjà permis de sortir avantageusement de la phase pénible de ses débuts et de devenir une nation, nous sommes certain que la Syrie a devant elle un avenir brillant où, dans tous les domaines, toutes les activités trouveront leur emploi.

Nous serions heureux d'avoir pu vous faire partager notre conviction.

LE TOURISME EN SYRIE ET AU LIBAN

par **M. PROST**

BEYROUTH ET SES ENVIRONS

Beyrouth se présente sous l'aspect d'une ville étendue au bord de la mer et sur un charmant amphithéâtre de collines toutes construites de villas, avec de vastes jardins à la végétation luxuriante : orangers, citronniers, caroubiers, amandiers, abricotiers y poussent de partout, dominés par des groupes majestueux de palmiers.

Au delà de la ville, les montagnes du Liban se dressent très hautes avec leurs nombreux villages parsemés sur toutes les collines, et. à l'horizon, le Sanin et le Keinessé dressent leur mont neigeux.

Beyrouth ne conserve que peu de restes archéologiques, les guerres et les tremblements de terre ont tout fait disparaître. Il faut signaler un groupe de trois colonnes de granit, qui ont peut-être appartenu à un temple, c'est tout ce que l'antiquité a laissé à Beyrouth. De l'époque des Croisades, il existe une église dédiée à saint Jean, qui est maintenant la principale mosquée de la ville.

Les environs de Beyrouth offrent au touriste le choix d'excursions aussi intéressantes au point de vue historique qu'au point de vue pittoresque. Ainsi, dans les environs immédiats de la ville, la promenade de Raš-Beyrouth procurera au voyageur une vue splendide des collines et du golfe qui entourent Beyrouth ; puis, une visite au Parc des Pins, belle plantation de pins attribuée à l'Emir Fakhr-ed-Din, au milieu de laquelle se dresse la résidence du Haut-Commissaire de la République Française, d'où l'on a une vue admirable sur le

Nahr Beyrouth et sur les montagnes du Liban. Le petit village de Chouefat, perché sur une colline, sur la route de Saïda, avec ses maisons à portiques et ses palmiers, fait songer à une petite ville d'Italie dorée par le soleil. Les antiquités situées près du Nahr-el-Kelb, l'ancien Lycus, sont représentées par de grandes stèles gravées dans le roc de la montagne : ce sont des figures et des inscriptions des dieux ou des conquérants égyptiens et assyriens qui ont marqué ainsi leur passage dans la conquête de la Syrie.

Nous donnons ci-dessous une liste de villages situés dans les montagnes, aux alentours de Beyrouth, que l'on pourra visiter facilement dans une journée et qui sont remarquables par leurs restes d'antiquités et par la beauté du panorama que l'on découvre du haut de leur position élevée.

Deir-el-Kala'ah. — Le village de Deir-el-Kala'ah est situé sur une crête du Liban, à 700 mètres d'altitude, qui se termine par des pentes à pic dans la gorge où coule le Nahr Beyrouth. On y visitera les restes considérables d'un temple gréco-romain avec, tout autour, des débris de colonnes, des pierres sculptées, ainsi que des sarcophages taillés dans le roc, et des grottes funéraires.

De Deir-el-Kala'ah, on peut, quand le temps est clair, apercevoir les côtes de l'île de Chypre.

Deir-el-Kamar et Beit-el-Din. — Le village de Deir-el-Kamar est renommé pour ses jardins construits en terrasse et par la fabrication des « aba », robes de soie brodées d'or. Quant à Beit-el-Din, joli petit village, il contient un palais construit, au xixᵉ siècle, par le fameux Emir Béchir. C'est un monument construit dans un style mauresque, s'alliant parfaitement avec le paysage et les masses de verdure qui en rehaussent les blanches arcades, les galeries superposées ainsi que les colonnettes et les dômes.

De Beyrouth aux Cèdres. — Il y a plusieurs itinéraires pour se rendre de Beyrouth aux Cèdres ; le plus intéressant est le suivant : On part de Beyrouth en suivant la côte par la route de Tripoli. On y rencontre d'abord le Nahr-el-Kelb et, un peu plus loin, le petit port de Djouni, construit dans un joli vallon rempli de végétation et au bord d'une petite rade dominée par les pentes abruptes et sauvages du Liban. Après Djouni, on passe le Nahr Ma'amiltein, auprès d'un ancien pont romain d'une seule arche, et le Nahr Ibrahim, l'ancien Adonis auquel se rapporte la fable de l'Adonis grec ou du Tammouz phénicien. Djébaïl est l'antique Gebal de l'Ecriture et la Byblos des Grecs et était célèbre par le culte d'Adonis. C'est là que se trouvait le sanctuaire de la célèbre déesse « la Dame de Byblos ». Djébaïl renferme une citadelle et une église, avec un élégant baptistère datant de l'époque des Croisades. De nombreuses nécropoles, grottes sépulcrales, restes de temples, etc., possèdent encore des sarcophages sculptés datant des époques phéniciennes et grecques ; elles se trouvent dans les environs du village de Byblos.

Après Djébaïl, se trouve le petit village de Batroun, l'antique Botrys, qui ne conserve pas d'antiquités. De Batroun à Bcharréh, on est au cœur de cette région du Liban si remarquable par la grandeur et la beauté de ses sites, non moins que par les traces des anciens cultes païens. On traverse la vallée du Nahr-el-Kadicha, remarquable par son caractère alpestre et la grandeur de ses lignes. Bcharréh, joli petit village, est entouré d'une haute ceinture de montagnes d'où descendent plusieurs torrents en formant de belles cascades. Les Cèdres sont à peu de distance de Bcharréh. Ils produisent tous un grand effet par la grosseur de leurs troncs dénudés et la longueur de leurs branches. Lamartine en a fait des descriptions enthousiastes.

DE BEYROUTH A TRIPOLI. TORTOSE. ILE DE ROUAD ET LATTAQUIEH

On peut faire cette excursion, soit par mer, soit par la voie de terre, qui est la plus intéressante.

De Beyrouth, après avoir passé Batroun (voir itinéraire de Beyrouth à Batroun,), on suit presque toujours la côte jusqu'à Tripoli. On y rencontre le village d'Anefey, l'ancienne Nephin des Croisades, avec une église des Croisés et, creusées dans le rocher, des excavations anciennes, représentant des grottes, sépultures, etc. Puis, un couvent grec, Belment, le Belment des Croisés, abbaye de l'ordre des Cisterciens fondée en 1157, et enfin on arrive à Tripoli.

Tripoli. — Tripoli, l'ancienne « Tripolis », fut, dans l'antiquité, un comptoir phénicien. La période la plus importante s'ouvre avec les Croisades. Raymond de Saint-Gilles, comte de Toulouse, y fit construire un château sur la montagne, dont les ruines subsistent encore. Tripoli est divisé en deux parties : la ville proprement dite située à 2 kilomètres dans les terres, et la Marine « El-Mina ». Le château, belle construction du XIIᵉ siècle, conserve encore quelques salles d'armes, des portiques, des cours, etc. A El-Mina, s'élevaient quelques tours destinées à la défense du port. La Tour des Lions, présentant quelques sculptures, est encore assez bien conservée. De Tripoli, on pourra 'se rendre aux Cèdres, par le village de Ehden, et par la vallée du Nahr Kadichah qui a reçu le nom de Vallée sainte, à cause du grand nombre de couvents et d'ermitages dont elle est remplie.

Château du Krak des Chevaliers. — Les voyageurs qui seront parvenus jusqu'à Tripoli pourront faire facilement l'excursion du château de Qala'at El Hosn, le falmeux Krak des Chevaliers des Croisades, qui resta en possession des Croisés de 1110 jusqu'en l'an 1271. C'est une magnifique forteresse demeurée à peu près dans l'état où la laissèrent les Hospitaliers, en 1271. La forteresse comprend deux enceintes dont les remparts et les tours sont formidables sur tous les points où des escarpements ne viennent pas apporter un puissant obstacle à l'assaillant. On entre dans le château par une porte ogivale et on remarquera la galerie qui met en communication la partie de la place avec le réduit et qui présente un système d'obstacles successifs fort intéressant. On y trouve une chapelle, la grande salle, des cours ou magasins, et les grandes tours à plusieurs étages servant d'appartement, de logis pour les défenseurs, etc.

Tortose et Amrit. — En quittant Tripoli, la route suit la mer jusqu'à Tortose. Avant d'arriver à Tortose, on visitera les ruines de Amrit, l'ancienne ville phénicienne de Marathus.

C'est un ensemble de monuments de l'époque phénicienne taillés dans le roc et dont les plus importants sont les suivants : une espèce d'aire sacrée entourée de murs ruinés ou taillés dans le roc avec, dans son milieu, un petit monument Naos ou Cella, qui paraît être le plus ancien temple qui nous reste de la race émitique ; les ruines d'un stade, et, près de la source Aïn et Hayath, les débris de deux Naos purement égyptiens. Le Bordj-el-Bezzarey consiste en un énorme mausolée construit en pierre de très grandes dimensions. Plus loin, on découvre un obélisque renversé et brisé ainsi qu'une vaste nécropole, avec de nombreuses grottes funéraires et deux monuments nommés El Meghazil qui ont des chambres funéraires creusées dans d'énormes pierres monolithes de forme cubique, qui atteignent une hauteur de près de 8 mètres.

Tortose. — Tortose est l'ancienne ville phénicienne de Antaradus, qui fut très puissante et importante par ses luttes contre Ramsès II et par son commerce sous la domination des Perses et des Romains.

Les Croisés s'en emparèrent au Moyen-âge et en firent un des grands fiefs du comte de Tripoli. Tortose conserve encore des monuments de la période des Croisades, consistant dans les ruines de l'enceinte de la ville et du château, et une église, la vieille cathédrale de Notre-Dame de Tortose, citée par Joinville, c'est un magnifique vaisseau du XIIe siècle, bien conservé, avec une belle porte ogivale ; l'intérieur renferme encore des colonnettes surmontées de chapiteaux avec des feuillages.

Ile de Rouad. — De Tortose, on peut se rendre en moins d'une heure à l'île de Rouad, l'antique Aradus. C'est un rocher de 800 mètres de long sur 500 mètres de large, tout couvert de maisons habitées par des pêcheurs d'éponges.

On voit encore, sur le rivage, les assises de l'ancienne enceinte phénicienne, bâtie dans un style cyclopéen, qui atteignent encore de 8 à 10 mètres de haut. Un vieux château arabe occupe le point le plus élevé de l'île et sert actuellement de prison.

Château franc de Margat et Banyas. — La route de Tortose à Banyas, longeant le district montagneux du Kaouaby, habité par les Alaouites, conduit au château de Margat. Le Kalaat Markab, une des principales forteresses des Hospitaliers, à l'époque des Croisades, est admirablement situé sur une haute colline dominant toute la mer et la région de Banyas. Une muraille flanquée de tours entoure tout le sommet d'une colline coupée à pic, le reste comprend tout un ensemble d'énormes tours, de salles d'armes, une petite chapelle et divers bâtiments anciens.

Le petit port de Banyas, l'ancienne Valénie des Croisés, ne conserve que les ruines d'une acropole phénicienne, construite en gros blocs de pierre.

Lattaquieh. — La ville de Lattaquieh, ancienne Laodicée des Romains, est située au pied d'un petit port protégé par de grosses tours anciennes. Lattaquieh ne renferme que de rares monuments antiques : une porte monumentale, ou Tétrapyle, datant du IIIe siècle de notre ère, aux angles garnis de chapiteaux corinthiens, est orné sur les assises supérieures d'attributs militaires sculptés en relief. A côté du Tétrapyle, se trouvent quatre colonnes corinthiennes debout, qui faisaient partie d'un temple dont il ne reste que des vestiges.

Qala'at Sahioun. Château franc de Saône. — Le château de Saône, situé à peu de distance de Lattaquieh, dans les montagnes des Alaouites, fut au temps des Croisés un des fiefs les plus importants de la principauté d'Antioche. La forteresse est construite sur l'un des contreforts du Djebel Darious et couronne une crête que deux ravins resserrent et isolent presque en se réunissant. Un large fossé séparant le château de la colline, taillé dans le roc vif sur une profondeur de plus de 15 mètres, est un des ouvrages les plus remarquables de ce genre, laissés en Syrie par les Croisés. La Pile du pont qui faisait communiquer la ville avec le château était ménagée dans la masse même du rocher et apparaît aujourd'hui comme un gigantesque obélisque. Il reste de la forteresse de Saône un donjon à plusieurs étages et des courtines, construits avec des blocs d'un assez grand apparat, taillés à bossages.

SAÏDA ET TYR

Saïda. — De Beyrouth à Saïda, la route longe le bord de la mer, au milieu de forêts d'oliviers et, en arrivant à Saïda, on remarquera les magnifiques jardins d'orangers, de citronniers, de grenadiers, etc...

Saïda, l'ancienne Sidon, a été une des villes les plus anciennes et les plus importantes de la Phénicie. Son histoire est alliée à celle des Egyptiens, des Philistins, des Assyriens, des Séleucides, et, sous la domination romaine, elle formait encore une sorte de république. Sous les Croisés, Sidon, connue sous le nom de Sagette, fut une place importante dont saint Louis répara les fortifications. Saïda actuelle ne renferme plus que des ruines : un château avec quelques tours occupe le centre de la ville, c'est la forteresse que les habitants appellent encore le château de saint Louis ; le Kala'at-el-Bahr, le château de la mer, situé sur une petite île, comprend deux grosses tours ruinées qui sont reliées à la mer par un pont très pittoresque.

Saïda est célèbre par les fouilles de Renan, qui dégagea toute une immense nécropole et découvrit le sarcophage d'Echmou-Nazar ; plus tard, des fouilles mirent à jour les fameux sarcophages d'Alexandre et des Pleureuses, qui sont conservés au Musée de Constantinople.

Château de Beaufort. — Le Kala'at Ech Chouquif se trouve à peu de distance de Saïda. C'est le château de Beaufort des Croisés, et il faisait partie de la principauté de Sagette (Saïda). Le château est bâti au sommet d'une crête rocheuse, au pied duquel coule le Nahr-el-Quadmih. La forteresse de Beaufort comprenait une enceinte avec des murs et, au-dessus, le réduit ou la forteresse proprement dite. Elle était construite en pierres d'assez grand appareil et taillées en bossages. Malheureusement, il ne reste plus de l'époque franque que les substructions des tours et des murailles, que recouvrent aujourd'hui les masures arabes bâties, au XVIIe siècle, par l'Emir Farkh Ed-Din.

Tyr. — La petite ville de Tyr ne conserve malheureusement que ses souvenirs historiques. Ville célèbre dans toute l'antiquité, les origines de Tyr se perdent dans la nuit des temps. Elle fut, à une période de son histoire, soumise aux Égyptiens. Un de ses rois, Hiram, fut en rapports constants avec Salomon. Puis, les souverains de Tyr fondèrent la colonie de Carthage et Tyr devint la métropole commerciale du monde entier. Soumise par les Assyriens, Tyr se défendit vaillamment et, retranchée dans son île, soutint un long siège contre Nabuchodonosor. Alexandre-le-Grand s'en empara et, par une chaussée, relia l'île à la terre. Sous la domination romaine et byzantine, Tyr continua à être une ville importante, les Francs s'en emparèrent en 1124 et, en 1202, un tremblement de terre acheva de ruiner la ville, qui n'est plus actuellement qu'une bourgade peu importante.

Les ruines d'une muraille et de tours entourent une certaine partie de Tyr, son port est entièrement comblé par les sables. Le seul monument important sont les ruines d'une belle église romane qui renfermait le tombeau d'Origène et de Frédéric Barberousse.

DE BEYROUTH A DAMAS

En partant de Beyrouth pour Damas, le touriste escalade toute une région du Liban, parsemée de villages et de jardins disposés en terrasse sur les pentes abruptes des montagnes. A Khan Muderedj, toute végétation cesse quand on arrive à une altitude de 1.800 mètres. La descente est très rapide sur le versant opposé du Liban, dans la grande plaine de la Bekaa, limitée par les monts neigeux de l'Anti-Liban. On traverse la Bekaa, immense vallée remplie de culture abondante, et les passages de l'Anti-Liban, avec le village de Zebdani, dans une petite vallée très riche et très pittoresque, dominée par les hautes crêtes de l'Anti-Liban, deviennent très étroits ; à Zouk Ouadi el Barada, la gorge se creuse entre de hautes murailles de roches, au milieu desquelles coule la petite rivière du Barada. Puis on arrive à Doumar, et enfin à Damas.

Damas. — Damas est la plus belle ville de la Syrie. Grâce à sa position magnifique au milieu d'une admirable oasis, et non loin de la petite vallée de la Coelésyrie, Damas a toujours été une ville riche et puissante. Son histoire politique est à peu près celle des autres villes de la Syrie ; tour à tour indépendante avec des princes qui s'intitulaient rois de Damas, elle fut dominée par les Assyriens, et enfin conquise par les Romains. La gloire de Damas date de sa conquête par les musulmans ; sous le règne de Saladin, Damas était le grand centre commercial, industriel et scientifique de la Syrie. Timour, en 1401, livra la ville aux flammes et passa au fil de l'épée tous ses habitants.

Damas, en arabe Ech-Cham, doit sa grande prospérité à sa situation aux portes du désert. Elle sert d'entrepôt pour tous les produits de Perse et des Indes qui arrivent par caravanes de Bagdad. Damas possède encore dans certains quartiers un caractère oriental qui ne se rencontre plus ailleurs.

De plus, elle a quelque chose de la grandeur sauvage et mystérieuse du désert de l'Arabie qui, près de ses portes, s'étend à l'infini. Le monument le plus important de Damas est la grande mosquée des Omnyades, bâtie, en 707, sur l'emplacement d'un ancien temple dont on voit encore les ruines grandioses d'une des entrées constituées par une colonnade supportant une partie considérable d'un magnifique arc triomphal. La mosquée, malheureusement brûlée en 1893, ne possède plus ses merveilleux plafonds de bois peints et ses marbres qui ornaient tous les murs du sanctuaire. Une petite chapelle dans la mosquée renferme, dit-on, la tête de saint Jean-Baptiste. De la grande cour de la mosquée, on pourra apercevoir les trois minarets dont un, le minaret de la Fiancée, passe pour un des plus anciens du monde. Près de la mosquée se trouve, dans un joli petit mausolée orné de faïence, la tombe du sultan Saladin, mort à Damas en 1193.

La ville de Damas est coupée tout entière de l'Est à l'Ouest par la célèbre rue Droite, l'ancienne Via Recta des Romains qui était, dans l'antiquité, une voie large de plus de 30 mètres et ornée de deux rangées de colonnes corinthiennes qui formaient trois magnifiques avenues ayant près de deux kilomètres de long. On trouve encore dans les habitations de la rue Droite moderne quelques débris de la colonnade. Damas renferme plusieurs mosquées fort intéressantes, dont l'une, bâtie en 1516 par le Sultan Selim, est un modèle d'architecture turque alliée à une décoration arabe très fine. Plusieurs des salles des bâtiments attenant au tombeau de Malik et Dhaher converties en musée renferment quelques antiquités de toutes époques et, en face de ce bâtiment, se trouve la bibliothèque possédant quelques beaux manuscrits arabes. La maison Azem, construction datant de quelques siècles, renfermant quelques chambres magnifiquement décorées de bois peints, de marbres de couleur et de délicieuses fontaines, donnera une idée de ce qu'était le luxe de Damas dans l'ornementation de l'intérieur des maisons.

Le voyageur ne manquera pas de visiter le quartier des souks, très pittoresque. Chaque corporation de métiers occupe un petit quartier : on a ainsi le bazar des bijoutiers, des menuisiers, des cordonniers, des soieries, des confiseurs, etc., etc. Damas conserve plusieurs souvenirs des premiers temps chrétiens ; on pourra visiter la maison de saint Ananie, celle de saint Jean Damascène, près de Bab Touma, ancienne Porte de Thomas, le mur de saint Paul, près de la Porte Bab Eheh Charqui, et le lieu de conversion de saint Paul. La citadelle de Damas, entièrement enclavée actuellement dans les souks, conserve encore de superbes murs et quelques tours. Du faubourg de Sahlieh, grosse agglomération musulmane étagée sur les premières pentes de l'Anti-Liban, on peut jouir d'une vue admirable sur Damas et ses environs. On découvre Damas aux mille minarets gracieux dans une oasis de verdure ; au delà, vers l'Est, les collines du Touloul et le désert, au Sud-Est, les cimes bleues du Djebel Haïran ou montagne des Druses, et à l'Ouest, l'Anti-Liban avec les hautes cimes neigeuses de l'Hermon.

Le Hauran. — Le Hauran proprement dit est le Djebel Hauran avec la plaine d'Al-Nukra, contrée de formation volcanique ; il est extrêmement fertile ; la plaine d'Al-Nukra est le grenier de la Syrie, tandis que la région de Trachon

Al Ledja, qui l'avoisine au Nord-Est, est un effroyable désert
de pierres. Le Hauran conserve un grand nombre de monuments de l'époque romaine ; le trait particulier de l'architecture du Hauran, c'est que la pierre est le seul élément de la
construction. Le pays ne produit pas de bois et la seule
pierre utilisable est un basalte très dur et très difficile à tailler.
Les architectes, réduits à cette seule matière, construisirent
les temples, les édifices publics et privés, dans lesquels tout
est en pierre, les murs, les solivages, les portes, les fenêtres,
les armoires.

La ville de Ezra, sur la ligne du chemin de fer de Damas
à la frontière de Palestine, conserve encore toute une série de
maisons antiques encore habitées et une église bien conservée,
l'église Saint-Georges, datée de 515 de l'ère chrétienne. Deraa
possède quelques maisons anciennes et toute une ville souter-
raine qui servait d'habitation aux troglodytes de l'époque
néolithique et une mosquée du XIIᵉ siècle.

Soueidiah, la capitale actuelle du Djebel Druze, l'ancienne
Dionysias, ne renferme presque plus d'antiquités, hors quelques colonnes qui faisaient partie d'un temple périptère, les
ruines d'une grande basilique et d'un théâtre antique.

Palmyre. — La visite des ruines de Palmyre se fait actuellement sans nulle difficulté. La route assez monotone est une
succession de ouady (vallées) sablonneux et arides encaissés
entre des chaînes de collines nues et sauvages. On y rencontre,
au départ de Damas, les villages de Kuteifch, de Djeroud,
de Kariatein, avant d'arriver à Palmyre entouré d'une végétation luxuriante. Palmyre, l'antique Tadmor, dont l'origine
est restée mystérieuse, devint sous l'Empire romain le centre
du commerce avec l'Orient. Située au milieu du désert, c'était
le grand point de rencontre des routes des caravanes qui réu-
nissaient la Syrie avec Ctésiphon, et Seleucie sur le Tigre, et
la Méditerranée avec le golfe Persique. Les monuments de
Palmyre datent du IIᵉ et IIIᵉ siècles, après Jésus-Christ. A cette
époque, Palmyre était gouvernée par une dynastie dont les
membres les plus célèbres furent Odenath et la reine Zénobie
qui, se révoltant contre l'Empire romain, fut vaincue et traînée au triomphe de l'empereur Aurélien.

La ruine de Palmyre commence vers l'an 273 après Jésus-Christ, et Timour, avec ses Tartares, pille et détruit la ville.

Palmyre possède encore sa physionomie de ville ancienne ; sur une immense étendue, ce ne sont que ruines encore bien conservées d'un Arc de Triomphe, de la colonnade, aux fûts hauts de 15 à 17 mètres conservés sur une longueur de plus de 1.200 mètres, des petits temples, l'un d'eux est presque intact, des groupes de colonnes, ayant appartenu à des maisons particulières, des tombeaux monumentaux, etc., etc.

Le temple du Soleil, dédié à la divinité locale de Palmyre, au dieu du soleil Baal, est un des plus beaux et des plus vastes monuments de l'époque gréco-romaine. Il conserve encore une enceinte entourée de colonnades. Le temple proprement dit, situé au milieu de l'enceinte, présente une très belle porte ornée de guirlandes de fleurs, de rinceaux, de volutes. L'intérieur, transformé en mosquée, est remarquable par sa construction en blocs colossaux de pierre. Malheureusement, toute l'enceinte du Temple est couverte par les constructions des Bédouins qui avaient transformé ce superbe monument en forteresse.

Palmyre est entourée de tombeaux très caractéristiques consistant en hautes tours carrées, à plusieurs étages dont l'intérieur contient de grandes chambres creusées de niches destinées à renfermer les corps couchés sur des plaques de pierre. La Tour Funéraire, dite «de la Fiancée», une des mieux conservées, est décorée à l'intérieur d'une délicate ornementation polychrome représentant des bustes de femmes. De vastes nécropoles souterraines ont été découvertes sur divers points de la ville ; l'une d'elles, ornée de peintures de style gréco-oriental, renferme encore de grands sarcophages sculptés. Un vieux château, le Qala'at Ibn-Maan, construction arabe, domine du haut d'une colline toute la ville ancienne et l'oasis de Tedmour.

DE DAMAS PAR BAALBEK A HOMS, HAMA ET ALEP

Baalbeck. — La ville de Baalbek, située dans la Bekaa, est adossée au pied de l'antique Liban. C'est l'ancienne Hélio-

polis des Séleucides et des Romains : située entre Palmyre
et le port de Tyr, elle se développe rapidement et devient à
l'époque romaine un entrepôt commercial des plus importants
de Syrie. Tous ses monuments datent de l'époque romaine,
ils furent élevés ou agrandis par les Empereurs Antonin le
Pieux, Caracalla, etc., etc...

Les ruines de Baalbek comprennent une acropole entourée
de murailles formées de blocs de dimensions colossales sur
laquelle se trouvent les ruines d'un propylée et de deux grandes cours entourées d'exèdres possédant de remarquables
sculptures. Dans la grande cour, se trouve un immense autel,
l'autel des sacrifices. Une basilique fut construite par Théodose
sur cet emplacement.

Le grand temple de Jupiter, élevé par Antonin le Pieux,
dominait toute la plaine, il n'en reste que six colonnes de 12
mètres de haut et 7 mètres de circonférence. A côté, s'élève le
petit temple de Bacchus, c'est le mieux conservé et le plus
esthétique des édifices de Baalbek. Le temple est entouré
d'un portique dont les colonnes mesurent 19 mètres de haut
sur $1^m,90$ de diamètre, le plafond est orné de très belles
sculptures. Dans l'intérieur du temple, on voit encore la place
de l'autel, et tous les murs sont ornés de colonnes et de niches
sculptées.

D'immenses souterrains s'étendent sous les monuments
de l'Acropole. On remarquera dans le mur d'enceinte extérieur trois énormes pierres, le Trolithon, chacune d'un seul
bloc, mesurant près de 20 mètres de long sur 4 mètres de haut
et 3 de large. Ces gigantesques monolithes ont été extraits
d'une carrière située non loin du Temple où gît encore une
pierre taillée à peine arrachée du roc qui est néanmoins plus
considérable encore que les monolithes du Temple.

Près de l'Acropole, se dresse un charmant petit monument
circulaire de style corinthien, qui était consacré à Vénus.

Homs. — De Baalbek à Homs, on suit toute la vallée de la
Bekaa, et, avant d'arriver à Homs, on commence à entrer
dans les grandes plaines de la vallée de l'Oronte et les dernières
pentes du Liban et de l'Anti-Liban se perdent dans l'horizon.

La ville s'annonce par sa forteresse qui domine toute la ville. Homs est l'ancienne Emèse, célèbre dans l'antiquité par un Temple splendide dédié au Soleil, mais dont il ne reste pas un débris. Homs, ville tout à fait arabe, est intéressante à voir à cause de la physionomie toute particulière que lui donnent les nombreux Bédouins qui se pressent dans les rues et dans les souks. La citadelle, qui couronne une colline, ne conserve que quelques pans de murailles.

Hama. — Hama est bâtie sur les pentes rapides de l'Oronte. Ancienne Hamath de la *Bible* et l'Epiphania des Seleucides, Hama conserve un rang honorable dans les villes anciennes de la Syrie.

La ville actuelle occupe l'un des sites les plus pittoresques de la Syrie sur les bords de l'Oronte dont l'eau, élevée par d'immenses norias, grandes roues tournantes à réservoir, mis en mouvement par le courant du fleuve, arrose de délicieux jardins couverts d'arbres et de fruits. Hama possède une mosquée, la Djami-el-Kebir, ancienne église chrétienne, et plusieurs anciennes maisons arabes, dont celle des Azem, qui ornée intérieurement de riches décorations de plafonds peints et de marbres, en font une merveille de l'art arabe.

Alep. — La contrée comprise entre Hama et Alep ne présente plus la même fertilité que les plaines de la Bekaa. On y rencontre de grands espaces couverts de pierres et de rochers. Alep est située dans la plaine mamelonnée qui s'étend de l'Oronte à l'Euphrate. La ville et ses environs immédiats sont dans une oasis traversée par une petite rivière, le Kouaik. La ville d'Alep est l'ancienne Beroea et était connue dans l'antiquité pour sa richesse et son commerce. Alep ne possède pas de monuments antiques, mais conserve des monuments de l'époque musulmane très importants.

La citadelle est placée sur une colline factice, haute de 60 mètres, revêtue d'un appareil de pierre jusqu'au fond des fossés. Cette magnifique construction en pierre de taille et ses imposantes dimensions sont encore rehaussées par quantité de matériaux précieux et par quelques motifs décoratifs ménagés avec une grande virtuosité et un goût très sûr. La citadelle d'Alep est un des monuments les plus suggestifs et les plus importants de l'architecture médiévale de la Syrie. On pourra visiter également la « grande mosquée » et quelques autres bâtiments religieux, entre autres la mosquée funéraire de Firdaus, entourée de cyprès, dans un site magnifique en dehors de la ville, et une partie des ruines de l'enceinte de la ville.

Alep est renommée par la beauté de ses souks qui sont tous couverts d'énormes voûtes de pierre, et par le luxe intérieur de ses habitations anciennes qui sont ornées de plafonds en bois peints, pavées de marbres multicolores et ornées de fontaines sculptées.

LES ENVIRONS D'ALEP

QALA'AT SIMAN, LES RUINES D'ANTIOCHE, ALEXANDRETTE

L'ensemble des ruines désignées sous le nom de Qala'at Siman occupe le sommet d'un plateau assez escarpé qui domine la vallée de l'Afrin-Sou. Le Qala'at Seman, « château de Simon », tire son nom du fameux Simon le Stylite, qui a vécu toute sa vie d'ascète sur une colonne. Les pèlerins, dans la suite, construisirent des églises, des couvents, des maisons qui se sont conservés jusqu'à nos jours.

La base de la Colonne de Simon le Stylite se voit encore dans la cour de l'église et du monastère dont plusieurs assises, des colonnes et la façade, sont encore debout. Une belle ornementation florale orne tous ces monuments. D'autres monuments, des églises, des portiques, des baptistères, des maisons et des hôtelleries datant du IVe au Ve siècle sont dans un bel état de conservation, et concourent à former du Qala'at Seman un ensemble de bâtiments uniques pour l'étude des premiers temps chrétiens.

Toute la région comprise entre Qala'at Siman, comprenant le Djebel-el-Ala et Marrat-el-Mahman, avec le Djebel Arbaïn ou Djebel Riha, renferme une grande quantité de localités possédant encore toute une série de monuments de la fin de l'époque romaine et du commencement des premiers temps chrétiens, qui sont d'un haut intérêt. Nous citerons les prin-

cipaux sites : Tourmanin, avec une grande église du vıe siècle, Dana, avec des groupes importants de tombeaux de l'an
324 de notre ère ; Qualb Louzeh, qui possède une des églises
les plus belles et les mieux conservées de la Syrie ; Kokanaya,
avec de nombreux tombeaux datant de 369 après J.-C., et tout
un ensemble de maisons datées (431 après J.-C.) et en excellent
état de conservation ; Deïr Sita, près de Harnakoush, on y
trouve de nombreuses maisons datant de l'an 412 de notre
ère, les ruines d'une église du vıe siècle, un baptistère, etc.
El-Barah conserve tout un ensemble de ruines de l'époque
chrétienne : habitations spacieuses, avec de nombreuses
dépendances, du ve au vıe siècle de notre ère, ruines de grandes
églises, grande villa, nécropoles et tombeaux monumentaux.
Toutes les ruines de El-Barah, par leur bon état de conservation, rappellent celles de Pompéï.

Au village de Hass et de Serdjilla, de Riha, près de El-
Barah, se trouvent des ruines nombreuses d'églises, de maisons, de tombeaux, de thermes, etc...

Antioche. — Antioche, située dans une plaine arrosée par
l'Oronte, d'où l'on aperçoit le pic abrupt du Djebel-el-Akra
(Mont Casius de l'Antiquité) et la chaîne de l'Amanus, fut
une des villes les plus florissantes de l'antiquité. Construite
en 301 après J.-C. par Seleucus Nicator, Antioche devint une
des premières villes de l'Orient par sa richesse et ses monuments. Le nom d'Antioche occupe une grande place dans
l'histoire des premiers temps de l'Église. Elle fut le siège d'un
patriarcat fondé et occupé par saint Pierre. Conquise par les
Croisés, en 1097, elle devint le siège d'une importante principauté franque. Malheureusement, Antioche fut détruite
par de nombreux tremblements de terre et ne conserve que
peu de ruines antiques. Une partie de l'enceinte de la ville,
avec des tours, quelques portes et les restes d'un château
construit sur une colline, sont toutes les ruines que possède
Antioche.

Alexandrette. — Alexandrette, en turc Iskenderoun, est
située sur la partie sud du golfe d'Alexandrette et doit son
nom à Alexandre-le-Grand. Elle n'est marquée dans l'anti-

quité par aucun événement et ne conserve pas traces de ruines de monuments. La ville actuelle, située dans une plaine basse et marécageuse, bordée par des hauteurs abruptes, est importante par son port, qui, protégé par des montagnes voisines, est le havre le plus sûr et le meilleur de la côte de Syrie.

III

LES ÉTATS

LE GRAND-LIBAN

par le Capitaine SOULÉ-SUSBIELLE

Il est, dans cet Orient millénaire, un coin de terre où tout
le monde a passé, où chaque race, chaque peuple ont laissé
des traces et des ruines. Berceau des religions et patrie des
prophètes, on y a adoré tous les dieux, parlé toutes les langues.

Les conquérants s'y sont heurtés en des chocs farouches
et sanglants et ce chemin de peuples a vu le flux barbare des
invasions, venues du Sud, de l'Est et du Nord, détruire les
empires et laisser derrière elles les ruines fumantes des civilisations à jamais disparues.

Ce pays, c'est la Syrie.

Plusieurs milliers d'années avant l'ère chrétienne, des
populations pastorales, venues des bords de l'Euphrate, peuplèrent la côte orientale de la Méditerranée, depuis l'île de
Rouad jusqu'au Nahr En Na'mm, l'antique Bélus, fleuve de
Ptolémaïs, devenue Saint-Jean-d'Acre.

Elles pénétrèrent dans les montagnes de l'Est et fondèrent,
le long de la côte, de nombreux ports dont les principaux
furent Arwad, Tripoli, Beryte, Sidon Acco, Tyr, Jaffa et
Ghaza. Ces villes furent longtemps unies par une sorte de
confédération et englobant le Liban dont les forêts de cèdres
leur étaient indispensables pour construire les navires.

Alors que l'intérieur du pays, voyant un ennemi en tout
étranger, se renfermait dans un farouche isolement, les Phéniciens, hardis marins et souples commerçants, parcouraient
toutes les mers et portaient partout, avec les produits de leur
industrie, les germes des civilisations orientales.

Cette Phénicie s'appelle actuellement Grand-Liban. Nous allons brièvement parcourir son histoire.

Abordant d'abord à Chypre, puis à Rhodes, les Phéniciens arrivèrent bientôt aux Sporades et aux Cyclades.

En Thrace, ils explorèrent les mines d'or, ils traversèrent les Dardanelles, le Bosphore et s'établirent sur les côtes de la Mer Noire.

Ce fut la période d'extension de Sidon et l'apogée de sa puissance. Son vaste commerce lui procura des richesses immenses. C'est à Sidon que revient la gloire d'avoir apporté à la Grèce barbare la civilisation orientale.

Deux villes rivales : Tyr au Sud, et Arwad au Nord, arrivèrent à un degré de puissance encore plus formidable. Leurs marins découvrirent l'Angleterre et firent le tour de l'Afrique.

Malheureusement, les querelles intestines, les luttes de parti, affaiblirent toujours les villes phéniciennes. Trop souvent, les intérêts nationaux furent sacrifiés aux intérêts commerciaux et Tyr et Sidon furent impuissantes à se défendre contre leurs voisins que tentait leur opulence. Les Perses conquirent la Phénicie, Artaxercès III détruisit Sidon et noya les cendres de ses ruines dans le sang de quarante mille de ses habitants. Là encore, les haines et les trahisons avaient désorganisé la résistance.

Tyr disparut à son tour. Alexandre s'en empara après un siège de sept mois.

Depuis, la Phénicie ne fut plus qu'une province de l'empire des Séleucides. Son histoire se mêle dès lors à celle des empires romains, des Grecs d'Orient, des Arabes, des Croisés, des Mameliks et des Turcs.

Peu de peuples ont eu dans le monde un rôle aussi important que celui des Phéniciens. Marchands habiles, intermédiaires entre l'Orient et les pays du littoral méditerranéen, explorateurs et fondateurs de colonies nombreuses et prospères dont Carthage fut la plus puissante, ils faisaient le commerce de la pourpre, des pierres précieuses, de la verrerie, des étoffes. Mais ils furent en même temps des courtiers d'idées. On leur doit la propagation de l'alphabet, des sciences astronomiques et mathématiques des Babyloniens. Il est facile de retrouver dans la religion grecque les mythes de l'Inde et de l'Egypte parvenus dans l'Hellade à travers la forme des Baals phéniciens ou de la troublante Astarté, sœur de la radieuse Aphrodite.

C'est parce que l'Orient tout entier, grâce à son génie cosmopolite, est entré dans l'éducation de la Grèce que cette dernière a atteint ce degré de perfection dont le splendide rayonnement a créé la civilisation moderne.

Pendant la domination romaine, la prospérité de la Phénicie fut de nouveau très grande. L'antique Beyrouth fut le siège d'une des écoles de droit les plus réputées de l'empire romain, et c'est là qu'Héliogabale, proclamé empereur, reçut l'hommage des villes d'Orient.

Le rôle de la Phénicie fut secondaire dans l'empire byzantin. Les Arabes conquirent la Syrie dans la première moitié du VIIe siècle, de 634 à 636. Ils soumirent le littoral, mais les habitants de la montagne, groupés autour de chefs énergiques, résistèrent longtemps et défirent même les armées conquérantes.

Vers la fin du VIIe siècle, les Libanais reconnurent l'autorité nominale des Kalifes, mais restèrent en fait indépendants : continuant à obéir à leurs émirs et conservant leurs lois, leurs coutumes et leurs traditions. Il en fut ainsi sous la domination des Ommiades, puis sous celle des Abassides, dont Haroun-el-Rachid fut le plus grand représentant.

La décadence des Abassides fut rapide. Les descendants d'El Mammoun étaient trop faibles pour maintenir l'union entre les races différentes qui peuplaient leur empire. Guerres civiles, révolutions de palais, révoltes de gouverneurs de provinces se succédèrent et les Fatimites d'Egypte, profitant des troubles, s'emparèrent de la Syrie. Ils en furent dépossédés, en 1075, par les Turcs seljoucides.

Le Liban luttait toujours. À l'abri des rochers, ses guerriers, campés sur la montagne, essayaient de prolonger leur résistance, lorsque, au début de 1099, parut aux confins du Liban l'armée des Croisés, presque tous Français. On conçoit la joie des montagnards. Guides dévoués, intrépides, com-

battants, archers habiles, ils vinrent grossir l'ost des Francs.
Nous pouvons avec fierté évoquer ces luttes épiques entre
adversaires également chevaleresques. Godefroy de Bouillon,
saint Louis et Salah ed Dinn comptent parmi les plus pures
figures de l'histoire.

Les mêlées furent rudes. Le fracas des masses d'armes des
chevaliers d'Occident se mêla au choc des haches mardaites,
au sifflement des flèches libanaises et au bruit clair des cime-
terres heurtant les casques de fer.

La lutte finie, sans haine, les rivaux de gloire fraternisaient
et le mérite des Croisades fut d'avoir permis au monde occidental de pénétrer le mystérieux Orient, unissant ainsi deux
civilisations faites pour se comprendre et s'aimer.

Les Francs furent reconnaissants au Liban de l'aide fournie.
Une situation privilégiée lui fut accordée dans les Etats latins
et bientôt la montagne se couvrit de châteaux-forts dont
certains subsistent encore à l'heure actuelle.

Lorsque sous le génie de Salah ed Dinn, la ruine des principautés chrétiennes se précipita, ce fut dans le Liban que les
Croisés trouvèrent un refuge. Ils s'unirent à la population et
défendirent died à pied la montagne.

Pendant deux siècles, Francs et Montagnards fraterni-
sèrent. Les deux races s'allièrent et nombreux sont encore
dans la région d'Ehden, de Zgorta et de Bcharré, les types
occidentaux aux cheveux blonds et aux yeux bleus.

L'invasion des hordes mongoles de Gengis Khan en 1220,
de Houlagou en 1250, porta la désolation dans le Liban :
El-Malek el Achraf Kalil Ibn Kalaoun, sultan d'Egypte,
conquit la Syrie qui resta deux siècles sous la domination de
ses successeurs. Timour Lenk dévasta le pays vers 1400.

Malgré les invasions, les relations de la France et du Liban
continuaient à se développer. Jacques Cœur, l'argentier
de Charles VII, rassembla une fortune énorme en important
en France les produits d'Orient. Ses galères visitaient tous
les ports de la côte phénicienne.

Ce fut cet or qui permit de lever les troupes de Jeanne
d'Arc et de délivrer la France.

En 1516, la Syrie fut conquise par l'Ottoman Sélim Ier ; le

Liban était alors divisé en petites principautés indépendantes.

Elles se soumirent à la suzeraineté du Sultan, qui leur conserva leurs privilèges séculaires.

Deux grandes familles détinrent alors le pouvoir : les Ma'nns et les Chehab.

Les Ma'nns étaient probablement musulmans. Ils s'établirent au Liban en 1118 et entreprirent contre les Croisés une lutte qui les rendit maîtres du Chouf.

Le plus célèbre des Emirs Ma'nns fut Fakhr Eddinne II. Echappé par miracle à la vengeance des Turcs, qui poursuivaient son père, il fut élevé dans le Kesrouan par une famille Khazen. Il réunit en un seul bloc Druzes et Maronites et soutint plusieurs guerres victorieuses contre les gouverneurs de la Syrie.

Réfugié en Italie en 1612, il se retira à la cour des Médicis, à Florence, qui l'accueillit avec générosité.

Revenu au Liban après cinq ans d'exil, il reconquit le pays. Mais, enfin battu et fait prisonnier, il fut décapité à Constantinople, en 1633.

L'Emir Ahmad, mort en 1697, fut le dernier prince de la dynastie des Ma'nns. Son neveu, l'Emir Bechir Chehab, lui succéda.

Originaire du Hedjaz, la famille de Chehab était apparentée à la tribu Koreiche. Malek Chehab, s'étant emparé de Hauran lors de la conquête arabe, en fut nommé Emir. Alliés aux Ma'nns par de nombreux mariages, ils furent leurs fidèles seconds dans toutes les guerres entreprises.

Les Emirs Chehab tiennent une place considérable dans l'histoire du pays. Toujours en lutte contre les Turcs ou contre leurs vassaux, ils régnèrent jusqu'en 1850.

Pendant les XVIIe et XVIIIe siècles, la France ne reste pas inactive au Liban. Depuis les capitulations, signées en 1535 entre François Ier et Soliman, elle avait établi des consuls à Saïda, Tripoli et Beyrouth. Marseille entra en relations suivies avec le Liban et l'Emir Fakhr ed Dinne construisit, à Saïda, un khan aux portes barrées de fer où vinrent se grouper nos commerçants avec leurs entrepôts et leurs marchandises. En 1685, il y avait 175 résidents français et 14 maisons de commerce, achetant surtout la soie, mais aussi l'huile, le riz, le café et les cendres employées dans la fabrication des savons et du verre.

En 1670, le chiffre d'affaires avait dépassé deux millions. Tripoli exportait les soies de luxe, les cocons, la soie grège, les soies filées, les tissus de velours, les étoffes de laine et de coton et les raisins secs de Baalbeck.

En échange, la France exportait des draps, du papier, de la quincaillerie et des lingots d'argent très appréciés pour la confection des bijoux.

De nombreux voyageurs français, entre autres le chevalier d'Arvieux et le marquis de Nointel, parcouraient le pays.

Le plus célèbre des Emirs Chehab fut, sans contredit, l'Emir Bechir II. Pendant cinquante-deux ans, de 1786 à 1840, il exerça son autorité sur le Liban.

En 1799, lorsque Bonaparte vint mettre le siège devant Saint-Jean-d'Acre, défendu par Ahmed Pacha, l'Emir Béchir conclut un traité d'alliance avec les Français et assura leur ravitaillement.

Chassé par les Turcs en 1822, il se réfugia auprès de Méhemet Ali, vice-roi d'Egypte. Réintégré dans ses fonctions, il conclut, neuf ans après, une alliance avec Ibrahim Pacha.

Les troupes libanaises combattirent avec les troupes égyptiennes et participèrent à cette marche triomphale qui chassa les Turcs de toute la région.

Les grandes puissances, sauf la France, ayant forcé l'Egypte à rappeler ses troupes, le Sultan destitua l'Emir Bechir, qui mourut en exil à Constantinople, en 1850.

Jusqu'en 1840, le Liban avait connu de nombreuses guerres civiles, mais on n'avait encore rencontré aucune trace de guerre religieuse.

Chrétiens et Druzes vivaient en accord parfait, s'unissant souvent contre leur ennemi commun, l'Ottoman.

Les Druzes tirent leur origine du khalife fatimite d'Egypte Hakim bi Amr Allah (996 à 1020) qui se prétendit une incarnation de la divinité, puis disparut mystérieusement. Sa doctrine fut propagée en Syrie par un Persan, Cheikh Mohamed Ibn Ismaël.

Les Druzes croient en un seul Dieu qui s'est manifesté sous des formes humaines et en dernier lieu par Hakim. Les croyants, morts, renaissent dans un paradis terrestre d'où, sous la conduite de Hakim, ils viendront un jour conquérir le monde.

Dans les dernières années de l'Emir Bechir, des mesures rigoureuses, prises contre les Druzes, les exaspérèrent. En outre, les Turcs, toujours disposés à profiter des discordances libanaises pour ruiner les privilèges du pays, excitèrent les haines au lieu de les calmer.

Les Druzes, dupés, attaquèrent les Chrétiens, en 1841. Les Ottomans en profitèrent aussitôt, avec l'agrément des grandes puissances, pour diviser le Liban en deux parties, l'une chrétienne, confiée à l'Emir Bellama, l'autre druze, confiée à l'Emir Arslan.

C'était dresser face à face en ennemis les Libanais formant bloc jusque-là. Le but des Turcs était atteint.

Leurs agents continuèrent leur campagne de provocation. Ils déchaînèrent par leur perfidie une guerre civile sans merci qui couvrit le Liban de sang et de ruines. Les Druzes fondirent en troupes nombreuses sur les villages chrétiens. Deir-el-Kamar, Hasbaya, Rechaya, furent livrées aux flammes et une partie de la population mâle massacrée.

Il est un fait à remarquer, les Druzes respectèrent scrupuleusement la vie et l'honneur des femmes. Beaucoup d'entre eux sauvèrent les Chrétiens poursuivis et l'on peut prétendre sans crainte que, seules, les excitations d'agents étrangers purent déclancher cette lutte fratricide. Ces déplorables événements eurent leur répercussion à Damas où le noble musulman, notre ennemi d'hier devenu ami fidèle, l'Emir Abd-el-Kader, sauva des mains de la populace révoltée plus de deux mille Chrétiens.

La France envoya immédiatement un corps expéditionnaire, qui débarqua à Beyrouth et bivouaqua dans le bois des Pins. Sa seule présence suffit à faire cesser presque immédiatement les massacres.

Le 26 septembre, le général de Beaufort occupait Dei-el-

Kamar et chassait de la montagne les bandes qui s'y étaient réfugiées.

Suivant l'expression de M. de George, les soldats français firent une promenade de bienfaisance à travers le Liban. Pacifiant le pays, secourant les victimes, reconstruisant les villages détruits, calmant les haines, ils s'acquittèrent de leur tâche avec entrain, dévouement et générosité.

En même temps, l'abbé Lavigerie ouvrit en France une souscription qui rapporta, en quelques semaines, trois millions de francs, sans compter les vêtements et les outils. Deux orphelinats furent créés à Beyrouth et à Zahlé pour recueillir les enfants des victimes.

L'élan avait été unanime. La France était accourue pacificatrice, pansant les blessures, réparant les ruines. Sans esprit de vengeance, elle consola les malheureux et calma les violents.

Une commission internationale se réunit à Beyrouth. Les discussions furent longues. Le délégué français s'opposa formellement au projet anglais qui voulait diviser le Liban en quatre tronçons.

Il réclama résolument l'unité de la montagne. Lord Dufferin s'inclina de mauvaise grâce. Malgré les efforts de la France, les limites de la province autonome ne devaient pas même comprendre le Liban géographique. On lui refusa le cours de l'Oronte et du Litani. On ne voulut pas lui donner Beyrouth ni son territoire limitrophe ; tout le versant oriental du Liban fut attribué à Damas.

Au Nord, on retranchait les plaines de Tripoli et d'Akkar. Au Sud, on l'amputait du district de Saïda, le laissant sans les ports et sans les plaines fertiles indispensables à son développement économique.

Le statut du 9 juin 1861, modifié en 1864, donnait au Liban un gouvernement autonome dont les rapports avec Constantinople étaient régis par une constitution.

La montagne était administrée par un gouverneur nommé par la Porte. Il devait être Ottoman chrétien non Libanais ; ses pouvoirs dans la province étaient à peu près dictatoriaux.

Un Conseil administratif, au pouvoir simplement consultatif, l'assistait, l'argent des impôts servait théoriquement à couvrir les frais de l'administration et du gouvernement du pays.

Pendant ce demi-siècle d'autonomie, le Liban ne fut plus troublé par les massacres, mais il végéta misérablement. Aussi le pays se dépeupla rapidement. En 1906, sur 40.767 contribuables, 20.761 avaient émigré. Zahlé, sur 3.000 contribuables, avait 1.507 émigrants ; Djezzin, 2.231 sur 5.983 ; le Kesrouan, 10.206 sur 15.549 ; Batroun, 6.817 sur 16.220.

La mauvaise administration et la pauvreté du sol montagneux furent les principales raisons de ce lamentable état de choses.

C'est vers l'Egypte et les deux Amériques que tous se dirigeaient. Le pays, privé de l'élite de sa population, mourait lentement.

*
* *

La guerre vint avec son cortège de deuils et de ruines.

Le Liban fut moins que tout autre épargné. En proie à d'épouvantables famines, terrorisé par les déportations en masse et les exécutions des meilleurs de ses enfants, il vécut un horrible cauchemar.

Rien ne lui fut épargné et l'on évalue à plus de cent mille les morts causées par la faim et la misère dans le pays.

Pourtant, malgré la poigne de fer des Germano-Turcs, le pays frémissant attendait avec impatience la libération définitive. Des centaines de ses enfants s'étaient engagés dans l'armée.

La France, malgré ses souffrances, malgré son territoire envahi et ses milliers de réfugiés sans abri, n'oubliait pas le Liban.

Pendant trois ans, un marin français, le commandant Trabaud, vécut sur l'îlot de Rouad, un des points les plus insalubres de la côte. Infatigable, il multiplia les secours, jeta dans le pays l'or qui chaque jour sauvait des centaines de malheureux. Il créa un réseau d'informateurs qui, luttant contre les fausses nouvelles répandues à plaisir par les Allemands, donnait ainsi au Liban en même temps que le soutien matériel, le réconfort moral et l'espoir tenace de l'avenir triomphal. Recueillant tous les fugitifs, patrouillant le long des côtes, bravant les embûches sous-marines, il mérita à jamais la reconnaissance du pays.

La marche victorieuse des armées, commandées par le maréchal Allenby, allait définitivement libérer le Liban. Le 19 septembre, la cavalerie enlève Tul Karem, le 20, l'aile gauche atteint Jaffa et Caïffa, l'aile droite dépasse Naplouse ; la cavalerie entre dans Nazareth. Complètement encerclées, les troupes turques se rendaient et le chiffre des prisonniers atteignit, le 22 : 25.000 hommes et 250 canons. La part prise par les troupes de la France dans la bataille avait été telle que notre infanterie enleva d'un seul bond le front du Mont Arara, défendu par les troupes allemandes du 146e régiment.

Dans un élan superbe, redoutes, tranchées, réduits de mitrailleuses, tout fut conquis de haute lutte, et nos unités, dépassant leurs objectifs, secoururent certains bataillons anglais qui, d'après le plan d'engagement, devaient au contraire aider leur mouvement. Notre régiment de cavalerie, spahis et chasseurs d'Afrique, pénétrant au galop dans les emplacements de batterie, capturait des trains entiers, 1.800 prisonniers et 17 canons. Le 20, il enlevait Naplouse à la pointe du sabre, s'emparant de 700 prisonniers, 2 canons et 9 mitrailleuses ; le 30, il participait à l'encerclement de Damas.

On voit que, malgré la lutte de géants soutenue sur le front occidental, la France n'avait pas oublié la Syrie et ses soldats s'étaient montrés, là encore, dignes des héros de l'Yser, de l'Artois, de l'Aisne et de la Champagne.

Le 7 octobre, traversant les champs de mines, la Division Navale de Syrie entrait en rade de Beyrouth et l'amiral Varney pénétra sans escorte dans la ville dont il prit le premier possession. Le lendemain, le général chérifien Chukri Ayoubi, qui s'était fort prudemment tenu à l'écart pendant la bataille, arriva de Damas avec quelques cavaliers. Fort belliqueux, l'ennemi n'étant plus là, il s'installa sans façon au nouveau sérail et se proclama gouverneur du pays.

Le colonel de Piepape protesta. Des ordres furent donnés par le maréchal Allenby et un détachement écossais occupa le sérail. La farce était terminée. Le colonel de Piepape fut nommé gouverneur de la ville et les diverses communautés, chrétiennes et musulmanes, vinrent avec joie lui présenter leurs félicitations.

A de très rares exceptions près, la population du Liban avait toujours refusé les avances de Faysal. A Baabda, le 22 mars, les représentants des Cazas, les présidents des municipalités, les Cheïks, les notables de tous les pays protestèrent contre les desseins de Faysal et choisirent comme emblème national le drapeau tricolore orné du cèdre libanais.

A Tripoli, les délégués de 30.000 chrétiens ou musulmans accusèrent le Gouvernement du Hedjaz de fanatisme, de duplicité et d'incapacité. Nous demandons, ajoutaient-ils, une seule protection : celle de la France. A Beyrouth, le président de la Cour d'appel, musulman notoire, s'écriait : Qu'Allah, Dieu des Musulmans et des Chrétiens, bénisse le drapeau français ! Et le général Gouraud répondit à cet élan merveilleux d'un pays entier vers sa naturelle protectrice par un geste de créateur. Le 1er septembre 1920, en présence des autorités libanaises, des chefs spirituels de toutes les religions et confessions, assisté des représentants des puissances alliées, entouré des troupes victorieuses, dans le splendide décor des Pins, au pied du Liban sacré dominant la mer phénicienne, il proclama le Grand-Liban. Et, la voix grave du canon, clamant sur Beyrouth la réalisation du rêve séculaire, scandait ses paroles pendant que le soleil couchant empourprait l'horizon d'une lueur de gloire.

Le Grand-Liban était né. Le général Gouraud l'avait salué dans sa grandeur et dans sa force, du Nahr el Kébir aux portes de la Palestine et aux crêtes de l'Anti-Liban. C'est la montagne unie à la fertile plaine de la Bekaa, à Beyrouth, à Tripoli, à Tyr et à Sidon. C'est l'antique Phénicie renaissante sous la protection de la France.

*
* *

Le Grand-Liban a une superficie de 10.855 kilomètres carrés. Le pays tire son nom de la chaîne de montagnes qui s'allonge du Nord-Est au Sud-Ouest, depuis la vallée du Nahr el Kébir au Nord, jusqu'au Litani au Sud. Le versant occidental descend en pente douce vers la Méditerranée dont il est séparé par la plaine phénicienne.

Le versant oriental tombe brusquement sur la Békaa, la fertile Coëlé-Syrie des Romains.

Cette plaine, qui sépare le Liban de la chaîne parallèle, l'Anti-Liban, est plutôt un plateau allongé dont l'altitude varie de 600 mètres à 1.200 mètres à Baalbeck. La longueur de la montagne est d'environ 165 kilomètres, sa largeur de de 30 à 40 kilomètres.

Au centre, la chaîne du Djebel el Keneiça livre passage, à 1.542 mètres d'altitude par le col de Dahr et Baïdar, au chemin de fer et à la route de Damas à Beyrouth.

A 35 kilomètres de Beyrouth, on peut apercevoir la cime, presque toujours blanche, du Sannine. Le plus haut sommet de Dahr el Kébir atteint 3.063 mètres. Tout près de lui, sur une des pentes du Makmal, se trouve le fameux bois des cèdres. Deux de ces arbres ont 15 mètres de circonférence et 25 mètres de hauteur. La légende les dit vieux de 3.000 ans.

La chaîne de l'Anti-Liban atteint une altitude de 2.860 mètres au Grand-Hermon.

Le littoral rocheux du Grand-Liban présente des découpures peu profondes. Du Nord au Sud, on rencontre le promontoire de Tripoli, entouré d'un collier d'îlots, le cap de Ras el Chekaa, énorme masse rocheuse de plus de deux kilomètres. Le reste de la côte, jusqu'à Tyr, est presque uni.

Les fleuves du Liban sont presque tous des torrents. D'un très gros débit en hiver, beaucoup ne laissent couler, l'été, qu'un mince filet d'eau soigneusement dérivé par les paysans pour l'irrigation de leurs champs.

La plus importante de ces rivières est le Litani, long de 180 kilomètres. Il traverse la Békaa et va se jeter dans la Méditerranée, près de Tyr.

Citons encore le Nahr Beyrouth, enjambé par un aqueduc romain dont les ruines sont appelées arches de Zénobie, et le Nahr el Kelb, le Lycus des Anciens. Il fut le chemin obligé de toutes les invasions. Le défilé s'ouvrant à son embouchure fût témoin de luttes sanglantes, et le flanc rocheux de la montagne est couvert d'inscriptions qui, de Ramsès II à nos jours, commémorent le passage de toutes les armées victorieuses. C'est le Nahr el Kelb qui fournit à Beyrouth l'eau potable.

Le Nahr Ibrahim, l'ancien Adonis, était le fleuve sacré des Phéniciens, il sort d'une grotte profonde, l'Aphoca. Ses eaux doivent venir, à travers la montagne, du lac Yamounné. Un temple, dédié à Vénus Astarté, s'élevait près de la grotte et les mystères sacrés y étaient célébrés.

Le Nahr Kadischa est le fleuve saint des Maronites. Prenant sa source près des cèdres, il roule ses eaux impétueuses au fond d'une gorge perpendiculaire de plus de 500 mètres de profondeur, dans les parois de laquelle sont creusées de nombreuses cellules autrefois habitées par les anachorètes.

Le fameux couvent de Kannoubin, ancienne résidence des patriarches maronites, est construit sur ses rives.

La Kadischa se jette dans la Méditerranée à 2 kilomètres de Tripoli.

Enfin, plus au Nord, on rencontre le Nahr el Kébir (le grand fleuve), l'Eleuthérus des anciens, qui arrose la plaine d'Akkar.

**

Si l'on a souvent appelé avec raison la Syrie mosaïque de races, il n'en est pas de même du Grand-Liban. La montagne a toujours servi de refuge aux populations primitives chassées par les invasions. Elle a permis à ceux à qui elle offrait asile de conserver en partie intacte la pureté de leur race.

**

Trois grandes religions, le Christianisme, l'Islamisme et le Druzisme, se partagent le pays. Les chrétiens sont divisés en trois groupes principaux dont le plus important est le Maronite. Fort d'environ 250.000 âmes, il peuple en presque totalité les districts de Batroun, du Kesrouanet du Mten, le cœur de la montagne. 35.000 Maronites habitent Beyrouth.

Leur patriarche, Sa Béatitude Monseigneur Hoyek, une des

plus nobles figures du Liban, a sa résidence à Bkerké, au-dessus de Djounié.

Les Grecs catholiques, anciens orthodoxes ayant fait leur soumission au Saint-Siège, sont environ 55.000. On les rencontre à Baalbeck, à Zahlé, à Beyrouth, dans le Liban-Sud et dans la région de Djebail.

Les Latins, les Arméniens, les Syriens catholiques, les Sunnites et les Chiites ou Métoualis ne reconnaissent qu'Ali comme successeur de Mahomet. Les Sunnites sont au nombre de 160.000, peuplant les trois centres de Saïda, Beyrouth et Tripoli.

Les Chiites, environ 10.000, habitent surtout le Liban-Sud et la région de Hermel.

Les Druzes, groupés dans le Chouf et dans la région d'Hasbaya-Rachaya, comptent 50.000 fidèles.

On rencontre, en outre, dans les villes 4.000 Israélites.

La population du Grand-Liban atteint donc approximativement 800.000 habitants. Tous ces chiffres sont sujets à caution. La guerre et l'émigration ont causé des vides énormes dans ce malheureux pays. Le Gouvernement prépare actuellement un recensement sérieux, prélude d'élections nationales et qui permettra d'établir de façon sûre le nombre d'habitants.

On a pu remarquer que, dans l'histoire du Liban, il n'y a eu, exception faite de la malheureuse insurrection de 1860 causée par des excitations étrangères, aucune guerre religieuse.

Aujourd'hui, plus que jamais, les Libanais ont compris que la religion est affaire de conscience personnelle et que la multiplicité des rites ne doit pas être un obstacle à l'union de tout le pays dans l'idéal de la patrie.

Lorsque le voyageur arrive à Beyrouth et contemple le Liban, il voit se dresser devant lui une montagne d'un gris-blanchâtre, paraissant stérile et dénudée. Pourtant, s'il en gravit les pentes, il constate qu'elles sont entourées de terrasses, véritables jardins suspendus. Bâties par le labeur de générations opiniâtres qui ont désagrégé le roc et transporté souvent de fort loin un peu de terre végétale, elles sont une preuve magnifique du résultat obtenu par le tenace et gigantesque travail des paysans libanais.

La plupart de ces terrasses sont plantées de mûriers dont la feuille sert de nourriture au vers à soie.

L'olivier constitue, dans le Liban, de véritables forêts.

Celles de Mouktara, de Chouefat, du Koura et Zgorta sont les plus importantes. La récolte d'olives dépasse 14 millions de kilogs et l'huile extraite, le 1/5 de ce poids. Le blé, mal cultivé dans un terrain trop pauvre, ne fournit que le quart de la consommation locale. C'est ce qui explique l'épouvantable famine qui eut lieu pendant la guerre, alors que l'apport étranger ne ravitaillait plus le pays. La vigne couvre 2.000 hectares, donnant près de 3.000.000 de kilogs de raisins, employé à la fabrication du vin et de l'arak, sorte d'alcool anisé. La montagne produit encore du tabac, du miel, des fruits, des légumes divers.

La plaine de Beyrouth, de Saïda, Tyr, de Merdjayoun, est plus riche. On y cultive surtout les céréales, l'olivier, le mûrier, la scamonnée. Saïda est célèbre par ses jardins d'orangers. En 1914, la production totale de cette région atteignait 25 millions de francs. Le cheptel, très important, comprend plus de 200.000 moutons, chèvres et bovidés. Les troupeaux émigrent l'été vers la montagne.

La région du Nord, dont Tripoli est le débouché naturel, cultive surtout les céréales dont la vente atteint le tiers du produit total de son commerce.

La fertile plaine d'Akkar, couvrant 20.000 hectares, en est le plus gros centre de production. Sa récolte annuelle peut être évaluée à 25 millions de francs.

La culture de l'oignon est très développée. Trois mille tonnes sont embarquées chaque année pour l'Egypte.

Tripoli fait un commerce actif de fruits, oranges douces et amères, et citrons. En outre, dans le Koura et dans la région de Zgorta, on trouve de magnifiques oliveraies.

La Bekaa, située entre le Liban et l'Anti-Liban, est une zone essentiellement agricole. Elle produit environ 150.000 tonnes de céréales, blé, orge, maïs. En outre, la vente de la soie et du tabac, et de la laine, des cuirs, des beurres, des raisins, des fruits, rapporte 35 millions chaque année. Les coteaux de la Békaa et les pentes de l'Anti-Liban fournissent d'excellents pâturages. Le cheptel peut y être évalué à 200.000 têtes.

Dans l'antiquité, toutes les montagnes du Liban étaient couvertes d'épaisses forêts où le cèdre dominait. On y rencontrait aussi le chêne, l'yeuse, le pin, le sapin, le cyprès et le genévrier.

Assyriens, Babyloniens, Egyptiens, Israélites, Phéniciens en tiraient le bois nécessaire à la construction de leurs palais, de leurs temples et de leurs navires.

La population imprévoyante défricha sans mesure. Le mal s'aggrava par la présence des chèvres broutant avec avidité les jeunes pousses. Actuellement, le Liban ne présente plus, sauf de rares exceptions, que des pentes et des cîmes dénudées.

L'industrie est peu développée ; la population des campagnes élève le ver à soie, mais il n'existe aucune magnanerie perfectionnée comme on en rencontre en Europe.

La plus grande partie de la soie est exportée en France. Une petite quantité est travaillée au Liban. Les usines de tissage sont rares ; beaucoup de filatures n'ont pas rouvert leurs portes après la guerre.

Il existe dans les familles des métiers à main sur lesquels on fabrique des étoffes de soie et des cotonnades appelées dima. Zouk est célèbre par ses tapisseries et ses soieries brodées d'or ou d'argent. Tripoli produit des tapis de laine, Beyrouth est le centre de l'orfèvrerie et des meubles incrustés de nacre. On y fabrique, ainsi qu'à Saïda, des poteries.

Des savonneries existent à Tripoli. Sur tout le littoral, on a construit des bateaux pour le cabotage et la pêche. *Mais la grande industrie n'existe pas.* Tout est à créer à ce point de vue.

Le sous-sol du Liban est pauvre en combustible. La houille fait défaut. Dans le Mten, à Djezzin et dans le Sud, on trouve quelques gisements de lignite mal exploités. Le bitume se rencontre dans le Merdjayoun et la région de Hasbaya. Des traces de pétroles ont été observées en plusieurs points, mais

aucune entreprise sérieuse n'a permis d'exploiter scientifi-
quement ces maigres ressources.

Les gisements de fer sont très nombreux dans tout le Liban.
L'exploitation du minerai est abandonnée faute de combustible. Les autres métaux n'existent pas. La pierre de construction est très commune. Dans le Nord, on rencontre de
très beaux marbres qui peuvent trouver en Egypte un débouché fort rémunérateur.

On voit, par ce bref aperçu, que les ressources minières du
Liban sont très limitées. D'actives recherches sont actuellement tentées pour exploiter complètement le sous-sol libanais. *Jusqu'ici, les résultats ont été peu satisfaisants.*

Le régime turc n'a rien fait de sérieux au point de vue
voies de communication au Liban.

Les chemins de fer, tous construits par des Sociétés françaises, sont peu nombreux. En outre, la voie à crémaillère
Beyrouth-Damas n'a qu'un très faible rendement.

Aussi, la route parallèle est-elle couverte de convois de
chameaux, de mulets, d'ânes et de plus en plus de camions
automobiles qui essaient de suppléer à l'insuffisance de la
voie ferrée.

A Rayak, un embranchement file sur Baalbeck, Homs et
Alep. La voie ferrée Tripoli-Homs, enlevée par les Germano-
Turcs, est en voie de reconstruction.

Les routes carrossables avaient été, pendant la guerre,
laissées dans un état d'abandon lamentable. Véritables fondrières impraticables aux véhicules, elles ont dû être entièrement refaites depuis l'armistice.

Les deux plus importantes sont la grande route Beyrouth-
Damas et la route côtière Beyrouth-Tyr-Saïda-Tripoli. Sur
ces deux artères principales, s'embranchent d'autres voies
secondaires. Sauf sur la route de Damas, tous les tracés, très
défectueux, ont été menés avec l'évident souci d'éviter la
construction d'ouvrages d'art ; le réseau routier est loin de
suffire aux besoins du pays. De nombreux villages ne sont
encore reliés entre eux que par des pistes souvent très dangereuses.

Un gros effort a été fait par le Service des Travaux publics.

Toutes les routes ont été réparées, beaucoup ont été élargies. De nouveaux tracés ont été étudiés et entrepris. Le temps est proche où le Grand-Liban aura enfin des routes dignes de lui.

Le développement du tourisme est entièrement lié à la question des communications. On a très justement appelé le Liban la Suisse de l'Orient. La montagne offre, en effet, des sites pittoresques et grandioses et des stations estivales à température fraîche et saine.

De nombreux étrangers viennent surtout d'Egypte passer l'été dans les coquettes villégiatures d'Aley, de Souk-el-Gharb, de Beit-Mery, d'Aïn Sofar, de Broumana et de Zahlé.

Il serait superflu d'insister sur l'importance des ressources que l'on peut retirer de cet état de choses. Le Touring-Club fait à ce sujet une active campagne dont on ne saurait trop le féliciter. Il faut à tout prix intensifier le tourisme au Liban. Nous verrons tout à l'heure les moyens d'y parvenir.

Le commerce extérieur du Liban est presque tout entier cen-tralisé par Beyrouth. Les grands navires viennent y accoster. En 1914, le mouvement du port a été de 1.200 vapeurs et 1.800 voiliers. Les marchandises sont de là expédiées à Damas, dans la montagne et le long de la côte, par les caboteurs.

Beyrouth fait aussi un commerce considérable avec les pays limitrophes, Palestine, Syrie centrale, Homs, Hama, Alep.

Le commerce de Tripoli prend de plus en plus d'extension. Il augmentera encore lorsque la voie Tripoli-Homs sera rétablie. Saïda arrive immédiatement après comme impor-tance.

Les principaux produits importés sont les tissus, les meu-bles, les porcelaines et verreries, l'horlogerie et la bijouterie, la quincaillerie, la parfumerie, les denrées alimentaires, les denrées coloniales, les vins fins, la houille, le pétrole, les fers et métaux, etc., et, depuis peu, les voitures automobiles.

Le pays exporte surtout la soie grège, l'huile d'olive, le tabac indigène, l'eau-de-vie, les fruits, la laine brute, les éponges, les peaux, les tapis et le savon.

Jusqu'ici, le produit des importations a toujours été supérieur à celui des exportations. Le malaise qui pèse sur le marché mondial a eu sa lourde répercussion au Liban. Mais la crise est déjà conjurée et chaque année verra certainement augmenter les exportations jusqu'au complet rétablissement de la balance économique.

***

Lorsque, par la proclamation historique du 1er septembre, le général Gouraud eut créé le *Grand-Liban*, réalisant ainsi les aspirations séculaires d'un peuple, il confia le Gouvernement du nouvel Etat au capitaine de frégate Trabaud, alors Conseiller administratif du vilayet de Beyrouth. Ce choix fut accueilli avec enthousiasme. La population se souvenait encore de l'œuvre de Rouad et le nouveau chef de l'Etat se mit résolument au travail, entouré de la sympathie générale.

Le pays fut divisé en quatre sandjaks. Beyrouth devint ville libre, capitale du nouvel Etat.

Le sandjak du Liban Nord a pour chef-lieu Tripoli, dont le statut est actuellement à l'étude. Une large autonomie doit être accordée à cette ville de 40.000 habitants, presque tous musulmans. Le port de Tripoli, El Mina, se dresse à l'extrémité d'un promontoire rocheux, entouré d'îlots.

Le château de Raymond de Toulouse domine la ville de sa masse énorme. C'est un des plus beaux monuments d'architecture guerrière du Moyen-âge.

C'est là que la légende, reprise par Rostand dans sa *Princesse lointaine*, fait vivre Melissinde qu'adora sans la connaître Geoffroy Rudel, prince de Blaye.

Akkar, Amrit, Kalmoun, le coquet petit port de Ba'roun ; Diman, résidence d'été du patriarche maronite ; Amioun, Bcharré, Ehden et Zgorta sont les plus importantes des petites villes ou des gros villages de cette province.

Le sandjak du Mont-Liban a, pour chef-lieu administratif, Baabda, situé à 8 kilomètres de Beyrouth et dominé par un magnifique sérail.

La résidence d'été des anciens gouverneurs du pays se trouvait à Beit Eddin, dans un palais historique construit par l'Emir Bechir, tout près de Deir-el-Kamar et Baakline ; les deux cités, autrefois rivales, sont séparées par un profond ravin.

C'est dans le Chouf qu'on rencontre la plupart des stations d'estivage. Aley, Souk-el-Gharb, Bhamdoun, Aïn Zhalta, Aïn Sofar font partie de ce district.

Au centre du Mont-Liban, dans le Mten, les plus importantes agglomérations sont Bikfaya, Beit-Chébab, célèbre par sa fabrique de cloches, Hamana, Beit-Méri et Broumana.

Au nord de Beyrouth, au fond d'une splendide baie semi-circulaire, la coquette petite ville de Djounié s'étage à flanc de colline, Ghazir, Zouk, centre de tissage, Antoura, siège d'un splendide collège dirigé par les Lazaristes français, et Gébail sont les localités les plus importantes de cette région.

Le Liban-Sud a, pour capitale, Saïda, l'antique Sidon phénicienne. La ville, dominée par les ruines du château-fort bâti par saint Louis, compte 12.000 habitants, la plupart musulmans.

A l'entrée du port, on remarque les ruines d'une forteresse construite sur un îlot par les Croisés, à la fin du XIIIe siècle. Saïda est entourée d'une ceinture parfumée de jardins d'orangers et de citronniers.

Tyr, au Sud, n'est qu'une petite ville de 6.000 habitants. Citons encore Djedeide, centre du Merdjayoun, Hasbaya et Djezzin, où se fabriquent des couteaux très estimés.

La Békaa a pour chef-lieu Zahlé, superbe petite ville coupée par une fraîche rivière et contiguë à Moallaka. La population des deux cités jumelles atteint 35.000 habitants.

Au Nord, l'ancienne Héliopolis, Baalbeck, aux ruines grandioses du temple du Soleil, et Rachaya, gros bourg de 4.000 habitants, sont les deux localités les plus importantes du sandjak.

Beyrouth, ville libre et capitale du Grand-Liban, est peuplée d'environ 150.000 âmes. C'est une cité commerçante et prospère que domine le Grand-Sérail, siège du Haut-Commissariat de la République en Syrie.

Un bois de pins la protège au Sud-Ouest contre l'envahissement des sables. Son climat est doux en hiver, mais, l'été, la chaleur oblige les habitants aisés à gagner le Liban.

*
* *

Le Gouvernement du Grand-Liban est assisté d'une Commission administrative, comprenant 17 membres et présidés actuellement par un des plus qualifiés et des plus ardents patriotes libanais, Daoud Bey Ammoun.

La Commission administrative nommée par le Général Haut-Commissaire, en attendant que les élections puissent être faites, est chargée spécialement des attributions qui étaient dévolues à l'ancien Conseil administratif par le règlement organique. Elle est entendue à titre consultatif et donne son avis sur les mesures d'ordre législatif, les règlements, l'établissement du budget de l'Etat, la création d'impôts nouveaux, de taxes ou de monopoles.

Un Secrétaire général est adjoint au Gouverneur.

Les questions techniques sont traitées par sept directions : justice, intérieur, finances, instruction publique, hygiène et santé publique, commerce, industrie et agriculture et travaux publics.

Chaque directeur libanais est assisté d'un conseiller technique français, travaillant avec lui dans une étroite et amicale collaboration.

Les sandjaks sont administrés par des Mutessarifs. Leur rôle est l'équivalent de celui des préfets. A leur côté, se trouve un conseiller administratif français. Chaque sandjak est divisé en cazas, à leur tête un kaïmakan, sorte de sous-préfet. Les cazas sont à leur tour divisées en mudiriehs.

Les villages sont dirigés par des mouktars ou cheiks, élus par la population.

*
* *

J'en ai fini avec l'organisation actuelle du pays. Basée sur une très large participation des Libanais, cette administration a fait ses preuves. Le désordre turc, qui avait laissé s'établir de fâcheuses habitudes parmi les fonctionnaires, a été remplacé par des méthodes nouvelles rationnelles, honnêtes et justes.

Le mérite en revient aux directeurs, aux conseillers et

aux fonctionnaires qui, sous l'énergique impulsion du Gouverneur, se sont résolument mis à la besogne.

Aussi, lorsque le général Gouraud, revenu de France, se trouva en présence de l'œuvre accomplie, il résolut, devant les progrès incontestables réalisés par l'administration de l'Etat, d'assurer aux Libanais une intervention encore plus efficace et une association plus intime dans la marche de leur Gouvernement.

Tous les arrêtés intéressant le Grand-Liban, décida-t-il, seront communiqués à la Commission administrative afin de lui permettre de formuler ses observations. En outre, les compétences des hauts fonctionnaires de l'Etat étant prouvées, un collaborateur direct, choisi parmi eux, est donné au Gouverneur.

Le Secrétaire général sera désormais Libanais. C'est une manifestation de plus de la politique de libéralisme et de la loyale association de la France.

Fidèle à son rôle d'éducatrice, à chaque progrès constaté, elle élargit au profit du Liban le mandat qui lui a été confié.

En même temps, le général Gouraud, tout en affirmant une fois de plus l'indépendance du pays, jetait les bases d'une union économique entre les Etats de Syrie, union dont les modalités seront déterminées par des accords conclus d'Etat à Etat, sous l'impartial arbitrage du représentant de la puissance mandataire.

Je crois avoir suffisamment montré la constante sollicitude de la France pour le Grand-Liban. L'œuvre accomplie est assez belle pour que l'on puisse fièrement la contempler. Mais le passé, aussi glorieux soit-il, ne doit pas la détourner de l'avenir.

Il reste encore une tâche immense à réaliser, le Liban sort meurtri de la guerre ; il lui faut, avec l'aide de tous ses enfants, chez qui le souci de l'intérêt général, l'union, la collaboration loyale doivent l'emporter sur les intérêts particuliers, les rivalités personnelles et l'esprit de critique, continuer sa marche vers le progrès.

L'agriculture doit être spécialement développée ; la direction de ce service, que dirige d'une manière intelligente, active et rationnelle, Assad Bey Younès, a déjà entrepris le reboisement de la montagne.

Une école d'arboriculture et d'agriculture va être fondée ainsi qu'une station d'études cotonnières dans la plaine d'Akkar. L'introduction du plant américain, qui permettra à la vigne de résister au terrible phylloxéra, est en voie d'exécution.

Une pépinière et des champs d'expériences pour la diffusion de la culture maraîchère ont été établis aux environs de Beyrouth. Les procédés scientifiques de grande culture vont être introduits dans la plaine d'Akkar, et dans la Békaa.

L'étude attentive du sol du Grand-Liban a permis de constater que certaines cultures, peu développées actuellement, doivent, dans l'avenir, être d'un gros rendement.

Citons les arbres fruitiers, dont les produits seront exportés, soit frais, soit sous forme de conserves.

Les plantes à parfum : la maison Lautier, de Grasse, possède déjà une usine à Beyrouth, les essences distillées valent quatre fois les produits similaires bulgares.

Le coton dans la plaine d'Akkar, la zone côtière et le Merdjayoun, et le tabac, doivent, dans tout le pays, donner de fort beaux bénéfices.

Il faudra toutefois améliorer les méthodes de fabrication des cigares et des cigarettes et, par un choix judicieux dans les plantes, on obtiendra facilement une sélection qui concurrencera les tabacs ottomans.

Le long de la côte, très poissonneuse, des pêcheries peuvent être établies. Le poisson, traité dans des usines de conserves, sera exporté dans tout le Levant.

La création de fabriques de tapis, de distilleries pour les parfums, fourniront à une partie de la population non employée aux cultures un gain rémunérateur.

En outre, le Gouvernement se préoccupe de la fondation de Banques agricoles qui feront aux cultivateurs les avances nécessaires pour acheter le bétail et les outils nécessaires, convenables.

Des associations seront formées pour permettre d'obtenir à bon compte les engrais, les semences sélectionnées et pour vendre, à l'abri des intermédiaires sans scrupules, les récoltes et les produits de l'élevage.

Les œufs de vers à soie seront soigneusement étudiés pour n'en conserver que les meilleures espèces.

De vastes projets d'irrigation sont à l'étude et permettront de rendre aux terres desséchées du Liban leur fertilité passée.

Au point de vue industriel, une École d'arts et métiers, capable de fournir de bons contremaîtres et d'habiles ouvriers, a été créée à Beyrouth.

On encourage par des avances, des prêts d'argent et de matériel, la fabrication des tissus, des étoffes lamées d'or et d'argent.

Les distilleries de parfums sont en fonctionnement ou en construction, ainsi que des fabriques de poteries, de porcelaines, de tuiles, de briques, de coutellerie. Si la houille fait complètement défaut au Liban, on peut, au contraire, tirer un énorme parti des forces hydrauliques. Les torrents de la montagne présentent presque tous des chutes susceptibles de fournir une énergie électrique considérable.

Des sociétés sont déjà constituées pour l'exploitation du Nahr Beyrouth et du Nahr Ibrahim.

Dans un avenir très prochain, l'électricité pourra décupler la puissance industrielle du pays.

L'exploitation des mines est à l'étude. Elle est actuellement liée à la question des voies et communications. Les sondages sont poursuivis en vue de la découverte de nouveaux gisements ou de nappes pétrolifères.

Il faudra procéder, dans un avenir très prochain, à la construction d'une voie ferrée à écartement normal entre Damas et Beyrouth. Un tunnel traversant le massif libanais permettra d'obtenir un rendement commercial suffisant et rapide. Les produits de l'intérieur pourront ainsi, sans difficultés, être transportés vers la côte.

Une voie ferrée côtière doit être prévue. Un embranchement de cette ligne pourrait aller de Saïda à Damas, en passant par Hasbaya-Rachaya. La voie Tripoli-Homs sera bientôt livrée au commerce. Le port de Beyrouth, insuffisant comme dimensions et comme outillage, devra être plus que doublé.

Les bateaux pourront, d'après un projet d'étude, accoster
à quai. Leur déchargement, effectué jusqu'ici à l'aide des
moyens primitifs, sera exécuté rapidement par des procédés
électriques modernes. Les ports de Tripoli et Saïda seront
eux aussi améliorés.

Le tourisme est une des plus grandes ressources du Liban.
Jusqu'ici, presque rien n'a été fait pour le développer. Un
gros effort est à tenter à ce sujet.

Une publicité bien comprise doit faire connaître à l'étranger, en Egypte surtout, les beautés du pays. De grandes facilités douanières seront données aux touristes qui débarque-
ront à Beyrouth.

Les routes, soigneusement entretenues, vont enfin permettre
l'accès aux sites les plus pittoresques. Les monuments historiques seront l'objet d'un soin constant et des services
d'auto-cars organiseront des voyages circulaires à travers la
montagne. Baalbeck, à lui seul, peut attirer des milliers de
visiteurs.

En outre, dans toutes les agglomérations importantes, des
hôtels, dotés de tout le confort vraiment moderne, doivent
être créés. On envisage, pour la formation d'un de ces hôtels,
l'établissement d'un des hôtels-écoles tels que ceux qui ont
rendu de si grands services en Suisse. Tout ce programme
économique est, on le voit, fort vaste. Il ne sera pas réalisé
en un jour. Il faut même, pour mener son exécution à bonne
fin, qu'un fléau qui menace de dépeupler le pays disparaisse
complètement. J'ai nommé l'émigration.

La réintégration du Liban dans ses frontières naturelles
a déjà fortement réduit les départs à l'étranger. L'amélioration constante de l'existence dans le pays suffira à les
supprimer totalement.

Le Libanais, trouvant chez lui un travail rémunérateur,
ne s'expatriera plus et mettra au service de sa patrie les qualités de travail et d'initiative qui causaient son succès dans
les pays étrangers.

*
**

J'ai voulu, Messieurs, au cours de ces trop longues pages,

vous montrer l'affection deux fois séculaire qui unit la France au Liban et la grandeur de l'œuvre entreprise par les deux peuples unis. La France est accourue avec toute son âme secourir ce pays. « N'est-il point d'ailleurs un peu la Patrie, s'écrie un jour le général Gouraud, tant sont nombreux les Libanais qui parlent notre langue, tant est profonde et évidente aux yeux l'emprise sur ce peuple intelligent du clair et lumineux génie français ? »

« Nous venons ici, ajouta-t-il, continuer la mission d'éducation et d'assistance au sens le plus large du mot, de la France.

« Si la France possède la force, elle a aussi la bonté, et c'est parce qu'elle a le don de créer autour d'elle des liens d'affection que son œuvre d'outre-mer est si forte et si belle. »

Je n'ai rien à ajouter, Messieurs, à ces quelques phrases magistrales qui résument toute notre œuvre en Orient.

Et je suis sûr que par l'union de tous ses enfants, dans un même idéal de travail et de patriotisme, le Grand-Liban occupera bientôt dans le monde la place qui lui est due et que la France, sa sœur, lui garde à ses côtés.

DAMAS

par **MOHAMED EFFENDI KURD-ALI**

Directeur Général de l'Instruction publique
du Gouvernement de Damas

Mesdames, Messieurs,

L'histoire nous offre peu d'exemples de villes qui, d'une façon continue, aient, comme Damas, maintenu à travers les siècles leur situation privilégiée. Damas, la capitale des Araméens, des Juifs et des Ommiades, le siège de deux gouvernements, Nourisé et Salahié.

Au cours de ses 5.000 ans d'existence, Damas, bénéficiant de sa position naturelle, est devenue la plus belle ville de la Syrie ; elle est restée la perle de l'Orient et, comme disent les poètes, la perle sertie dans l'émeraude de ses verdoyants jardins.

La nature, en effet, a favorisé Damas. Située au cœur d'un pays où l'hiver et l'été sont également rudes, elle se trouve, par exception, préservée des températures excessives ; le climat est tempéré et les saisons bien tranchées y conservent leur caractère défini qui évitent la lassitude et la monotonie : on se lasse de tout, de la chaleur comme du froid.

« Une aimable harmonie et une juste mesure », telle pourrait être la devise de Damas.

Les plaines y voisinent avec la montagne, et, tout à côté des rochers arides, les sept branches du Barada fertilisent les terres couvertes d'une luxuriante végétation.

Placée en bordure des riches plaines du Hauran et de la Bekaa, considérées dès le temps des Romains comme les greniers de la Syrie ; proche de la Gaulanitide, pays des beaux pâturages, située au croisement des grandes routes de l'Asie Orientale, qui traversent en longeant le désert, également accessible de la Méditerranée, de la Mésopotamie, du Hedjaz et du Nejd, Damas est le point de contact de l'Orient et de l'Occident.

Aussi n'est-il pas étonnant de la voir devenir l'objet de la convoitise successive de ses puissants voisins : les Pharaons, les Hittites, les Babyloniens, les Assyriens, les Perses, les Grecs, les Romains, les Arabes, les Turcs, tour à tour rêvent de la posséder.

Libérée de la rivalité de Pétra et d'Antioche, Damas a pris un jour la première place parmi les villes de commerce de la Syrie et elle a su conserver cette prépondérance jusqu'à l'ouverture du Canal de Suez. Mais, si l'amplitude du mouvement des échanges a alors diminué, Damas a gardé ce qu'elle avait acquis au contact de tant de peuples et de tant de races : l'orgueil de son passé, le sentiment de sa noblesse, les souvenirs d'une industrie florissante, le sens des affaires et le goût du beau.

Du passé le plus lointain jusqu'à nos jours, Damas échappe à ces décadences brusques et définitives parfois qui ont rayé de la carte du monde des vivants des cités jadis réputées comme Pétra et Jersé, elle a gardé son rang que de plus prospères, comme Antioche, se sont vu ravir par le temps. Le nom de Damas reste dans toutes les bouches profondément évocateur.

Bien des monuments du passé y ont été conservés et les traces de ceux qui ont en partie disparu témoignent toujours de son ancienne splendeur : la ville romaine avait des rues qui la traversaient de l'Est à l'Ouest, l'une d'elles était longue d'au moins 1.600 mètres : des puissants édifices qui s'élevaient de part et d'autre de Bab Charki à Bab Jabia, on retrouve encore d'importants vestiges enfouis dans le sol à une profondeur de 3 à 5 mètres, seule apparaît encore complètement Bab Séghir, « la petite porte » qui, dès ce temps-là, était une des principales entrées de la ville.

Mesdames, Messieurs, c'est avec fierté que les Damascains, contemplant autour d'eux les ruines des plus grandes cités :

Palmyre, Baalbeck, Pétra, Tyr, Sidon, peuvent songer que leur ville a su renaître après les catastrophes et que leurs pères ont eu le courage de la rebâtir, là où elle se trouve, à bien des reprises au cours de l'histoire.

Les monuments de Damas, d'époque et de style si variés, attestent la continuité de la grandeur de la ville au cours des siècles.

Quand les Ommiades choisirent Damas comme capitale, ils adoptèrent le style greco-romain, mais moins de cent ans après, les Arabes et les Syriens se créèrent un style propre, spécial à eux, dont la grande mosquée est un important spécimen.

Combien les coups du temps sont cruels ! quelles pertes il nous a fait subir ! Si les monuments érigés par les Abbassides, l'observatoire, les aqueducs de leurs camps militaires établis par Namoun, entre le village de Mounine et le sommet de la montagne, si ces belles choses avaient été conservées, nous posséderions d'admirables témoins de cette époque.

Ce qui nous est surtout resté, ce sont les derniers vestiges d'une architecture due à Saladin et à ses descendants. Mais si les pierres s'effritent et si les murs tombent, il est des choses que le temps n'atteint pas, ce sont les traditions intellectuelles, les souvenirs de la science, et, dans ce domaine, Damas a souvent connu la gloire du plus beau rayonnement. Quelques chiffres suffisent pour donner une idée de sa grandeur passée :

Au XIVe siècle, il existait, à Damas, 7 grandes écoles où l'on enseignait le Coran, 18 où l'on entretenait la tradition du prophète, 57 écoles pour les Chafîtites, 51 pour les Hanafites, 4 pour les Malekites, 10 pour les Hanbalites.

Telle était Damas centre de la culture religieuse.

A côté de ces écoles, florissaient 4 facultés de médecine ; voilà pour la part de la science. Enfin, la charité s'exerçait aussi par le moyen de 75 caravansérails, hospices ou tekkiés. Et, préoccupée à ce point des choses de l'esprit, Damas ne négligeait pas ceux qui en étaient privés ; trois asiles d'aliénés comptaient parmi les établissements du temps.

Mais revenons aux écoles pour dire que chacune d'elles avait sa bibliothèque et jouissait de ses revenus particuliers :

Wakfs fondés par quelques généreux donateurs. Seule, Damas et aussi Alep, mais de moindre façon, ont connu dans ce temps pareil souci de la culture.

Ce n'est point dans l'aspect que nous présente la ville actuelle de Damas qu'il faut rechercher les traces de cette éclatante période de civilisation, c'est plutôt à Grenade, à Séville, à Cordoue, dans cette Andalousie, si pleine encore des souvenirs de nos ancêtres qui l'ont chérie et ornée des plus belles productions de leur génie.

Et, si l'on veut imaginer le Damas d'autrefois, il faut, par un effort de la pensée, faire apparaître sur les rives du Barada, au pied des montagnes dorées, les palais d'Andalousie bordant les rues droites et larges qui, comme la rue du Midan d'alors, s'ouvrait sur 30 mètres de largeur.

Damas, avec ses 60 khans ou entrepôts, ses bains si réputés au nombre de cent, joignait la richesse au confort, et la ville d'alors grandiose, se développait, s'étendait comme en trois cités : à côté ou plutôt au-dessous de la ville proprement dite, existait une véritable cité formée de labyrinthes, des canaux, des magasins souterrains, tandis qu'une ville forte, entourée par de hautes murailles, protégeait la cité de l'art, du commerce et de la science.

Les industries damascaines étaient célèbres, leurs produits étaient recherchés. Mais l'une des principales, l'industrie des armes, fut ruinée par le passage de Tamerlan qui en déporta dans son pays les artisans et avec eux leurs secrets. Et seul le nom est resté des armes damascaines, nom qui a porté dans le monde entier la réputation artistique de Damas.

Disons d'ailleurs que Tamerlan ne borna pas là son pillage ; avant de brûler la ville, il emporta 10 millions de livres-or, comme indemnité de guerre. Damas, d'après un historien arabe, était à ce moment la plus belle et la plus riche ville du monde.

Privée de la fabrication des lames célèbres, Damas conserva du moins le secret de ses faïences. Il en reste quelques beaux spécimens dans les mosquées, dans les bains, mais les admirables dessins verts et bleus étaient infiniment plus répandus jadis pour l'embellissement des vases des bassins.

Avec l'art de la céramique rivalisait celui de la mosaïque et celui de la verrerie ; les verres dorés et émaillés couverts de fleurs coloriées sont devenus maintenant très rares, mais ils restent charmants.

La marqueterie s'est conservée et développée grâce à la variété des bois qu'on trouve à Damas.

Je n'oublierai pas de vous citer les papeteries dont les produits égalaient en finesse le parchemin ; les distilleries de ses parfums et de ses essences que les caravanes emportaient au Hedjaz, aux Indes et jusqu'en Chine.

Enfin, couronnons cette énumération, si prolongée que je m'en excuse, en vous rappelant que de longue date le nom de « Damas » a été donné, en Europe, aux soieries qui faisaient la splendeur des costumes, l'ornement principal des ameublements les plus somptueux. Et, en l'imitant, l'industrie européenne a eu la délicatesse de laisser à ce produit son nom, maintenant ainsi à notre ville la réputation de bon goût qui nous est si précieuse.

Si, au cours des siècles qui suivirent, Damas n'a pas toujours été aussi prospère, ce n'est pas parce qu'elle avait, par oubli, perdu conscience de sa grandeur. Ce fut l'une des conséquences des régimes tyranniques que ses vainqueurs imposèrent au pays. Sur ce terrain si bien préparé à l'éclosion du bonheur des peuples et à la floraison intellectuelle, il suffira du soleil, de la justice et de l'ordre pour faire renaître les riches moissons. Après des années d'exactions et de misères qui rejetèrent les habitants dans l'intrigue, avilirent les caractères et relâchèrent les mœurs, Damas a de nouveau connu de beaux jours sous Ibrahim Pacha, l'Egyptien qui en fit sa capitale. Durant neuf années, elle vécut une période de prospérité et de libre développement.

Puis, pendant une nouvelle période de longues années, Damas a de nouveau sommeillé, en apparence du moins, sous le régime turc. Cependant, les Damascains apprenaient à se connaître eux-mêmes, comprenaient leurs besoins et précisaient leurs aspirations.

Puis ce fut la Grande Guerre, Damas fut un des théâtres de la redoutable tragédie. Les Turcs, que soutenaient les Allemands, l'abandonnèrent sous la menace des troupes alliées. Ils partaient pour ne plus revenir.

Mais ainsi qu'après l'orage les vents tourbillonnent encore avant de tomber, de même que quelques derniers coups de tonnerre agitent le ciel avant que le calme ne se rétablisse, Damas a connu, après l'armistice, une période de trouble, de doutes et d'aveuglement.

Entraînée dans le tourbillon des ambitions du Chérif Faysal, appelée une fois encore à tenir le rang de capitale, Damas a, pendant un court laps de temps, subi une de ces crises dangereuses auxquelles ne résistent que les pays forts. Mais tout cela n'est plus déjà que du passé et le présent, désormais, seul nous sollicite.

J'en arrive, Messieurs, Mesdames, à ce présent qui justifie pour nous tant d'espoirs fondés aussi bien sur les enseignements de l'histoire que je vous ai brièvement retracée, que sur la confiance que nous avons en l'avenir de notre pays, en l'avenir de notre cité damascaine.

L'heure est enfin venue où, la main dans la main de notre guide, la généreuse France, nous pouvons marcher librement dans la voie du progrès.

Déjà nous sentons le bienfait de l'intervention française dans nos affaires. Au joug d'autrefois, si décevant, si dissociant, a fait place la large, bienveillante tutelle d'une nation qui a toujours mis avec générosité et désintéressement au service des peuples moins avancés la force de ses armes et le trésor de sa civilisation. Dans le même temps qu'elle établissait dans le pays l'ordre et la sécurité, ces fondements essentiels du travail et de la prospérité qui lui manquaient depuis longtemps, elle donnait la mesure de ses intentions en nous conviant à nous gouverner nous-mêmes. Damas, devenue le chef-lieu d'un Etat qui s'étend du nord de l'Oronte jusqu'au Yarmouk, et de Homs jusqu'à l'Euphrate, est le siège d'un Gouvernement syrien. La souveraineté syrienne s'exerce en s'appuyant sur les conseils, le prestige et la force de la puissance mandataire. Ainsi, l'adolescent, au moment où il entre en contact avec les difficultés de la vie, s'appuie-t-il avec reconnaissance sur l'expérience de son père. Ainsi faisons-nous pas à pas notre apprentissage de la liberté dans l'entière conviction que nous partageons avec nos tuteurs, que l'heure de la maturité sonnera un jour pour nous, mais que l'heure présente doit être consacrée à l'initiation. La grande histoire qui nous guide ne nous apprend-elle pas que d'autres peuples, et des plus illustres, ont mis des siècles à parvenir à la liberté ? Et voici que, nous faisant libéralement profiter de son expérience, la France s'apprête à nous porter dans un délai beaucoup plus bref au point qu'elle n'a atteint que lentement. Messieurs, je puis dire que devant de telles prémisses, nous faisons confiance à la France et que Damas lui remet le soin de ses destinées. Nous savons qu'elle suivra avec vigilance notre évolution et que chaque progrès marqué pour nous recevra de sa part une consécration. Dans cette ascension maintenant assurée, Damas, qui nous est si chère, rencontrera bien des occasions de se montrer digne de son beau passé. Elle doit reprendre son rôle de métropole de l'intelligence, de foyer des arts et de l'industrie, et de caravansérail de l'Orient. Déjà, cette ère de régénération s'annonce. Les visiteurs qui viennent vers nous le constatent et cette heureuse orientation est due avant tout à la paix française : à cette paix qui a réouvert les voies du commerce et qui commence à les développer, à cette paix qui a fait taire les vaines agitations politiques et cesser les discordes civiles, à cette paix qui, pénétrant dans les esprits, a ramené la foi dans le lendemain et éclairé nettement les voies sur lesquelles le pays s'avancera avec sécurité.

Messieurs, j'entrevois pour Damas une nouvelle période de grandeur. Ah ! sans doute, notre ville n'aura-t-elle plus à faire figure de capitale d'un immense empire comme à l'époque des Califes. Elle n'ambitionne plus ce rôle précaire parce que le temps et la raison lui ont enseigné que les royaumes qui réunissent artificiellement des peuples disparates s'écroulent aussi vite qu'ils ont grandi. Elle sait qu'il ne peut s'en fonder de durables que dans les limites historiques assignées à chaque groupement ethnique bien défini. Elle est ville syrienne et c'est désormais dans le cadre syrien qu'elle prétend vivre, se développer et concourir à la régénération de la patrie. C'est vers cette œuvre qu'elle tend, sans arrière-pensée intéressée, libérée de cet esprit de prééminence que d'autres grandes cités syriennes lui ont naguère reproché. Résolument tournée vers l'avenir, elle sait que, dans le monde moderne, les facteurs qui créent la prospérité et la supériorité des Etats et des villes sont avant tout l'effort, l'activité et le mérite des citoyens et des nations. Si, un jour, Damas doit reprendre dans la nouvelle Syrie le premier rang, elle le devra à elle-même et non au caprice d'un prince qui l'aura choisie comme résidence. Mais toujours et quoi qu'il advienne, Damas demeurera ce qu'elle est restée malgré les résolutions et les vicissitudes politiques, une cité bénie par la nature, douce au cœur des hommes, évocatrice d'un passé grandiose pour les esprits de toutes les races et de toutes les religions, un foyer de pensée et de méditation. Sous ce ciel léger, dans ce cadre gracieux où les minarets jaillissent de la verdure, au milieu des eaux chantantes, il surgira toujours des poètes, des philosophes et des artistes, il se développera toujours une humanité éprise de politesse, de mesure et de bon ton qui traduira en de beaux écrits ou en des arts délicats les fines impressions qu'elle reçoit du génie de sa ville. A travers les transformations sociales ou politiques que Damas connaîtra au cours de la nouvelle période où le mandat français l'a introduite, elle évoluera sans rien abandonner de ses traditionnelles séductions. Et certes, Messieurs, si nous, Damascains, nous demeurons jaloux de ces particularités qui font l'attrait de notre ville, je puis dire que vous vous associez à ce sentiment. Je m'adresse à un auditoire qui appartient à une race sensible à la beauté et qui s'attache à la préserver avec un souci religieux. Vous aurez compris l'émotion que j'ai éprouvée à vous parler de Damas ; j'aurai atteint mon but si, en l'évoquant devant vous, j'ai éveillé en vous le désir de la connaître et de l'aimer.

LA RÉGION D'ALEP

par le **Père Gabriel RABBATH**

Directeur du Collège grec catholique

De tous temps, il a existé des rapports d'intime amitié, d'estime mutuelle et de protection entre l'Orient et la France. Ne dirait-on pas des peuples constitués naturellement pour s'aimer, puisque ni le temps ni l'espace n'ont pu arrêter l'élan de cette sympathie qui vient même de se transformer en union.

Aussi, est-ce de loin, des frontières du Nord que je viens, Messieurs, pour offrir mon petit tribut à cette union. De tout mon cœur je veux compter sur votre indulgence. Je vous exposerai très modestement ce que sont : premièrement, les richesses naturelles de la région d'Alep, et, en second lieu, ma ville natale d'Alep et les principales villes de notre gouvernement.

I. — PREMIÈRE PARTIE : LES RICHESSES NATURELLES

D'après les tout derniers traités, voici les limites de notre gouvernement, confirmées par le Service Topographique de la Mission, à Alep : Nos frontières commencent au Nord, à Payas, qui reste à la Turquie, passent par Meidan Ekbès ; puis par Morsovo qui, toutes deux, nous appartiennent, frisent Karnabe, puis vont au sud de Killis à la station de Chobanbey. De là, elles suivront la voie ferrée de Bagdad dont la plate-forme restera sur le territoire ottoman, et cela jusqu'à la limite du Caza de Azaz, puis, passant en ligne droite à l'Est, à l'Ouest, atteindront le fleuve Khabour. Le Gouvernement d'Alep longera ensuite à l'Est ce fleuve, ainsi que l'Euphrate, jusqu'à Bou-Kemal ; puis, au Sud, il ira tout droit vers Tadmour (ou Palmyre), d'où il remontera en angle droit jusqu'à Aïn Zarka et jusqu'à Kalaat el Mudik pour finir à peu près en courbe à l'embouchure du ruisseau El Kandil, à 25 kilomètres environ au nord de Latakieh. La mer Méditerranée forme pour lui une borne toute naturelle sur le côté Ouest.

La superficie totale du Gouvernement d'Alep est évaluée à près de 91.250 kilomètres carrés. Quant à sa population, elle ne pourrait guère être donnée d'une façon exacte ni même approximative. Le Bureau de recensement n'a pu fournir rien de précis. Plusieurs des registres officiels ont été perdus pendant la grande tourmente ; l'ancien vilayet d'Alep n'est plus dans son intégrité, et le dernier recensement que les Turcs eussent fait n'est pas postérieur à 1904. Bien plus, sous l'ancien régime, que de personnes, par crainte du service militaire, ne se faisaient pas inscrire ! Que d'autres faisaient de même pour échapper à l'impôt Bédélié, qui, sous le sultan Abdul Hamid, remplaçait le service pour tous ceux qui n'étaient pas musulmans ! Enfin, avec toutes ces réserves, le chiffre officiel est, pour l'année 1904, de 906.574 habitants pour le vilayet, et de 143.363 pour la ville même d'Alep. Evidemment, en tenant compte du grand nombre d'émigrés, d'étrangers, d'arabes nomades et de ceux qui ne se sont pas fait inscrire, le chiffre peut être, doit même être porté, pour le vilayet, à plus d'un million, et, pour la ville, à plus de 200 ou 220.000 habitants.

Ce pays, relativement peu habité, a un relief assez montagneux : à l'Est, des montagnes : l'Amanus percé par la fameuse trouée de Beylan : 670 mètres ; là domine le Djebel Ahmar, 1.600 mètres ; puis le Djebel Moussa, tout près de l'embouchure de l'Oronte, et le Djebel Akra ou Montagne pelée, 1.767 mètres. Chose curieuse, cette montagne pelée est le même mont Casius, dont la renommée est due à l'impression profonde produite sur les navigateurs, par sa cîme dominant directement la mer et couronnée de forêts de cèdres et de sapins. Un plateau avoisine ces montagnes à l'Est ; il n'a pas plus de 800 mètres ; une montagne même le domine au Nord, le Kurd Dagh ; çà et là, les plateaux montagneux s'arrêtent pour faire place à des plaines et laisser passer, ou le fleuve de l'Oronte, connu sous le nom d'El Assi, ou le Kara Sou, qui nous vient du lac d'Aghlan, ou le Kowek, qui prend sa source dans les environs d'Aïntab, à 1.025 mètres d'altitude et va se perdre dans un marais, El Match, au sud de la capitale. Le Nahr el Kebir, qui nous appartient jusqu'à peu près son embouchure, et le Nahr Afrin coulent, quant à eux, presque en entier sur des plateaux. Le Sadjour, au contraire, affluent de l'Euphrate, ne connaît presque pas la plaine. C'est au milieu de la plaine, à 384 mètres seulement d'altitude, que s'élève la ville d'Alep, capitale de la région et chef-lieu du premier Sandjak. Son port est Alexandrette, chef-lieu du second Sandjak, au sud de Payas. Le troisième Sandjak est celui de Deir ez Zor. L'Ak Deniz ou lac d'Antioche, est la nappe d'eau la plus considérable du pays.

Faiblement peuplé, en somme, et en grande partie montagneux, notre pays a été cependant doté d'une flore et d'une faune très variées. Nous n'avons qu'à lire *The Natural History of Aleppo*, par l'Anglais Aley Russel, pour nous en rendre compte. En premier lieu, la faune. Les quadrupèdes sont en nombre ; en voici les principaux : le bœuf aux jarrets très courts et qui surtout traîne la charrue ou la roue hydraulique si primitive encore, le buffle, dont on trouve de si gros troupeaux aux environs d'Alexandrette et dont le lait est la principale richesse des Kurdes, le mouton, spécialement noté par les touristes d'Orient à cause de la grosseur quelquefois prodigieuse de sa queue, la chèvre, aux oreilles pendantes et d'une longueur si peu ordinaire. A côté de ces animaux, on trouve fréquemment le porc, aux environs de Djeboul ou lac Salé, la gazelle, celle des montagnes, si belle, si agile, mais à la couleur plus claire, le lièvre, soit le lièvre plus gros, dénommé lièvre turc, soit celui plus petit, dénommé lièvre du désert, et tous deux si nombreux dans la campagne que si l'on était un peu plus friand de chasse qu'on ne l'est communément à Alep, on pourrait trouver là une ressource des plus lucratives. Le hérisson est plutôt considéré comme un objet de curiosité ; quant à l'historique gerboise, les paysans du Djebboul et de Sfire en font la chasse à quelques milles de la ville ; ils en pourvoyaient, au xviiie siècle, beaucoup plus encore que de nos jours, les caravanes en partance pour Bassorah et la Mésopotamie. Dans la région couverte de déserts, le chameau, le vaisseau du désert de Châteaubriand, ne fait évidemment pas défaut, le chameau avec ses quatre variétés, le chameau turc, le chameau arabe, le dromadaire et le chameau à double bosse : le chameau turc, plus grand et plus fort que les autres, le chameau arabe, moins grand et à la couleur moins sombre que les autres, le dromadaire, à la bosse plus petite et la forme plus svelte ; enfin, le chameau à double bosse, ou méhari, à la chevelure si longue et si belle, d'origine persane, et qui, partant, est très rare dans notre région. L'âne, la monture royale de la Palestine d'autrefois, est la bête aux grands services domestiques ; le mulet composait autrefois non seulement les caravanes d'Alexandrette, mais aussi celles de Constantinople et d'Erzeroum, et de toutes les cités du Nord ; quant au cheval, la race en est presque complètement dégénérée, à Alep, comme on peut le constater. Je passe sous silence les animaux plus vulgaires pour mentionner le putois à la fourrure si bien utilisée et qu'on rencontre surtout dans les villages, le renard, moins grand que celui d'Europe, le loup, très rare à côté de la ville, mais qu'on voit sur les collines et dans les hameaux. Digne d'attention aussi est l'animal appelé Sheeb en arabe, qui est tenu pour distinct du loup, mais pour plus féroce. Nommons enfin, pour ne rien oublier, la hyène, objet de la terreur pour tout le monde et qui n'est pas à très grande distance de la capitale, le lynx, qui nous vient le plus souvent du Taurus ou de la ville de Marache ; le lion est mentionné par les voyageurs comme se trouvant en nombre à l'ouest de l'Euphrate, le tigre, et en dernier lieu, les animaux plutôt rares, c'est-à-dire le lapin, proprement dit chat noir ou karakoulak, l'ours et le singe, dont les quelques exemplaires que nous voyons nous viennent plutôt de l'étranger que de nos contrées.

Telle est la liste assez sèche, mais incomplète quand même, de nos quadrupèdes, à laquelle, j'ajouterais bien, si je ne craignais d'être ennuyeux, celle de nos oiseaux, de nos poissons et de nos reptiles. Je me contenterai seulement de nommer quelques oiseaux particuliers à notre contrée : tel le catta, dont la chair fait le délice des indigènes, le hiss, le saphy, le chahimo ou gentil faucon, le zaganer, le doughan, le aspir et le bachek, autant d'espèces d'oiseaux qu'il faudrait avoir vues pour les connaître et classer. Le Kowek, notre rivière d'Alep, nous donne à lui seul quinze espèces de poissons, dont les plus importantes sont celles connues par les Européens sous le nom d'anguille d'Alep, à la chair si délicate, le zagzoug et le babouj, deux variétés du silure, et enfin le kaboudi, si excellent et en si grande abondance. A signaler aussi, à titre de curiosité, deux variétés de poissons de notre rivière : ce sont les petits taf-taf et le sellal, qui n'ont pas plus de deux pouces de longueur. Mais les poissons du Kowek sont loin de nous suffire et, pendant le grand carême surtout, nous nous pourvoyons largement de ceux de l'Oronte, de l'Euphrate, du lac d'Antioche, appelé par nous Al Golé, et du lac de Marache. C'est de là que nous viennent les anguilles ou poisson serpent, et l'espèce la plus commune du poisson qui provient plutôt de l'Oronte ou de certaines eaux stagnantes près de ce fleuve et qui est appelé silure ou poisson noir. Enfin, la mer même vient, par les ports d'Alexandrette et de Beyrouth, apporter son appoint à notre marché aux poissons et il se trouve ainsi suffisamment pourvu.

Nos reptiles et nos insectes, à leur tour, ne seraient pas moins intéressants à passer en revue, mais, ne devons-nous pas plutôt nous résumer ? On dit que le Kowek doit son nom au croassement de nombreuses grenouilles ou plutôt akrak, qui vivent dans ses eaux ; ces grenouilles forment un plat très estimé, surtout quand on organise ce qu'on appelle un boustan (jardin) pour les pêcher et s'en régaler sur place. Le saratan, espèce spéciale de crabes, n'est pas moins recherchée surtout par les Français. Il est tout à fait différent du crabe d'Europe et se trouve délicieux pendant la saison des mures blanches. Le Kowek nous apporte aussi des tortues dont les chrétiens mangent avec plaisir la chair et dont les œufs sont utilisés en médecine. Sauterelles, limaçons, ne manquent pas non plus dans la région, mais, bien que ces derniers soient classés parmi les animaux comestibles dans le reste de la Syrie, nous ne les estimons pas généralement comme tels à Alep. Nous recevons de l'étranger la plus grande partie de ce que nous consommons en fait de cire et de miel, les abeilles étant relativement trop peu nombreuses dans la région. Le ver à soie, lui aussi, est rare chez nous ; voilà pourquoi, quoique la soie forme l'un des articles de commerce les plus communs entre nous et l'Europe, nous ne pouvons qu'en importer de l'Extrême Orient surtout, et ce que nous en confectionnons à Antioche est relativement en trop petite quantité.

Les animaux nuisibles aiment notre sol aussi bien que ceux qui sont utiles. Imputerons-nous à l'un des animaux de ce genre le fameux bouton, appelé, à Alep, le bouton d'une année (parce qu'il dure toute une année) et, dans le monde, bouton d'Alep, parce que c'est une triste spécialité de notre ville ? Presque personne n'en est exempt, il n'est pas très douloureux, il est vrai, mais il ne manque pas de causer une gêne considérable et l'on n'a pu lui trouver aucun remède bien efficace ; viendrait-il des eaux ou de l'air ? je ne sais : toujours est-il qu'il en est, surtout parmi les étrangers, qui lui échappent. Les principaux animaux nuisibles dont l'existence est certaine, sont les suivants : le scorpion, la scolopendre, surtout un animal aux quarante-quatre pattes comme on l'appelle, quelques serpents. Arrêtons ici, enfin, l'étude sommaire de cette faune si variée, pour passer à celle de la flore.

Y trouverons-nous la même richesse ? Sans aucun doute, comme nous l'allons voir.

Le narcisse d'abord, l'hyacinthe et la violette qu'on trouve en janvier même au cœur de l'hiver et, parmi les narcisses, cette espèce toute spéciale que nous appelons mouddâf et qui pousse surtout près du village de Haddar. Il faut les entendre, ces braves marchands ou marchandes, portant sur la tête le fameux tabak ou plateau en osier, tout couvert de mouddâf et criant : « Que sa saison est belle, que son créateur est bon ! » Mais ce qui nous annonce vraiment le printemps, c'est le fameux concombre de la montagne, espèce aux racines chevelues, qui, arraché tel quel dans la campagne, nous est apporté par les Bédouins ou leurs enfants, et vendus comme la noix. Voilà pourquoi le proverbe arabe dit : « Celui qui annonce le printemps mérite un abba, c'est-à-dire un gros pardessus de paysan en drap clair et très grossier ; quant à celui qui annonce le zarreur (fruit qui paraît en automne), il mérite mille coups de bâton (parce qu'il présage l'hiver). » Vers le milieu de mars, la floraison devient à peu près complète partout, et, pour l'amateur de botanique, rien de plus beau que cette contrée, surtout vers la fin d'avril et les premiers jours de mai : la véronique à trois feuilles, la verveine, l'iris, la rose, le jasmin, la pensée, etc., etc..., avec tant d'autres fleurs que je ne puis nommer à moins de devenir vraiment interminable.

Comment cependant ne pas mentionner au moins nos spécialités : l'hypoxis fascicularis, aux feuilles si nombreuses et semblables à des lames d'épées, le stachis pumila, assez simple et très ramassé sur lui-même, le tchlaspicarneum, si haut et aux feuilles si petites et sans pédoncule aucun, le hodysarum onebrichys, si élancé et si élégamment ondulé, le hodysarum christa galli, l'astragalus russelli, du nom probablement même de l'auteur de l'histoire naturelle d'Alep où je prends ces détails ; l'astragalus stela et enfin le lotus arabicus, toutes plantes qui figurent aujourd'hui dans les musées d'Europe et qui, pour une raison ou pour une autre, sont regardées comme de vraies curiosités de notre pays.

Les produits de nos plantations, l'énorme pastèque que nous appelons dléblès, le melon, le cornichon ou concombre, la fleur de fenouil, le sésame, le palma christi, le chanvre et le safran sont innombrables. Le coton pousse dans les jardins, mais pas à très grande quantité, le tabac aussi, mais avec plus de succès : il est cependant de qualité inférieure à celui qu'on trouve près de Lattakieh et sur les montagnes de Samsoun surtout, cette dernière espèce formant un article de commerce des plus importants avec l'Égypte. Nos olives ressemblent à celles de l'Espagne et les grandes plantations d'Idlib et des villages d'alentour suppléent à ce que les nôtres laisseraient en défaut. L'huile, très estimée des indigènes, est parfois très bonne : la plus renommée est celle de Killis ; à Alep, et surtout à Idlib, une bonne quantité d'huile est consommée pour la confection du savon ; le frêne, qui nous est nécessaire dans ce but, nous est apporté du désert par les Bédouins. Une huile spéciale, appelée scirège et composée de sésame, est employée par les pauvres, mais elle est désagréable d'odeur et de goût. L'huile de la palma christi était autrefois employée par les pauvres aussi, pour l'éclairage du fameux kamdil ou lampe d'alors; aujourd'hui, l'on s'en sert comme purgatif et la plante de ce nom est cultivée dans les champs, tout près de la rivière. Les jardins donnent plusieurs variétés de raisins ; le caîssy, petit raisin tout blanc, est reconnu comme supérieur à tous les autres ; mais bien que le vin soit très peu consommé dans notre région, nos raisins nous sont insuffisants, car le housrom ou verjus en absorbe une grande quantité et ce verjus, dans beaucoup de cas, remplace pour nous le vinaigre. Le vin est relativement peu en usage, le vin blanc est bon, mais se conserve difficilement ; quant au vin rouge, il est généralement sombre, fort et de peu de saveur. Par contre, le raisin sec ou zebib est très goûté de la population : on le mange avec du pain ou bien l'on en fait des sorbets. Le zebib est aussi souvent utilisé pour la confection de l'araki ou eau-de-vie. Une espèce de miel tout spécial et fait avec du jus de raisin, s'appelle debs, mélasse, et se consomme en de grandes proportions. Mais ce qui fait la gloire d'Alep, ce sont surtout les pistaches. Tout près de la ville, l'on voit des terrains vraiment incommensurables, appelés karm et plantés rien que de pistachiers. La Syrie entière s'en approvisionnera et l'on trouvera le foustok alabi, que nous appelons foustok akhar ou moumallah (pistaches vertes ou salées), sur les marchés même de l'Europe et d'Amérique, Pline rapporte que le pistachier a été importé de Syrie en Italie par Lucius Vitellus, sous le règne de Tibère, et Galien note que Béroé était renommée par ce fruit déjà de son temps. La pistache sauvage ou boutoum nous vient des montagnes, elle a la même odeur que la première, mais elle est très petite et de forme très aplatie. Il serait vraiment amusant d'observer les marchands de fruits faisant à haute voix la réclame de leur article : les poires, par exemple : « Le médecin l'a prescrit à son fils : un biscuit blanc et deux poires ; ô poires ! » Les nèfles vertes ou rouges aussi, qu'on annonce comme suit : « Les rossignols ont chanté sur vos branches ; ô néfliers, le jardinier qui vous garde ne dormira pas la nuit, ô djaneirek ! » N'oublions ni les grenades, avec le debs-roumman, extrait du jus de grenade, mêlé de matières acides et remplissant pour certains mets l'office du vinaigre, ni les cerises, ni les abricots, ni les délicieuses pêches, ni les prunes, ni les autres fruits si connus qui couvrent notre table, ni surtout le cèdrat. L'orange, elle, nous vient du dehors parce qu'elle ne peut se faire à notre climat : à Deurtyol, près d'Alexandrette, les plantations d'orangers sont florissantes. N'oublions pas non plus les mûres qui font les délices de la population au déjeuner du matin, avec un bout de djibné ou fromage.

Les légumes, eux, sont très nombreux aussi chez nous, n'omettons pas de mentionner les aubergines ou badindjan, les tomates appelées je ne sais pourquoi à Alep seulement à l'exclusion de toute la Syrie, badindjan frandjy (aubergine européenne ou française), les choux, les radis, les fèves, les artichauts, etc..., et cent autres espèces. En voilà bien assez sur nos plantations, nos arbres et nos légumes ; mais pouvons-nous donc quitter notre flore si riche sans parler de nos produits agricoles et sans décrire nos jardins ?

Nos produits agricoles ! Mais tout semble réuni par la nature pour leur donner le développement le plus admirable : le terrain est généralement calcaire, crétacé ou éocène ; le climat est beaucoup moins sec que dans les parties correspondantes de l'Asie Centrale ou Méridionale. Il pleut régulièrement depuis le milieu de novembre jusqu'à la fin mars, mais surtout pendant la fameuse mourbénié, c'est-à-dire les quarante jours qui vont du 21 décembre à la fin janvier. Ce sont alors des torrents d'eau qui ravinent le sol. Après février, la pluie devient plus rare, mais les pluies de mars ont une très grande importance : si l'année est bonne, mars est derrière, c'est-à-dire peut tout gâter ; si l'année est mauvaise, mars peut abreuver (c'est-à-dire réparer). Les vents d'avril sont aussi très utiles ; on laboure vers la fin de septembre après les premières pluies ; si l'on tarde à le faire, la gelée arrive, qui peut tout arrêter en se poursuivant. Le labourage est aussi rudimentaire que dans les autres contrées de la Syrie : charrue tout à fait primitive, traînée par un ou deux bœufs, quelquefois par un misérable âne, et le laboureur est le plus souvent le plus insouciant, poussant nonchalamment son attelage, chantant et fumant tranquillement sa pipe, de telle sorte que le sillon est très peu profond quoique toujours tout à fait droit. Malgré tout, blé, orge, lentilles, pois chiches, fèves, maïs et autres céréales sont en abondance et l'on peut même en exporter des quantités. Point d'avoine près d'Alep, assez peu sur la côte et près d'Antioche. Avec l'orage, la luzerne est cultivée pour les bêtes. Les semailles du blé se font du milieu d'octobre à la fin de janvier, l'orge peut être semée à la fin de février. On ne se sert pas de herse et un second passage de la charrue sur le sol la remplace. La moisson de l'orge commence en mai, celle du blé quelques jours plus tard.

Nous ne décrirons pas les forêts gigantesques qui couvrent le pays sur plus d'un point, surtout du côté de l'Islahié, à mi-route entre Alexandrette et Alep. Toutes les espèces d'arbres y figurent et les cèdres même, avant la guerre surtout, venaient s'élever si majestueusement que nous n'avions presque rien à envier aux beautés du Liban. Ce qui mériterait davantage d'arrêter nos regards, ce seraient les jardins proprement dits qui avoisinent la ville. Une eau très bonne nous vient de deux sources qui coulent tout près du village de Heilan, presque à une dizaine de kilomètres au nord de la ville. Un aqueduc la conduit chez nous et tantôt la met au niveau avec le sol, tantôt la laisse avec toute sa fraîcheur dans les souterrains. L'aqueduc entre dans la cité par le Nord-Est et l'eau est distribuée dans les fontaines et les bains par des tuyaux ; il n'est pas jusqu'à certaines maisons qui n'en soient alimentées. Les écrivains arabes nous apprennent que cet aqueduc a été bâti avec la cité, mais qu'il a été réparé par l'impératrice Hélène, mère de Constantin, en même temps que la grande église transformée aujourd'hui en mosquée. En l'année 1218, Melj ez Zaher, fils de Saladin, se trouva presque ruiné et non seulement il le fit réparer à nouveau, mais il l'agrandit. Ibn Echahné, l'historien arabe d'Alep, rapporte même que Malek ez Zaher établit quelques biens wakfs dans le but justement d'aider à la réparation dont l'aqueduc aurait besoin à l'avenir. Les poètes arabes vont jusqu'à comparer la qualité de ces eaux à celle du Barada de Damas, de l'Euphrate et du Nil.

Toujours est-il que nos jardins doivent, en grande partie, la vie à ces eaux, le Kowek étant tout à fait insuffisant à les alimenter. Ces jardins s'étendent surtout sur les côtés de l'aqueduc et s'appellent les jardins de Baballah, littéralement la porte de Dieu, du nom d'un village Babili ou Babilah qui se trouvait à proximité. Je ne veux pas trop m'arrêter à les décrire, n'y trouvant rien de proprement spécial à ma région plutôt qu'aux autres régions de la Syrie ; mêmes plantations variées, même bassin au milieu, même maison d'agha ou d'effendi à côté. Ils sont cependant beaucoup moins riches que ceux de Damas, par exemple. Malgré ces jardins, avec les fleurs, l'air et les eaux rendent féconde, rendent intarissable la muse de nos poètes arabes ; écoutez plutôt Aboul-Feteh-Mahmoud-Ibn-el Hassan ; il chante avec délice toutes ces beautés : il décrit les bosquets, le zéphir, les coquelicots qui se balancent, comme s'ils voulaient s'embrasser, le narcisse qui tantôt ferme et tantôt ouvre les yeux, la pluie, le printemps, le Kowek, et invitant à passer par la ville, il va jusqu'à dire : « Bienheureux, oui bienheureux qui la visite ! »

Nous avons entendu les beaux accents du poète, notre visite dans les jardins doit prendre fin. Toucherons-nous aux richesses minérales ? Hélas ! nous ne pouvons ici que nous plaindre, Nous plaindre ? Mais est-ce le mot vraiment ? Et d'abord ne devrions-nous pas nous demander à nous-mêmes si cette pénurie n'est pas le fruit de notre négligence coupable à exploiter, ou bien si la nature, qui a été si prodigue pour nous en animaux bienfaisants, en fleurs et en fruits de toutes sortes, aurait voulu dans sa justice rétablir sur ce point l'équilibre rompu ? Je ne sais. La première supposition cependant me sourit davantage, outre qu'elle semble bien fondée, et alors ce n'est plus pour se plaindre qu'il faudrait parler, c'est bien pour s'accuser. Qui n'a même pas essayé à fouiller le sol serait bien mal venu à le taxer de pauvreté. A côté, tout à côté d'Alep, n'avons-nous pas le Djebel Ejeb Nekas, montagne de cuivre, et quand donc a-t-on songé aussi sérieusement qu'il le faudrait à profiter de ses richesses ? Avec plus d'efforts, qui sait, ici ou ailleurs, où on pourrait en arriver ? C'est le cas de répéter ici le mot du vieillard de la fable :

> Travaillez, prenez de la peine,
> C'est le fonds qui manque le moins...
> Creusez, bêchez (le champ), un trésor est caché dedans.

On a bien essayé de creuser parfois, et l'on a trouvé du grenat de qualité inférieure, près d'Antioche ; à Islahié, on a remarqué dernièrement certaines pierres qui, envoyées à l'Association des Mines de Paris, ont été reconnues comme attestant l'existence de certaines mines à explorer. Nous pouvons donc espérer.

Mais, à défaut de richesses minérales, ne peut-on pas considérer comme un vrai trésor l'ensemble des couches géologiques si précieuses qu'on trouve dans nos terrains ? La pierre, si abondante dans nos contrées et qui permet d'élever des édifices si solides et si beaux, le marbre jaune-pâle d'un poli suffisant et qui orne les parties les plus importantes de nos bâtiments ; le marbre noir et grossier des environs d'Alep, près de Killis, les fragments de marbre très variés, près d'Antioche, la pierre à chaux si employée pour couvrir les terrasses ; la terre glaise, l'espèce de terre à foulon, appelée beiloun, qui nous vient d'un village très proche de la ville et qui, triturée et cuite avec quelques feuilles de roses, est très employée dans les bains pour se nettoyer les cheveux, le tourabhoulloq même (que je cite à titre de curiosité) ou terre des enfants, assez fine et qu'on vend en masse pour en envelopper les enfants en maillot ; d'autre part, la mine de sel, qui se trouve au sud-est de la ville et qui est connue sous le nom de lac Salé : elle fournit le sel suffisant à la ville et à presque toute la région. Enfin, les eaux cristallisées du Nahr ez Eahb, rivière d'or, tout près du village El Bab, citées par Ibn Chahné comme l'une des merveilles du monde !

En résumé donc, tant au point de vue des animaux qu'à celui des végétaux ou des richesses géologiques, nous n'avons qu'à nous louer de notre sort et à bénir mille fois, oui, mille fois la nature, qui a été pour nous plus que bienveillante, plus que généreuse, je l'ai déjà dit : vraiment prodigue.

La nature ! nous l'avons suffisamment admirée et l'œuvre de l'homme appelle à présent notre attention. Nous allons étudier les principales villes au moins de la région : c'est ma seconde partie.

II. — SECONDE PARTIE : PRINCIPALES VILLES

Nous ne comptons que trois villes relativement grandes, c'est-à-dire les trois chefs-lieux de sandjaks de même nom : Alep, Alexandrette et Deïr ez Zor. Mais, avant de parler de chacune d'elles en particulier, nous ne pouvons pas ne pas rappeler le souvenir d'Antioche, la grande Antakié, du sandjak d'Alexandrette, appelée autrefois la reine de l'Orient.

Antioche est dans la vallée de l'Oronte, cette vallée jadis si riche qu'elle nourrissait plus de 500 éléphants, 10.000 chevaux et des troupeaux innombrables et qui n'est plus visitée aujourd'hui que par des bandes de Bédouins ou de Turcomans nomades qui y dressent pour un jour leurs tentes. Parallèle au fleuve, une route, coupée de stériles fondrières, aboutit à une bourgade adossée à de stériles collines. Qui reconnaîtrait dans cet amas de maisons, en général moins qu'ordinaires, dans ces ruelles étroites, dans ces places dont un grand nombre sont plutôt comparables à des mares, l'ancienne capitale des Séleucides, Antioche « la belle », la troisième ville du monde antique après Rome et Alexandrie ? D'importants vestiges pourtant racontent encore sa gloire défunte. Du sein des décombres jaillissent des fûts de colonnes marquant la place du palais impérial d'autrefois ; des marbres informes et mutilés indiquent le lieu où s'élevait la basilique. D'énormes murailles flanquées de 360 tourelles encerclent les masures d'Antakié dans un vaste quadrilatère. Quatre trous béants pratiqués dans l'enceinte révèlent l'emplacement des anciennes portes. Outre les chapiteaux et plusieurs autres vestiges antiques, on voit, dans la cour du Sérail, deux beaux sarcophages et la statue d'un poète ou d'un orateur, trouvés en 1895, à côté du mur, à l'ouest de la ville. Le tout semble remonter aux premiers siècles après Auguste. Au Moyen-âge, Antioche présentait quelque vie industrielle. Une colonie de marchands italiens s'y était formée et ses manufactures sortaient des étoffes précieuses, connues en Occident sous le nom de drap d'Antioche. De tant de splendeurs, il reste aujourd'hui à peine un souvenir.

La vieille cité a été complètement supplantée par ses voisines, Alep et Damas. Elle n'a pas aujourd'hui plus de 28.000 habitants, mais elle compte encore quelques savonneries et exporte des cuirs, de la soie en abondance. Cette localité, qui est une ruine cependant, semble, depuis quelques années vouloir se relever, et Antioche commence à prendre un aspect européen.

Beaucoup plus vivante est Alexandrette, chef-lieu du sandjak du même nom. Elle s'élève dans l'étroite bande de plaine resserrée entre les contreforts de l'Amanus et la mer, non loin des fameuses portes ciliciennes qui sont comme la porte de la Syrie. Elle a été construite à peu près sur l'emplacement d'Issus, célèbre par la victoire qu'Alexandre remporta sur les Perses. Les Turcs la désignent sous le nom d'Iskandaroun. Les marécages pestilentiels qui l'entourent en rendent le séjour malsain pendant l'été. Les Européens et plusieurs d'entre les habitants se réfugient dans la ville pittoresque de Beylan qui est fixée sur une montagne voisine, à 500 mètres d'altitude. L'insalubrité du climat n'a pas empêché son port de prospérer et le mouvement des échanges est assez actif, en raison de la proximité d'Alep. Alexandrette forme en effet le débouché naturel de cette grande ville sur la mer ; la ligne de Rayak-Alep lui a été néfaste. Au lieu d'être le seul point terminus de toutes les caravanes venant du Haut-Euphrate, elle cède aujourd'hui cet avantage à Beyrouth ou le partage avec lui. Avant la découverte du cap de Bonne-Espérance, cette ville était l'entrepôt du commerce des Indes. Le port, aux trois quarts protégé par les montagnes, est le plus grand et le meilleur de la Syrie : les bâtiments peuvent y charger et y décharger près du rivage. Alexandrette fait aujourd'hui un important trafic de riz et de sel, indépendamment des denrées de toute nature qu'elle reçoit de l'intérieur et des objets importés d'Europe. L'importation y atteignait, avant la guerre, 58 millions, et l'exportation, 36 millions : laine, beurre, cuirs et peaux, cocons, bois de réglisse et noix. Cette ville est le chef-lieu du sandjak du même nom, elle a sous sa dépendance les cazas d'Alexandrette, de Beylan, de Harim et d'Antakié.

Le second sandjak est celui de Deir ez Zor, il comprend les cazas encore mal délimitées de Deir ez Zor, Mayandin, Boukemal et Khabour. Le chef-lieu de sandjak, la petite ville de Deir ez Zor, n'a que 15.000 habitants. C'est presque un village. On y avait commencé un pont sur l'Euphrate, mais il a été laissé inachevé.

Le troisième sandjak, le plus important, est celui d'Alep, avec Alep comme chef-lieu. Voici, au préalable, quelles en sont les principales localités. Ce sont : les cazas de Djebel Samaan, Azaz, Rekka, El Bab, Idlib, Membidj, Maara et Djisryech Shogour. Toutes ces localités sont trop petites pour pouvoir nous occuper dans une étude comme la nôtre. Nous devons seulement parler de la grande ville, de sa position géographique, de son histoire, de sa population, de son commerce, de son industrie, de ses écoles, de ses vestiges archéologiques et de son avenir ; c'est-à-dire, en résumé, des trois Alep, celle d'autrefois, celle d'aujourd'hui et celle de demain.

Située au centre d'une plaine fertile qu'arrose le Kowek dont les eaux lui apportent une constante fraîcheur, merveilleusement placée entre Erzeroum et Alexandrette ou Beyrouth, comme pour servir d'entrepôt entre la Méditerranée et l'Euphrate à de nombreuses caravanes, Alep la blanche, ou littéralement la rousse, Halep es Chaaba, l'antique Beroé des Grecs et l'Holab des Arabes, est bien marquée pour devenir la capitale de l'Etat. Elle est à 36°11 de latitude Nord et, comme le décrivait déjà, au xviie siècle, le marquis de Nointel, envoyé par la France en mission dans notre pays, elle est « enlacée de verdure, noyée de lumière, hérissée de minarets et de cyprès ». Ibn Chahné, dans son livre : *Les perles choisies ou Histoire du Royaume d'Alep*, a tout un chapitre sur l'origine du nom de notre capitale. La légende de la vache d'Abraham, que le grand patriarche avait l'habitude de traire, en arabe haleb, tout près d'une colline avoisinant la ville d'aujourd'hui, n'a, je crois, pas d'autre fondement que le souvenir très naïf de nos aïeux, de donner à la ville une origine patriarcale. Abraham aurait eu l'habitude de traire sa vache et d'en distribuer le lait aux pauvres qui criaient alors, s'invitant les uns les autres à profiter de l'aumône si généreuse. Quoi qu'il en soit, les monuments égyptiens mentionnent cette cité déjà 2.000 ans avant J.-C. Plus tard, elle est agrandie par Seulecus Nicator qui la nomme Beroé ; Chosroès II, roi de Perse, la brûle, en 611 après J.-C. ; mais elle répare vite ses ruines et Abou Obeida, général des Arabes, s'en empare vers 636. Bientôt, elle devient même la capitale d'un état et l'histoire nous parle longuement de Seif ed Daoula, roi d'Alep. Mais, en 961, les Byzantins, commandés par Nicéphore, parviennent à se rendre pour peu de temps maîtres de la ville, sans pouvoir s'emparer cependant de la citadelle. Ils l'abandonnent de nouveau et c'est en vain que, pendant les croisades, le roi Beaudoin essaie de l'assiéger. Enfin, bref, saccagée tout à tour par les Mameluks et par Timourlan en 1400, elle est définitivement occupée par le sultan Selim en 1516. Mais les tremblements de terre qui, de tous temps, lui avaient été désastreux, s'y sont trouvés particulièrement terribles en 1822 et en 1830 ; ils firent pas mal de décombres, mais Ibrahim Pacha, cependant, ayant fait de cette ville le centre de la domination égyptienne, elle se relèvera complètement de ses ruines. Cette période ne fut pas longue ; passant de nouveau aux mains des Turcs, elle demeura en leur pouvoir jusqu'aux derniers événements du 26 octobre 1918. De tout ce passé si tourmenté que reste-t-il aujourd'hui ? L'archéologie pourra tout observer, tout fouiller dans notre pays. Tout autour de la ville, elle admirera les ruines, si bien conservées jusqu'à nos jours, qui rappellent encore les fortifications d'El Baara, si vite reprises aux Croisés en 1164 ; elle admirera en même temps les restes de Khourbet Hiss et sa grande basilique à sept colonnes, ainsi que sa nécropole aux mausolées à frontons avec niches dans le roc, elle s'arrêtera devant Serdjila, Dama, Roueiha, Deir Seita, Bakouza, Bechindelaia, Kafer Kile, Kalblouse, Bechis, etc... Toutes pleines de décombres, plus intéressantes les unes que les autres, elle passera à Kalaat Siman pour y visiter le monastère du fameux stylite et de ses disciples avec leur église conventuelle et ses annexes,

qu'on peut étudier dans leurs plus infimes détails, elle par-
courra enfin tout le pays sans oublier la basilique de Tourmanin, les maisons d'Er Feidi et les tombeaux de Khatoura,
tout est plein de souvenirs historiques dans ces régions, tout
atteste combien les moindres hameaux et jusqu'au désert
lui-même étaient pleins de vie, autour de deux grandes villes
d'Antioche, puis d'Alep, mais ce qui rendra à jamais témoignage à la gloire de la capitale d'aujourd'hui, ce qui, de cette
gloire, a bravé les assauts des siècles, demeurant toujours
debout, la tête fière levée vers le ciel, c'est son imposante
citadelle, décrite avec enthousiasme par les historiens arabes,
chantée par les poètes, toujours citée par les touristes d'Europe comme l'une des merveilles de la Syrie. Ne disait-on pas
au temps de Ibn Chahné, au xve siècle : les merveilles du
monde sont au nombre de trois : le puits qui guérit la rage,
à côté d'Alep, la citadelle d'Alep et le fleuve d'or (dont nous
avons déjà parlé à côté d'Alep). Pour eux le monde, c'était
donc la région d'Alep ! Boroé tenait tout entière sur cette
colline qui, selon les auteurs arabes, repose sur 800 colonnes.
Elle a certainement été habitée jusqu'en 1822. Au xviii^e
siècle, on y aurait trouvé (à noter que l'hyperbole est la figure
de style la mieux goûtée de nos écrivains) 17 pierres en or
pur, dont chacune pesait 97 rotols aleppins d'alors, c'est-à-
dire 2.619 dirhems ou 9 kilogs environ. Notre arabe historien, si souvent cité, nous donne les noms des maisons les plus
grandes qu'on ait élevées sur la colline de la citadelle, Dar Il
Iz, la maison de la gloire, Dar Ez Zeeb, la maison de l'or, Dar
Aouamid, la maison aux colonnes, Dar El Mélek Ridouan, la
maison du Roi Ridouan, et il ajoute qu'elle était très belle :
une inscription du Malek ez Zaer, qui date du commence-
ment du xiie siècle, produit le meilleur effet sur la façade. Le
couloir d'entrée est tortueux. Il était fermé par trois portes.
Au-dessus de la première porte de fer, on remarque des serpents
sculptés, au-dessus de la seconde, un lion en bas-relief, et, de
chaque côté de la porte inférieure, une tête de lion aussi. Une
vaste salle, au plafond tombé, occupe l'étage supérieur de la
tour. Après la tour, une grande place comprise à l'intérieur des
murs est couverte d'un amas de ruines ; le tracé de plusieurs

rues s'y fait reconnaître et on y trouve encore nombre d'arcades. Au milieu, une grande voûte qu'on dirait avoir été une citerne en partie taillée dans le roc et qui repose sur quatre colonnes en maçonnerie. On y descendait, dit toujours le même auteur, par 125 marches, et il affirme que, sur les hauteurs de cette citadelle, nous avions une belle église, en affirmant que dans cette église il y avait une femme sur qui la porte avait été fermée depuis déjà 17 ans (curieux) ! Une intéressante histoire au sujet de la citadelle d'Alep est l'histoire de la cloche. Je l'emprunte tout entière à un auteur musulman. Une cloche aurait été suspendue au-dessus de l'une des tours occidentales, on la sonnait trois fois chaque nuit : le soir pour mettre fin aux travaux du jour, à minuit pour avertir que la seconde partie de la nuit allait commencer et, le matin, pour annoncer l'aurore. Ridouan, fils de Dach El Daoulat, aurait été forcé par les Croisés qui régnaient à Antioche de leur payer chaque année une certaine somme, de faire suspendre cette cloche au-dessus de la citadelle et de mettre une croix sur le minaret de la grande mosquée. Il ne tarda pas à demander à ce que la troisième condition soit abrogée, car le Caïd refusait obstinément de l'accepter ; au lieu de placer la croix au-dessus de la grande mosquée, il la mit au-dessus de la grande église qui, elle aussi, a été transformée depuis en mosquée El Hlaouié. Quant à la cloche, elle demeura sur la citadelle jusqu'à l'arrivée du Cheikh As Saleh Abou Adballah Ibn Hassan qui venait du pays du Mogreb : à la vue de la cloche, ce Cheikh exprima son étonnement en ces termes : « Qu'est-ce donc que cette chose étrange dans votre pays, c'est le signe du Frandjy. » On lui répondit que c'était depuis longtemps l'habitude de voir cette cloche à cet endroit. Alors, dit l'historien, dont nous rapportons littéralement le récit, le Cheikh s'indigna, se mit les deux doigts dans les deux oreilles, s'assit à terre et cria : « Allah Akbar ! Allah Akbar ! Dieu est grand ! Dieu est grand ! » Un bruit épouvantable retentit dans la ville et la cloche tomba fracassée ; elle fut suspendue à nouveau, mais elle retomba sur le champ et ce fut définitif. Telle est l'histoire de la citadelle d'Alep avec sa cloche si merveilleuse. Avant de descendre, n'oubliez pas de

visiter le minaret qui s'élève au Nord et où la ville apparaît
dans son entier jusqu'au lac Saleh. Ne croyez pourtant pas
que c'est là surtout ce que l'archéologie admire dans notre
ville. Le docteur Bishof parle longuement dans son petit
ouvrage des mosquées d'Alep et des inscriptions qu'on y
trouve. Ne négligez pas de les visiter et de lire, passez même
à la synagogue du quartier juif de Bahsita : partout, vous
trouverez les ruines des plus intéressantes qui vous ressusci-
teront le passé : vous pourrez en tirer toute une histoire. Mais
cependant à plus tard l'histoire, à plus tard Alep d'autrefois,
pour le moment, patience, nous allons nous promener dans
Alep d'aujourd'hui et, favorisés que nous sommes du mandat
de la France, réfléchir même sur Alep de demain.

Aujourd'hui, la population d'Alep est des plus bariolées.
Dans les bazars de la ville cosmopolite, se croisent Musulmans, Ansariehs, Druzes, Juifs, Chrétiens, de diverses communautés, Arméniens de l'intérieur. C'est la langue française
qui a toujours eu la place d'honneur. C'est son droit ; il a toujours été regardé comme sacré. Aussi bien, est-elle depuis
longtemps la langue des salons de la haute société. Le langage arabe alépin présente deux particularités : surtout, il est
d'abord très mêlé de mots turcs ou étrangers. Notre langage
est de plus remarquable par les compliments de toutes sortes
qu'il renferme ; quelques détails typiques : c'est tout un voca-
bulaire et des plus amusants : c'est ainsi que lorsqu'on est
obligé de parler de soi-même, on se nomme, c'est-à-dire votre
interlocuteur ou votre serviteur, celui qui vous écoute doit
répondre aussitôt : « Couronne de la tête. » Vous répondrez :
« Que Dieu vous rende saine et sauve celle que vous venez de
nommer (la tête). » Et le récit se poursuit comme si de rien
n'avait été, la longue interruption se faisant en un clin d'œil.
Les dames commencent rentrant du bain la litanie elle-même,
nous nous baisons les mains, réponse : bain de bonheur ; on
doit répondre : « Que Dieu vous donne le bonheur, etc... »

Mais, quelles que soient la profession religieuse et la langue
qu'il parle, l'Alépin est chauvin avant tout, pour lui Alep
c'est le second paradis et cette note caractéristique est très
ancienne déjà dans l'histoire des Alépins. Abou Nasser Moha-

med Ibn Oudarin va jusqu'à dire : « Un jour passé en dehors d'Alep est un jour qui ne compte pas dans la vie ». L'Alépin, de plus, aime la vie sédentaire chez lui et s'occupe très peu de politique ; pour lui, gagner de l'argent et faire des économies, c'est l'idéal, peu lui importe le reste ; des soirées en famille, des promenades avec la famille mais pas plus loin que trois ou quatre kilomètres en général, sinon en voiture. Et puis vivre avec les siens, heureux, faire ce qu'on appelle le kief, c'est-à-dire des parties de plaisir, avec la fameuse naoubé ou musique arabe, commune à toute la Syrie ! C'est tantôt une flûte, tantôt des cymbales, la grosse caisse, la fameuse dourbaké ou tambourin en peau de bête, le violon ou kémandji, la cithare ou kanoun, le houd ou mandoline, etc... Très souvent, plusieurs de ces instruments sont réunis et le branlement de tête quand on chante, avec la main sur la joue, semble essentiel. On dit que la zalhouta des femmes d'Alep, cris de joie ressemblant au lu, lu, lu, lu, lu, fin et allant en crescendo, est plus long que partout ailleurs, mais ce qu'on n'entend nulle part en Syrie ou du moins qu'on entend à Alep plus que dans les grandes villes, c'est le fameux Allah i sawa : quand on est content, on se réunit avec trois ou quatre autres hommes et, plaçant généralement les mains sur les épaules les uns des autres, l'on crie tous ensemble et le plus fort que possible et les femmes achèvent avec leur fameux lu, lu, lu, lu ou zalhouta. Que veulent dire ces paroles de : Allah i sawa ? Ni moi ni d'autres n'avons jamais pu les expliquer. Elles sont à moitié arabe, à moitié... je ne sais quoi ; enfin, bref, l'on est ou moukeief ou mabsout, heureux. Evidemment, dans la haute société et même en partie dans la classe moyenne, ces usages ont été abandonnés, et le piano avec chants européens ou arabes très calmes, très délicats, remplacent toutes ces démonstrations de joie de l'Alépin primitif. Mais, si l'Alépin est attaché à son pays, à sa petite vie domestique, il l'est encore davantage à ses convictions religieuses, et Musulmans, Chrétiens ou Juifs sont assidus à la prière, ennemis de toutes les innovations, friands même de discussions sur ces sujets, non point pour dissiper des doutes, mais par amour plutôt pour les choses de religion, de la religion d'el hajded ou ancêtres pour laquelle ils donneraient si facilement leur vie, comme ils l'ont fait plusieurs fois, surtout au XIXᵉ siècle. L'étranger et même le Syrien remarquent chez nous avec étonnement le grand concours de peuple dans les mosquées, dans les églises ou dans les synagogues, et cela pour entendre la prédication ouwas, ou pour remplir les devoirs envers Dieu. L'on y tient, et facilement, tout autre genre de vie scandalise. L'autorité des chefs religieux est plus que partout ailleurs considérée et ce sont eux qui règlent le plus grand nombre des litiges qui surgissent entre personnes ou familles. Bref, l'attachement à la religion est reconnu dans toute la Syrie comme une caractéristique de l'Alépin. Mais, puisqu'il faut tout dire et jusqu'à nos défauts, reconnaissons que cet attachement au pays, à la vie domestique, à la religion, a fini par engendrer chez l'Alépin une certaine tournure d'esprit un peu naturelle et spéciale qui peut facilement tourner en défaut : l'esprit de particularisme. Qui le veut sait s'en défendre et le grand nombre est dans ce cas, Dieu merci. Enfin, outre qu'il est essentiellement religieux, l'Alépin aime le luxe (peut-être un peu trop parfois) ; nos compatriotes Damascains ou Beyrouthins nous en accusent, mais ils avouent néanmoins, que si l'Alépin se signale par l'amour du luxe, il ne se signale pas par la tromperie. Voilà pourquoi il estime si haut le commerce et voilà pourquoi, quand il s'agit de gagner de l'argent, aucune difficulté ne l'arrête, et facilement cet amateur de tranquillité et de vie sédentaire s'expatrierait jusqu'au Soudan ou aux Indes, ou même en Amérique, pour se faire une petite fortune. C'est à ce propos que le proverbe arabe dit des Alépins : « Le boîteux parmi eux est arrivé à pied jusqu'aux Indes ». Aussi bien, l'Alépin a-t-il très bien su développer le commerce chez lui.

L'industrie indigène est presque anéantie par celle de l'Europe. Nous avons, cependant, déjà parlé, quand il a été question de la faune et de la flore, de nos principaux produits. Ajoutons-y l'argent que nous faisons émacier et couvrir d'or, art si difficile vraiment que l'on dit qu'il n'est réussi que par deux ateliers en Syrie seulement, et ces deux ateliers sont à Alep. L'énorme lingot d'argent est enveloppé d'une feuille d'or très mince, mais qui le recouvre en entier, on le plonge dans des charbons allumés, mais qui sont d'une espèce spéciale, et, avec des procédés qui restent le secret des deux familles directrices de ces ateliers, l'on arrive à le retirer en fils très minces tout couverts d'or très brillant. La soie et ses belles étoffes occupe, elle, plus de la moitié de la population et plusieurs métiers s'y rapportent : le commerçant qui l'importe, le kabbabé qui sépare les fils gros des fils minces (métier réservé aux femmes), le fatal qui la roule, le rabbath pour lier les parties qui, à la teinture, doivent rester blanches, le sabbah pour la teindre, et..., jusqu'au sonah ou tisserand, au chattaf ou laveur, au dakkak ou batteur, au salkal ou repasseur, etc... Quand on ne peut écouler cet article, et l'exportation de la soie se fait surtout vers l'intérieur, Arménie ou Mésopotamie, c'est la gêne partout, et toutes les affaires sont en arrêt, comme c'est le cas aujourd'hui. Nous recevons d'Occident un grand nombre d'articles, sucre, pétrole, café, draperie, cuirs, montres, etc., nous lui donnons en échange, notamment, des céréales, de la laine, du coton et des objets en cuir. Les tapis d'Alep deviennent aussi de jour en jour plus beaux et plus finement travaillés et leurs fabriques retirées occupent aujourd'hui des centaines de femmes ou de filles, avantage qui compte pour la ville, puisque jusqu'ici elle n'admet à peu près pas encore le travail de la femme, dans les boutiques ou magasins publics.

Instruction. — Je ne pouvais étudier cette question par rapport à tout notre Gouvernement, la Direction de l'Instruction publique de notre ville n'a pu me donner que les informations relatives à notre sandjak seulement, les deux autres sandjaks jouissant à ce point de vue d'une direction autonome ; et puis, en dehors de notre ville, c'est à peine si l'on peut signaler 35 petites écoles, appelées maktab, soit pour les garçons, soit pour les filles, éparses dans tout le sandjak, et toutes moins qu'élémentaires. On y apprend surtout la lecture, la calligraphie, très importante dans notre pays, et un peu de calcul. Evidemment, il ne saurait être question, dans ces localités, en général, de la langue française.

A Alep, près de 12.000 enfants fréquentent les 159 grandes ou petites écoles de la ville. 122 de ces écoles sont officiellement musulmanes, 28 chrétiennes et 6 israélites, mais toutes reçoivent des enfants de toutes confessions religieuses. La France a ouvert chez nous deux orphelinats de garçons et un autre de filles. Les écoles sont en nombre, mais relativement à l'Europe ou même à la ville de Beyrouth, nous devons avouer que nous sommes bien en retard ; aussi, plusieurs de nos jeunes gens, surtout dans ces dernières années, sentent le besoin de s'expatrier pour venir ici même, à Beyrouth, dans les Universités ou les Facultés, faire des études plus sérieuses, ou même pousser jusqu'en Europe et en France surtout. Mais tout le monde, évidemment, ne peut pas avoir de pareils moyens et voilà pourquoi nous nous trouvons si arriérés. Nos écoles d'Alep sont pour la plupart primaires ou primaires supérieures ; deux seulement, à l'heure qu'il est, donnent des cours secondaires et préparent au baccalauréat : celle des RR. PP. Franciscains et le Nouvel Externat Saint-Ignace des RR. PP. Jésuites. Le Lycée Impérial Soultanié, ainsi que les deux écoles normales, pour les garçons et pour les filles, n'ont pas encore eu le temps d'organiser des cours de langue française. Au-dessous de ces écoles, viennent quelques autres qui, jusqu'ici, ont fait faire des études complètes de grammaire seulement, et puis, plus de cent autres petits maktab musulmans ou madrassé où l'on apprend, comme nous l'avons déjà dit pour le sandjak, la lecture seulement, la calligraphie et quelques notions de calcul, et cela très souvent, au moins pour les maktab musulmans, en arabe seulement. La langue française a toujours eu évidemment dans les écoles, comme nous l'avons fait remarquer pour les salons, la toute première place, et, sur ce point plus encore que sur beaucoup d'autres, notre ville doit être éternellement reconnaissante aux zélés missionnaires français qui, soit en formant directement la jeunesse, soit en lui préparant des prêtres pour la former, lui ont appris à aimer la langue française et la France ! La langue arabe est mieux cultivée dans les écoles musulmanes que dans les autres, c'est vraiment dommage, honneur à qui honore sa langue et dommage pour les écoles négli—

gentes ; la voix de la nature veut avant tout que nous soyons
des Syriens, n'est-ce pas, et des Syriens attachés à leur pays,
attachés à leur langue. Mais notre faiblesse est excusable,
quoique en partie seulement : bien que les études de sciences
soient aujourd'hui vraiment en souffrance, néanmoins, c'est
en vue de ces matières mieux exposées encore en français
qu'en arabe que nous lançons nos enfants beaucoup plus
vers la langue des Pascal et des Pasteur que vers la nôtre.
Enfin, en résumé, Alep a beaucoup à gémir sur l'état de l'instruction. Il n'y a pas à s'en détourner. Le despotisme turc
d'Abdul Hamid s'opposait systématiquement au développement des sciences. Hier encore, nous étions dans l'ignorance
la plus absolue et, il n'y a pas cinquante ans, l'enfant qui
apprenait le syllabaire arabe, les psaumes du Grand Livre
des Epitres ou des Macamat-el-Amazané chez nous, ou le
Coran chez nos frères musulmans, était considéré avoir tout
appris. Il a fini, disait-on, kaattan, et le professeur lui liait
les mains, lui plantait en travers la ceinture le grand encrier
en cuivre jaune, long de **30** à **35** centimètres et, flûte et
tambourin devant lui, le conduisait triomphalement à la
maison, où professeur et élève touchaient leur bachkchich
et recevaient, l'un des remerciements, l'autre des félicitations de tout le ban. Seuls, les enfants vraiment riches
recevaient alors au Collège de Terre-Sainte des RR. PP., des
Franciscains, e bienfait d'une certaine instruction, propor-
tionnée à l'époque et apprenaient quelques éléments de
français ou d'italien, ou plus rarement quelque illusion d'anglais. Dieu merci, ces temps sont bien passés comme on le
voit, mais on désirerait encore plus de progrès. Quels en sont
les moyens ? A mon humble avis, ce sont les écoles de filles
qui seraient les premières à encourager : jusqu'à ces derniers
temps, en effet, malgré tous les efforts des bonnes Sœurs de
Saint-Joseph, établies à Alep depuis 1856, elles ont été plus
que les autres négligées (et cela se comprend, les esprits
n'étant pas encore suffisamment préparés) ; j'estime cependant que si nous parvenions désormais à avoir des mères plus
instruites et mieux informées, bien des choses s'améliore-
raient dans notre société, à commencer par l'instruction

elle-même. Nous aurions aussi besoin que des études de sciences, d'arts et de métiers soient davantage prises en considération et que nos nouveaux programmes leur donnent, pour réparer le passé, un rang encore supérieur à celui qui leur reviendrait : pourquoi faut-il que nous n'ayons qu'une école d'arts et métiers, une seule pour toute la région, et combien n'aurait-elle pas besoin d'être agrandie et perfectionnée ? Pourquoi faut-il que, dans certaines écoles préparatoires et primaires, les études de sciences soient presque totalement dans l'oubli ? Je n'ose pas encore exprimer le désir de voir plus d'écoles secondaires, convaincu que je suis que celles qui existent déjà, encouragées et développées comme il faudrait, seraient suffisantes. Les écoles gratuites seules mériteraient des attentions spéciales : elles sont trop peu nombreuses et en général dans un état plutôt triste. Ne parlons pas d'école supérieure ni d'autres établissements plus avancés, la progression est la condition du progrès et, comme dit le proverbe arabe (littéralement), celui qui marche sur la voie avec ardeur est sûr d'arriver. Dans cette fin, nous comptons sur nous-mêmes d'abord, devenus libres, grâce à la France, et puis sur la Grande Nation Mandataire, qui se fera un plaisir de nous diriger, de nous aider. Et quelle nation est donc mieux faite que celle des Bossuet, des Corneille, des Chateaubriand et des Ampère pour être notre mentor sur ce point ? Et que de sacrifices n'a-t-elle pas faits déjà depuis des siècles dans ce but, et que serions-nous, encore une fois, si ses missionnaires ne s'étaient pas intéressés à nous, si son or n'était pas venu se déverser en sommes bien rondes dans nos écoles ?

ALEP ET LA FRANCE

La France ! N'est-ce pas en effet dans toute notre région, depuis plus de 800 ans déjà, la nation chérie ! Rappellerai-je le siège d'Alep et les jours des Croisades où, comme le proclamait tout dernièrement encore, dans le Sérail de notre ville, l'éminent député de Paris, M. Soulier, les deux peuples de France et d'Alep ont appris à se connaître et à se considérer ! Rappellerai-je les capitulations ou le protectorat des catholiques auxquelles tous les siècles rendent un si précieux témoignage ? Pour être bref, car je vous ai déjà fatigués, je ne mentionnerai que le marquis de Nointel, déjà cité et qui atteste, au XVIIe siècle que le Patriarche syrien d'Alep était venu le recevoir *in pontificatibus* avec son clergé, des cierges et des encensoirs, ce qu'on ne fait que pour les autorités légitimes et effectives, qu'il lui fit les plus beaux compliments et qu'il prêcha à la louange du Roi de France qui l'envoyait en mission parmi les chrétiens de l'Orient. La France ! mais c'est hier, Messieurs, cette mémoire à jamais chère et glorieuse de l'illustre Roqueferrier, Consul martyr d'Alep, en 1909, victime du dévouement pour la Syrie et pour l'Orient. Mais ce sont aujourd'hui, Excellence, vos vaillantes armées qui remplissent à cette heure même notre région et qui toutes, malgré les fatigues d'une lutte de près de sept années entières, acceptent encore de venir, aux portes d'Alep, mourir pour nous assurer l'indépendance et la liberté. Oh ! Messieurs ! Nous ne nous plaindrons pas de l'orage qui gronde encore et surtout dans nos contrées. Lisez, lisez les journaux, le ciel même a tenu à nous en révéler le symbole, c'est juste à la Pentecôte dernière, le 15 mai dans l'après-midi. Le journal *La Syrie*, en date du 16 mai, décrit la grêle effrayante de grosseur qui a fait rage à Alep, hachant les plantations, tuant plusieurs oiseaux ; la grêle a passé et le soleil aujourd'hui est radieux ! Ainsi passera l'orage qui gronde, aussi radieux sera le soleil qui alors remplira les espaces.

Ce soleil, que nous donnera-t-il ? Vous me permettrez, Excellence, de le présager, et, après avoir présenté l'Alep d'autrefois et d'aujourd'hui, d'être porte-voix de mes compatriotes et de hasarder l'esquisse de Alep de demain avec la confiante docilité qui est notre devoir envers les sages autorités qui nous dirigent.

Aussitôt l'orage passé, tout le plan français pourra passer à exécution : instruction publique, travaux d'archéologie, travaux publics. J'ai déjà, avec beaucoup de confiance, exposé les besoins de ma région au sujet de l'instruction ; j'ai déjà montré le champ si vaste qu'offre l'archéologie de notre pays si peu visité, si peu fouillé, inutile de revenir sur ces questions. Les Travaux publics appelleraient davantage nos soins à nous, et surtout ceux de la chère puissance mandataire. Et d'abord autour de la ville, que de terrains n'y aurait-il pas à examiner et que de mines ne pourrait-on pas trouver à exploiter ! D'aucuns disent que, tout à côté de nous, l'amiante est en abondance et que les gisements de bitume, de fer, de cuivre, d'or et de charbon fossile ne font pas défaut. Le Djebel Mehas, que nous avons déjà signalé, pourrait donner des trésors ; et que d'autres richesses, que nous ignorons et qui ne demanderaient qu'à se dévoiler ! Les eaux sulfureuses de Hammamat, entre Alexandrette et Alep, avec certaines mesures, deviendraient peut-être plus abondantes et plus utiles. Et qui sait si d'autres eaux minérales ne coulent pas au-dessous de notre sol si avantagé par la nature ? Certaines parties de notre région, déboisées pendant la guerre, devront être couvertes d'arbres et de plantations, et les forêts vierges elles-mêmes, pour grandes qu'elles soient, avec certains soins, seraient bientôt méconnaissables. Enfin, combien l'agriculture ne requerrait-elle pas d'efforts et de méthode ? Il y a quelques années, Arslan Pacha, gouverneur turc, créa des villages entre Deir ez Zor et Alep, et il y a établi les Arabes nomades qu'il obligea à cultiver le pays ; le terrain rapporta dix fois plus qu'autrefois et qu'aujourd'hui. Le rapport présenté, en 1920, par le Comité agricole d'Alep à S. E. M. le Général de Lamothe, délégué du Haut-Commissariat français parmi nous, note ce qui suit : les productions agricoles actuelles sont médiocres par suite du petit nombre de terrains ensemencés, du manque de sécurité et de la défectuosité des instruments agricoles. Si l'on parait à tous ces défauts, les richesses agricoles seraient plusieurs fois supérieures à celles d'aujourd'hui. « Le Comité évalue ensuite à 750.000 quintaux toute la production de l'année et à 112.500 kilomètres carrés la portion de terrains ensemencés. »

Le manque de sécurité n'est sans doute pas sans influence, mais, encore une fois, il ne tardera pas à passer. Que de richesses inestimables de blé, d'orge, de pois chiches, de maïs, de coton, pourraient donner ces terres aujourd'hui stériles ? Que de richesses elles donneraient si on importait des machines agricoles de système moderne, si surtout l'on canalisait ou l'Oronte ou l'Euphrate en vue de l'irrigation ! Les eaux, oh ! le grand problème des eaux, ici, nous voilà en présence de la plaie la plus grande de la ville elle-même. Notre petit ruisseau le Kowek voit ses eaux détournées, dans son parcours des environs d'Aïntab jusque chez nous, au profit des villages et des villageois, de telle sorte que son lit est presque à sec en été à Alep, c'est-à-dire précisément au moment où nous en avons le plus besoin. Pour ce qui est de la ville, il est vrai, Djemal Pacha, le tyran de la Syrie, qui revenait toujours agneau quand il s'agissait d'Alep ou des Alépins, nous a amené les eaux si bonnes de Aïn el Tell, source qui coule à quatre ou cinq kilomètres de chez nous, et les a fait distribuer en fontaines dans nos quartiers, mais ces eaux sont insuffisantes et ce système aurait besoin d'être réparé et perfectionné. Il nous arrive de manquer parfois d'eau en été pour notre boisson elle-même, et alors comment pourrait-on, sans des frais réellement inacceptables, songer à établir l'électricité avec les tramways et toutes les autres commodités qu'elle entraîne ? Oui, vraiment, le problème des eaux serait le premier à résoudre ! Après lui, viendraient certaines améliorations en ville, comme, au point de vue industriel, l'importation de quelques machines à vapeur pour les divers services à assurer, car les quinze machines que nous avons, surtout pour sciage de bois, fabrication de glace et confection de macaroni, sont loin de suffire à nos besoins au point de vue financier et agricole ; le développement de la nouvelle Banque de Syrie, ainsi que de la Banque agricole, la formation même au besoin de nouveaux établissements financiers qui permettraient aux négociants de jouir constamment d'un crédit ouvert comme avant 1914, et enfin, au point de vue commercial, après la pacification de la contrée, l'introduction et l'usage plus fréquent des automobiles ainsi que la création de certaines lignes de chemins de fer plus nécessaires à la ville.

Alep a trois ports actuellement : Beyrouth, Alexandrette et Tripoli. Mais son port vraiment naturel, qu'on me permette de le dire franchement, est celui d'Alexandrette dont la séparent

50 kilomètres seulement, tandis que les deux autres sont à plus de 400. Pourquoi donc une ligne de chemin de fer ne nous unirait-elle pas à ce port et combien toute la ville, et avec elle toute la région entière, n'auraient-elles pas à en bénéficier ? Pourquoi donc le réseau de Bagdad ou de Beyrouth ne relierait-il pas la ville à plus d'une localité aux alentours, et pourquoi ne serait-elle pas un centre de vie, pour tous ses environs, pendant que les environs seraient un foyer de vie pour elle ?

Excellence, Messieurs,

Nous avons des espérances grandes, des espérances illimitées, nous attendons que l'orage passe complètement et puissent nos vœux être complètement comblés ! Nos cœurs et les vôtres, Français, s'appelaient depuis des siècles, et voici que, préoccupés par l'orage, nous n'avons pu guère encore jouir de l'union si noble et si longtemps désirée. Vous avez bien commencé parmi nous à faire sentir votre bienheureuse influence, et déjà nous avons la sécurité au moins chez nous, déjà nous sommes les maîtres indépendants de nous-mêmes et tous nos fonds et tous nos biens sont pour nous, déjà la plupart des institutions que nous venons de signaler ont été mises à l'étude ; déjà surtout, nos finances se trouvent mieux pourvues et mieux équilibrées ; bientôt les impôts, ces impôts si minimes par rapport à ceux des autres pays, mais assez onéreux pour la classe pauvre ou moyenne de notre population, pourront être diminués, car bientôt ce sera le calme, le travail et avec le travail la prospérité, le bonheur. Unis ensemble, nous nous donnerons la main, vous guiderez nos pas et travaillerez avec nous, nous aurons confiance en vous et travaillerons avec vous. Dévouement d'un côté et confiance de l'autre, dévouement sans limites, confiance sans bornes. La confiance ne vous suffira pas cependant ; vous nous demanderez aussi du travail, un travail persévérant et fondé sur le sacrifice. Au nom de nos compatriotes, je vous le promets, ensemble nous souffrirons en attendant le beau soleil, ensemble nous triompherons. Alors, l'Alep d'autrefois ressuscitera à la vie, alors la grande ville qui unit l'Europe et l'Asie à Bagdad et aux Indes redeviendra l'entrepôt mondial d'il y a soixante-dix ans.

LE TERRITOIRE DES ALAOUITES

par le Colonel NIEGER

Ancien Commandant du Territoire des Alaouites

I. — LES POPULATIONS

1° *Les Alaouites*. — Le Liban, Damas, Alep, qui donnent leur nom à trois des Etats syriens, sont connus. La quatrième circonscription, le Territoire des Alaouites, est en général parfaitement ignoré et, il faut bien le dire, étonne même les Syriens qui, souvent, connaissent fort mal leur pays. C'est qu'en effet, les Alaouites, relégués dans leurs montagnes, ont toujours joué un rôle de second plan en Syrie. Etouffés par l'ostracisme dont les frappait le Gouvernement Ottoman, les recensements fantaisistes les englobaient dans le bloc musulman où, pour de multiples raisons, leur voix ne pouvait se faire entendre.

Ils ont pourtant retenu l'attention de nos Consuls et de quelques voyageurs spécialisés dans les questions orientales. Connus sous le nom d'Ansariés, corruption du mot Nousairi, c'est généralement sous ce nom qu'ils étaient désignés. Au moment où ils prirent le contact avec les autorités françaises, une Délégation des principaux chefs politiques, en présentant les revendications du groupement, demanda instamment que la dénomination de Nousairi soit écartée du répertoire officiel. Et cependant Nousair, le plus connu parmi leurs prophètes, assura par ses exploits l'existence de la communauté. Ils expliquèrent, pour justifier leur demande, que le terme de Nousairi prêtait à confusion et avait pris un caractère injurieux chez leurs compatriotes syriens par le sens péjoratif qu'ils y attribuaient. Certains Syriens, poursuivant peut-être

un but politique, ont voulu, en effet, voir dans le mot Nousairi un diminutif péjoratif du mot « Néçara » (qui signifie
Chrétien) ; mais surtout Nousairi était devenu synonyme de
brigand, de barbare, en raison de la très mauvaise réputation dont jouissent les Ansarié et des coutumes païennes qui
leur sont attribuées. Je pense que leur démarche ne peut être
interprétée que par la volonté absolue de rompre avec un
passé abhorré en effaçant jusqu'au nom qui était devenu
pour eux un stigmate. Celle-ci était d'autant plus naturelle
que, simultanément, ils affirmaient la vitalité de leur race, ses
excellentes intentions et les espoirs qu'ils fondaient pour son
développement dans l'avenir.

Pourquoi Alaouites ? ceci est leur secret. Pendant les deux
années où j'ai dû m'occuper spécialement de ce petit peuple,
je n'ai pu obtenir d'explications satisfaisantes. L'accord
entre tous s'est fait sans doute sur une raison d'ordre religieux ; or, nous ne connaissons rien ou fort peu de choses de la
religion alaouite.

C'est une chose de nature à stupéfier l'Occidental que
d'apprendre l'existence de religions secrètes, absolument
secrètes, dans des régions relativement rapprochées de lui.
Nous sommes plus étonnés encore de savoir que certains de
leurs représentants parcourent le monde, visitent l'Europe,
les deux Amériques et y font même d'assez longs séjours.
Rien n'est cependant plus exact. Les Alaouites, dont un noyau
important est incorporé à la population syrienne et occupe
sur la côte une région étendue, sont inféodés à un système
religieux que nous ignorons, système religieux servant de base
à la vie sociale de tous ceux qui s'en réclament.

Cette religion, comme le Christianisme, comme l'Islam a
son Dieu, ses prophètes, ses lieux saints, ses livres saints ; et
c'est très récemment qu'un exemplaire de l'Evangile, du
Coran des Alaouites m'a été remis. J'en ignore le contenu.
S'il faut en croire ceux qui me l'ont offert, il y est affirmé la
haine des trois premiers khalifes de l'Islam.

Le Livre saint des Alaouites : « Le Medjmoua el Aiad »,
actuellement à la traduction, nous donnera très prochaine-
ment, il faut l'espérer, la clef du mystère de la religion alaouite.

Il y a quelques dizaines d'années, les Américains, qui entretiennent une modeste œuvre d'assistance sur la côte alaouite, envoyèrent à leur faculté de Beyrouth un enfant choisi parmi ceux qu'ils hospitalisaient. Devenu docteur en médecine, il se décida à écrire un ouvrage : il y divulgua la doctrine. Ecrit en arabe, tiré à un nombre restreint d'exemplaires, cet ouvrage déchaîna une campagne de menaces contre son auteur, les Alaouites rachetèrent à prix d'or la presque totalité des ouvrages et l'auteur dut se réfugier en Amérique où il exerça son art.

Crut-il sa trahison oubliée ? le besoin de revenir au pays natal fût-il plus fort que la crainte du châtiment ? Après des années écoulées, il débarqua à Beyrouth d'où il gagna Tartous (petit port de la partie méridionale de la région alaouite). Le jour même de son arrivée, il y était appréhendé par ses coréligionnaires, qui l'assassinèrent, non sans l'avoir tout d'abord soumis à la question.

Autant qu'on puisse le savoir, la religion alaouite naquit de l'inspiration d'un schismatique musulman un siècle ou deux après l'Hégire, dans le Nord de la Mésopotamie. Elle eut des débuts difficiles, mais grâce aux interventions armées de ses adeptes, dirigés par le prophète Nouçaïr, elle se développa au point de gêner, d'inquiéter même en bien des circonstances les maîtres du pays.

Je l'ai déjà dit, dans le Territoire des Alaouites on compte 300.000 âmes appartenant à cette communauté, mais, en Syrie même, le nombre en est plus considérable. Au Nord, dans la région d'Antioche, mêlés aux musulmans sunnites et aux turcomans arabes, peut-être en existe-t-il encore 70.000 ou 80.000. Dans l'Est de Homs et Hama, en Cilicie, dans les confins militaires du territoire d'Alep, à Ourfa, à Mardin, en Mésopotamie et jusqu'en Perse, ils sont nombreux, s'il faut en croire les renseignements des intéressés eux-mêmes. Et il ne serait pas étonnant qu'un inventaire détaillé ne réserve de nouvelles surprises dans l'avenir.

Leur religion paraît être un amalgame du paganisme, du christianisme et de l'islamisme. Les renseignements recueillis auprès de différents informateurs à ce sujet depuis l'occupation française sont en concordance. On affirme qu'ils adorent une Trinité dont ils ont localisé les divinités dans l'espace. Vrai ou inexact, il est certain que trois sectes au moins subdivisent le groupement, qui ont pris comme emblême et comme nom le Soleil, la Lune et le Vent.

Certaines de leurs fêtes religieuses seraient une reproduction assez fidèle des Saturnales et j'ai assisté en pleine montagne à des danses symboliques qui ne laissent aucun doute sur leur caractère religieux, tout en se rattachant nettement au paganisme par leur mimique.

Ce qu'il importe de retenir surtout pour l'avenir politique de la Syrie, c'est que les Alaouites sont, pour une raison ou pour une autre, très attachés à leur religion. Tous les efforts faits pour les christianiser et surtout les islamiser sont restés stériles. Ils traduisent d'ailleurs leur conduite en cette matière d'une façon assez pittoresque : « On peut changer de vêtements, disent-ils, le corps reste intact. »

On entend souvent répéter que l'Alaouite est Aryen et le fait est qu'on trouve dans la montagne une très grosse majorité d'yeux bleus et de cheveux blonds. Il est vrai aussi que cette population a vécu au contact permanent de nos ancêtres pendant près de deux siècles.

En dépit de toute action gouvernementale, deux pouvoirs tout puissants se sont toujours exercés parallèlement et en parfaite entente jusqu'à l'occupation française, le pouvoir spirituel et le pouvoir temporel. Le chef religieux aidait de toute son autorité le chef de tribu qui, en revanche, satisfaisait à tous les désirs, tous les besoins de son compère.

Depuis notre arrivée dans le pays, les relations des uns avec les autres se sont incontestablement attiédies. On a vu naître chez le chef de tribu, peut-être plus discrètement chez les Alaouites qu'ailleurs, le désir de s'affranchir d'une tutelle gênante en s'appuyant sur le Gouvernement.

Le régime féodal est à la base de l'organisation sociale du groupement. Il suffit à ses besoins et s'étend à toutes les nombreuses tribus qui le composent.

En principe, toutes les familles sont rattachées à quatre grandes tribus mères et rivales. Si elles y restent inféodées et fidèles dans le principe, il s'est formé avec le temps, pour des raisons d'ordre géographique ou politique, une quantité considérable de sous-tribus à la tête desquelles des chefs, sorte de barons féodaux, exercent un pouvoir à peu près absolu. Ils gèrent les affaires de la tribu, contractent des alliances avec les tribus voisines, rendent la justice, servent d'intermédiaires entre leurs sujets et le Gouvernement, etc... la charge est héréditaire.

Il existe bien un semblant de Consultation des Anciens, mais ce Conseil ne se réunit qu'exceptionnellement, en particulier à la mort du Seigneur, pour examiner si son successeur naturel peut exercer le pouvoir. En réalité, cette réunion n'est qu'une formalité. Le Conseil ne se prononce contre le principe d'hérédité qu'au cas où l'héritier naturel est physiologiquement ou intellectuellement dans l'incapacité absolue de remplir son rôle. Presque toujours en cette matière, il ne fait que sanctionner la volonté exprimée par le défunt.

On se trouve, en somme, en présence d'une organisation sociale très comparable à celle des Touaregs, parfaitement adaptée aux mœurs frustes de la population. La proximité de la côte et des minorités beaucoup plus civilisées qui l'habitent n'a eu jusqu'ici qu'une faible influence sur leur évolution et leur histoire l'explique fort bien. Les relations entre la montagne et la côte existent, elles sont indispensables aux montagnards. Mais si certains chefs (une vingtaine environ) fréquentent assidûment les marchés avec leurs hommes, une grosse majorité des habitants et parmi eux des notabilités, des personnages religieux importants, n'ont de leur vie visité la capitale du territoire, la petite ville de Lattakié, située à moins de 60 kilomètres des villages de la montagne les plus éloignés ; et je n'ai pas été peu surpris d'entendre des hommes de 60 ans, se rendant à l'invitation qui leur avait été faite à l'occasion de la visite du Haut-Commissaire de la République, s'étonner de tout ce qui était nouveau pour eux dans cette petite localité.

Malgré qu'ils ne soient pas dénués de ressources, qu'ils habitent un pays riche, les Alaouites vivent misérablement dans un massif montagneux d'accès d'autant plus difficile que ses sommets atteignent 2.000 mètres, à 25 kilomètres de la côte. Les villages, très nombreux, accrochés aux flancs de la montagne contiennent une population dense, habitant, à de très rares exceptions près, dans des taudis souvent en pierre sèche sans fenêtre et où s'entassent, dans une même pièce, hommes, femmes, enfants et bétail.

Le chef de famille, maître incontesté, exerce brutalement son autorité despotique et absolue. L'homme fait, c'est-à-dire l'homme initié vers sa vingtième année aux mystères de la religion, travaille peu. Il se bat (et encore au combat la femme est-elle à ses côtés pour l'encourager, le ravitailler et, s'il y a lieu, prendre part au pillage). Il laboure et commerce : toute autre occupation, quelle qu'elle soit, incombe à la femme; et l'étranger s'étonne au moment des moissons et de la récolte du tabac, de voir dans les champs des groupes de vingt à trente femmes courbées sur la besogne et sous la surveillance d'un homme souvent armé d'un fouet.

La femme compte si peu qu'elle vit complètement en marge de la religion qu'on lui laisse ignorer.

Le Livre Saint autorise l'Alaouite à avoir simultanément quatre femmes habitant sous le même toit, et le législateur a poussé le soin du détail jusqu'à autoriser neuf femmes au cours d'une existence. Alors que chez les Musulmans syriens la polygamie tombe en désuétude, au point que dans les villes les exemples y sont très rares, chez l'Alaouite cette coutume est plus vivace que jamais. La richesse d'une famille est fonction du nombre des femmes et des enfants ; aussi fait-on de fréquents accrocs à la loi religieuse. Comme je demandais à un membre du Conseil administratif du Territoire, homme d'environ 60 ans, pourquoi il venait de prendre une septième épouse : J'ai 39 enfants, me dit-il, je veux en accroître le nombre. Quand tous seront adultes, ma famille à elle seule formera une petite tribu.

L'adultère est puni avec une rigueur sans égale par le mari outragé ; il est rare : en revanche la facilité avec laquelle se prononcent les divorces n'a d'égal que la rapidité avec laquelle se concluent les mariages.

De tous temps, les Alaouites ont tenu la politique turque

en échec. Si certains gouverneurs ont pu, par surprise ou par diplomatie, accéder aux premiers contreforts, la citadelle, la ligne de faîte, entre la côte et l'Oronte et les hautes montagnes avoisinantes, sont toujours restées inviolées.

Il y a quelques trente ans, la question alaouite traversait une crise aiguë, les villes de la côte étaient menacées et les communications entre elles coupées. Le Sultan Abd ul Hamid essaya d'en finir. Il s'adressa à un homme de son entourage immédiat remplissant une fonction très subalterne au palais. Zaki bey, énergique, mais sans instruction ni éducation et surtout sans scrupules, fut nommé gouverneur de Lattakié. Il inaugura son règne en voulant persuader aux Alaouites qu'ils étaient musulmans et consacra sa volonté par un arrêté interdisant à tous la consommation de l'alcool et en particulier du raki, boisson nationale dont la montagne fait une consommation extraordinaire. La première contravention constatée à Lattakié coûta la vie à un Alaouite. On crut à une plaisanterie. Deux autres exécutions suivirent et le vide se fit : les Alaouites regagnèrent leurs repaires.

Zaki bey ne pouvait les y suivre, il rapporta son arrêté et négocia pour obtenir l'accès d'un village important en lisière de la haute montagne. Adorant ce qu'il avait brûlé, il s'y montra bon enfant et participa aux libations journalières de ses administrés qui se prolongeaient chaque nuit, jusqu'au matin ; les habituant petit à petit à son originalité, il arrêtait tantôt l'un, tantôt l'autre au milieu des agapes pour le relâcher dès que les fumées de l'ivresse étaient dissipées. Il obtint enfin une réunion plénière de tous les principaux chefs. Le raki coula à flot et, avant le lever du jour, tous étaient ivres et gardés à vue par quatre ou cinq de ses hommes, tandis que le gros des forces turques (200 hommes) couvrait une étape forcée pour entourer les captifs au lever du jour. En file indienne, la corde au cou, ils furent emmenés à Lattakié, non sans avoir été prévenus qu'au premier coup de fusil de leurs hommes ils seraient tous massacrés.

Zaki bey rentra dans sa capitale en triomphateur ; le problème était résolu et la victoire du gouverneur se traduisit par une débauche de constructions : Mosquées, écoles musulmanes s'édifièrent rapidement dans toutes les parties du territoire avec les souscriptions obligatoires qu'il imposait. « Les Alaouites avaient changé de vêtements. »

Six ans s'écoulèrent et Zaki bey rentra à Constantinople la conscience tranquille ; il avait pacifié un territoire réputé irréductible et avait acquis à l'Islam plusieurs centaines de mille âmes, infidèles. Et alors les prisonniers furent relâchés petit à petit ; des jeunes remplacèrent progressivement les anciens à la tête des tribus ; petit à petit aussi les mosquées et les écoles furent désertées, puis brûlées ; et les Alaouites, redevenus maîtres de leurs destinées, n'eurent plus avec l'Islam que les contacts auxquels les obligeaient leurs affaires sur la côte.

L'autorité ottomane sur la région resta purement nominale. A l'occasion de ses rapports avec le Gouvernement, l'Alaouite fut traité comme un paria ; il fut maintenu éloigné de la vie politique et attendit ainsi son heure, défendant patiemment l'accès de son territoire qu'il maintint intact malgré quelques défections ou trahisons.

Ouvrez d'ailleurs un Baedeker ou autre guide d'avant-guerre, vous y verrez définie la situation de ces territoires. « Pour se rendre de Lattakié à Djéblé et Banias, se prémunir d'une escorte, les routes étant infestées de brigands ansariés », recommande-t-il ; la route en question est celle qui, suivant le littoral, relie entre elles les petites villes du bord de la mer.

Les fonctionnaires ou officiers français qui, les premiers, prirent le contact avec ce groupement, « cette Nation », comme disent fièrement les Alaouites, crurent l'avoir découvert. Il n'en est rien. Si les monographies sont rares, succinctes et ne font guère allusion à des visées politiques, l'Alaouite a eu des relations avec la France en dehors même de nos consuls : il se plaît à les rappeler.

Très récemment, pendant la guerre, certains de leurs chefs ont rendu d'inappréciables services à nos marins qui occupaient la petite île de Rouad.

Un peu plus ancien est le voyage de M. Maurice Barrès dans la partie méridionale du Territoire, mais il n'a pas été oublié et il n'est pas rare de retrouver avec son souvenir, dans quelque village écarté, la carte qu'il a laissée à son modeste amphytrion d'un jour.

D'autres Français ont eu, j'imagine, des contacts plus importants avec eux. Il y a quelques mois, parmi les nombreux placets qui journellement affluent dans les bureaux du Gouvernement, je trouvai celui d'un des chefs les mieux placés et dont la fidélité avait été soupçonnée. Quelle ne fut pas ma stupéfaction de lire qu'il se réclamait de ses « relations amicales avec M. de Torcy ».

Je ne l'ignorais pas, le général de Torcy, attaché militaire à Constantinople il y a quelque trente ans, fit successivement deux voyages en Syrie et j'ai eu à maintes reprises l'occasion d'y retrouver de ses anciens amis.

Le père de mon correspondant, dont le général avait été l'hôte pendant plusieurs jours en pleine montagne, avait pris des engagements formels. Son fils, Ismail bey Aaouach, affirmait, en me le rappelant, qu'il tenait parole et que je pouvais compter entièrement sur lui. Il ignorait s'être adressé au propre neveu du général et fut à son tour fort étonné de l'apprendre lorsqu'il me dévoila une correspondance active échangée jadis entre son père et son hôte.

Quoi qu'elle soit d'un autre ordre, je ne puis passer sous silence la trace laissée par nos ancêtres qui, pendant près de deux siècles, occupèrent toute cette région et y ont laissé un souvenir impérissable en même temps que des monuments émouvants de leur architecture. Dans le modeste territoire alaouite dont l'inventaire archéologique est loin d'être complet, nous avons relevé vingt citadelles ou châteaux-forts dont certains sont encore parfaitement conservés et peuvent être comparés à nos plus beaux spécimens parmi ceux que nous admirons chez nous.

Ayant été amené par un chef devant les ruines d'un de ces Kalaat dont la majesté et l'élégance confondent nos imaginations modernes, je lui demandai quels en étaient les auteurs. Avec un sourire de pitié qui allait à mon ignorance, il me répondit que pareille construction ne pouvait être que l'œuvre des Francs et sans désemparer il me conseilla de l'occuper.

(Le kalaat dominait mais protégeait aussi sa propre demeure
en lui donnant de l'importance.)

En Syrie, on présente volontiers l'Alaouite comme un sauvage. Il est parfaitement exact qu'il soit socialement, moralement très inférieur aux musulmans et aux chrétiens de la
côte : il le sait ; mais il représente plusieurs centaines de mille
âmes et ceci est à méditer par les promoteurs de certaines
idées. Mis au ban de la société, n'ayant de soutien ni comme
le chrétien chez les puissances occidentales, ni comme les
musulmans dans les sphères gouvernementales ottomanes,
pendant des siècles il a dû s'incliner devant la force. Aujour-
d'hui, il demande à être mis sur le même pied que les représentants des autres confessions, il demande au Gouvernement
français de l'y aider. N'ignorant rien du but des campagnes
politiques de 1919 et autres tendant à détacher les Syriens de
la France, il a choisi cette heure pour courageusement demander le « Protectorat français », malgré qu'il sache parfaitement
sa démarche irrecevable. Il faut cependant connaître la signi-
fication de ce geste. L'Alaouite veut une protection efficace,
il veut que ses enfants soient admis dans les écoles sans préjugés confessionnels au même titre que les autres : enfin devant
une propagande visant à inculquer aux populations l'idée
d'une indépendance syrienne absolue et, redoutant à cette
occasion le retour à l'ancien état de choses en changeant de
maîtres, il veut, dans la mesure du possible et sous la protection de la France, son accession équitable aux fonctions
publiques.

Le problème est difficile à résoudre, mais ne l'est-il pas pour
beaucoup d'autres en Syrie. Druzes de la Montagne et Hau-
ranais, Bédouins sédentaires et Bédouins arabes ; Turcomans
arabes et sédentaires de la vallée de l'Euphrate ne sont-ils pas
au même niveau social que les Alaouites ? N'ont-ils pas les
mêmes préoccupations et enfin ne représentent-ils pas les
deux tiers de la population syrienne ?

2° *Les Ismaliés.* — La nomenclature religieuse du Territoire
des Alaouites comporte encore un groupe intéressant et complètement inconnu en France : les Ismaliés. Ils ont leur chef

religieux aux Indes, à Bombay. Au nombre de 35.000 en Syrie, ils se répartissent en trois groupes, dont deux sont noyés au milieu des Alaouites.

Les liens qui les unissent à leur chef spirituel sont tels que chaque année ils lui envoient une jeune vierge, dit-on, et une somme importante en or. S'il n'a pas été question de la vierge, du moins ont-ils demandé cette année au Gouvernement de faire parvenir leur obole en or à destination.

Les adeptes de cette religion fort ancienne seraient nombreux, mais nos informateurs ismaliés sont par trop incertains pour qu'on puisse faire fonds sur leurs renseignements.

Leurs dogmes nous sont totalement inconnus, mais on ne peut douter que le rite soit encore plus teinté de paganisme que ne l'est celui de la religion alaouite. Il prescrit certaines cérémonies qui sont vraiment d'un autre âge.

Vivant en pleine montagne alaouite, propriétaires d'un certain nombre de châteaux qui leur ont été légués par les Croisés au moment où ils abandonnèrent le pays, les Ismaliés ont pour leurs voisins une haine sans scrupule, haine partagée et résultat d'un antagonisme de plusieurs siècles. Entourés par leurs ennemis, ils luttent pour ne pas être submergés. Les moyens qu'ils emploient et que leur suggère la fertilité de leur imagination asiatique atténuent dans une large mesure la sympathie dont on entourerait volontiers une minorité intelligente, fortement attachée à la terre de ses pères et luttant désespérément pour la conserver.

3º *Chrétiens et Musulmans.* — Ajoutez à la population alaouite 50.000 chrétiens grecs orthodoxes, protestants et maronites, 50.000 musulmans, quelques milliers d'Arméniens des trois rites et vous aurez la composition de la population du Territoire.

La forte majorité de ces groupements habite les villes de la côte : Lattakié, Djeblé, Banias et Tartous ; et s'il existe quelques noyaux, assez importants même, dans la montagne, ils sont complètement noyés au milieu des Alaouites. Ceux-ci ont une tendance très marquée à vouloir s'étendre en absorbant leurs voisins.

La partie chrétienne et musulmane de la population du Territoire est d'un niveau intellectuel très supérieur à celui des Alaouites. Elle n'atteint pas cependant celui des grandes villes syriennes. On y rencontre seulement quelques personnalités qui, par leur éducation, leur instruction, appartiennent vraiment à l'élite syrienne tout en se classant très au-dessus de leurs compatriotes.

Les deux groupes évoluent, lentement il est vrai, vers une éducation politique qui laisse d'autant mieux augurer de l'avenir que les passions politiques y sont très certainement moins vives, moins sectaires que dans certaines autres régions de la Syrie.

II. — ESQUISSE GÉOGRAPHIQUE

Le Territoire des Alaouites tire son nom du massif montagneux symétrique du Liban qui s'étend de la plaine de Tripoli et de la trouée d'Homs à la vallée inférieure de l'Oronte.

Comme au XVe siècle, sous le nom de Djebel Loukam, les cartes récentes lui donnent le nom de Djebel Ansarié. La disparition de la dénomination d'Ansarié dans le répertoire administratif officiel de la Puissance mandataire a modifié du même coup la terminologie géographique.

Le massif, dont les hauts sommets atteignent et dépassent même 2.000 mètres, se développe du Nord au Sud sur 150 kilomètres. Il n'a pas de profondeur et sa ligne de faîte, à moins de 30 kilomètres de la côte, domine vers l'Est la vaste plaine de la vallée de l'Oronte.

L'orographie du système est complexe : la ligne de faîte, au sommet d'un plateau rocheux déchiqueté, large d'environ 3 kilomètres, est extrêmement tourmentée.

Ce plateau, appelé Chaara, est constitué par un amoncellement d'énormes blocs rocheux juxtaposés et entre lesquels, dans certaines zones, la végétation arborescente des hauts sommets a trouvé un peu de terre végétale pour se développer : sorte de no man's land, sauvage, le voyageur ne s'y aventure qu'avec circonspection.

A l'Est, le plateau se termine par une dénivellation de 900 mètres qui, par une brusque descente de 4 à 5 kilomètres, au milieu de l'amoncellement des rochers cyclopéens et des dalles glissantes, donne accès à la plaine de l'Oronte.

A l'ouest du plateau, le système montagneux se prolonge jusqu'à la côte, entre Banias et Tartous; au Nord, il en est de même entre Lattakié et l'embouchure de l'Oronte. Au sud de Tartous, entre Banias et Lattakié, le massif meurt sur de vastes plaines d'alluvions.

De la ligne de faîte se détachent, à l'Ouest, une série d'arêtes à carcasse rocheuse, qui, dans l'ensemble, sont perpendiculaires à la côte et vont s'abaissant progressivement, mais très inégalement et suivant la nature du terrain. Sur le Chaara, le terrain est presque uniquement composé d'enrochements : les contreforts, au contraire, recouverts d'une excellente terre arable, laissent apparaître seulement dans certaines de leurs parties la roche complètement nue. Il en résulte une inégalité de pentes très caractéristique qui donne au pays un aspect chaotique. Toute la région est à peu près déboisée. Soumise aux précipitations annuelles de la saison des pluies, elle est très tourmentée et d'un accès difficile dans les parties où la roche a été décapée. Elle donne l'impression d'une contrée où la terre meuble fond sous l'influence des agents athmosphériques.

Une seule partie encore entièrement boisée (toute la région au nord et nord-est de Lattakié) reste absolument intacte. Avec ses forêts où on retrouve les essences de tous genres, elle donne complètement l'illusion d'une région montagneuse des régions tempérées.

Les parties basses de la montagne, toutes en terre végétale et en grande partie cultivées, portent comme ailleurs le nom de Sahel.

A l'est de la ligne de faîte, le système hydrographique montagneux est constitué par une série de petites vallées torrentueuses qui, sur des directions parallèles, affluent à l'Oronte ou à ses vallées secondaires.

A l'Ouest, au contraire, dans la partie sud et dans la partie centrale du Territoire, le système est développé à l'extrême. Dans l'ensemble, les vallées maîtresses, très nombreuses, découpent le terrain en gouttières profondes, perpendiculaires à la côte. Un nombre considérable de vallées secondaires complète le système. Orientées suivant le caprice de l'ossature rocheuse des mouvements de terrain, celles-ci forment un lacis très serré de croupes et bas-fonds dont l'enchevêtrement complique encore le terrain.

Les pentes des thalwegs des artères maîtresses, très accentuées dans le Chaara, font un bond de 5 à 600 mètres, puis deviennent très faibles sur la presque totalité du reste de leur développement. Les forts changements de pente sont la plupart du temps marqués par des ressauts rocheux qui, coupant le thalweg perpendiculairement à sa direction générale, se transforment en cascades à la saison des pluies.

Les thalwegs des vallées secondaires ont, avec un très faible développement, une pente extrêmement forte, résultat inévitable de l'inégalité des pentes des thalwegs des artères maîtresses et des lignes de faîte des contreforts.

Comparé au Liban, le Massif des Alaouites s'en différencie par le fait que pour une même surface, les rides, soit parallèles, soit perpendiculaires à la côte, présentent une densité plus considérable environ dans le rapport de 2/1.

Dans la partie nord du Territoire, une vallée fort importante fait exception à la règle générale. La vallée du Nahr el Kebir (fleuve de Lattakié) se développe sur un segment qui occupe toute la partie nord et nord-est du Territoire. C'est la seule qui mette en communication la côte avec la vallée de l'Oronte par un col facile. Les Romains y prenaient les eaux d'alimentation de Lattakié (Laodicée) à 50 kilomètres en amont de la ville ; une chaussée suivait la vallée et se prolongeait en ligne droite jusqu'à Alep.

Dans cette région tourmentée à l'extrême, il n'existait aucune route, aucune piste roulable avant l'occupation par les troupes alliées. Les lieux d'habitation y sont maigrement desservis par de mauvaises pistes dont le tracé ne tient aucun compte des pentes et correspond seulement aux besoins des habitants qui recherchent la ligne droite pour se rendre d'un village à l'autre. On dirait que, donnant accès la plupart du temps à des lieux habités, bâtis sur les crêtes ou accrochés au flanc de la montagne, elles ont été créées avec le désir d'augmenter les difficultés déjà considérables du fait du terrain pour accroître les facilités de la défense. Les meilleures, les mieux tracées, jalonnées par deux lignes parallèles de débris rocheux accumulés, sont jonchées de pierres roulantes entassées et provenant des champs voisins.

Seules les grandes pistes de contrebande orientées Ouest-Est sont assez judicieusement tracées. Tantôt elles suivent le fond des vallées, tantôt les crêtes. Les premières ont un parcours aléatoire l'hiver ; les autres sont de beaucoup les meilleures à tous points de vue ; fort peu nombreuses, elles suivent la plupart du temps des crêtes en lames de couteau.

Que ce soient pistes de crêtes ou de vallées, elles sont d'un parcours très pénible soit pour les piétons, soit pour les animaux. Beaucoup d'entre elles ne sont accessibles qu'aux piétons.

Des travaux importants ont été entrepris et à très bref délai ; la région côtière sera desservie par une excellente route de 8 mètres qui mettra Lattakié en communication avec Beyrouth. Le prolongement de cette route vers Alep et Antioche est non seulement envisagé, mais entrepris. De nombreuses transversales, déjà en chantier, couperont la montagne mettant en relation directe les petites villes de la plaine avec la vallée de l'Oronte.

La côte est particulièrement inhospitalière et il n'est pas rare que, pendant la période d'hiver (janvier-février), les cargos qui desservent les ports soient obligés de brûler les escales.

Lattakié seule dispose d'un petit port très fréquenté par les goëlettes. Une fois dragué, il pourra être utilisé par les petits vapeurs.

Djeblé offre un abri pour les petits voiliers. Les autres villes de la côte n'ont aucune ressource et les transports par mer s'y font avec grande difficulté.

Le port de Tartous, par contre, est un abri assez sûr, et ses habitants, qui vivent uniquement de la mer, ont une flottille importante.

III. — LES PARTIS POLITIQUES

Comme partout, en Syrie, chacune des confessions religieuses représente un groupe politique. Si peu nombreux soient les représentants d'un groupe, ils n'en défendent pas moins les intérêts de la communauté avec ténacité.

Au temps du Gouvernement ottoman, tout ce qui n'était pas musulman n'avait que fort peu d'influence. Les postes importants de l'administration et en particulier les sièges dans les tribunaux étaient en grande partie dévolus à des fonctionnaires musulmans. Les Alaouites et les Ismaïliés restés dans leur montagne n'avaient pas voix au chapitre. Les Chrétiens représentant une minorité très dispersée, mais par contre plus industrieuse, plus travailleuse que la minorité musulmane, faisaient volontiers l'abandon de leurs droits politiques, ne demandant au gouvernement qu'un appui suffisant pour ne pas être spolié dans les intérêts privés de leurs ressortissants.

Le Gouvernement ottoman avait d'ailleurs eu soin de scinder le groupement alaouite qui se trouvait à cheval sur trois circonscriptions administratives : sandjak de Lattakié, sandjak de Hama, sandjak de Tripoli et la partie la plus importante du Territoire, le sandjak de Lattakié était représenté au Medjlès de Constantinople par un Musulman.

En fait, pendant toute la période ottomane, les Chrétiens comme les Alaouites avaient supporté la prédominance musulmane en rongeant leur frein. Cette circonstance avait rapproché les deux groupes et cette alliance s'affirma dès les débuts de l'occupation française en Syrie.

Les Musulmans qui, à la faveur des complaisances de l'ancien gouvernement, s'étaient taillés la part du lion dans le Territoire, comprirent le danger dès les premiers jours et une lutte s'engagea immédiatement, lutte dont les Alaouites devaient être le prix.

Tous les moyens furent employés : propagande intense au nom de l'indépendance absolue du pays ; promesses alléchantes à ceux des Alaouites qui, oubliant le passé, se ralliaient à cette cause ; pillages, incendies, massacres pour ceux qui refusaient de souscrire à ce programme.

Le groupe alaouite, extrêmement divisé par les intérêts de clans, de tribus, ne put résister à ces assauts et, dès 1919, avant que la France n'ait fait connaître ses intentions, avant qu'elle n'ait été reconnue Puissance mandataire, le bloc était dissocié. Certains chefs politiques s'étaient ralliés à la politique chérifienne en se faisant les humbles serviteurs de l'élite musulmane du pays ; d'autres, au contraire, s'étaient prononcés ouvertement contre, tandis que tout un groupe, plus prudent, attendait les événements avant d'adopter une attitude.

Les événements de 1920, l'entrée des troupes françaises à Damas, la création du Territoire des Alaouites, les libertés qui furent accordées à cette occasion modifièrent instantanément la situation.

Tous les chefs politiques de premier plan, oubliant leurs querelles intestines, firent l'accord sur la question nationale et se prononcèrent sans réticence en demandant le « Protectorat français ». Le bloc politique alaouite était créé et ne fut jamais entamé malgré la rébellion des populations de la Haute-Montagne pendant les premiers mois de 1921.

La constitution du Territoire des Alaouites a donc rétabli l'équilibre : chacune des confessions religieuses a ses représentants au Conseil administratif du Territoire. La majorité est alaouite. Elle entend mettre à profit la supériorité que lui donne le nombre.

S'il lui reste encore quelques souvenirs de la période instable correspondant aux années 1919 et 1920 ; si des individualités peuvent se rappeler les amitiés qu'ils s'étaient créées à cette occasion, dans l'ensemble ils songent d'abord à accroître l'importance et l'influence de leur groupe. Un fait le démontre péremptoirement :

Le Conseil administratif du Territoire ayant été constitué, ses membres durent élire un vice-président. A cette occasion, les influences jouèrent et on eût volontiers fait de cette élection locale une question générale. Les partisans de l'indépendance absolue syrienne pensaient pouvoir grouper leurs partisans et remettre sur le tapis la question du « Mandat français ». La manœuvre échoua ; les Alaouites résistèrent à la pression et restèrent groupés pour élire un des leurs, manifestant ainsi clairement que le passé était oublié, qu'une seule chose les préoccupait, l'avenir de leur groupe, ses intérêts propres. Le Conseil administratif manifesta à nouveau d'une façon très nette ses intentions au cours de la session qui suivit l'élection. Il demanda que le Territoire autonome ait son **drapeau** et que sur ce drapeau figure un emblème religieux alaouite.

Les Chrétiens, encore impressionnés par la tentative d'instauration d'un régime arabe à base d'islamisme, considèrent toujours le parti musulman comme ennemi du bon droit, de la justice égale pour tous. Ils n'ont pas fait une concession et cherchent à s'unir aux Alaouites contre ceux qu'ils considèrent comme leurs ennemis. Leur but est de former bloc contre ces derniers et, mettant à profit l'inexpérience de leurs alliés, de les inspirer, de les diriger même, dans le sens le plus favorable à leurs intérêts.

Le parti musulman a été ouvertement l'adversaire du Mandat français. L'accord de San-Remo, l'occupation de Damas et d'Alep, l'organisation des territoires syriens lui ont démontré l'inutilité de ses efforts. Après avoir été notre adversaire déclaré, il a compris le danger d'une telle politique qui risquait de lui enlever tout prestige, toute autorité, dans un territoire où il est en minorité. Rallié de la dernière heure, tous ses efforts tendent à faire oublier un passé qu'il considère comme mettant en danger les intérêts généraux de la communauté et les intérêts particuliers très importants de ceux qui en font partie.

IV.— ORGANISATION ADMINISTRATIVE

Il faut en convenir, avec une majorité composée de populations aussi primitives que celles des Alaouites, l'exercice du mandat, en s'en tenant strictement aux termes de l'administration des populations par elles-mêmes, est une chose assez malaisée ; chose assez malaisée si on veut éviter un désordre de nature à provoquer des comparaisons fâcheuses entre l'administration guidée par les Français et celle du Gouvernement ottoman.

Le problème a été résolu cependant pour le mieux en donnant aux aspirations légitimes des populations les plus arriérées les satisfactions qu'elles réclamaient.

Le Territoire comporte trois circonscriptions administratives :

La municipalité de Lattakié ;

Le sandjak de Djeblé ;

Le sandjak de Tartous.

Les deux sandjaks comportent un certain nombre de sous-circonscriptions qui prennent le nom de cazas.

L'administrateur du Territoire est français : il détient les pouvoirs exécutif et législatif par délégation du Haut-Commissaire en Syrie et au Liban. Il est assisté d'un Conseil administratif local composé des représentants des populations. Leur nombre, fixé à 12, se répartit entre les confessions religieuses comme il suit :

7 Alaouites.

2 Chrétiens.

2 Musulmans.

1 Ismaïlié.

Le Conseil est nommé par le Haut-Commissaire. Réuni en session, il est présidé par l'administrateur, qui ne prend pas part aux votes. Le vice-président est élu par le Conseil, qui a voix consultative et délibère sur toutes les questions d'ordre général et examine le budget. S'il ne peut prendre de décisions législatives, du moins émet-il des vœux qui sont adressés à l'autorité supérieure, au Haut-Commissaire.

A la tête de chacune des circonscriptions administratives subordonnées est placé un fonctionnaire syrien, Moutessarif ou Kaimakam (sorte de préfet ou sous-préfet) qui exerce le pouvoir exécutif. A ses côtés, un fonctionnaire français exerce un contrôle ; il a le titre de conseiller avec le droit de visa. En cas de discordance, les cas litigieux sont soumis à l'administrateur qui prend la décision.

Chaque circonscription a un Conseil administratif local qui

fonctionne dans les mêmes conditions que celui du Territoire.

L'administrateur du Territoire a, à ses côtés, un certain nombre de conseillers techniques qui dirigent les principaux services administratifs : finances, justice, travaux publics, assistance et hygiène, etc.

Pour une population de 400.000 âmes, on a limité à une quinzaine le nombre des fonctionnaires ou officiers français dans l'ensemble du Territoire.

Le municipe de Lattakié, comporte la ville et sa banlieue, environ 25.000 habitants. Il a un régime spécial dans le Territoire, régime administratif qui, lui donnant plus de liberté, correspond à l'état social plus avancé de sa population.

Il est souhaitable que le même régime soit accordé aux autres municipalités de la côte ; d'un échelon au-dessous de celui de Lattakié, elles sont cependant d'un niveau très supérieur à celui des habitants de la montagne alaouite.

Au moment ou le Haut-Commissaire me désigna pour remplir les fonctions d'administrateur du Territoire des Alaouites, mon premier souci fut d'aller visiter mes nouveaux administrés chez eux. Reçu par les chefs, réunis pour cette circonstance, toute la Haute-Montagne était descendue à leur appel. La réception dépassa en démonstrations ce que nous avions pu imaginer. Sur le point d'organiser l'administration du Territoire, je demandais aux chefs assemblés la réponse à une série de questions de nature à m'éclairer sur les désirs de la population. Parmi elles, la plus importante concernait le recensement. Au premier plan des préoccupations du Haut-Commissaire, depuis plusieurs mois, elle devait conduire aux élections, à la représentation des populations par elles-mêmes.

La consultation eut lieu en grande assemblée plénière. Les chefs m'apportèrent leur réponse. Elle était négative : pas de recensement pour l'instant. La population faisait confiance au Gouvernement qui nommerait ses représentants dans les divers conseils.

Ma question avait été retenue et, quelques mois après, le Conseil administratif du Territoire, nommé et réuni pour la première fois, voulut se prononcer officiellement. Il le fit sous la forme d'un vœu adressé au Haut-Commissaire. Il y demandait qu'il soit sursis à tout recensement jusqu'à nouvel ordre.

Il est à peine utile d'ajouter que cette opinion exprimée par la majorité alaouite est contraire à celle des Musulmans et on peut ajouter même à la majorité de la population des villes de la côte. Et c'est pourquoi le Gouvernement a été amené à une décentralisation administrative qui permet d'appliquer des règles particulières à chaque cas particulier, c'est pourquoi il a décrété l'autonomie de la ville de Lattakié dans le Territoire et peut être amené à en reconnaître d'autres.

V. — LA RÉBELLION ALAOUITE

Comment expliquer que nos 300.000 Alaouites, hier encore traités en parias par le Gouvernement ottoman, mis au ban des autres groupements syriens par les Syriens eux-mêmes, après avoir affirmé leur loyalisme au Gouvernement, après avoir vu leurs demandes prises en considération, leurs désirs exaucés : comment expliquer leur rebellion, rebellion suffisamment sérieuse pour qu'elle ait inquiété l'opinion en faisant croire à un soulèvement général ?

La révolte de certains Alaouites a pour cause principale la situation internationale indécise de la Syrie depuis trois années, situation qui a permis aux influences extérieures de s'exercer librement dans un territoire considéré à juste titre par sa situation, par son relief très tourmenté, comme le prototype géographique parfait du foyer de rébellion. Au point de vue ethnographique, peuple d'une race combative, d'un niveau social très inférieur, il se prête à toutes propagandes où les chefs seuls sont à gagner, la masse suivant docilement.

L'Emir Faysal d'abord, le Grand Quartier Général d'Angora ensuite, très au courant des caractéristiques locales, ne pouvaient manquer d'utiliser à plein ce point d'appui. Devant la Société des Nations, devant les Puissances alliées, ils espéraient en tirer un argument contre notre occupation, en même temps qu'ils nous plaçaient devant un problème militaire difficile à résoudre.

Peut-on d'ailleurs s'étonner que les Syriens aient prêté une oreille attentive à leur propagande ? Les Orientaux sont prévoyants : or, n'avons-nous pas nous-mêmes accrédité par diverses manifestations les bruits répandus à plaisir en Syrie et tendant à démontrer que nous n'y resterions pas ?

L'histoire de l'intervention faysalienne est longue, mais aussi fort édifiante, et si je ne puis ici la rappeler tout entière, du moins vous dois-je quelques explications appuyées par des faits, même par un document.

Dès 1919, Faysal a ses émissaires chez les Alaouites comme ailleurs, il les pousse à la révolte ; à l'occasion d'un incident local sur lequel je reviendrai, il est sur le point de réussir. Cependant, une intervention franco-anglaise a raison du mouvement en l'étouffant dans l'œuf et, jusqu'au mois de mars, jusqu'au moment où Faysal, alors à Londres et à Paris, fomente de nouveaux troubles, l'accord fait avec les chefs religieux compromis porte ses fruits. Retour d'Europe, Faysal tente à nouveau de soulever la Montagne ; il y réussit en envoyant ses troupes : sous leur pression, la révolte éclate ; le drapeau faysalien est arboré sur notre territoire ; nos troupes doivent se battre contre celles du Chérif.

Cependant, Faysal est chassé de Damas et, dès lors, son appui effectif ne pourra plus se manifester aussi ouvertement. Il n'en continuera pas moins sa propagande en entretenant une correspondance suivie, en adressant des subsides au chef de la rebellion, le Cheick Saleh.

En juillet 1921, il y a cinq mois, Faysal est à La Mecque, il est sur le point de se rendre à Bagdad pour y prendre possession du nouveau trône que lui offre le Gouvernement britannique : les Alaouites rebelles, bien que responsables de leur rebellion, viennent à récipiscence sous la pression militaire d'une division française opérant dans la Haute-Montagne et voici la lettre que le noūveau souverain de Mésopotamie adressait au Cheik Salah, lettre, j'imagine, qui parvenait à destination en même temps que Faysal recevait le message de Sa Majesté Georges V, consacrant son ascension au pouvoir :

Djeddah, le 5 Chawal 1339 (12 juin 1921).

A l'honorable et zélé patriote Cheikh Saleh alaouite

Salut !

J'ai reçu votre lettre et pris connaissance de sa teneur. Je viens de mettre en route, de La Mecque à Médine, tout ce que vous avez demandé. J'ai, en outre, donné l'ordre au Chérif Chanad, gouverneur de Médine, pour qu'ils partent immédiatement à Man et de là, par l'entremise des chefs de tribus, ils vous arriveront sur-le-champ.

Quant à nous, nous venons de partir pour la Mésopotamie, d'où nous continuerons notre correspondance et la combinaison des opérations. Ne cessez pas de correspondre avec la Transjordanie, car à Londres il m'a été formellement dit de ne pas abandonner notre aspiration en Syrie.

Je vous prie donc de persévérer dans la défense jusqu'à ce que notre correspondance avec les tribus soit achevée et que par la combinaison de nos opérations, l'ennemi soit chassé de la Syrie.

Le porteur de la présente, le capitaine Selim Elali, après vous être entretenu avec lui, permettez-lui de retourner chez nous.

Faites-nous savoir tout ce dont vous aurez besoin.

Salutations à tous ceux qui sont de notre côté.

Signé : **FAYSAL**.

Cette lettre suffit à nous éclairer sur la nature des interventions faysaliennes qui ont pu se produire alorsq ue son auteur était à Damas au lieu d'être à La Mecque ou à Bagdad, à un millier de kilomètres du foyer de la rebellion. Elle éclaire aussi la mentalité et les attaches de l'Emir Abdallah, frère de Faysal, tout nouvellement investi de la royauté en Transjoudamie, qu'on veut absolument nous représenter comme ami de la paix et... de la France.

Jusqu'en mars 1920, le Grand Quartier Général turc, pris par l'organisation de son armée nationaliste, n'intervint pas à l'intérieur de la Syrie, mais, dès le printemps, et surtout après l'entrée des troupes françaises à Damas et à Alep, la propagande se fit de semaines en semaines plus active.

Au mois de novembre 1920, à l'occasion d'un combat qui nous valut des pertes, une information de presse française, information démentie dès le lendemain, annonçait que les troupes kémalistes avaient pénétré au cœur de la Syrie et s'y étaient heurtées à nos contingents, à 50 kilomètres au sud-est de Lattakié, chez les Alaouites. Elle souleva une sérieuse émotion.

Les troupes kémalistes n'ont jamais pénétré en Syrie, mais leurs émissaires, certains mêmes de leurs officiers s'y sont répandus, et en particulier dans la Haute-Montagne alaouite. Ils y ont prêché la révolte dans les derniers mois de 1920 ; ils l'ont organisée et même conduite, annonçant l'arrivée prochaine de contingents réguliers turcs que les populations, apeurées et trompées, n'ont jamais vues.

Leur intervention a été assez sérieuse pour qu'ils puissent installer un gouvernement provisoire, mettre sur pied des milices à une époque où toutes nos forces, occupées en Cilicie et dans les contrées militaires d'Alep, ne pouvaient intervenir.

Les documents à mettre à l'appui de cette information sont nombreux. Fin 1920 et en 1921, un va-et-vient constant s'était établi entre Angora et le Cheikh Saleh, et nous avons pris un plan d'organisation territoriale de la Syrie, dressé par le G. Q. G. d'Angora : il définit le commandement, donne des directions et tous détails utiles à ceux auxquels il était destiné. Le Territoire Alaouite y était érigé en territoire autonome et son chef, le Cheikh Saleh, avait la correspondance directe avec le Quartier Général turc.

L'aide matérielle était considérable ; elle se traduisait par des envois de fonds, d'armes et de munitions. Si Faysal a fourni quelques fusils aux Alaouites, la plus grande partie de ceux que nous avons pu enlever provenait d'Anatolie. Il est intéressant de donner des chiffres, car ils sont éloquents. Nous avons retiré 15.000 fusils à cette population et d'excellents fusils : une majorité de Mauser des derniers modèles 1917-18 et quelques milliers dont la provenance est de nature à nous surprendre.

Aux causes extérieures de la rebellion doivent s'ajouter des causes intérieures, des causes touchant aux intérêts particuliers de ceux qui se sont faits les promoteurs du mouvement.

La révolte a eu, dans son ensemble, un caractère nettement religieux : plus exactement, un cheikh, le cheikh Saleh, exploitant le sentiment religieux, a mené le combat depuis le début, ralliant à sa cause la très grosse majorité des autres chefs religieux de la montagne. Les cheikhs alaouites forment d'ailleurs une caste dont les membres sont d'autant plus unis que le dogme est connu seulement de quelques initiés. Certaines petites tribus, certains villages, certaines familles se sont fait une spécialité de donner des cheikhs à la communauté et cette circonstance accroît encore l'unité de vues de la caste.

Comme je l'ai déjà signalé, chefs politiques et chefs religieux luttaient jadis en commun pour l'émancipation. Ils s'entendaient parfaitement. Il est intéressant de constater que l'association fit faillite à l'occasion de la révolte de 1920-1921.

On peut affirmer, en effet, que du jour où l'autonomie du Territoire Alaouite a été proclamée, tous les chefs politiques se sont ralliés au Gouvernement, abandonnant complètement la cause arabe que certains avaient soutenue. Quant à la propagande kémaliste, elle n'a jamais trouvé d'écho parmi eux. Ils ont toujours affirmé ouvertement que tout était préférable au retour des Turcs en Syrie.

Du jour où les intentions de la France furent connues, les chefs politiques se livrèrent à nous : tous, sans exception, signèrent des protestations de loyalisme, allant bien au delà de ce que nous eussions pu désirer.

Ils entretinrent des rapports journaliers avec le Gouvernement, s'associant à son œuvre administrative, soit comme représentants des circonscriptions dans les Conseils administratifs, soit comme fonctionnaires. Il est certain que les liens qui les unissaient aux rebelles ne furent pas rompus de ce fait et ils entretinrent même des rapports suivis avec eux. Mais pouvait-il en être autrement ? Malgré les avances du Gouvernement, malgré que des tentatives sérieuses d'organisation de la justice religieuse alaouite eussent été faites, les chefs religieux groupés sans exception autour du Cheikh Saleh s'étaient pour le moins tenus à l'écart, et un jour vint où tout le pouvoir, toute l'influence en ce qui concernait les relations de la population avec le pouvoir gouvernemental, fut aux mains des chefs politiques.

La scission était consommée, sinon ouvertement, du moins moralement. Les chefs religieux virent d'un mauvais œil cet accaparement dont leur attitude était la résultante. Ils crurent un instant convaincre ceux qui avaient rompu le pacte ; ils usèrent de tous les moyens jusqu'à la menace incluse. Leurs efforts restèrent stériles ; ils eurent alors recours au dernier argument en élevant sur le pavois plusieurs chefs de second plan, chefs de villages connus pour leur bravoure, et les placèrent à la tête de leurs troupes.

Les conséquences pouvaient être fatales aux chefs des grandes tribus : ils cherchèrent à négocier en attendant que le Gouvernement pût ramener les égarés à la raison. N'avaient-ils pas tout à craindre : et la perte de leur influence morale sur leurs vassaux, et surtout la perte de leurs biens dont une bonne partie, dans la Montagne, était à la merci des révoltés ?

Il faut maintenant rechercher comment le Cheikh Saleh, responsable de tous les troubles, fut amené à s'élever contre nous ; quel fut le prétexte de son entrée en lice.

Le fait précis est banal, il intéresse une toute petite partie du Territoire. Un incident entre deux clans ismaïliés, représentant quelques centaines de guerriers, est à la base du mouvement qui, lié à d'autres, faillit avoir des conséquences sérieuses.

En février 1919, les Emirs Ismaïliés, aux prises avec leurs bourgeois, appelèrent les Alaouites (leurs pires ennemis) à leur secours. Ceux-ci accoururent et, grâce à leur intervention, le dernier mot resta aux Emirs.

Les bourgeois voulurent se venger. Ils attaquèrent par surprise les villages alaouites les plus proches ; commettant toutes sortes d'exactions, brûlant les maisons, violant les tombeaux des saints les plus vénérés, ils firent rapidement dégénérer les désordres en une sorte de guerre civile qui menaçait de s'étendre. Nous dûmes intervenir. Un foyer de rebellion s'alluma. Il ne devait s'éteindre qu'au mois de juillet 1921. Créé à l'occasion d'un incident local sans grosse importance, il devait s'étendre grâce aux interventions de Faysal et de Mostafa Kemal. Il aurait inévitablement gagné toute la région si la proclamation de l'autonomie du Territoire des Alaouites n'avait été la cause de la scission entre les deux éléments qui se partageaient le pouvoir.

VI. RESSOURCES DU TERRITOIRE

Le Territoire des Alaouites est peut-être en Syrie le mieux partagé au point de vue agricole.

Il comprend deux plaines importantes :

Celle de Tripoli-Tartous, au nord du Nahr el Kebir, qui s'étend par la Bekkaia jusqu'à Homs. Elle a 30 kilomètres du Nord au Sud et environ 50 kilomètres de l'Est à l'Ouest.

Celle de Lattakié-Banias qui, encerclée par les monts alaouites, a environ 50 kilomètres du Nord au Sud et une dizaine de kilomètres de l'Est à l'Ouest.

Ces deux plaines, constituées par les terres d'alluvions très reposées, provenant de la Haute-Montagne, sont d'une fertilité proverbiale. Arrosées par de nombreuses artères dont certaines ont de l'eau toute l'année, elles bénéficient encore du débit des sources nombreuses et importantes qui jaillissent au pied de la Montagne.

On n'est pas d'accord sur l'origine de ces sources que certains croient artésiennes, tandis que d'autres les considèrent comme provenant de pertes souterraines de l'Oronte.

Quoi qu'il en soit, elles sont assez importantes pour former parfois de vraies rivières à débit à peu près constant.

Les plaines sont bordées par les contreforts de la Haute-Montagne d'un relief peu important, « le Sahel ». Toute cette partie basse de la montagne est constituée par des terres arables ; elle forme un plateau d'accès relativement facile.

La Haute-Montagne, malgré qu'elle ait été en grande partie déboisée, conserve encore dans la majeure partie, et jusqu'à la ligne de faîte, des terres cultivables qui sont d'ores et déjà mises en valeur par les indigènes.

En somme, presque tout le Territoire est cultivable et on peut envisager aussi, mais avec de gros travaux d'assèchement, l'utilisation de la vallée de l'Oronte, vaste delta de 5 à 6 kilomètres de large et actuellement tout entier en marais.

Le régime des eaux est favorable. La saison des pluies, très régulière, comprend quatre à cinq mois de l'année, du mois d'octobre au mois de mai.

Toutes les cultures sont acclimatées. L'olivier, qu'on retrouve partout, aussi bien dans la plaine que dans la plus grande partie de la montagne, constitue une des richesses du pays. Toutes les terres de la région lui sont favorables et il ne lui manque que d'être exploité rationnellement pour que la culture en soit d'un excellent rapport.

Le tabac et le tombac poussent avec une vigueur étonnante jusqu'à 1.200 mètres d'altitude. Il s'en fait un commerce très actif dont les profits sont en majeure partie absorbés par la Régie ottomane.

Il y a deux récoltes de tabac : la première fournit l'importation des feuilles sans préparation ; la seconde, qui se fait à la fin de l'été, donne un produit plus condensé qui subit une préparation. Dans des chambres spécialement aménagées dans la montagne, le tabac et ses côtes sont soumis à une fumigation de plusieurs jours. Les essences employées pour cette opération, spéciale au pays, donnent au tabac, tout en le brunissant, une odeur agréable qui lui a mérité le nom d' « Abou riha » (père de l'odeur agréable). Un gros commerce d'exportation de cette espèce se fait avec l'Angleterre et l'Amérique qui l'emploient pour leurs « mixtured ».

Le tombac de Lattakié a une réputation dans tout le Levant, au point qu'il concurrence sur les marchés le tombac persan ; aussi le premier soin de l'autorité anglaise a-t-il été de mettre dans les territoires qu'elle administre des droits prohibitifs sur cette denrée.

Le coton trouve des terrains favorables et irrigués dans toute la plaine de Lattakié et dans celle de Tripoli. Seul, le manque de moyens industriels pour l'égrainage s'oppose au développement de l'exploitation actuellement très réduite.

Le mûrier vient bien et partout, au point que la soie de la région de Safita (partie méridionale du Territoire) est particulièrement estimée dans toute la Syrie.

Toutes les céréales, les sorghos, les arachides, sont cultivés.

La récolte des blés et des orges est terminée, dans la plaine, dès les premiers jours de mai. Dans la Montagne, elle est faite seulement au mois de juin ou juillet, suivant les altitudes. C'est à ce moment que se fait le repiquage des plans de tabac, en même temps que sont semés ou plantés les produits d'été.

La flore arborescente fruitière est extrêmement riche et ceci s'explique facilement par la variété des altitudes à une latitude déjà favorable aux fruits des pays chauds.

Vignes, bananiers, orangers et mandariniers, fruitiers et légumes d'Europe sont acclimatés et produisent dans d'excellentes conditions.

Que manque-t-il donc à cette région pour faire un pays riche et en pleine production ? La sécurité d'abord et aussi une exploitation raisonnée. Combien de fois l'avons-nous entendu répéter : à quoi bon accroître les cultures dans des régions où le propriétaire n'est jamais sûr du lendemain ? Et c'est ainsi que d'immenses régions restent incultes même dans la plaine, dans la partie la plus productive.

On comprend aussi que, dans ces conditions, les méthodes d'exploitation ne se soient pas améliorées : l'outillage agricole est ante-diluvien ; l'irrigation est en régression, comparée à celle de l'antiquité. Les habitants ayant ce qui est nécessaire pour vivre facilement au jour le jour et ne trouvant aucun appui auprès d'un Gouvernement ne cherchant, lui aussi, qu'à vivre, avaient dans le passé abandonné toute idée, tout espoir de mettre leur pays en valeur.

L'inventaire minéralogique n'est pas fait. Il n'est pas de pays nouvellement occupé où ne soient signalés de riches minerais dont on pense tirer des ressources considérables. Le Territoire des Alaouites n'a pas échappé à la loi générale et à maintes reprises il m'a été signalé du fer, du cuivre, des bitumes, de la magnésie et même des métaux précieux.

Tout ceci reste encore du domaine des rêves et il y a assez à faire en se maintenant dans le domaine des réalités. En se préoccupant de son développement agricole, elle arrivera très rapidement à se transformer complètement, et ceci suffit à occuper toute son activité pour le présent.

L'outillage économique est des plus modestes ; mais, en raison de la situation du Territoire et de sa structure physique, est-il bien utile pour l'instant de consentir de gros sacrifices, de voir grand ? Je ne le pense pas.

Lorsque le programme concernant les voies de communications sera exécuté, programme que j'ai exposé par ailleurs et actuellement en voie d'exécution, lorsque le petit port de Lattakié sera libéré de ses sables, il sera raisonnable d'attendre des années avant d'entreprendre des travaux importants d'intérêt général.

Les revenus du Territoire, qui peuvent être sérieux, seront utilement employés à des travaux d'intérêt local dont l'urgence se fait sentir.

Au point de vue financier, le Territoire des Alaouites est peut-être encore la région la plus favorisée en Syrie. Ceci tient à ce que le Gouvernement ottoman, étant dans l'incapacité d'y recouvrer les impôts, n'a pu affermer ses dîmes à la Dette ottomane pour gager les emprunts.

Tout est à faire au point de vue financier, car une majeure partie de la population a pris de longue date la fâcheuse habitude de ne rien payer au fisc. Une administration sage et raisonnée doit avoir rapidement raison d'un état d'esprit dû aux circonstances.

L'équilibre budgétaire se fera d'autant mieux qu'on saura adapter les rouages administratifs du pays à son état social.

On constate, en effet, que le Gouvernement ottoman, centralisateur et généralisateur, on le sait, plaçait administrativement sur le même pied toutes les populations de son empire. Les mêmes rouages administratifs, développés à outrance, fonctionnaient dans les mêmes conditions à Beyrouth et à Lattakié, à Lattakié et dans la Haute-Montagne. En fait, ils ne fonctionnaient pas ; les lois n'étaient pas observées ; mais les rouages existaient et donnaient la faculté de créer une nuée de fonctionnaires parfaitement inutilisés et inutiles. Le budget s'équilibrait cependant et c'était encore la partie de la population à la portée des agents du Gouvernement qui faisait les frais. La modicité des traitements était telle que les titulaires se payaient sur les contribuables. Et c'est ainsi que s'est créé, développé le fameux régime du « bakchich ».

La formule de notre administration chez les Alaouites doit être la suivante : peu d'organes, peu de rouages administratifs, mais tous fonctionnant bien ; peu de fonctionnaires, mais tous travaillant à plein et bien rétribués.

Il me reste à signaler des richesses archéologiques importantes. Dans le Territoire des Alaouites, dans la plaine comme en montagne, les civilisations se sont succédées, laissant des traces dont le temps n'a pas encore eu raison. Phéniciens, Grecs, Romains, Byzantins, Arabes, Occidentaux s'y sont succédés et y ont laissé des souvenirs impérissables de leur occupation, souvenirs qui rendent encore plus palpables l'impéritie, la léthargie du dernier conquérant, du Turc.

Ce domaine encore vierge de toute exploitation, sauf dans le Sud, où Renan a exploré une partie des ruines phéniciennes d'Amrit, mérite de retenir l'attention des spécialistes.

VII — CONCLUSION

La pacification du Territoire des Alaouites est un fait accompli depuis plusieurs mois. L'accord d'Angora nous est garant que les interventions extérieures ne pourront plus s'y faire sentir que dans de très minimes proportions. Les questions de politique intérieure y sont presque entièrement résolues.

Nous pouvons, dans l'avenir, ne nous préoccuper que de l'organisation et de la mise en valeur d'une région dont les perspectives d'avenir sont riches de promesses et pour les Syriens et pour nous-mêmes.

DEUXIÈME PARTIE

Liste des Récompenses de la

Foire-Exposition de Beyrouth

1921

I

Récompenses décernées
par le Jury supérieur

JURY SUPÉRIEUR

MM.

Fernand DAVID, Président, Sénateur, ancien Ministre, Délégué du Gouvernement français.

Auguste TERRIER, Délégué du Haut-Commissariat de la République Française en Syrie et au Liban.

MM.

GRANDGUILLOT, Délégué du Ministère du Commerce et de l'Industrie.

Jean FAURE, Président du Comité d'organisation de la Section française.

Georges BAC, Rapporteur.

1° GRANDS DIPLOMES

MM.

Général GOURAUD, Haut-Commissaire de la République Française en Syrie et au Liban.

Robert de CAIX, Secrétaire Général du Haut Commissariat de France en Syrie et au Liban.

CARLIER, Consul Général, Secrétaire Général adjoint du Haut-Commissariat de France en Syrie et au Liban.

Général GARNIER-DUPLESSIS, Général de division.

Amiral MORNET, Commandant la Division Navale de Syrie.

Fernand DAVID, Sénateur, ancien Ministre, Délégué du Gouvernement à la Foire-Exposition de Beyrouth.

Edouard SOULIER, Député de Paris.

Alexis CHARMEIL, Conseiller d'Etat, Directeur du personnel, de l'Expansion Commerciale et du Crédit au Ministère du Commerce.

COMITÉ D'HONNEUR EN FRANCE

MM.

CLEMENTEL, Sénateur, ancien Ministre, Président d'Honneur de la Section Française.

Auguste TERRIER, Délégué du Haut-Commissaire de la République Française en Syrie et au Liban, Vice-Président.

Capitaine de LESTAPIS, Délégué-Adjoine du Haut-Commissaire de la République Française en Syrie et au Liban, 21, rue Cassette, Paris.

GRANDGUILLOT, Directeur Général des Offices Commerciaux du Levant.

Guillaume de TARDE, Auditeur au Conseil d'Etat.

YOUSSEF LINIADO.

HASCHEM MAARI.

AMIN MALLOUK.

LOUTFALLAH MANASSAH.

Roger Fighiera, Directeur des Affaires Commerciales et Industrielles.

Charles Drouets, Directeur de la Propriété Industrielle.

Daniel Serruys, Directeur des accords commerciaux et de l'information économique.

André Dupin, Sous-Directeur de l'Expansion Commerciale.

Megglé, Secrétaire général du Comité des Conseillers du Commerce extérieur.

———

COMITÉ D'HONNEUR EN SYRIE

MM.

Hakki Bey El Azm.
Abdallah Adin Abdel Wahed.
Kheir El Din Adra.
Abdel Sattar Bey Allamedin.
Hussein Bey Ahdib.
Ahmed Ajem.
Antoine Arab.
Emir Fouad Arslan.
S. Audi.
Khalil Badaoui.
Fouzi Bey Bacri.
Moussa Benjamin.
Omar Bey Beyhoum.
L. Boyer.
F. Chapotot.
Emir Malek Chehab.
Georges Chedrasi.
N. Choueri.
Bader Damashkié.
S. Dana.
Moustapha Ezzedin.
M. Fournier.
Gabriel Geammal.
Elie Gédéon.
Fouad Bey Jumblat.
Emile Hacho.
Negib Haddad.
Frédéric Hakim.
J.-V. Hakkim.
A. Issa.
Habib Kahalé.
Karam Karam.
Cheik Youssef Bey Khasen.
Hassan Koronfol.
Emile Bey Mannoukh.
R. Marteaux.
Henri Michacca.
Abraham Bey Moustapha.
Selim Nadjiar.

Philippe Pharaon.
Habib Pacha Saad.
Khalil Sara.
Hassan Sioufi.
Rouchdi Succari.
Emile Tabet.
Jacques Tabet.
Emir Taher.
Philippe de Tarrazi.
Anis Trad.
Philippe M. Yazbeck.
Mohamed Said Bey el Youssef.
Naoum Ziadi.
A. Zoc.

———

COMITÉ D'ORGANISATION EN FRANCE

Président :

M. Jean Faure, Président de la Commission d'Initiative et d'Enquête du « Comité Français des Expositions », Président de la Chambre Syndicale des fabricants de produits pharmaceutiques.

Vice-Présidents :

MM.

Bac, Président de la Chambre Syndicale des Fabricants d'articles métalliques, membre du jury.

Alfred Bertrand-Taquet, Délégué-Rapporteur de l'Alimentation aux Expositions de San-Francisco et de Casablanca, membre du jury.

Deforge, Président de la Chambre Syndicale de la Confection Française.

Morin, Président de la Chambre Syndicale des Fabricants de plumes,

Secrétaires :

MM.

Baudry, Fabricant de plumeaux et Négociant en plumes brutes.

Weissmann, Administrateur-Délégué de la Compagnie française des Perles électriques.

Trésorier :

Henri Chanée, Président de la Chambre Syndicale des Tissus d'ameublement, membre du Jury.

———

Hubert Giraud, Président de la Chambre de Commerce de Marseille.

BRENIER, Directeur Général des Services de la Chambre de Commerce de Marseille.

COMITÉ D'ORGANISATION
EN SYRIE

MM.

Commandant FUMEY, Commissaire Général de la Foire-Exposition de Beyrouth.

Pierre GILLY, Commissaire Général-adjoint.

Capitaine LORENTZ, Adjoint au Commissaire Général.

ABDALLAH BEYHOUM, Négociant.

N. CHOUERI, Négociant.

OMAR BEY DAOUK, Président de la Chambre de Commerce de Beyrouth.

E. DE FLEURAC, Directeur de la Maison Worms et Cie.

Marquis de FREIGE, Propriétaire, Conseiller municipal.

H. MICHEL, Ingénieur-Architecte.

M. ODINOT, Directeur de l'Ecole d'Ingénieurs.

E. SOUBRET, Directeur de la Société Française d'Entreprises.

Alfred BEY SURSOK, Conseiller Municipal.

Georges VAYSSIÉ, Directeur du journal *La Syrie*.

Michel ZACCOUR, Directeur du journal *El Bark*.

GOUVERNEURS

MM.

Capitaine de frégate TRABAUD, Gouverneur de l'Etat du Grand-Liban.

Auguste PACHA ADIB, Secrétaire Général de l'Etat du Grand-Liban.

DAOUD BEY AMOUN, Président de la Commission Administrative du Grand-Liban.

Général de LAMOTHE, Commandant la 2e Division du Levant, Délégué du Haut-Commissaire auprès du Gouvernement d'Alep.

KIAMIL PACHA, Gouverneur de l'Etat d'Alep.

Général GOYBET, Commandant la 4e Division à Damas.

Lieutenant-Colonel CATROUX, Délégué du Haut-Commissaire auprès du Gouvernement de Damas.

HAKKI BEY EL AZM, Gouverneur de l'Etat de Damas.

Colonel NIEGER, Administrateur du Territoire des Alaouites.

SERVICES DU
HAUT-COMMISSARIAT

MM.

EMILY, Médecin-Inspecteur de l'Armée du Levant.

PLOUHINEC, Intendant militaire, Directeur du Service d'Intendance de l'Armée du Levant

Colonel PETTELAT, Chef d'Etat-Major de l'Armée du Levant.

Intendant COPIN, Chef du Contrôle Administratif du Haut-Commissariat.

Colonel PARFAIT, Sous-Chef d'Etat-Major.

Colonel GOUDOT, Chef du Cabinet militaire.

Capitaine de Frégate NEUZILLET, Officier de liaison de la Marine.

ACHARD, Ingénieur agronome, Directeur des services d'Agriculture du Haut-Commissariat.

BRANÉ, Conseiller pour les Postes et Télégraphes.

BARRÉ, Chef des Services Economiques.

CANONGE, Chef de Bataillon, Chef du Service des renseignements politiques et militaires.

Pierre LYAUTEY, Chef du Cabinet Civil du Général Haut Commissaire.

Capitaine DE CARDE, de l'Etat-Major de l'Armée du Levant.

ROUFFIF, Directeur du Service des finances du Haut-Commissariat.

VIROLLEAUD, Chef du Service des Antiquités et des Beaux-Arts.

JESSÉ-ROUX, Ingénieur des mines, Chef du Service des Etudes minières.

VICAIRE, Directeur du Service des Travaux Publics.

BART, Chef de la Section d'Etude du Haut-Commissariat.

GENNARDI, Chef des Services fonciers.

PUECH, Directeur des Services judiciaires.

COMOLET-TIRMAN, Conseiller législatif du Haut-Commissariat.

CHEVALLEY, Conseiller pour l'Instruction Publique.

Tranchant de Lunel, Inspecteur des Beaux-Arts du Maroc, en mission en Syrie.

Lieutenant Dupuis, Chef du Service de la Presse et Expansion Française.

De Juge, Chef du Service du protocole.

GRANDES INSTITUTIONS

Banque de Syrie.
Banque Française de Syrie.
Crédit foncier d'Algérie et de Tunisie.
Crédit foncier de Syrie.
Banco di Roma.

Société Française d'Entreprises.
Comité Français des Expositions.
Comité National des Conseillers du Commerce Extérieur.
Offices Commerciaux Français du Levant.
Délégation du Haut-Commissariat de la République Française en Syrie et au Liban, à Paris.
Délégation du Haut-Commissariat de la République Française en Syrie et au Liban, à Marseille.
Compagnie Navale des Affréteurs réunis.
Compagnie des Messageries Maritimes.
Société Navale de l'Ouest.
Compagnie Cyprien Fabre.

2° DIPLOMES DE MÉRITE

MM.

Léon Drujon, Attaché au Comité français des Expositions.

De la Condamine, Adjoint au Directeur Général des Offices Commerciaux du Levant.

Fournier, Gouverneur des Colonies, représentant de la Banque de Syrie.

Stober, Directeur de la Banque de Syrie.

Mabille, Directeur de la Banque Française de Syrie.

Durand, Inspecteur du Crédit Foncier d'Algérie et de Tunisie.

Capitaine de La Rochefordière, Lieutenant Rouyer, Lieutenant Jacquet — Officiers d'ordonnance du Général Haut-Commissaire.

COMITÉS D'ORGANISATION
DES PAVILLONS

MM.

Capitaine de Frégate Goybet.
Lieutenant de Vaisseau Leportier.
Capitaine Rougevin.
Assad Bey Youness, Directeur du Service de l'Agriculture du Grand-Liban.
Rossignol, Pépiniériste du Grand-Liban.
Sélim Asfar, Propriétaire.
Emir Toufick Arslan, Propriétaire.
Commandant Humbert, du 415e R. I.
David Corm, Artiste peintre.
Saalibi, Artiste peintre.
J. Souviron, Artiste peintre.
Médecin Major de 1re classe Chatinières, Conseiller du Grand-Liban pour le Service de santé, hygiène et assistance publique.

R. P. Rémy, Directeur de l'Assistance Publique du Grand-Liban.

Hassan Beyhoum, Membre de la Commission Administrative du Grand-Liban.

Docteur Mandour, Directeur du Service de Santé, hygiène et assistance publique.

Ponset, Directeur de l'Ecole des Arts et Métiers.

Pezé, Professeur à la Mission laïque française.

R. P. Dallery, Professeur à l'Université Saint-Joseph.

Djazouli, Professeur aux Ecoles musulmanes.

Lieutenant Morel, adjoint au Conseiller administratif du Sandjak de Beyrouth, Délégué du Commissaire Général.

Alexandre Issa.

Aref Diab.

Capitaine Pichon, Conseiller Administratif du Municipe autonome de Tripoli.

Rached Adib.

Soubhi Adib.

Nour el Din Adra.

Abdul Salam Alameddin.

Abdel Kader Arnaout.

Said Estephan.

Cabalan Frangi.

Loutfalla Khlat.

KHALIL MATAR.
MOHAMED EL MELHEM.
MOISE NAKAS.
MICHEL RAHME.
ABOU ABDEL RAZAK.
JOSEPH SELHEB.
FOUAD ZOK.
Capitaine PINCZON DU SEL, Adjoint au Conseiller Administratif du Sandjak de Saïda.
ALI ABDALLAH.
KHALIL ABSI.
MOHAMED ASSAD.
MOHAMED BAKRI.
RAPHAEL DEBBANEY.
IBRAHIM FRANCIS.
ASSAD HAZAR.
SELIM KERREDDINE.
ABDALLAH NAJJAR.
RIZKALLAH NOUR.
YOUSSEF BEY EL ZEIN.
MAHMOUD ZENTOUT.
Le Chef d'Escadron MANHES.
ISKANDAR ABAOUAT.
ALEKO PAULIEWITCH.
JOSEPH ASFAR.
EMIR MUSTAPHA CHEHAB.
CHAKER BEY.
DOUAGGI EFFENDI RECHID.
Mme MYRIAM HARRY.
PERRAULT HARRY.
AREF KOUATLI.
OUANESS MAHER.
GEBRAN NASSAN.
MICHEL NAHAS.
RUCHDI SOUHARI.
Le Capitaine VIDAL.
ALEXANDES SALEM.
ELIAS ABDINI.
MOHAMED ASSAD EFFENDI AINTABLI.
RISKALLAH CHACCAL.
IBRAHIM COHEN.
FOUAD BEY DJABRI.
MOUSTAPHA EFFENDI HAYENI.
WILLIAM KHOURI.
AMÉDÉE SALEM.
RAFFAT TAOUTEL.
AMIN AGHA YAGAN.
HAKI BEY IBRAHIM PACHA ZADE.
Le Capitaine DESHAYES.

MEMBRES DU JURY

MM.

Alfred BERTRAND-TAQUET.
Henri CHANÉE.
LEJEUNE.
RICHARD.
Antoine JAMES, Commissionnaire à Beyrouth.
SIRGI, Négociant à Beyrouth.
CASSARD.
NOT.
AMOS.
COLLONGE.
VAN STEENBRUGGHE.
TRONCIN.
Derviche HADDAD, Beyrouth.
DESPLATS, Ingénieur de l'Omnium Franco Oriental, Beyrouth.
SCHNEIDER.
MANASSEH.
NEASANE.
ABDALLAH BEYHUM.
Marquis DE FREIGE.
ACHARD.
BARRÉ.
SOUBRET.

CONFÉRENCIERS

MM.

Père LAGRANGE, Directeur de l'Ecole Biblique de Jérusalem.
SOULÉ SUSBIELLE, Capitaine, adjoint au Gouverneur de l'Etat du Grand-Liban.
PROST, Adjoint au Conseiller pour les Beaux-Arts.
Père DHORME, Directeur de l'Ecole Sainte-Anne, Jérusalem.
KURD ALY, Damas.
Père RABBATH, Alep.

COLLABORATEURS

MM.

Capitaine BÉLANDOU, Chef des Services économiques du Grand-Liban.
RICHARD, Délégué du Haut-Commissariat, à Marseille.
Edouard de SERCEY, Chef de Cabinet du Secrétaire général.
Laurent de SERCEY, Attaché à la Délégation de Paris.
Mlle Yvonne VUE, Dame Secrétaire à la Délégation de Paris.

II

Récompenses décernées par le Jury

PREMIÈRE SECTION

Alimentation

Jury

Bertrand-Taquet (A.), Président.
Lejeune, Vice-Président.
Richard, Secrétaire.
James, Membre.
Sirgi, Membre.

Hors concours, membre du Jury

Société anonyme Phosolat, à Alfort-ville (Seine) (A. Bertrand-Taquet).

Diplômes de grand prix

Amidonnerie et rizerie de France, à Marquette-lez-Lille.
Amieux Frères et Cⁱᵉ, à Nantes-Chantenay (Loire-Inférieure).
Biétron (A.), à Marseille (Bouches-du-Rhône).
Biscuits Pernot, à Dijon (Côte-d'Or).
Chevallier-Appert (Raymond), à Paris.
Damoy (Julien), à Paris.
Dessaux fils, à Orléans (Loiret).
Entreprise Maritime et Commerciale, à Paris et à Marseille.
Etablissements F. Delory, à Lorient (Morbihan).
Franchomme (Hector), à Paris.
Giry et Cⁱᵉ, à Marseille (Bouches-du-Rhône).
Guérin-Boutron et fils, à Paris.
Jacquin (L.), à Paris.
Lefèvre-Utile, à Nantes (Loire-Inférieure)
Magnan frères, à Marseille (Bouches-du-Rhône).

Menier, à Paris.
Potin (Félix) et Cⁱᵉ, à Paris.
Rizeries Indo-Chinoises, à Marseille (Bouches-du-Rhône).
Rocca-Tassy et de Roux, à Marseille (Bouches-du-Rhône).
Rouzaud (A la Marquise de Sévigné), à Royat (Puy-de-Dôme).
Saupiquet (Arsène), à Nantes (Loire-Inférieure).
Société anonyme des Sucreries et Distilleries de Saint-Martin-au-Laert, à Saint-Omer (Pas-de-Calais).
Société des biscuits Olibet, à Suresnes (Seine).
Syndicat des Fabricants d'huile de Marseille.
Verminck, à Marseille (Bouches-du-Rhône).

Diplômes de médaille d'or

Biscuiterie alsacienne, à Maisons-Alfort (Seine).
Biscuiterie Belin, à Bagnolet (Seine).
Biscuiterie « La Cigogne », à Strasbourg (Bas-Rhin).
Biscuits Guillout, à Arcueil (Seine).
Bouchard fils aîné, à Marseille (Bouches-Rhône).
Caubet, à Marseille (Bouches-du-Rhône).
Confitures et Conserves du Prado, à Marseille (Bouches-du-Rhône).
Etablissements Pellas frères, rizerie de la Médée, à Marseille.
Fournier et Sassoulas, à Grenoble (Isère).
Guyot, Multier, Duport et Cⁱᵉ, à Lyon (Rhône).

Lait Berna, à Paris.
Mack (Julien), à Dijon (Côte-d'Or).
Maurel et Dunan, à Nice (Alpes-Maritimes).
Mouren, à Marseille (Bouches-du-Rhône).
Nègre (Henri), à Py (Pyrénées-Orientales).
Rupeau (Docteur), à Bordeaux (Gironde).
Salvy et Cie, à Paris.
Société laitière (marque à l'Ours), à Paris.
Tarrazi et Cie, à Marseille (Bouches-du-Rhône).
Vinay, à Ivry (Seine).
Voinier-Surugue, à Paris.

Diplômes de médaille d'argent

Chabert et Guillot, à Montélimar (Drôme)
Michelis. (H. de) et Cie, à Marseille (Bouches-du-Rhône).

Diplômes de médaille de bronze

Etablissements Courrière et Cie.
Etablissements Maurice et Cie, à Paris.
Fages (Michel), à Marseille (Bouches-du-Rhône).
Leymarie (Léopold), à Hagetmau (Lot).
Rendu frères, Ivry-sur-Seine.

Vins et Eaux-de-Vie de vins

Hors concours, membres du Jury

Bertrand-Taquet (A.), à Léognan (Gironde).
Richard et Pailloud, Le Mortier, à Saujon-sur-Cognac (Charente-Inférieure).

Diplômes de grand prix

Amiot (Veuve), à Saint-Hilaire-Saint-Florent (Maine-et-Loire).
Artaud (J.-B. et A. frères), à Marseille (Bouches-du-Rhône).
Barton et Guestier, à Bordeaux (Gironde).
Biney (Arnaud), à Paris.
Bouchard aîné et fils, à Beaune (Côte-d'Or).
Champagne Perrier-Jouet, à Epernay (Marne).
Collectivité des Vins de la Basse-Bourgogne, à Auxerre.
En participation :
    Debaix frères, à Coulanges-la-Vineuse (Yonne).
    Dupré et Cie, à Auxerre (Yonne).
    Moreau (Jean), à Chablis (Yonne).
    Regnard, à Chablis (Yonne).

    Simonnet (Mme) et fils, à Chablis (Yonne).
Cotillon (R.) et Cie, à Paris-Bercy.
Fromy-Rogée et Cie, à Saint-Jean-d'Angély (Charente-Inférieure).
Gouin (Henri), à Paris-Bercy.
Johnston et fils, à Bordeaux (Gironde).
Latrille et Ginestet, à Bordeaux (Gironde)
Marceau (Marcelin), à Bordeaux (Gironde)
Montebello (Alfred de), à Mareuil-sur-Ay (Marne).
Piper Heidsiek, à Reims (Marne).
Porto Sandeman, à Paris.
Saint-Marceaux, à Reims (Marne).
Thenard (baron), à Neuilly-sur-Seine.

Diplômes d'honneur

Carré fils (L. et E.), à Avize (Marne).
Noirot-Carrière, à Dijon (Côte-d'Or).
Perrier (Joseph), fils et Cie, à Châlons-sur-Marne (Marne).
Prieur (Ch. et A.), à Vertus (Marne).
Rochette (Alexandre), à Tains (Drôme).
Roy (Henry), à Cognac (Charente).

Diplômes de médaille d'or

Vicomte de Castellane, à Epernay (Marne).
Clicquot (Eugène), à Reims (Marne).
Dupont (Evariste), à Bordeaux (Gironde).
Dupuy (Edmond) et Cie, à Cognac (Charente).
Gardet (Charles) et Cie, à Epernay (Marne).
Gay-Mousse, à Paris.

Diplômes de médaille d'argent

Drujon (Auguste), à Varzay, près de Saintes (Charente-Inférieure).
Martel (G.-H.) et Cie, à Avenay (Marne).

Sirops et Liqueurs. — Bières

Hors concours, membres du Jury

Basilic Liquor, à Lourdes (Hautes-Pyrénées) (M. Bertrand-Taquet).
Saint-Raphaël Quinquina (Société), à Paris (M. Henri Lejeune).

*Hors concours sur demande
non participant aux récompenses
(Art. 13 du Règlement du Jury)*

Pfister et Daul, à Strasbourg (Bas-Rhin).

Diplômes de grand prix

Bardin et Pérard, à Paris.
Bourcier frères et C¹ᵉ, à Paris.
Brasserie de l'Atlantique, à Bordeaux (Gironde).
Brasserie Malterie « Le Phénix », à Marseille (Bouches-du-Rhône).
Brasseries Nantaises, à Nantes (Loire-Inférieure).
Brugerolle (Léopold), à Matha (Charente-Inférieure).
Brun Perrod et C¹ᵉ, à Voiron (Isère).
Cazalis et Prats, à Cette (Hérault).
Cazanove (F.) (Les successeurs de), à Bordeaux (Gironde).
Chastenet frères, à Bordeaux (Gironde).
Cointreau père et fils, à Angers (Maine-et-Loire).
Croizet (Léon), à Saint-Même, près de Cognac (Charente).
Debrise (Louis), à Paris.
Dione (Georges), à Coubert (Seine-et-Marne).
Distillerie Legras, à Versailles (S.-et-O.).
Dubonnet (Société Anonyme), à Paris.
Fourey (Paul), à Nangis (Seine-et-Marne).
Fournier-Demars, à Saint-Amand (Cher).
Grande Chartreuse (Compagnie Fermière) à Paris.
Kreiss (A.), Brasserie de la Meuse, à Paris.
Lambert (Ernest) et C¹ᵉ, à Neuilly (Seine).
Lillet Frères, à Podensac (Gironde).
Marie Brizard et Roger, à Bordeaux (Gironde).
Mugnier (Frédéric), à Dijon (Côte-d'Or).
Pellisson père et C¹ᵉ, à Cognac (Charente).
Requier (R.), à Périgueux (Dordogne).
Rhum Hurard, à Paris.
Richard (Ph.) fils, à Chambéry (Savoie).
Rocher frères, à la Côte Saint-André (Isère).
Violet (L.) (Byrrh), à Thuir (Pyr.-Orient.).

Diplômes d'honneur

Aube et Bauson, à Marseille (Bouches-du-Rhône).
Guillon (Th.), à Nantes (Loire-Inférieure).
Martin (Rémy), à Cognac (Charente).
Rhum « La Négresse », à Bordeaux (Gironde).

Diplômes de médaille d'or

Giffard et C¹ᵉ, à Angers (Maine-et-Loire).
Kola Sport, à Marseille (Bouches-du-Rhône).
L'abbé François, à Voiron (Isère).
Lachaume et Naret, à Asnières (Seine).
Lung frères, à Alger (Algérie).
Prunier, à Cognac (Charente).
Les Fils Séverac, à Bordeaux (Gironde).

Diplômes de médaille d'argent

La Chatelaine, à Tarbes (Hautes-Pyrénées).
Violland, à Beaune (Côte-d'Or).

Eaux minérales

Diplômes de grand prix

Compagnie fermière de Vichy, à Paris.
Compagnie de la Source Périer, à Paris.
Etablissement de Saint-Galmier (Source Badoit) (Loire).
Société anonyme des Eaux Minérales d'Evian-les-Bains, à Paris.
Société des Eaux Minérales de Vals (Ardèche).
Société générale des Eaux Minérales de Vittel (Vosges).

Diplôme de médaille d'argent

Compagnie de l'Hydroxydase, à Paris.

Hygiène

Diplômes de grand prix

Chaumier (Docteur Edmond), à Tours (Indre-et-Loire).
Compagnie du gaz Clayton, à Paris.
Gonin (Noël), à Paris.
Jacob, Delafon et C¹ᵉ, à Paris.

DEUXIÈME SECTION

Brosserie. — Maroquinerie Jouets

Jury

Barre, Président.
Manasseh, Vice-Président.
Richard, Secrétaire.
Bertrand-Taquet (A.), Membre.
Neasane, Membre.

Diplômes de grand prix

Amson et fils, à Paris.
Bonnet (Victor) et Cie, à Paris.
Dupont (E.) et Cie, à Paris.
Proffit (E.), à Paris.
Rossignol (Veuve Ch.) et Cie, à Paris.

Diplômes de médaille d'or

Errien frères, à Paris.
Etablissements « France-Eponges », Marseille (Bouches-du-Rhône).
Janiaud (Léon) et Cie, à Paris.
Loonen (Etablissements Ch.), à Paris.
Migault (Fernand et fils), à Paris.
Peillon aîné, à Oyonnax (Ain).
Pintel fils, à Paris.

Diplômes de médaille d'argent

Bail et Launay, à Paris.
Bergheaud, à Colmar.
Manufacture Française de Peignes Augustes Bonaz, à Paris.
Poupée Tanagra, à Paris.
Dumont et Selle, à Paris.

TROISIÈME SECTION

Industries diverses du Vêtement
Tissus d'ameublement. — Meubles

Jury

Chanée (Henri), Président.
Abdallah Beyhum, Vice-Président.
Amos, Secrétaire.
Cassard (G.), Membre.
Not, Membre.

Hors concours, membre du Jury

Chanée (Henri), à Paris.

Hors concours sur demande
non participant aux récompenses
(Art. 13 du Règlement du Jury)

Bailly (E.), à Paris.
Barreiros (Les Corsets Berthe), à Paris.
Baudry (H.) fils et Cie, à Paris.
Beaumont frères, à Paris.
Bertin (Paul), à Paris.
Berthelot (Veuve E.), à Paris.
Biron (C.) et Delpeut (G.), à Paris.
Brossard (Georges), à Paris.
Daniel (J.-B.), à Paris.
Decour (A.) et Cie, à Paris.

Deforge (E.), et Cie, à Paris.
Dehesdin et fils, à Paris.
Duvelleroy (Georges), à Paris.
Etablissements Claverie (M. Georges Bos), à Paris.
Gillier (André), à Troyes (Aube).
Jansen, à Paris.
Lavanoux (Eugène), à Paris.
Louvre (Grands Magasins du), à Paris.
Mermilliod (Eugène), à Paris.
Mery (Albert), à Paris.
Morin (Ed.), à Paris.
Pansu (Jules), à Paris.
Picard (H. et J.), à Paris.
Plé frères, à Paris.
Philippe, Viallar et Cie, à Paris.
Printemps (Grands Magasins du), à Paris,
Rousseau (Paul), à Paris.
Société des Anciens Etablissements Stockman (Duboc et Cie), à Paris.
Société anonyme Salaman (A. Guyot), à Paris.
Société anonyme Sciama, à Paris.
Société du Caoutchouc Manufacturé (M. Alfred Laurain), à Paris.
Trézel (L.), à Paris.
Villeminot (Lucien), Rondeau et Cie, à Paris.

Diplômes de grand prix

Benoiston, à Paris.
Bouix (Lucien), à Paris.
Braquenié et Cie, à Paris.
Cail (Gustave), à Paris.
Duchesne (Veuve) et Binet, à Paris.
Etablissements Hutchinson, à Paris.
Feigenheimer et fils, à Paris.
Lelion, à Paris.
Maier et Pfeiffer, à Paris.
Millon, à Paris.
Varichon, Chaumienne et Durocher, à Lyon.

Diplômes d'honneur

Courtier (Sœurs), à Paris.
David (Maurice), à Paris.
Dechaud (J.-A.), à Paris.
Foret et Cie, à Paris.
Lalande (Mlle Renée), à Paris.
Lemercier (Marcel), à Paris.
Léontine (Mlle), à Paris.
Martory, à Paris.
May (G.), à Paris.

Silberstein (G.), à Paris.

Diplômes de médaille d'or

Binoche (A.-P.), à Paris.
Clément (A.), à Limoges (Haute-Vienne).
Consortium des Fabricants de chaussures
    de luxe, à Paris.
Decobert (Ed.), à Paris.
Guaz (Pierre), à Marseille (Bouches-du-
    Rhône).
Jaquet (Paul), à Paris.
Keegler Delestre, à Paris.
Lelièvre, à Paris.
Maréchal et fils, à Vénissieux (Rhône).
Petit (A.) et fils, à Paris.
Schneider, à Menneval, par Bernay
    (Eure).
Société Lorraine, à Paris.

Diplômes de médaille d'argent

Adine (Mᵐᵉ), à Paris.
De Billy (Dubois Successeur), à Paris.
Brima (A.), à Paris.
Fabrique de meubles mécaniques, à Gre-
    noble (Isère).
Lefève, à Paris.
Lemaire (G.), à Paris.
Le Roy, à Paris.
L'Homme (Mᵐᵉ), à Paris.
Moga (Lucien), à Marseille (Bouches-du-
    Rhône).
Nicolle (Jérôme), à Paris.
Picon (J.) et Cⁱᵉ, à Paris.
Ponvert (Richard), à Paris.
Roussel Andrieu, à Paris.
Société Lyonnaise de l'Industrie du bois,
    à Lyon (Rhône).
Starck et Cⁱᵉ, à Paris.
Tricotage moderne, à Paris.
Union artistique de Vaucouleurs (Meuse).
Vanier, à Paris.

QUATRIÈME SECTION

Dentelles. — Broderies
Passementerie

Jury

Amos, Président.
Chanée, Vice-Président.
Not, Secrétaire.
Manasseh, Membre.
Neasane, Membre.

*Hors concours sur demande
non participant aux récompenses
(Art. 13 du Règlement du Jury)*

Claisse-Henninot, à Caudry (Nord).
Corbin et Cⁱᵉ, à Paris et à Nancy.
Heymann (Albert), à Nancy (Meurthe-et-
    Moselle).
Sasso et Cⁱᵉ, à Paris.

Diplômes de grand prix

Dreyfus (Edouard), à Paris.
Collectivité de la Chambre Syndicale des
    dentelles et broderies, à Paris.

En participation :

    Anglard Sajou, à Paris.
    Biais frères et Cⁱᵉ, à Paris.
    Carré (A.), à Paris.
    Charles (Camille), à Paris.
    Chavent et fils, à Paris.
    Daltroff (Vᵛᵉ Julien) et Cⁱᵉ, à Paris.
    Disleau et Cⁱᵉ, à Paris.
    Diziain (Alexandre), à Paris.
    Dognin et Cⁱᵉ, à Paris.
    Guerquin et Weiss, à Paris.
    Lefébure, à Paris.
    Noël (Edouard), à Paris.
    Privé (Edouard), à Paris.
    Thiébaut (Charles), à Paris.
    Weerts et Cⁱᵉ, à Paris.
Moyat (L.), à Lyon (Rhône).

Diplôme d'honneur

Pemjean (Eugène), à Paris.
Œuvre française d'assistance aux orphe-
    lins de guerre.

Diplômes de médaille d'argent

Debachy et Hoffard, à Calais (Pas-de-
    Calais).
Minet et Bérard, à Lyon (Rhône).

Diplôme de médaille de bronze

Bonjean (Le petit-fils de Léon), à Saint-
    Etienne (Loire).

CINQUIÈME SECTION

Fils et Tissus

Jury

Amos, Président.
Collonge, Vice-Président.

Chanée, Secrétaire.
Manasseh, Membre.
Neasane, Membre.

Hors concours, membre du Jury

Amos et Cⁱᵉ, à Laneuveville-les-Raon (Vosges).

Diplômes de grand prix

Bertrand (Henry), à Lyon (Rhône).
Bessonneau, à Angers (Maine-et-Loire).
Boucharlat et Cⁱᵉ, à Lyon (Rhône).
Chappuis et Winckler, à Paris.
David et Maigret, à Paris.
Etablissements J. Savouré, à Paris.
Garnier, à Lyon (Rhône).
Genin Père et Chaîne, à Lyon (Rhône).
Laval et Cⁱᵉ, à Lyon (Rhône).
Martin (J.-B.), à Lyon (Rhône).
Neyron et Cⁱᵉ, à Lyon (Rhône).
Pathault-Leclaire (Les fils de), à Amboise (Indre-et-Loire).
Ponroy-Pesle fils, à Orléans (Loiret).
Porte, Gacon et Descottes, à Lyon (Rhône).
Saint frères, à Paris.
Seydoux et Cⁱᵉ, à Paris.
Spaeth, à Blainville-sur-L'Eau (Meurthe-et-Moselle).
Société Anonyme des anciens Etablissements Deneux frères, à Paris.
Tiberghien (Charles) et fils, à Tourcoing (Nord).
Tongiorgi, à Marseille (Bouches-du-Rhône).

Diplômes d'honneur

Deffrennes-Canet et Catrice (Ed.), à Lys-les-Lannoy (Nord).
Etablissements Gagnère et fils, à Avignon (Vaucluse).
Etablissements Herzog, à Logelbach (Haut-Rhin).
Tapissier frères, à Lyon (Rhône).

Diplômes de médaille d'or

Aubril (H.) et Cⁱᵉ, à Falaise (Calvados).
Bernardin frères, à Lyon (Rhône).
Chacour (J.), à Lyon (Rhône).
Chalumet et Luquet, à Thizy (Rhône).
Clé, à Paris.
Destre Cherpin, à Roanne (Loire).
Devay et Paule, à Lyon (Rhône).
Etablissements Paul Olmer et Cⁱᵉ, à Paris.

Giroud (H.), à Vienne (Isère).
Gleyvod (V.).
Gustelle, Dufour et Cⁱᵉ, à Lyon (Rhône)
Oriard et Cⁱᵉ, à Lyon (Rhône).
Société des fils à coudre de Provence, à Marseille (Bouches-du-Rhône).

Diplômes de médaille d'argent

Allier François, à Marseille (Bouches-du-Rhône).
Bonin (G.), à Castres (Tarn).
Perkins Van Bergen, à Paris.
Reboux (J.), à Lyon (Rhône).
Ribaud et Joubert, à Lyon (Rhône).
J.-B. Roques, à Paris.

———

SIXIÈME SECTION

Médecine et Chirurgie

Jury

Van Steenbrugghe, président.
Marquis de Freige, Vice-Président.
Troncin, Secrétaire.
Collonge, Membre.
Sirgi, Membre.

Hors concours, membre du Jury

Van Stennbrugghe et Breton, à Paris.

*Hors concours sur demande
non participant aux récompenses
(Art. 13 du règlement du Jury)*

Caplain Saint-André et Cⁱᵉ, à Paris.
Flicoteaux, Boutet et Cⁱᵉ, à Paris.

Diplômes de grand prix

Adnet, à Paris.
Plisson (Alfred), à Paris.

Diplôme d'honneur

Champagne, à Paris.

Diplômes de médaille d'or

Lépine, à Lyon (Rhône).
Revue Médicale Française, à Paris.
Société du Radium Médical, à Paris.

Diplôme de médaille d'argent

Fages, à Marseille (Bouches-du-Rhône).

———

SEPTIÈME SECTION

Arts chimiques et Pharmacie

Jury

Troncin, Président.
Collonge, Vice-Président.
Van Steenbrugghe, Secrétaire.
Achard, Membre.
Sirgi, Membre.

Hors concours, membres du jury

Dussuel et Dr. Faure, à Paris.
Troncin (A.) et Imbert (J.), à Paris.

*Hors concours sur demande
non participant aux récompenses
(Art. 13 du règlement du Jury)*

Astier (Pierre), à Paris.
Bélières (J.-A.), à Paris.
Boutet (Charles), à Paris.
Deschiens (Victor), à Paris.
Laboratoire de la Panbiline, à Annonay
(Ardèche).
Midy frères, à Paris.
Pointet et Girard, à Paris.
Raffineries de soufre réunies, à Marseille
(Bouches-du-Rhône).
Société anonyme française « Le Ripolin »,
à Paris.
Société des Produits Chimiques Coignet,
à Lyon (Rhône).

Diplômes de grand prix

Bailly (Amour), à Paris.
Bertaut-Blancard, à Paris.
Beytout et Cisterne, à Paris.
Bouty (Ferdinand), à Paris.
Bruneau et Cie, à Paris.
Buisson (Albert), à Paris.
Bulletin des Sciences Pharmacologiques, à
Paris.
Chevrier (D.-G.), à Paris.
Coirre (Jean), à Paris.
Comar et Cie, à Paris.
Compagnie Centrale Rousselot, à Paris.
Compagnie Française des Peroxydes, à
Paris.
Coquet (René), à Paris.
Couturieux (Charles), à Paris.
Darrasse frères, à Paris.
Etablissements Chatelain, à Paris.
Etablissements Poulenc frères, à Paris.
Famel (Pierre), à Paris.
Fagard (A.), à Paris.

Feignoux (Raoul), à Montreuil-sous-
Bois (Seine).
Ferré (Dr. H.), et Cie, à Paris.
Fraisse (Marius), à Paris.
Freyssinge (Louis), à Paris.
Fumouze et Cie, à Paris.
Galbrun (Eugène), à Paris.
Girard (Antoine), à Paris.
Grémy (Gaston), à Paris.
Henry (Georges), à Vernon (Eure).
Jeuges (Gr.).
Josset (Louis), à Paris.
Koehly, à Paris.
Laboratoire du Docteur Bousquet, à
Paris.
Laboratoire Duret et Rémy, à Paris.
Landrin et Cie, à Paris.
Leprince (Dr Maurice), à Paris.
Laboratoire A. Naline, à Villeneuve-la-
Garenne.
Levasseur et Cie, à Paris.
Longuet (Paul), à Paris.
Meiffre (Eugène), à Paris.
Pautauberge (L.-A.), à Paris.
Prunier et Cie, à Paris.
Robin (Maurice), à Paris.
Rogier (Henry), à Paris.
Séguin (A.), à Bordeaux (Gironde).
Société anonyme André (A.) fils, Spido-
léine, à Paris.
Société anonyme « La Pâte Flamande », à
Asnières (Seine).
Société anonyme des produits du « Lion
Noir », à Montrouge (Seine).
Société anonyme de Ricqlès, à Saint-
Ouen (Seine).
Société Chimique des Usines du Rhône, à
Paris.
Société « La Saponite », à Charenton
(Seine).
Société pour l'importation et la Vente des
soufres américains, à Paris.
Surun et Cie, à Paris.
Vaillant et Cie, à Paris.

Diplômes d'honneur

Bonetti frères, à Paris.
Delouche (Jules), à Paris.
Feignoux (Vve), à Paris.
Géraudel (Albert), à Levallois-Perret
(Seine).
Hamelin, à Levallois-Perret (Seine).
Labélonye et Cie, à Paris.
Monal et Cie, à Paris.

21

Rocher et Cie, à Paris.
Société Commerciale Lambert-Rivière, à Paris.
Texier (Paul), à Paris.
Vibert (Pétrole Hahn), à Lyon (Rhône).

Diplômes de médaille d'or.

Chiris (Antoine), à Paris.
Etablissements Kulhmann, à Paris.
Ricard-Digne (Vve A.), à Marseille (Bouches-du-Rhône).
Sabatier, à Paris.

Diplômes de médaille d'argent

Aubriot (Paul), à Paris.
Bengué (Dr.), à Paris.
Canonne (H.), à Paris.
Dalloz et Cie, à Paris.
Dehaut, à Paris.
Etablissements Guigues et Roederer, à Paris.
Guillaumin (André), à Paris.
Lang (Emile), à Paris.
Leclerc, à Paris.
Léon (Henri), à Paris.
Lescène (L.), à Paris.
Montagu (P.), à Paris.
Pépin et Leboucq, à Courbevoie (Seine).
Produits Pharmaceutiques du Docteur Philippe.
Produits Pharmaceutiques de l'Allondon.
Silbert Ripert frères, à Marseille (Bouches-du-Rhône).
Souillard et Cie, à Paris.
Société du Traitement des Quinquinas, à Paris.

Diplômes de médaille de bronze

Antitartre « Le Fulton ».
Caussemille frères, à Alger (Algérie).
Compagnie franco-américaine des pansements Hodent.
Compagnie Nationale des Matières Colorantes et Produits Chimiques, à Paris.
Etablissements Don Bril et Léon Bril, à Paris.
Etablissements Marius Dufour et fils, à Marseille (Bouches-du-Rhône).
Etablissements Mulard « Papillon Noir », à Paris.
Grimault et Cie, à Paris.
Laboratoire Dubois, à Paris.
Laboratoire de la Lysine, à Paris.
« Le Gnaf », à Paris.
Pastilles Vichy Etoiles, à Paris.

Produits Circé, à Bègles (Gironde).
Roure frères (Bouchonnerie Provençale), à Auriol (Bouches-du-Rhône).
Tayard (B.).

Diplôme de mention honorable

Gambert (A.), à Marseille (Bouches-du-Rhône).

HUITIÈME SECTION

Jury

Bac, Président.
Soubret, Vice-Président.
Cassard, Secrétaire.
Derviche-Haddad, Membre.
Desplats, Membre.

Électricité

Hors concours sur demande non participant aux récompenses (Art. 13 du règlement du Jury)

Compagnie Electro-Mécanique, à Paris.

Diplômes de grand prix

Appareillage électrique Grivolas, à Paris.
Appareillage Grammont, à Paris.
Compagnie française des Perles électriques Weissmann, à Paris.
Compagnie Française pour l'Exploitation des Procédés Thomson-Houston, à Paris.
Compagnie Générale de Télégraphie sans fil, à Paris.
Compagnie Générale de Télégraphie et Téléphonie, à Paris.
Société Industrielle des Téléphones, à Paris.

Diplômes d'honneur

Bouchery et Cie, à Paris.
Electro-Matériel, à Paris.
Gérard Mang, à Paris.
Mizéry et Bonvoisin, à Paris.
Société des plaques et poudres à souder J. Lafitte, à Paris.

Diplômes de médaille d'or

Brenot frères, à Paris.
Dubois (Paul), à Paris.
Groupe commercial de l'appareillage électrique, à Paris.
Société électrique Koda, à Paris.

Société française Gardy, à Argenteuil (Seine-et-Oise).

Diplômes de médaille d'argent

Besse (D.), à Paris.
Busson (Eugène), à Paris.
Gabreau, à Levallois-Perret (Seine).
L'auxiliaire Industriel, à Paris.
Le Matériel Isolant, à Villeurbanne (Rhône).
Paquet et Vial, à Paris.
Pétrier, Tissot et Raybaud, à Paris.

Diplôme de médaille de bronze

Friederich, à Paris.

Génie civil. — Travaux publics

*Hors concours sur demande
non participant aux récompenses
(Art. 13 du Règlement du Jury)*

Ecole Spéciale des Travaux Publics, à Paris.
Fougerolle frères, à Paris.
Société Française d'Entreprise, à Paris.
Société des Grands Travaux de Marseille.
Société J. et A. Pavin de Lafarge, à Viviers (Ardèche).

Diplômes de grand prix

Baudet et Donon, à Paris.
Berger fils, à Paril.
Boudon (Alfred), à Paris.
Gonot, à Paris.
Langlois, à Paris.
Marozeau, à Paris.
Société coloniale des chaux et ciments Portland, à Marseille.
Société des chaux et ciments Romain-Boyer, à Marseille.
Société Générale des Tuileries de Marseille.
Société des Peintures économiques « Fixalo », à Marseille.
Zell (Jules), à Paris.

Diplômes de médaille d'or

Brun, à Paris.
Le Verre Souple, à Lyon (Rhône).

Diplômes de médaille d'argent

Société des Produits Nitor, à Marseille.
Société des Tuileries de Marseille.
Société Générale d'Entreprises, à Paris.
Société Nouvelle des Tuileries et Céramiques de Marseille.

Vallette-Viallard frères, à Cruas (Ardèche).

Diplôme de médaille de bronze

Comptoir des Constructions et Matériaux économiques, à Marseille.

Diplôme de mention honorable

Nègre (J.), à Marseille.

Petite Métallurgie. — Mécanique

Hors concours, membre du Jury

Etablissements Bac, à Paris.

*Hors concours sur demande
non participant aux récompenses
(Art. 13 du règlement du Jury)*

Bohin (Benjamin) fils, à Saint-Sulpice-sur-Rille, par Laigle (Orne).
Bouniol, à Paris.
Etablissements J.-J. Carnaud et Forges de Basse-Indre, à Paris.
Etablissements A. Teste et Cⁱᵉ, à Lyon (Rhône).
Gaillard et Mignot, à Paris.
Huet (L.), Ligier (E.), et Canuet (M.), à Paris.
Jaquemet et Mesnet, à Paris.
Piat (les fils de A.) et Cⁱᵉ, à Paris.
Raymond (E.), à Grenoble (Isère).
Sappey (Les Successeurs de L.), à Grenoble (Isère).
Société des Agrafes françaises, à Paris.
Usines de Navarre, à Evreux (Eure).
Usines du Pied-Selle, à Paris.

Diplômes de grand prix

Blin (Edouard-Pierre), à Paris.
Canuet (Maurice) et Cⁱᵉ, à Paris.
Carrière (Maxime), à Paris.
Chambre Syndicale des Fabricants d'articles métalliques, à Paris.
Charbonneaux et Cⁱᵉ.
Coindet, à Paris.
De Dietrich et Cⁱᵉ, à Niederbroon (Bas-Rhin).
Deshayes frères, à Paris.
Dujardin-Beaumetz (Rose), à Paris.
Etablissements Darne, à Saint-Etienne (Loire).
Marquis (Lucien), à Rugles (Eure).
Mettetal (Florian), à Paris.
Société l'Aster, à Paris.
Société des Coffres-Forts Fichet, à Paris.

Société Française des Munitions de Chasse, de Tir et de Guerre, à Paris.

Société Générale Meulière, à la Ferté-sous-Jouarre (Seine-et-Marne).

Union des Consommateurs des produits métallurgiques et industriels, à Paris.

Wessbecher (Emile), à Paris.

Diplômes d'honneur

Etablissements Maljournal et Bourron, à Lyon (Rhône).

Lappinte (H.) et Cie, à Arcueil-Cachan (Seine).

Lucien Nicolas fils, à Pont-Saint-Pierre (Eure).

Diplômes de médaille d'or

Chapuis (J.) et Cie, à Paris.

Disy (Emile), à Lyon (Rhône).

Froudière, à Paris.

Letang (Léon) et Cie, à Paris.

Mermier et Cie, à Saint-Etienne (Loire).

Omnium Frigorifique, à Paris.

Rosengart (L.), à Paris.

Vallet (Charles), à Paris.

Verdun (Lucien), à Aubervilliers (Seine).

Société anonyme, Comptoir de la Métallurgie et de la Quincaillerie, à Paris.

Société anonyme de l'Escalette, à Paris.

Société des Constructions Mécaniques (Léon Caur), à Marseille.

Diplômes de médaille d'argent

Etablissements Beccat, à Paris.

Manufacture française de boutons-pression, à Grenoble (Isère).

Raymons-Enjolras, à Paris.

Société Lyonnaise des réchauds.

Diplôme de médaille de bronze

Valentini et Génin, à Lyon (Rhône).

Transports terrestres et maritimes

Diplômes de grand prix

Chemins de fer de l'Etat, à Paris.

Chemins de fer de l'Est, à Paris.

Chemins de fer du Midi, à Paris.

Chemins de fer du Nord, à Paris.

Chemins de fer d'Orléans, à Paris.

Chemins de fer P.-L.M., à Paris.

Compagnie Générale Transatlantique, à Paris.

Compagnie des Messageries Maritimes, à Paris.

Société « Les Affréteurs Réunis », à Paris.

Société Navale de l'Ouest, à Paris.

Orfèvrerie, Bijouterie, Joaillerie, Horlogerie, Coutellerie

Diplômes de grand prix

Bernard (Georges), à Paris.

Brille (Henri), à Paris.

Christofle et Cie, à Paris.

Collectivité des Bijoutiers, Joailliers, Orfèvres de Paris.

Langerock (Emile), à Paris.

Lefebvre fils aîné, à Paris.

Piel (Paul), à Paris.

Diplômes de médaille d'or

Mandonnet, à Paris.

Thiery (L.), à Lyon (Rhône).

Vedel (A.), à Thiers (Puy-de-Dôme).

Diplômes de médaille d'argent

Chargueraud, à Paris.

Tranchant et Peyre, à Paris.

Matériel d'automobiles

Diplômes de grand prix

Alcyon, à Paris.

Ariès, à Paris.

Citroën, à Paris.

De Dion-Bouton, à Puteaux (Seine).

Etablissements Mathis, à Strasbourg.

Michelin et Cie, à Clermont-Ferrand (Puy-de-Dôme).

Société anonyme des Etablissements Blériot, à Paris.

Société des Automobiles Berliet, à Lyon.

Société du Carburateur Claudel, à Puteaux (Seine).

Société du Carburateur Zénith, à Paris.

Société l'Oléo, à Levallois-Perret (Seine).

Vinot-Deguinguand, à Paris.

Diplômes de médaille d'argent

Durand (Ch.), et Cie à Paris.

Jacquet Manuel, à Neuilly (Seine).

Jenatzi Leleu, à Paris.

Pichat (A.) et Cie, à Paris.

Phares Auteroche, à Pantin (Seine).

Radia Cleaner.

Diplôme de médaille de bronze

Laporte (A.) et Leclôtre (A.), à Paris.

NEUVIÈME SECTION

Sellerie, Bourrellerie
Cuirs et Peaux
Fabrication du Papier. — Papeterie

Jury

Cassard, Président.
Collonge, Vice-Président.
Richard, Secrétaire.
James, Membre.
Not, Membre.

Hors concours, membre du Jury

Cassard (Gaston), à Paris.

Diplômes de grand prix

Anciens Etablissements A. Combe et fils et Cⁱᵉ, à Paris.
Anciens Etablissements J.-M. Paillard, à Paris.
Bardou, Broussaud, Bonfils et Cⁱᵉ, à Perpignan (Pyrénées-Orientales).
Carpentier et Badel, à Paris.
Costil (René), à Pont-Audemer (Eure).
Domange fils, à Paris.
Enault et Cⁱᵉ, à Paris.
Etablissements Douénat, à Paris.
Etablissements Moullot fils aîné, à Marseille (Bouches-du-Rhône).
Hermès (Emile-Maurice), à Paris.
Herrenschmidt fils, à Paris.
Hervé (J.), à Châteaurenault (Indre-et-Loire).
Lepage (René), à Segré (Maine-et-Loire).
Marchand (Charles), à Paris.
Mayer et Flamery, à Paris.
Meyzonnier (F.) fils, à Annonay (Ardèche).
Papeteries Bergès, à Lancey (Isère).
Poursin (Simon), à Paris.
Société anonyme des anciens Etablissements Braunstein frères, à Paris.

Diplômes d'honneur

Cara (Paul), à Romans (Drôme).
Equy (Henri), à Paris.
Louvigny (Paul de), à Paris.
Société anonyme des anciens Etablissements Catel et Farcy, à Paris.

Diplômes de médaille d'or

Arnaud fils, à Belgentier (Var).

Chéron (Ernest), à Cormenon (Loir-et-Cher).
Franc (A.) et Cⁱᵉ, à Annonay (Ardèche).
Tanneries de France, à Strasbourg.

Diplômes de médaille d'argent

Etablissements Réunis de Tanneries de Châteaurenault (Indre-et-Loire).
Papeterie de Monpont-sur-Isle (Dordogne).
Rolbert, Laugel et Cⁱᵉ, à Paris.
Société Anonyme des Papeteries Valdor, à Paris.
Union Française de Papeterie, à Lyon (Rhône).

———

DIXIÈME SECTION

Procédés d'exploitation rurale

Jury

Achard, Président.
Lejeune, Vice-Président.
Schneider, Secrétaire.
Bertrand-Taquet, Membre.
Marquis de Freige, Membre.

Hors concours, membre du Jury

Société Auxiliaire Agricole, à Paris (M. Schneider).

Diplômes de grand prix

Blum (Charles) et Cⁱᵉ, à Suresnes (Seine).
Caruelle (G.), à Paris.
Puzenat (C.), à Bourbon-Lancy (Saône-et-Loire).
Société de construction et d'entretien de matériel industriel et agricole, à Paris.

Diplômes d'honneur

Bérenguier (E.), à Vidauban (Var).
Guillon et fils, à Châteauroux (Indre).
Reynier, les Arcs-sur-Argens (Var).
Société française de sériciculture, à Marseille (Bouches-du-Rhône).

Diplômes de médaille d'or

Etablissements Amouroux frères, à Toulouse (Haute-Garonne).
La Traction et le Matériel agraires, à Paris.
Société de l'Avant-Train, Tracteur l'Agro, à Paris.

Diplôme de médaille de bronze

La Culture Française, à Paris.

ONZIÈME SECTION

Jury

Collonge, Président.
Soubret, Vice-Président.
Van Steenbrugghe, Secrétaire.
Barré, Membre.
Desplats, Membre.

Librairie, Photographie, Optique

Hors concours, membres du Jury

Société anonyme des Etablissements Optis, à Paris.
Société Internationale des Ecoles Berlitz, à Paris.

Hors concours sur demande
non participant aux récompenses
(Art. 13 du Règlement du Jury)

Etablissements Baignol et Farjon, à Paris.
Manuel (Henri), à Paris.

Diplômes de grand prix

Etablissements Berthiot, à Paris.
Librairie Ferrand Jeune, à Marseille.
Lefranc et Cie, à Paris.
Maison du Livre Français, à Paris.

En participation :
Albin Michel, à Paris.
Bornemann, à Paris.
Colin, à Paris.
Charles-Lavauzelle, à Paris.
Didier, à Paris.
Delagrave, à Paris.
De Gigord, à Paris.
Delmas, à Bordeaux.
Economiste Européen, à Paris.
Evette et Schaeffer, à Paris.
Emile-Paul, à Paris.
Flammarion, à Paris.
Gauthier et Languereau, à Paris.
Gauthier-Villars, à Paris.
Garnier, à Paris.
Gedalge, à Paris.
Golmeau, à Paris.
Hatier, à Paris.
Imprimerie Strasbourgeoise, à Paris.
Larousse, à Paris.

Laurens, à Paris.
Leduc, à Paris.
Lemerre, à Paris.
Michaud, à Paris.
Maison Française d'Art et d'Edition, à Paris.
Nathan, à Paris.
Nouvelle Revue Française, à Paris.
Plon-Nourrit et Cie, à Paris.
Sagot, à Paris.
Vigot, à Paris.
Mallat (J.-B.), à Paris.
Tuleu et Girard, à Paris.
La Ville de Paris.

Diplômes d'honneur

Les Fils d'Aimé Lamy, à Morez (Jura).
Maison Laïque Française, à Paris.

Diplômes de médaille d'or

Gardot (J.), à Dijon (Côte-d'Or).
Société des Encres Maurin, à Paris.

Diplômes de médaille d'argent

Furu (Constantin), à Paris.
Jaudel (Maurice), à Paris.

Banques et Institutions de crédit

Hors concours sur demande
non participant aux récompenses
(Art. 13 du Règlement du Jury)

Comité National des Conseillers du Commerce Extérieur, à Paris.

Diplômes d'honneur

Banque Française de Syrie, à Paris.
Banque de Syrie, à Paris.
Crédit Foncier d'Algérie et de Tunisie, a Paris.

Diplôme de médaille d'argent

Miel (Joseph), à Paris.

Cristaux

Diplômes de grand prix

Haviland frères, à Limoges.
Manufacture de Glaces et Produits chimiques de Saint-Gobain, à Paris.

Diplômes de médaille d'argent

Binoche (Pierre), à Paris.

Céramiques de Provence, à Marseille (Bouches-du-Rhône).

DOUZIÈME SECTION

Parfumerie. — Savonnerie

Jury

Troncin, Président.
Neasane, Vice-Président.
Barre, Secrétaire.
Abdallah Beyhum, Membre.
Marquis de Freige, Membre.

*Hors concours sur demande
non participant aux récompenses
(Art. 13 du Règlement du Jury)*

Bourjois et Cie (Wertheimer, successeur), à Paris.
Plassard, à Boulogne-sur-Seine.

Diplômes de grand prix

Eau de Botot, à Paris.
Javal et Bienaimé (Parfumerie Houbigant), à Paris.
Nocard et Cie (Maison Piver), à Paris.
Nouvelle Savonnerie « La Vierge », à Marseille (Bouches-du-Rhône).
Parfumerie Rigaud, à Paris.
Prot (Paul) et Cie (Parfumerie Lubin), à Paris.
Savonnerie J.-B. Paul, à Marseille (Bouches-du-Rhône).

Diplômes d'honneur

Arys (Société Anonyme des Parfums), à Paris.
Biette (A.) fils et Cie, à Nantes (Loire-Inférieure).
Ferrand, à Paris.
Parfumerie Delia, à Paris.
Parfumerie Monna Vanna, à Neuilly (Seine).

Diplômes de médaille d'or

Coty, à Suresnes (Seine).
Franck (Marcel), à Paris.
Les Héritiers du Dr Pierre, à Paris.
Molinard jeune, à Grasse (Alpes-Maritimes).

Diplômes de médaille d'argent

Berthalot, à Paris.

Bertin, à Nantes (Loire-Inférieure).
Broux (Vve) et fils, à Colombes (Seine).
Compagnie Française des parfums d'Orsay, à Paris.
Etablissements Roumailhac, à Marseille.
Grenoville, à Asnières (Seine).
Lasègue et Cie, à Maisons-Alfort (Seine).
Luzy, à Paris.
Mignot-Boucher, à Paris.
Parfums Djemil, à Paris.
Parfums Héraud, à Bécon-les-Bruyères (Seine).
Parfums de Rosine, à Courbevoie.
Parfumerie Axa, à Paris.
Parfumerie Centrale, à Grasse (Alpes-Maritimes).
Savonnerie « La Grappe », Gouin et Cie, à Marseille (Bouches-du-Rhône).
Savonnerie Paul Aillaud, à Marseille (Bouches-du-Rhône).
Société de la Savonnerie l'Amande, à Marseille (Bouches-du-Rhône).

Diplômes de médaille de bronze

Bernard Escoffier, à Lyon (Rhône).
Bouchety.
Ferrier et Cie, à Marseille (Bouches-du-Rhône).
Giffard et Cie, à Angers (Maine-et-Loire).
Peyronnet (L.) et Cie, à Marseille (Bouches-du-Rhône).
De Régis, à Sèvres (Seine-et-Oise).
Vigny, à Paris.

Diplômes de mention honorable

Aussilac (Pierre), à Marseille (Bouches-du-Rhône).
Ciergerie Bisontine, à Besançon (Doubs).
Savonnerie Moderne de Provence, à Marseille (Bouches-du-Rhône).
Société Lyonnaise de Savonnerie et Stéarinerie.
Tarrazi et Cie, à Marseille (Bouches-du-Rhône).

SECTION DES BEAUX-ARTS

Peinture

Hors concours

Saalibi.

Diplômes de médaille d'or

Corm.

Commandant Fumey.
Commandant Trabaud.
Srour.
Alf. bey Sursock.

Diplôme de médaille d'argent

Omsi.

Sculpture

Hors concours

Hoyek.

Diplôme de médaille d'or

J. Debs.

Diplôme de médaille d'argent

Gougeard.

PARTICIPATION SYRIENNE

Hors concours, membre du Jury

Beyhum (A.-M. et A.), à Beyrouth.
Haddad Derwich, à Beyrouth.
James (Ant.), à Beyrouth.
Manasseh (L.-M.), à Beyrouth.
Sirgi (M.) et Cⁱᵉ, à Beyrouth.

Diplômes de grand prix

Bohsali (S. et R.), à Beyrouth. — Patis-
serie-confiserie.
Boulad, Sélim, à Beyrouth.
Nassam et Cⁱᵉ, à Damas.
Sioufi, à Beyrouth.
Société « Carmel Oriental », de Richon-le-
Zion.
Tapis Bédouins.
Tarrazi et fils, à Beyrouth.

Diplômes d'honneur

Bittar (G.), à Damas.
Manoli frères et Cⁱᵉ.
Œuvre de l'Assistance Française, à Alep.
Ouvroir musulman n° 4, à Beyrouth.
Père Rémy, Assistance Publique.

Diplômes de médaille d'or

Abdallah Bader frères, à Beyrouth. —
Pâtisserie-confiserie.
Abdu Nahatt (Georges), à Damas. —
Marquetterie.
Aboud et fils, à Beyrouth. — Tapis.
Abou Wardy, à Zouk. — Soieries.
Adjour Nicolas, à Beyrouth. — Meubles.
Anouani (Abraham), à Damas. — Tissus.
Asfar et Sarki, à Damas. — Tissus.
Austa et Chwela. — Articles orientaux.
Awish et fils, à Homs. — Tissus.
Bakri Mouhaffel et fils, à Alep. — Tissus.
Baroody, à Hama.
Baroody, à Homs.
Bellama frères, à Beyrouth. — Tabacs.
British Srian Mission, à Broumana (Li-
ban).
Chantous et Cⁱᵉ, à Beyrouth.
Girolano Luxardo, à Zara (Dalmatie).

Hadda (Elie), à Beyrouth.
Haddad et fils, à Beyrouth. — Tissus
orientaux.
Marachian Bors, à Beyrouth. — Tapis.
Metalani (Georges), à Beyrouth. — Bijou-
terie.
Mouhaffel cousins, à Alep. — Soies bro-
chées.
Nassib Said Macarem, à Beyrouth. —
Gravure.
Omar Daouk, à Beyrouth. — Bijouterie.
Orphelinat Sainte-Odile, à Alep. — Bro-
deries et soieries.
Oueni, à Beyrouth. — Broderies et tissus.
Père Rémy, à Beyrouth.
Saba et Freyha, à Beyrouth. — Tabacs.
Saikali Habib, à Beyrouth. — Broderies.
Salman, à Beyrouth.
Sœurs de la Charité, à Beyrouth. — Bro-
deries.
Sœurs de la Charité, à Jouck. — Brode-
ries.
Trad (P. et M.), à Beyrouth.
Ziedy (Gabriel), à Beyrouth. — Meubles.

Diplômes de médaille d'argent

Abdul Fatah Mazloum, à Tripoli. — Tis-
sus de soie.
Ouid Michel, à Beyrouth. — Bijouterie.
Antoine Mezamar, à Damas. — Tissus de
soie.
Antoun Maria, à Beyrouth.
Assad Khouri, à Damas. — Mosaïque.
Azar et Selim Rizk, à Beyrouth.
Caza, de Djebel Bereket. — Tapis.
Caza, de Djihan. — Instruments agricoles.
Caza de Tartous, à Tartous. — Tapis,
huiles et araks.
Chamaa, à Beyrouth.
Chaqqal, à Alep. — Soieries.
Debbs (J.), à Beyrouth. — Briquetterie.
Djanandji, à Beyrouth.
Ecole d'agriculture de Selmié, à Damas.
— Fromages.
Ecole des Arts et Métiers, à Beyrouth. —
Meubles.

Ecole Orthodoxe d'Antioche, à Antioche. — Broderies.

Emir Philippe S. Chebab, à Beyrouth. — Cadres.

Ennios Bellano, à Beyrouth.

Enni Philippe Chebab, à Haddat (Liban).

Garaoui (Ahmed) et fils, à Damas.

Geday, à Beyrouth. — Bijouterie.

Habib et Haziz Roubeiz, à Beyrouth — Bijouterie.

Hachim frères, à Beyrouth.

Haick (Joseph D.). — Pâtisserie-confiserie.

Hamid Effehdi Trami, à Damas. — Broderies.

Harfouche, à Beyrouth.

Hartmann Keppel, de l'Œuvre de l'assistance française d'Alep.

Hebri Tewfick, à Beyrouth. — Savons.

Hosni et Halabi, à Damas. — Ameublement.

Jalkh (Mme S.), à Beyrouth. — Meubles.

Mouzamar (Joseph), à Beyrouth. — Bijouterie.

Katran et Pinto, à Damas. — Tissus d'Ameublement.

Kalil Hanna, à Bethléem.

Kerkor (Georges), à Beyrouth. — Fourrures.

Khouri Helou (J.-N.), à Beyrouth. — Vins.

Matta (Elie), à Beyrouth. — Meubles.

Merheb et Cie, à Beyrouth.

Michel Geachan, à Beyrouth.

Michel Maza, aux Alaouites, — Orfèvrerie.

Mohamed Tafa Jjeh, à Tripoli.

Neschamall, à Beyrouth.

Nemed Diab, à Beyrouth. — Bijouterie.

Orphelinat Musulman, à Damas. — Broderies.

Roumi, à Beyrouth.

Saas et Ouehbi, à Beyrouth. — Meubles.

Selim Assatli, à Beyrouth.

Sœur Odoxia, à Beyrouth. — Broderies.

Soubra et Cie, à Beyrouth. — Tissus de soie.

Terzis (André) et fils, à Beyrouth. — Soieries.

Université Américaine de Beyrouth.

Zok (A.-F.), à Tripoli.

Diplômes de médaille de bronze

Accaoui (Mlle), à Beyrouth. — Broderies.

Abouassas (Georges), à Beyrouth. — Savons.

Ahmed Khaled, à Beyrouth. — Outils.

Artamañ Ertsi, à Damas. — Marquetterie.

Aziz Sargi, à Damas. — Tissus de laine.

Badri Abdallah Ramadan.

Balitah (Mlle R.), à Beyrouth. — Broderies.

Bittar (Mlle M.), à Beyrouth. — Broderies.

Breedy Spiridon, à Beyrouth. — Pneumatiques.

Chahab (Adèle), à Beyrouth. — Broderies.

Emin Hassan Addaha.

Fouad Zok, à Tripoli. — Savons.

Hussein, à Antioche. — Tissus de laine.

Mohamed Chaouji, à Lataquié. — Tissus de laine.

Mohamed Kahmani, à Alep. — Feutres.

Nemr Karam.

Nicolas Dais, à Damas. — Fourrures.

Omar Adra, à Tripoli. — Savons.

Première Ecole de garçons de Beyrouth.

Ramadan (Bacri), à Beyrouth. — Pâtisserie-confiserie.

Saad el Din et Rached Bohsali.

Tarabichi, à Alep. — Fabricant de coiffures arabes.

Topdjan (Georges), à Alep. — Vêtements.

Yassin Arab Djedde, à Alep. — Verrerie.

Diplômes de mention honorable

Abdul Medjid Risa, à Damas. — Soieries.

Addaha (Amin), à Beyrouth. — Patisserie-confiserie.

Ahmed Zem Abidin, à Damas. — Soieries.

Ali Daoud, à Damas. — Soieries.

PARTICIPATIONS ÉTRANGÈRES

GOUVERNEMENT ÉGYPTIEN

Diplôme de grand prix

Frontiers District. — Tapis Bédouins.

AMÉRIQUE

Diplômes de grand prix

Automobiles Ford.
J.-I. Case T.-M., à Viscousin (U. S. A.). Tracteurs.
Gramophone Cº Ltd., à Hayes (U. S. A.). — Machines et disques.
Singer Sewing Machine Cº Ltd.

Diplôme de médaille d'argent

Armour et Cⁱᵉ, à Chicago. — Conserves alimentaires.

ANGLETERRE

Diplômes d'honneur

Dow's Port « Silva Consens ». — Vins de Porto.
J.-P. Coats Ltd., à Paisly. — Fil à coudre.
Perry et Cⁱᵉ, à Londres. — Plumes à écrire.

Diplômes de médaille d'or

Franck (Léopold), à Londres. — Couvertures.
Samuel Berger et Cⁱᵉ, à Londres. — Alimentation.

Diplômes de médaille d'argent

Evan Sons Lescher et Vel Ltd., à Liverpool.
Grandage et Cⁱᵉ, à Bradfort. — Tissus.

BELGIQUE

Hors concours sur demande non participant aux récompenses (Art. 13 du Règlement du Jury)

Société Belge pour l'Exportation Industrielle. — Métallurgie.

Diplômes de grand prix

Etablissements Peltzer, à Verviers. — Draps en tous genres.
Société Anonyme Vortogen-Goens, à Gand. — Cables, cordages.
Société anonyme Minerva Motors, à Anvers.
Union des Glaceries Belges.

Diplôme d'honneur

Société Anonyme des Forges de la Providence, à Marchienne-au-Pont.

Diplômes de médaille d'or

Ecrémeuse Persoons, à Thildonck.
Manufacture Métallurgique de Tournus.
Société Abestide (Eternit), à Shoonard.
Société Anonyme d'Ougrée Marihaye. — Métallurgie.
Société Métallurgique de Sambre et Moselle, à Montigny-sur-Sambre.
Usines et Aciéries Allard, à Mont-sur-Marchienne.

Diplôme de médaille de bronze

Grandes Huileries Belges, à Bruxelles.

ESPAGNE

Diplôme de médaille d'or

G. Coda, à Mahon. — Orfévrerie.

ITALIE

Diplômes de grand prix

Cinzano (Francesco), à Turin. — Vermouth.
Martini et Rossi, à Turin. — Liqueurs.

Diplômes d'honneur

Banco di Roma.
Galeazo Vigano, à Ponte. — Cotonnades.
Giov, Milani et Nipoti. — Tissus cotonnades.
Manufacture de Rivarolo et S. Giorgio, à Canavèse.

Diplômes de médaille d'or

Arturo Rosa.
César Macchi et Cie. — Cotonnades.
Fabry (Maurice). — Réchauds à pétrole.
La Perugina. — Chocolat.
Philip (F.), à Bolène.
Pin Stephano et Cie, à Abbadia Alpina, près Turin.
Sacconaghi (C.), à Legano. — Velours.

Diplôme de médaille de bronze

Trinchieri (Annibale), à Turin. — Liqueurs.

HOLLANDE

Diplôme de grand prix

Wijnand Fockink, à Amsterdam.

Diplôme d'honneur

Tallins et Zoon. — Librairie.

Diplôme de médaille d'argent

Lugards Devanter.

Diplôme de médaille de bronze

Zuid Hollandsche Bierbrouwery, à Den Haag.

SUÈDE

Diplôme de grand prix

Aktiebolaget Optimus, à Stockholm. — Réchauds.

Diplôme de médaille d'or

Association des Fabricants d'allumettes Suédoises, à Stockholm.

SUISSE

Diplômes de médaille d'or

Hefti et Cie, à Haetzingen. — Draperies.
Société Laitière des Alpes Bernoises, à Stalden-Emmenthal.

Diplôme de médaille d'argent

Biscuits Sugnet, à Lausanne.

COLLABORATEURS

Diplômes de médaille d'or

Agence Générale de Librairie et de Publication, à Beyrouth (Syrie).
Antomarchi (Pascál), à Marseille (Bouches-du-Rhône).
Arbyd, Khaouam et Farah, à Beyrouth (Syrie).
Atallah, Khadige et Cie, à Beyrouth (Syrie).
Bart et Giraud, à Marseille (Bouches-du-Rhône).
Berne (Anthelme), à Beyrouth (Syrie).
Calmes (Firmin), à Beyrouth (Syrie).
Comaty (Les fils de S.), à Beyrouth (Syrie).
Compagnie Française de Commerce, à Beyrouth (Syrie).
Cordahy (S.), à Beyrouth (Syrie).
Crochepierre (J.), à Beyrouth (Syrie).
Eynard (Casimir), à Beyrouth (Syrie).
Gemayel (Les fils de B.), à Beyrouth (Syrie).
Giraud frères (les fils de), à Marseille (Bouches-du-Rhône).
Hild et Cie (Etablissements), à Lyon (Rhône).
Jacob et Meunier, à Beyrouth (Syrie).
Lusena et Cie, à Beyrouth (Syrie).
Manasseh (André), à Beyrouth (Syrie).
Manhès (Jacques), à Beyrouth (Syrie).
Mourgue d'Algue, à Beyrouth (Syrie).
Nasser et Cie (A. et A.), à Beyrouth (Syrie).
Omnium Franco-Oriental, à Beyrouth (Syrie).
Racine et fils (Auguste), à Beyrouth (Syrie).

Ragy et Cie (G.), à Beyrouth (Syrie).
Rebours et Soulié, à Beyrouth (Syrie).
Rizkalla Khazen, à Beyrouth (Syrie).
Sirgi et Cie (M.), à Beyrouth (Syrie).
Simons et Van Beusekom, à Beyrouth (Syrie).
Société France-Méditerranée, à Beyrouth (Syrie).
Thiriet (Ernest), à Paris.
Trad, Nougeaim et Cie, à Beyrouth (Syrie).
Valery (G.-L.), à Beyrouth (Syrie).
Mme Vibert, à Beyrouth (Syrie).
Weil Paul, à Beyrouth (Syrie).

Diplômes de médaille d'argent

Altounian (A.-H.), à Paris.
Araman (Negib), à Beyrouth (Syrie).
Cassir (Georges), à Beyrouth (Syrie).
Depolla (P.), à Beyrouth (Syrie).
Doumet Khouri, à Beyrouth (Syrie).
Fatin (Marius), à Beyrouth (Syrie).
Fautrier (Antoine), à Beyrouth (Syrie).
Gandour (Les fils de Mosbah), à Beyrouth (Syrie).
Gandour fils, à Beyrouth (Syrie).
Gannagé et fils (N.), à Beyrouth (Syrie).
Geammal et fils (N.), à Beyrouth (Syrie).
Guillen (Ernest), à Beyrouth (Syrie).
Gougeard, à Beyrouth (Syrie).
Hacho et Attimus, à Beyrouth (Syrie).
Hobeika et Cie, à Beyrouth (Syrie).
Lucciano (Arturo de), à Beyrouth (Syrie).
Mascot, à Beyrouth (Syrie).
Millers Limited, à Beyrouth (Syrie).
Nasser, Nairm et Cie, à Beyrouth (Syrie).
Speigh et Yared, à Beyrouth (Syrie).

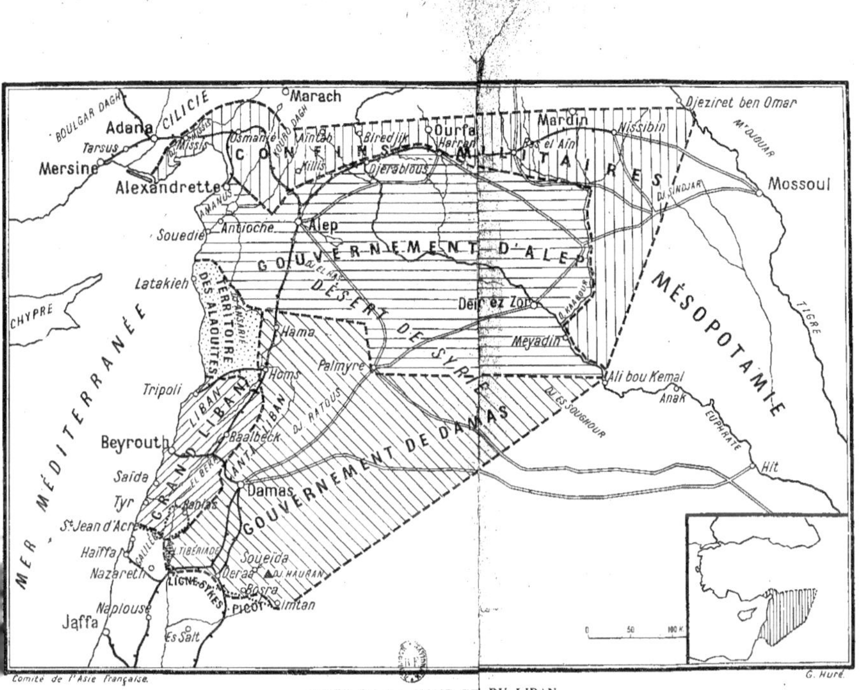

CARTE DE LA SYRIE ET DU LIBAN

TABLE DES MATIÈRES